Ekkehard von Knorring

Volkswirtschaft

Rahmenbedingungen für eine Unternehmensstrategie

Ekkehard von Knorring

Volkswirtschaft

Rahmenbedingungen für eine Unternehmensstrategie

2. Auflage 2015
© 2015 by Holzmann Medien GmbH & Co. KG, 86825 Bad Wörishofen

Alle Rechte, insbesondere die der Vervielfältigung, fotomechanischen Wiedergabe und Übersetzung nur mit Genehmigung durch Holzmann Medien.

Das Werk darf weder ganz noch teilweise ohne schriftliche Genehmigung des Verlags in irgendeiner Form (Druck, Fotokopie, elektronische Medien, Mikrofilm oder ähnliches Verfahren) gespeichert, reproduziert oder sonst wie veröffentlicht werden.

Diese Publikation wurde mit äußerster Sorgfalt bearbeitet, Verfasser und Verlag können für den Inhalt jedoch keine Gewähr übernehmen.

Lektorat: Achim Sacher, Holzmann Medien | Buchverlag
Layout: Markus Kratofil, Holzmann Medien | Buchverlag
Satz: Da-TeX Gerd Blumenstein, Leipzig
Druck: Kessler Druck + Medien, Bobingen

Artikel-Nr. 1811.02
ISBN: 978-3-7783-1017-5

Vorwort zur ersten Auflage

Als am 1. April 2011 die neue „Verordnung über die Prüfung zum anerkannten Fortbildungsabschluss Geprüfter Betriebswirt nach der Handwerksordnung und Geprüfte Betriebswirtin nach der Handwerksordnung" mit einer Übergangsfrist bis zum 31.12.2015 in Kraft trat, war klar, dass sie auch eine Neuausrichtung der Lehr- und Lerninhalte und mit ihnen auch eine Neubearbeitung der Lehrmaterialien erfordern würde. Das galt auch für den Bereich der Volkswirtschaftslehre, der unter dem Titel „Volkswirtschaftliche und gesellschaftliche Rahmenbedingungen bewerten" als einer von drei eigenständigen Handlungsbereichen in den Prüfungsteil „Unternehmensstrategie" aufgenommen wurde. Außerdem wurde nach dem neuen Rahmenlehrplan der volkswirtschaftliche Handlungsbereich in der Zahl der Unterrichtsstunden (Präsenzunterricht) wesentlich ausgeweitet, nämlich von bisher 50 Stunden auf nunmehr 70 Stunden, bei einem Zeitrichtwert von insgesamt 700 Stunden ±10% für die Gesamtheit aller Prüfungsteile und Handlungsbereiche. Dies machte nicht nur eine Neuausrichtung, sondern auch eine Ausweitung bzw. Vertiefung der volkswirtschaftlichen Lehr- und Lerninhalte notwendig. Das Ergebnis einer Neubearbeitung des volkswirtschaftlichen Handlungsbereichs liegt nun vor Ihnen.

Vorläufer des vorliegenden Lehrbuches ist ein Lehrbuch (Ekkehard von Knorring, Volkswirtschaftslehre. Führungswissen für kleine und mittlere Unternehmen, Hrsg. H. Förschler/B.-M. Hümer/W. Rössle/H. Stark, Bd. 4, 1. – 6. Auflage, Bad Wörishofen 2001 – 2010), das von einer ähnlichen didaktischen Grundkonzeption der Frage- und Antwortform ausging und inhaltlich in vielen Textpassagen gleich war. Es war aus meiner Dozententätigkeit bei der beruflichen Fortbildung zum/r Betriebswirt/in (HWK) an der Handwerkskammer für Schwaben in Augsburg heraus entstanden und wurde bis zum Übergang in die neue Prüfungsverordnung im Unterricht – auch an anderen Handwerkskammern – verwendet. Ich verwendete es aber auch bei meiner hauptberuflichen Dozententätigkeit an der Universität Augsburg im Rahmen meiner Vorlesung „Einführung in die Volkswirtschaftslehre" für VWL-Nebenfachstudierende und für Studierende im Bachelorstudiengang Rechts- und Wirtschaftswissenschaften.

Ich erwähne dies alles mit Blick auf diejenigen Leser, die bei Durchsicht des Lehrbuches vielleicht zu dem Schluss gelangen könnten, dass die Lehrinhalte zu ambitioniert, zu akademisch sind und eine reichlich „schwere Kost" für Handwerker/innen darstellen dürften, die aus der Praxis kommen und sich zum/r Geprüften Betriebswirt/in nach der Handwerksordnung (HwO) fortbilden lassen wollen. Meine Erfahrungen sagen mir jedoch, dass die gewiss anspruchsvollen Lehrinhalte bisher zu erlernen waren und es auch weiterhin sein werden. Hunderte von erfolgreichen Betriebswirten/innen (HWK) an der Handwerkskammer für Schwaben in Augsburg in der Vergangenheit haben mir dies immer wieder bestätigt. Es kommt hinzu, dass bekanntlich seit einiger Zeit die erfolgreich abgelegte Meisterprüfung auch den vollen Universitäts- und Hochschulzugang gewährleistet. Ohne ein darauf bezogenes solides Basiswissen ist dieser Zugang aber nur ein formaler „Papiertiger" und praktisch nicht umzusetzen. Das in der beruflichen Fortbildung zum/r Geprüften Betriebswirt/in nach der HwO erworbene Basiswissen macht dagegen den formalen Zugang praktikabel und schafft die Möglichkeit, auch noch einen Bachelorabschluss oder sogar mehr zu erlangen.

Auch wenn das Lehrbuch aus Fortbildungskursen an der Handwerkskammer für Schwaben in Augsburg entstanden ist, sich in erster Linie an entsprechende Fortbildungskurse an Handwerkskammern wendet und sich in den exemplarischen Situationsbeschreibungen auf Situationen im Handwerksbereich bezieht, so zielt es doch auf einen weiteren Leserkreis, auch außerhalb des Handwerks. Zum einen lassen sich die Situationsbeschreibungen als Ausgangspunkte für die Lehrinhalte auch an andere Wirtschaftsbereiche und Berufsgruppen anpassen. Zum anderen und vor allem aber dürfte das vermittelte volkswirtschaftliche Basiswissen die Grundlage für jegliche Aus-, Fort- und Weiterbildung darstellen, die – mit welchem Gewicht auch immer – die Vermittlung volkswirtschaftlicher Grundkenntnisse zum Inhalt haben.

Das Lehrbuch ist in Kapitel gegliedert, die sich inhaltlich auf die verschiedenen Lehr- und Lerninhalte des volkswirtschaftlichen Handlungsbereichs im Prüfungsteil „Unternehmensstrategie" im Rahmenlehrplan für die Fortbildung zum/r Geprüften Betriebswirt/in nach der HwO beziehen. Ausgangspunkte in jedem Kapitel sind konstruierte Beispiele für konkrete betriebliche Handlungssituationen im Handwerkssektor, aus denen sich situationsbezogene Fragen mit volkswirtschaftlichem Hintergrund ergeben. Der Beantwortung dieser Fragen geht die Vermittlung des volkswirtschaftlichen Basiswissens voraus. Erst auf der Grundlage dieses Basiswissens erfolgt die Beantwortung der situationsbezogenen Fragen. Das vermittelte volkswirtschaftliche Basiswissen ist dabei naturgemäß wesentlich umfangreicher, als es für die Beantwortung der situationsbezogenen Frage notwendig wäre. Die situationsbezogenen Fragen sollen nur Beispiele und Ausschnitte aus der Unternehmenspraxis sein, die sich sicherlich auch ganz anders, ergänzt oder erweitert darstellen lassen, aber dennoch den gleichen volkswirtschaftlichen Hintergrund haben.

Jedes Kapitel schließt mit dem Beispiel einer situationsbezogenen Aufgabe zur Kompetenzkontrolle ab. Sie geht wiederum von einer betrieblichen Situation aus, an die sich mehrere Kontrollfragen anschließen. Im Unterschied zu einer Aufgabe aus der Prüfungspraxis bezieht sie sich nur auf den Inhalt des betreffenden Kapitels und dient dem Zweck, das in diesem Kapitel erlernte Wissen zu überprüfen. Die Aufgabe kann nach Bedarf variiert, erweitert oder gekürzt werden. Lösungs- bzw. Antwortvorschläge für die Fragen in der betreffenden Aufgabe werden ganz bewusst nicht geboten. Sie bleiben dem Selbststudium oder dem Unterricht vorbehalten. Beispiele von Aufgaben aus der Prüfungspraxis mit Lösungsvorschlägen sind aber am Schluss des Lehrbuches zu finden. Lösungsvorschläge sind dabei grundsätzlich immer mit dem Nachteil und der Gefahr behaftet, dass sie zum Auswendiglernen verleiten, ohne den betreffenden Lehrinhalt verstanden, verarbeitet und in diesem Sinne erlernt zu haben. Es wäre überhaupt fatal, sich falschen Hoffnungen hinzugeben und sich bei der Durchdringung des Lehrstoffes nur auf die Antworten zu den beispielhaften Situationsfragen, geschweige denn auf Prüfungsaufgaben, zu konzentrieren. Nur das Verständnis und die Verarbeitung des volkswirtschaftlichen Basiswissens in den betreffenden Fragen und Antworten werden gewährleisten, dass jegliche diesbezügliche Situationsfrage und -antwort zu beherrschen sind.

Die Sichtweise einer Gesellschaft ist immer auch Ausdruck des Wertsystems des Betrachters, d.h., man kann die Dinge häufig auch anders sehen. Das gilt auch für die Betrachtung des ökonomischen Teils der Gesellschaft, der Volkswirtschaft. Werturteile aber sind dann ungefährlich, wenn sie als solche erkannt werden. Ich habe mich jedenfalls bemüht, meinen Standpunkt offenzulegen, wenn es nicht um die Vermittlung eines neutralen, überall anerkannten Wissens ging. Es ist daher selbstverständlich, dass Sie in den betreffenden Bereichen auch zu einem anderen Urteil gelangen können, wenn Sie sich die Zusammenhänge bewusst gemacht haben. Dieses Bewusstsein zu fördern, ist zentrale Aufgabe dieses Lehrbuches. Sollte es nicht gelungen sein, so ist Kritik angebracht. Ich bitte ausdrücklich darum, sie mir mitzuteilen.

Studierende, Kollegen/innen und Mitarbeiter/innen der Handwerkskammer und des Verlages, die mich bei meiner bisherigen Dozententätigkeit auch kritisch begleiteten, machten mich schon bei der Vorgängerversion dieses Lehrbuches wie auch bei dessen Neubearbeitung auf inhaltliche Fehler aufmerksam, gaben Anregungen und schlugen Verbesserungen vor. Ihnen allen gilt mein herzlicher Dank.

Augsburg, im Sommer 2013

Ekkehard von Knorring

Vorwort zur zweiten Auflage

In der zweiten Auflage wurden einige noch vorhandene Druckfehler der ersten Auflage korrigiert, zahlreiche inhaltliche, auch umfangreichere Ergänzungen vorgenommen und entdeckte Unklarheiten und Ungenauigkeiten beseitigt. Vor allem wurden die Daten im Text aktualisiert. Auch neuere Entwicklungen wie z. B. im Zusammenhang mit der Europäischen Währungsunion (EWU) wurden eingearbeitet. Antworten auf die am Schluss eines jeden Kapitels gestellten Kontrollfragen wurden in eine separat zu diesem Lehrbuch erschienene Aufgabensammlung aufgenommen.

Mein Dank gilt erneut meinen Kollegen und Studierenden, die mich auf Fehler aufmerksam machten oder Verbesserungen vorschlugen. Alle Leser werden wiederum herzlich gebeten, mir ihre Kritik mitzuteilen.

Augsburg, im Sommer 2015

Ekkehard von Knorring

Inhaltsverzeichnis

Inhaltsverzeichnis   9

Abkürzungsverzeichnis   13

Einführung   15

1. Das Unternehmen in der volkswirtschaftlichen Leistungserstellung   17

1.1	**Handlungssituation (Fallbeispiel 1)**	17
1.1.1	Gegenstand des Wirtschaftens	17
1.1.2	Lösungsmöglichkeiten des ökonomischen Knappheitsproblems	18
1.1.3	VWL und BWL	20
1.1.4	Volkswirtschaftliche Güter	23
1.1.5	Volkswirtschaftliche Produktionsfaktoren	25
1.1.6	Volkswirtschaftliche Sektoren	27
1.1.7	Unternehmen und Haushalte im Tauschkontakt	31
1.2	**Handlungssituation (Fallbeispiel 2)**	33
1.2.1	Das einzelwirtschaftliche Produktionskonto	33
1.2.2	Das staatliche Produktionskonto	38
1.2.3	Das gesamtwirtschaftliche Produktionskonto und die volkswirtschaftlichen Leistungsgrößen	40
1.2.4	Das gesamtwirtschaftliche Einkommenskonto und die volkswirtschaftlichen Einkommensgrößen	44
1.2.5	Das gesamtwirtschaftliche Vermögensänderungskonto und die Beziehung zwischen Sparen und Investieren	48
1.2.6	Das gesamtwirtschaftliche Kreditänderungskonto	51
1.2.7	Nominal- und Realgrößen	53
1.2.8	Betriebswirtschaftliche und volkswirtschaftliche Kosten	56

2. Das Unternehmen in der Sozialen Marktwirtschaft   61

2.1	**Handlungssituation (Fallbeispiel 1)**	61
2.1.1	Notwendigkeit und Gegenstand einer Wirtschaftsordnung	61
2.1.2	Wirtschaftssystem und Wirtschaftsordnung	63
2.1.3	Grundprinzipien der Marktwirtschaft und Planwirtschaft	64
2.1.4	Eigentum an Produktionsfaktoren in Marktwirtschaft und Planwirtschaft	68
2.1.5	Grundprobleme eines kapitalistisch-marktwirtschaftlichen und sozialistisch-planwirtschaftlichen Systems	70
2.1.6	Systemorientierung von Ländern	75

2.1.7	Der Markt- und Preismechanismus	76
2.1.8	Preisänderungen durch Angebots- oder/und Nachfrageänderungen	80
2.1.9	Messung des Angebots- und Nachfrageverhaltens	82
2.2	**Handlungssituation (Fallbeispiel 2)**	86
2.2.1	Der Markt- und Preismechanismus an der Börse	86
2.2.2	Der Markt- und Preismechanismus auf einer Auktion	88
2.3	**Handlungssituation (Fallbeispiel 3)**	90
2.3.1	Die Soziale Marktwirtschaft der Bundesrepublik Deutschland	90
2.3.2	Höchst- und Mindestpreise in der Sozialen Marktwirtschaft	91
2.3.3	Gefahren für die Sozialbindung der Marktwirtschaft	96

3. Der wirtschafts- und gesellschaftspolitische Rahmen des Unternehmens — 101

3.1	**Handlungssituation (Fallbeispiel 1)**	101
3.1.1	Gegenstand und gesellschaftliche Ziele der Wirtschaftspolitik	101
3.1.2	Probleme der Wirtschaftspolitik	103
3.2	**Handlungssituation (Fallbeispiel 2)**	104
3.2.1	Aufgabenbereiche der Wirtschaftspolitik	105
3.2.2	Träger der Wirtschaftspolitik	107
3.2.3	Ansatzpunkt, Wirkung und Unterteilung der wirtschaftspolitischen Instrumente	110

4. Der ordnungspolitische Rahmen des Unternehmens — 115

4.1	**Handlungssituation (Fallbeispiel 1)**	115
4.1.1	Ordnungspolitik als Wettbewerbspolitik	115
4.1.2	Gegenstand und Funktionen des Wettbewerbs	116
4.1.3	Wettbewerbsformen und Marktverhalten	118
4.1.4	Wettbewerbspolitische Leitbilder	120
4.1.5	Gesetzliche Grundlagen der deutschen Wettbewerbspolitik	123
4.2	**Handlungssituation (Fallbeispiel 2)**	125
4.2.1	Tatbestände von Wettbewerbsbeschränkungen nach dem GWB	125
4.2.2	Schwierigkeiten bei der Durchsetzung des GWB	129

5. Der prozesspolitische Rahmen des Unternehmens I: Auswirkungen der antizyklischen Fiskalpolitik — 133

5.1	**Handlungssituation (Fallbeispiel 1)**	133
5.1.1	Gegenstand, Träger und Funktionen der Fiskalpolitik	134

Inhaltsverzeichnis

5.1.2	~~Gegenstand und gesetzliche Grundlage der antizyklischen Fiskalpolitik~~	136
5.1.3	Ziele der antizyklischen Fiskalpolitik	137
5.2	**Handlungssituation (Fallbeispiel 2)**	142
5.2.1	Zielmessung bei der antizyklischen Fiskalpolitik	143
5.2.2	Ansatzpunkte der antizyklischen Fiskalpolitik und Parallelpolitik	150
5.2.3	Instrumente zur Bekämpfung einer Inflation	153
5.2.4	Instrumente zur Bekämpfung einer Arbeitslosigkeit	156
5.2.5	Staatseinnahmen- und Staatsausgabenmultiplikator	158
5.2.6	~~Bedeutung und Beurteilung der Staatsverschuldung~~	~~162~~
5.2.7	~~Probleme der antizyklischen Fiskalpolitik~~	~~169~~

(wichtig!!)

6. Der prozesspolitische Rahmen des Unternehmens II: Auswirkungen der Geld- und Kreditpolitik — 175

6.1	**Handlungssituation (Fallbeispiel 1)**	175
6.1.1	~~Geld- und Kreditpolitik als Teilbereich der Wirtschaftspolitik~~	~~175~~
6.1.2	Institutioneller Rahmen der Geld- und Kreditpolitik	176
6.1.3	Geld und Geldfunktionen	179
6.1.4	Erscheinungsformen von Geld	181
6.1.5	~~Buchgeldschöpfung~~	~~182~~
6.1.6	~~Konvergenzkriterien der EWU~~	~~185~~
6.1.7	~~Schuldenfinanzierung durch die EZB~~	~~188~~
6.1.8	~~Zielmessung und Zielverwirklichung~~	~~189~~
6.2	**Handlungssituation (Fallbeispiel 2)**	194
6.2.1	Leitzinsen und umlaufende Geldmenge	194
6.2.2	~~Schwachstellen der Geld- und Kreditpolitik~~	~~198~~
6.3	**Handlungssituation (Fallbeispiel 3)**	200
6.3.1	~~Ankauf von Staatsanleihen durch die EZB~~	~~201~~
6.3.2	~~Mindestreservepolitik~~	~~202~~
6.4	**Handlungssituation (Fallbeispiel 4)**	204
6.4.1	~~Unternehmensgewinn und Gewinn der EZB~~	~~204~~
6.4.2	~~Beurteilung eines EZB-Gewinns~~	~~206~~

7. Der strukturpolitische Rahmen des Unternehmens — 209

Beispiel Agrarwirtschaft

7.1	**Handlungssituation (Fallbeispiel 1)**	209
7.1.1	Strukturpolitik in einer Marktwirtschaft	209
7.1.2	Ziele der Strukturpolitik	210
7.2	**Handlungssituation (Fallbeispiel 2)**	212
7.2.1	Instrumente der Strukturpolitik	213

7.2.2	Agrarpolitik als sektorale Strukturpolitik	213

8. Der internationale Rahmen des Unternehmens — 219

8.1	**Handlungssituation (Fallbeispiel 1)**	219
8.1.1	Ursache internationaler Wirtschaftsbeziehungen	219
8.1.2	Die Zahlungsbilanz	221
8.1.3	Wechsel-, Devisen- und Sortenkurs	229
8.2	**Handlungssituation (Fallbeispiel 2)**	232
8.2.1	Wechselkurs und Leistungstransaktionen	232
8.2.2	Wechselkurs und Kapitaltransaktionen	234
8.2.3	Währungsspekulation	236
8.2.4	Rückwirkungen des EUR-Wechselkurses	238
8.3	**Handlungssituation (Fallbeispiel 3)**	241
8.3.1	Freie und feste Wechselkurse im Vergleich	242
8.3.2	Vor- und Nachteile eines EWU-Austritts	245

9. Gesellschaftlich bedeutsame Entwicklungen und Trends — 249

9.1	**Handlungssituation (Fallbeispiel 1)**	249
9.1.1	Demografischer Wandel	249
9.1.2	Auswirkungen des demografischen Wandels	254
9.2	**Handlungssituation (Fallbeispiel 2)**	255
9.2.1	Technologischer Wandel	256
9.2.2	Auswirkungen des technologischen Wandels	258
9.3	**Handlungssituation (Fallbeispiel 3)**	260
9.3.1	Tertiarisierung	261
9.3.2	Auswirkungen der Tertiarisierung	263

Beispiele von Prüfungsaufgaben mit Lösungsvorschlägen — 267

Stichwortverzeichnis — 295

Der Autor — 303

Abkürzungsverzeichnis

BIP	Bruttoinlandsprodukt
CAD	Kanadischer Dollar
CHF	Schweizer Franken
CNY	Chinesischer Renminbi (Yuan)
DKK	Dänische Krone
EU	Europäische Union
EUR	Euro (€)
EWR	Europäischer Wirtschaftsraum
EWS	Europäisches Währungssystem
EWU	Europäische Währungsunion
EWWU	Europäische Wirtschafts- und Währungsunion
EZB	Europäische Zentralbank
GBP	Pfund Sterling (£)
GWB	Gesetz gegen Wettbewerbsbeschränkungen
HVPI	Harmonisierter Verbraucherpreisindex
HWK	Handwerkskammer
HwO	Handwerksordnung
JPY	Yen
NE	Nationaleinkommen
NIP	Nettoinlandsprodukt
NNE	Nettonationaleinkommen
NOK	Norwegische Krone
PE	Primäreinkommen
PLN	Polnischer Zloty
RUB	Russischer Rubel
SEK	Schwedische Krone
SP	Sozialprodukt
USD	US-Dollar ($)
UWG	Gesetz gegen unlauteren Wettbewerb
VE	Volkseinkommen
VGR	Volkswirtschaftliche Gesamtrechnung
VPI	Verbraucherpreisindex

Bedeutung weiterer Abkürzungen im Text.

Einführung

In den folgenden Kapiteln wird dem/r „Geprüften Betriebswirt/in nach der Handwerksordnung" in Anlehnung an den bundeseinheitlichen Rahmenlehrplan ein volkswirtschaftliches Basiswissen vermittelt, das bei der kompetenten Entwicklung einer Unternehmensstrategie helfen soll. Die zunehmend nationale und auch internationale Vernetzung in Wirtschaft und Gesellschaft zwingen dazu, bei der Entwicklung einer erfolgreichen Unternehmensstrategie verstärkt über den betriebswirtschaftlichen „Tellerrand" hinauszublicken, volkswirtschaftliche und gesellschaftliche Rahmenbedingungen in die Überlegungen mit einzubeziehen und mit Blick auf die strategischen Entscheidungen im Unternehmen zu bewerten. Dazu sind Kompetenzen zur Erfassung und Bewertung von volkswirtschaftlichen und politischen Wirkungszusammenhängen und von Innovationen und Trends erforderlich. Die Kurzbezeichnung der konkreten Lerninhalte bzw. Lernziele zum Erwerb dieser Kompetenzen ergibt sich aus den Kapitel- und Abschnittüberschriften.

Kompetenzen und Lernziele

Die Vermittlung der Kompetenzen und Lernziele im Text folgt einem klar gegliederten Aufbau, einem „roten Faden". Er hat folgende Gestalt:

Textgliederung

Kapitelüberschrift mit Kurzbezeichnung des Lehr- und Lerninhalts

Handlungssituation (Fallbeispiele 1 ff.)
Beschreibung einer exemplarischen Situation in einem Unternehmen (z. B. in einem konkreten Handwerksbetrieb), aus der sich ein volkswirtschaftlicher Bezug ableiten lässt, entweder als Auswirkungen der betrieblichen Situation auf die volkswirtschaftliche Situationsebene oder als Auswirkungen einer volkswirtschaftlichen Situation auf die betriebliche Situations- und Handlungsebene.

Situationsbezogene Frage (Fragen 1 ff.)
Situationsbezogene Frage mit volkswirtschaftlichem Bezug.

Volkswirtschaftliches Basiswissen – Unterabschnitt mit Kurzbezeichnung
Vermittlung des Basiswissens, das den volkswirtschaftlichen Rahmen der situationsbezogenen Frage abdeckt. Dieser Rahmen ist inhaltlich zwangsläufig weiter gezogen als die auslösende Frage, denn es sollen auch Fragen abgedeckt werden, die sich nicht nur aus der spezifischen, beispielhaften Situation, sondern auch aus ähnlichen Situationen ergeben können.

Situationsbezogene Antwort (Antworten 1 ff.)
Antwort auf die situationsbezogene Frage unter Einsatz des volkswirtschaftlichen Basiswissens.

Situationsbezogene Kontrollaufgabe
In Teilfragen gegliederte Aufgabe, die wiederum ausgehend von einer konkreten betrieblichen Handlungssituation der Überprüfung der im Kapitel erworbenen Wissenskompetenz dient. Antworten auf die entsprechenden Kontrollfragen werden in diesem Lehrbuch im Unterschied zu den situationsbezogenen Fragen bewusst nicht gegeben. Sie sollen erst das Ergebnis der Selbstkontrolle des Lesers im Selbststudium oder im Unterricht sein, ob das erworbene volkswirtschaftliche Basiswissen des betreffenden Teilbereichs praxisnah eingesetzt werden kann. In den Antworten sollte immer auch eine Erläuterung gefordert werden, d. h., das volkswirtschaftliche Basiswissen sollte mit der Aufgabenlösung dokumentiert und eine reine Reproduktion vorgefertigter, möglicherweise auswendig gelernter Antwortschablonen vermieden werden. Beispiele von kapitelübergreifenden Aufgaben mit Lösungsvorschlägen aus der Prüfungspraxis werden am Schluss des Lehrbuches geliefert. Sie sind auch zusammen mit Lösungsvorschlägen für die Kontrollaufgaben in der separat erschienenen Aufgabensammlung zu diesem Lehrbuch enthalten.

1. Das Unternehmen in der volkswirtschaftlichen Leistungserstellung

1.1 Handlungssituation (Fallbeispiel 1)

Handlungssituation — Fallbeispiel 1

Der Installationsbetrieb von Installationsmeister Röhrl ist in München ansässig. Mit zehn Beschäftigten auf einem Firmengelände von 1000 m² hat er sich auf die Installation von Pelletheizungen spezialisiert. Zu seinen Kunden zählt er ausschließlich private Haushalte in der Region um München.

Situationsbezogene Frage 1
Welche ökonomischen Gründe haben Installationsmeister Röhrl dazu veranlasst, einen Installationsbetrieb zu betreiben?

1.1.1 Gegenstand des Wirtschaftens

Gegenstand des **Wirtschaftens** sind knappe Güter, die als materielle Werte neben immateriellen Werten (z. B. Verständnis, Zuneigung, Anerkennung) dem einzelnen Menschen einen Nutzen stiften und daher durch Gebrauch (Nutzung) sein Wohlbefinden positiv beeinflussen. Güter sind daher im wahrsten Sinne des Wortes gut. Ungüter sind schlecht, weil sie das Wohlbefinden negativ beeinflussen, also Leid zufügen und z. B. krank machen. Die **Knappheit der Güter** beruht darauf, dass die Möglichkeiten der Güterproduktion (z. B. in Form der vorhandenen Arbeitskraft) begrenzt sind (= absolute Knappheit) und die Güterbedürfnisse (Bedarf) außerhalb der Möglichkeiten liegen (= relative Knappheit).

Güterknappheit als ökonomisches Grundproblem

> Das **Knappheitsproblem** der Güter (Güterversorgungsproblem) ist Ausgangspunkt und steht im Mittelpunkt allen Wirtschaftens.

Das Güterversorgungsproblem oder – nach den Worten von Erich Schneider (1900–1970), einem der großen Vertreter der deutschen Volkswirtschaftslehre – „der kalte Stern der Knappheit" ist für uns ein Dauerproblem. Der wirtschaftende Mensch als **Wirtschaftssubjekt** (lat.: homo oeconomicus) und als allein vernunftbegabtes Lebewesen setzt seine Vernunft (Ratio) ein, um sein Güterversorgungsproblem bestmöglich zu lösen. Eichhörnchen lösen ihre Güterversorgungsprobleme instinktmäßig. „Bestmöglich" heißt, mit gegebenen Möglichkeiten ein Höchstmaß an Bedarfsbefriedigung (Nutzenmaximierung) oder einen gegebenen Bedarf mit einem

Homo oeconomicus

1. Das Unternehmen in der volkswirtschaftlichen Leistungserstellung

Mindestmaß an Möglichkeiten (Kostenminimierung) zu erreichen (ökonomisches Rationalprinzip oder kurz: **ökonomisches Prinzip**). Knappe Güter sind daher **ökonomische Güter**. Güter ohne absolutes Knappheitsproblem sind **freie Güter**. Ungüter sind mit einem Entsorgungsproblem verbunden.

Situationsbezogene Antwort 1
Installationsmeister Röhrl betreibt unter ökonomischem Blickwinkel einen Installationsbetrieb, weil er ein Güterversorgungsproblem hat, d. h., er möchte z. B. seiner Familie allgemein einen bestimmten Lebensstandard sichern oder für sich persönlich einen neuen Pkw anschaffen. Seine Unternehmertätigkeit soll ihm dazu die Möglichkeit verschaffen. Er macht sich daher Gedanken, wie er sein Einkommen über den Betriebsgewinn maximieren kann, um seinen Bedarf möglichst leicht decken zu können. Installationsmeister Röhrl hat neben dem Wunsch nach Bedarfsdeckung vielleicht aber auch den Wunsch, sich selbst zu bestätigen oder von seinen Mitmenschen anerkannt zu werden. In diesen Fällen tritt er als Wirtschaftssubjekt in den Hintergrund. Wenn Installationsmeister Röhrl bei dem Versuch, seinen Bedarf zu decken, z. B. gesundheitliche Probleme durch Überanstrengung bekommt, steht er vor einem Entsorgungsproblem, d. h., den Wunsch nach einer ärztlichen Dienstleistung gar nicht erst aufkommen zu lassen.

Situationsbezogene Frage 2
Warum hat sich Installationsmeister Röhrl auf die Installation von Pelletheizungen spezialisiert und was folgt daraus für seine Unternehmertätigkeit?

1.1.2 Lösungsmöglichkeiten des ökonomischen Knappheitsproblems

Wenn der Mensch als Wirtschaftssubjekt versucht, mit Vernunft (Ratio) sein Güterversorgungsproblem zu lösen, hat er grundsätzlich zwei Lösungsmöglichkeiten: Rationierung oder/und Rationalisierung.

Rationierung oder/und Rationalisierung

Von **Rationierung** wird gesprochen, wenn es um die Einschränkung des Bedarfs geht. Sie ist als Lösungsmöglichkeit des Knappheitsproblems wenig beliebt, allerdings schnell wirkend. Sich von Wünschen zu verabschieden, wird als unangenehm empfunden und gilt als letzter Ausweg, wenn eine Rationalisierung momentan nicht möglich ist. Lieferfristen, Bezugsscheine, aber auch eine Inflation sind z. B. Formen der Rationierung.

Von **Rationalisierung** wird gesprochen, wenn es um die Ausschöpfung und Ausdehnung der Produktionsmöglichkeiten geht. Sie ist diejenige Lösungsmöglichkeit des

1.1.2 Lösungsmöglichkeiten des ökonomischen Knappheitsproblems

Knappheitsproblems, an die normalerweise zuerst gedacht wird. Sie umfasst die Spezialisierung, die Investierung und die Ökonomisierung. **Spezialisierung** (auch Arbeitsteilung genannt) bedeutet, die Fähigkeiten zur Produktion, also die Produktionsfaktoren (vgl. Abschnitt 1.1.5), konzentriert und gezielt einzusetzen und dadurch die Gesamtleistung zu erhöhen (Effizienzsteigerung). **Investierung** ist eine besondere Form der Spezialisierung und bedeutet z. B. den verstärkten Einsatz von Maschinen, die als Sachkapital in vielen Fällen der menschlichen Arbeitskraft überlegen sind. Im täglichen Sprachgebrauch ist vor allem dieser Vorgang gemeint, wenn von Rationalisierung die Rede ist und Arbeitsplätze verloren gehen. **Ökonomisierung** bedeutet, zunächst einmal zu versuchen, die Produktionsmöglichkeiten voll auszuschöpfen (ökonomisches Prinzip) und nichts zu vergeuden, bevor daran gedacht wird, sie noch weiter auszudehnen. Unter allen Formen der Rationalisierung ist die **Spezialisierung von besonderer Bedeutung**. Es ist nicht übertrieben festzustellen, dass die Spezialisierung zusammen mit dem Güterversorgungsproblem die Dreh- und Angelpunkte des gesamten Wirtschaftens sind. Wer sie verstanden hat, verfügt über ein ökonomisches Grundverständnis, das als Weichenstellung den Zugang zum Verständnis aller ökonomischen Situationen und Probleme verschafft.

Spezialisierung ist besonders wichtig

Spezialisierung findet beim Einsatz (Input) der Produktionsmöglichkeiten (Produktionsfaktoren) und beim Produktionsergebnis (Output) statt. Spezialisierung ist national (z. B. durch die Ausbildung zu einem Handwerksberuf) und international (z. B. in Gestalt der erdölproduzierenden Länder) anzutreffen.

Spezialisierung auf der Input- und Outputseite

> Spezialisierung führt zwangsläufig zu wirtschaftlichen Tauschbeziehungen (Handelsbeziehungen) zwischen den Spezialisten, die sich in **Anbieter und Nachfrager** unterteilen lassen.

Im- u. Export

Jeder Spezialist befindet sich gleichzeitig in einer Anbieter- und Nachfragerrolle. Als Spezialist wird er z. B. zum Anbieter derjenigen Güter, auf deren Produktion er sich spezialisiert hat und die er in der Gesamtmenge selbst nicht benötigt. Hier steht er vor einem Absatzproblem eigener Leistung. Andererseits wird jeder Spezialist zum Nachfrager nach denjenigen Gütern, auf deren Produktion er sich nicht spezialisiert hat. Es tritt ein Beschaffungsproblem fremder Leistung auf. Werden das Absatz- und Beschaffungsproblem nicht gelöst, entsteht ein Existenzproblem durch mangelhafte Güterversorgung.

Angebot und Nachfrage durch Spezialisierung

Die **Vorteile der Spezialisierung** liegen gegenüber der Selbstversorgung vor allem in einer höheren mengenmäßigen (quantitätsmäßigen) Gesamtleistung pro Produktionsfaktor (Produktivität) wie auch in einer höheren Produktqualität. Sie dient damit entscheidend – wie schon beschrieben – der Rationalisierung. **Nachteile der Spezialisierung** sind vor allem in der größeren Abhängigkeit der Spezialisten unterein-

Vor- und Nachteile der Spezialisierung

ander über das Absatz- und Beschaffungsproblem bzw. Existenzproblem, in den möglichen Schwierigkeiten bei ihrer Abstimmung (Koordination) zwecks Problemlösung und in der möglichen Entfremdung von der eigenen Leistung (Problem des inhumanen Arbeitsplatzes) zu sehen. In der wechselseitigen Abhängigkeit der Spezialisten kann jedoch auch insofern ein Vorteil gesehen werden, als sie den menschlichen Gedankenaustausch (Kommunikation) erzwingt bzw. der Isolierung vorbeugt, dadurch soziale Prozesse fördert und das Gemeinwesen stützt. In den Wissenschaften kann eine fortschreitende Spezialisierung zu der Gefahr führen, immer mehr über immer weniger und schließlich alles über nichts zu wissen.

Situationsbezogene Antwort 2

Installationsmeister Röhrl hat sich auf die Installation von Pelletheizungen spezialisiert, weil er durch seine Ausbildung zum Installationsmeister (Inputseite) und die anschließende Konzentration auf die Produktion von Pelletheizungen (Outputseite) glaubt, seine Fähigkeiten ökonomisch bestmöglich einsetzen zu können und über den erhofften Gewinn letztlich auch sein eigenes Güterversorgungsproblem bestmöglich lösen zu können. Durch die Spezialisierung ist er zum Anbieter von Pelletheizungen geworden. Gleichzeitig ist er zum Nachfrager nach denjenigen Gütern geworden, auf deren Produktion er sich nicht spezialisiert hat und die (z. B. in Gestalt einer Urlaubsreise) sein eigenes Güterversorgungsproblem ausmachen. Er ist demnach gezwungen in Tauschbeziehungen zu treten, die insofern problematisch werden können, als er in Abhängigkeit von Tauschpartnern gerät, die in ihren Güterwünschen und Vorstellungen nicht im Einklang mit seinen eigenen Vorstellungen stehen müssen.

Situationsbezogene Frage 3

Warum ist der Installationsbetrieb von Installationsmeister Röhrl aus volkswirtschaftlicher Sicht interessant?

1.1.3 VWL und BWL

Die **Volkswirtschaftslehre (VWL)** zählt zu den **Wirtschaftswissenschaften**. Sie umfassen diejenigen Fachgebiete, die das Wirtschaften des Menschen zum Gegenstand ihres Erkenntnisinteresses machen. Alle **Aufgaben der VWL** sind darauf gerichtet, das gesellschaftliche Güterversorgungsproblem als gesamtwirtschaftliches Problem zu erkennen und zu lösen. Die Aufgabenerfüllung lässt sich dabei in vier Stufen unterteilen:

Deskription und Definition

(1) Am Anfang steht die Beobachtung und damit die **Beschreibung** (Deskription) vergangener Entwicklungen und deren Ergebnisse auf der gesamtwirtschaftlichen Ebene (z. B. die Höhe der gesamten Güterversorgung der deutschen Bevöl-

1.1.3 VWL und BWL

kerung im Jahr 2014). Da sich jede Beschreibung einer Sprache und bestimmter Fachbegriffe bedient, muss die Beschreibung Hand in Hand mit der **Begriffsklärung** (Definition) gehen (z. B. Bruttoinlandsprodukt (BIP)). So wie alle Begriffe beruhen auch volkswirtschaftliche Begriffe auf Konventionen und sind daher streng genommen nicht richtig oder falsch, sondern werden nur konventionell oder unkonventionell (mit der Gefahr des Missverständnisses) verwendet. Die Frage in dieser ersten Aufgabenstellung lautet: Was ist und wie ist etwas auf der volkswirtschaftlichen Ebene? Um die Frage zu beantworten, werden bestimmte Methoden wie z. B. die Buchführungstechnik der **Volkswirtschaftlichen Gesamtrechnung (VGR)** eingesetzt. Wir werden uns in diesem Kapitel damit näher befassen.

(2) Der Beschreibung folgt die **Erklärung**, d. h., es folgt die Frage nach den Ursachen, also die Frage nach dem Warum: Warum ist etwas so, wie es ist? Warum betrug z. B. das BIP im Jahr 2014 ca. 2.900 Mrd. EUR und warum ist es nicht höher ausgefallen? Es wird also nach den Ursachen eines bestimmten gesamtwirtschaftlichen Phänomens in der Vergangenheit gefragt. Um die Frage zu beantworten, wird die **Wirtschaftstheorie** bemüht. — Erklärung

(3) Ist die Erklärung geleistet, so lässt sich darauf eine **Prognose** aufbauen, d. h., durch Verlagerung der Ursachen in die Zukunft lassen sich auch zukünftige Entwicklungen vorhersagen und begründen. Warum dürfte z. B. das BIP im kommenden Jahr steigen? Von der Prognose unterscheidet sich die Prophezeiung dadurch, dass Letztere (z. B. durch einfache Trendverlängerung der vergangenen Entwicklung in die Zukunft) zwar die zukünftige Entwicklung – möglicherweise im reinen Ergebnis durchaus exakt – vorhersagen, aber nicht die Ursachen dieser Entwicklung benennen kann. Dies ist dann hinderlich, wenn zukünftige Entwicklungen als gesellschaftlich unerwünscht bewertet werden und daher nach einer (wirtschafts)politischen und damit staatlichen Korrektur und entsprechenden Maßnahmen verlangen. — Prognose

(4) Sind die drei erst genannten Aufgaben erfüllt, so obliegt der Volkswirtschaftslehre – sofern sie nicht im „elfenbeinernen Turm" der reinen Theorie verbleiben will – als Letztes die Aufgabe der **wirtschaftspolitischen Beratung**. Sie soll diejenigen im staatlichen Bereich instrumentell beraten, die (z. B. als gewählte Volksvertreter und Parlamentarier bzw. Regierungsmitglieder in einer Demokratie) aufgrund ihrer gesellschaftlichen Verantwortung die Aufgabe haben, das gesellschaftliche (volkswirtschaftliche) Güterversorgungsproblem und die damit verbundenen Probleme (z. B. das Arbeitslosigkeitsproblem) zu lösen. Die Frage lautet also: Wozu soll z. B. die Beschreibung und Erklärung der zukünftigen Entwicklung des BIP dienen? — Wirtschaftspolitische Beratung

1. Das Unternehmen in der volkswirtschaftlichen Leistungserstellung

VWL

> Die **Volkswirtschaftslehre (VWL)** versucht Erkenntnisse über das gesamte Güterversorgungsproblem einer Gesellschaft (Gesamtwirtschaft) und die Schwierigkeiten bei der Problemlösung zu gewinnen und zu vermitteln.

Die **Betriebswirtschaftslehre (BWL)** zählt wie die Volkswirtschaftslehre (VWL) zu den Wirtschaftswissenschaften. Sie steht im Grunde vor dem gleichen Aufgabenkatalog wie die VWL, allerdings nicht auf der gesamtwirtschaftlichen, sondern auf der einzelwirtschaftlichen Ebene, z. B. im Unternehmensbereich. Außerdem bezieht sich die Aufgabe der Beratung nicht auf den staatlichen Bereich, sondern verbleibt im privaten Bereich, z. B. als Unternehmensberatung.

BWL

> Die **Betriebswirtschaftslehre (BWL)** befasst sich mit den einzelwirtschaftlichen Problemen bei der Güterversorgung, wobei die betriebliche Produktion der Güter und deren Vermarktung im Vordergrund des Interesses stehen.

VWL und BWL ergänzen sich

VWL und BWL sind keine Gegensätze, sondern Fachgebiete, die sich gegenseitig ergänzen und von dem jeweilig anderen Fachgebiet – wie auch von nichtökonomischen Fachgebieten wie z. B. den Sozialwissenschaften – wichtige Anregungen und Beiträge bei der eigenen Erkenntnisgewinnung erhalten. Die VWL hat dadurch für den Betriebswirt an Bedeutung gewonnen, dass Märkte immer größer und staatlich beeinflusst werden und auch international verstärkt zusammenwachsen (z. B. in Gestalt der Europäischen Wirtschafts- und Währungsunion). Die Kenntnis der volkswirtschaftlichen Rahmenbedingungen und Zusammenhänge ist für den einzelnen Betrieb unabdingbar geworden, wenn er seine Existenz langfristig sichern will. Andererseits kommt auch der Volkswirt nicht ohne ein Grundverständnis der betriebswirtschaftlichen Zusammenhänge aus, denn gesamtwirtschaftliche Erscheinungen und Probleme wie z. B. Arbeitslosigkeit und Inflation sind letztlich das Ergebnis von einzelwirtschaftlichen Entscheidungen und Verhaltensweisen.

Situationsbezogene Antwort 3

Der Installationsbetrieb von Installationsmeister Röhrl interessiert aus volkswirtschaftlicher Sicht, weil dort – wie auch in allen anderen Betrieben – ein volkswirtschaftliches Ergebnis (z. B. die volkswirtschaftliche Güterproduktion in Gestalt des Bruttoinlandsprodukts) seinen Ausgangspunkt nimmt und weil betriebswirtschaftliche Verhaltensweisen wichtige Erkenntnisse liefern, wenn es z. B. darum geht, mit wirtschaftspolitischen Maßnahmen Einfluss zu nehmen. Wenn z. B. bekannt ist, warum Installationsmeister Röhrl Beschäftigte einstellt oder ausstellt, lassen sich dadurch wichtige Rückschlüsse für eine gesamtwirtschaftliche Beschäftigungspolitik gewinnen.

1.1.4 Volkswirtschaftliche Güter

Das volkswirtschaftliche Interesse, das in den Aufgaben der Volkswirtschaftslehre zum Ausdruck kommt, ist auf der betrieblichen Ebene von Installationsmeister Röhrl nahezu identisch mit dem betriebswirtschaftlichen Interesse. Auch Installationsmeister Röhrl hat ein Interesse daran zu wissen, was im Laufe eines Jahres in seinem Betrieb passiert ist, d. h., er beschreibt unter Einsatz einer Fachsprache und einer Beschreibungsmethodik wie z. B. der Buchführung den jährlichen Betriebsablauf und stellt z. B. fest, dass er einen Gewinn gemacht hat, obwohl sich gleichzeitig seine Kostensituation verschlechtert hat. Natürlich möchte er auch gern wissen und erklären, warum sein Gewinn nicht höher ausgefallen ist und warum seine Kostensituation sich verschlechterte. Ebenso ist er daran interessiert zu wissen, wie und warum sich sein Betrieb und z. B. seine Gewinnsituation im nächsten Jahr entwickeln dürften. Er hätte also gern eine Prognose. Und letztlich möchte er wissen, mit welcher Unternehmensstrategie er eine künftige Entwicklung positiv beeinflussen kann. Er wünscht eine unternehmenspolitische Beratung, die er entweder selbst vornehmen oder bei einem darauf spezialisierten Unternehmensberater in Auftrag geben kann.

Situationsbezogene Frage 4
Welchen volkswirtschaftlichen Güterbegriffen sind die von Installationsmeister Röhrl installierten Pelletheizungen nach ihrer Nutzungsdauer und Nutzungsart zuzuordnen?

1.1.4 Volkswirtschaftliche Güter

Schematisch und in der Übersicht lassen sich die verschiedenen volkswirtschaftlichen **Güterbegriffe nach ihrer Nutzungsdauer und Nutzungsart** wie folgt darstellen:

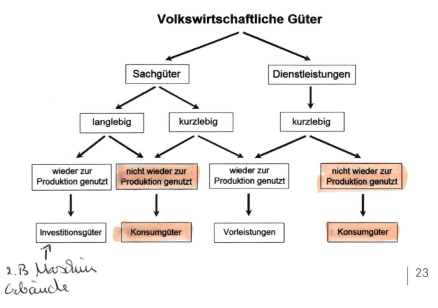

z. B. Maschine, Gebäude

1. Das Unternehmen in der volkswirtschaftlichen Leistungserstellung

Konsumgüter, Investitionsgüter, Vorleistungen

Die ökonomischen (knappen) Güter (vgl. Abschnitt 1.1.1) lassen sich demnach zunächst in **Sachgüter** (Waren) und **Dienstleistungen** unterteilen. Sie können dauerhaft (langlebig) und nicht dauerhaft (kurzlebig) sein. Die Grenze zwischen Kurz- und Langlebigkeit ist das Ende des Wirtschaftsjahres, das normalerweise dem Kalenderjahr entspricht. Sachgüter können kurz- oder langlebig sein, während Dienstleistungen nur kurzlebig sind und gleichzeitig mit ihrer Produktion auch vollständig genutzt werden. Die Nutzung der Güter führt zu ihrer Vernichtung. Eine weitere und begrifflich wichtige Unterteilung ist die in Investitions- und Konsumgüter und in Vorleistungen. **Investitionsgüter** sind langlebige, **Vorleistungen** kurzlebige Güter, die wieder zur Produktion genutzt werden. **Konsumgüter** sind kurz- und langlebige Güter, die durch Nutzung zwar auch vernichtet, aber nicht wieder zur Produktion genutzt werden.

Vorleistungen werden vor allem von der Zulieferindustrie hergestellt und als Roh-, Hilfs- und Betriebsstoffe dem betrieblichen Produktionsprozess zugeführt. Als typische Beispiele für Investitionsgüter gelten die im Produktionsprozess eingesetzten Maschinen (Ausrüstungsinvestitionen) und Gebäude (Bauinvestitionen). Typische Konsumgüter sind z. B. Nahrungsmittel und auch Elektrogeräte im privaten Haushalt, sofern mit ihnen nicht wieder etwas produziert und verkauft wird.

Situationsbezogene Antwort 4

Die von Installationsmeister Röhrl installierten Pelletheizungen könnten nach ihrer Nutzungsart unter alle drei volkswirtschaftlichen Güterbegriffe fallen. Da die Pelletheizungen annahmegemäß ausschließlich in privaten Haushalten installiert werden, könnten sie zunächst einmal unter die privaten Konsumgüter fallen. Dies wäre dann der Fall, wenn sie nicht wieder zur Produktion genutzt werden, wenn sie also z. B. dazu dienen, die Wohnräume eines privaten Haushalts zu heizen. Dass es sich bei Pelletheizungen typischerweise um langlebige Sachgüter handelt, die über die Jahre hinweg genutzt werden, spielt bei Konsumgütern keine Rolle, da sie kurz- und langlebige Güter umfassen. Das ist bei Investitionsgütern anders, da bei ihnen die Langlebigkeit gegeben sein muss. Bei den Pelletheizungen würde es sich um private Investitionsgüter handeln, wenn sie in Unternehmen des privaten Haushaltsbereichs (vgl. Abschnitt 1.1.6) (z. B. im Familienbetrieb einer Bäckerei) installiert werden. Sie würden dann nämlich wieder der Produktion (z. B. zur Beheizung der Backstube bei der Semmelproduktion) dienen. Untypisch, aber keineswegs völlig unrealistisch wäre eine kurzlebige Nutzung von Pelletheizungen in der Produktion. Dies wäre dann der Fall, wenn sie z. B. im Auftrag eines Subunternehmens bei der Erstellung eines größeren Wohnungsbauprojekts installiert würde. Für das Subunternehmen würde es sich um eine Vorleistung handeln, die im gleichen Jahr an den Betreiber des Wohnungsbauprojekts weitergereicht wird und dann erst bei ihm zu einer privaten Investition wird.

1.1.5 Volkswirtschaftliche Produktionsfaktoren

Situationsbezogene Frage 5
Wie ist die von Installationsmeister Röhrl bei der Produktion der Pelletheizungen eingesetzte Betriebsausstattung (Beschäftigte, Firmengelände und -gebäude, Maschinen, Bankguthaben etc.) volkswirtschaftlich einzuordnen?

1.1.5 Volkswirtschaftliche Produktionsfaktoren

Die volkswirtschaftliche Produktion entspringt der Kombination von drei Quellen (**Produktionsfaktoren**): Arbeit, Boden und Kapital.

> **Arbeit** ist ein ursprünglicher (originärer) und der wohl wichtigste Produktionsfaktor, da er unmittelbar auf den Menschen bezogen und mit der menschlichen Existenz untrennbar verbunden ist.

Wir alle werden gleichsam schon durch Geburt zu Eigentümern von Arbeitskraft, die allerdings erst nach einer Ausbildung im Produktionsprozess einsetzbar ist. Die Untrennbarkeit der Arbeitskraft vom Menschen selbst ist auch der eigentliche Grund dafür, warum Arbeitslosigkeit als menschliches und damit besonders gravierendes, gesellschaftliches (soziales) Problem empfunden wird und warum der Arbeitnehmer sich in einer besonders abhängigen Position gegenüber denjenigen fühlt, die über den Einsatz und die Kombination der Produktionsfaktoren entscheiden. In der volkswirtschaftlichen Fachsprache wird daher – entgegen unserem täglichen Sprachgebrauch – unter Arbeit nur die abhängige, unselbstständige Arbeit verstanden, d. h., nur diejenigen zählen zu den Arbeitnehmern, die sich vertraglich bereit erklärt haben, ihr Eigentum an Arbeitskraft im Produktionsprozess von den Produzenten als Eigentümern von Boden und Kapital nutzen zu lassen, und im Gegenzug dafür einen Teil des gesamten Produktionsergebnisses als Arbeitnehmerentgelt (Kontrakteinkommen, z. B. in Form von Löhnen und Gehältern) für sich beanspruchen. Die volkswirtschaftliche Leistungskraft der Arbeit ist – wie bei allen Produktionsfaktoren – eine Frage der Quantität und Qualität. Sie wird demnach bestimmt durch die vorhandene arbeitsfähige Bevölkerung (= Zahl der unselbstständigen Erwerbspersonen = unselbstständige Erwerbstätige + Arbeitslose) und durch ihren Ausbildungsstand, aber auch durch die Art ihrer Eingliederung in den Produktionsprozess und dabei vor allem durch ihre Ausstattung und Kombination mit dem Produktionsfaktor Kapital.

Produktionsfaktor: Arbeit

> **Boden** ist wie Arbeit ein originärer Produktionsfaktor, denn er ist gleichsam der Planet, auf dem wir leben.

1. Das Unternehmen in der volkswirtschaftlichen Leistungserstellung

Produktionsfaktor: Boden

Boden dient im Produktionsprozess z. B. als land- und forstwirtschaftliche Nutzfläche, als Standort von Produktionsanlagen und als Quelle nicht erneuerbarer Rohstoffe (Ressourcen). Die produktionsbedingte Nutzung des Bodens führt allerdings nach traditioneller volkswirtschaftlicher – im Übrigen auch nach betriebswirtschaftlicher bzw. steuerrechtlicher – Sichtweise zu keinem Verschleiß, was vor dem Hintergrund der Umweltproblematik zunehmend in Frage gestellt wird. Unter diesem kritischen Blickwinkel erscheint es auch nicht ratsam, den Produktionsfaktor Boden mit Umwelt gleichzusetzen, wie es in einigen Lehrbüchern geschieht. Die volkswirtschaftliche Leistungskraft des Bodens wird wiederum quantitätsmäßig z. B. durch die ha-Größe und qualitätsmäßig durch die Bodengüte bestimmt. Die Eigentümer des Bodens produzieren eine Dienstleistung, indem sie anderen Produzenten von Sachgütern und Dienstleistungen die Bodennutzung (z. B. als Standort von Produktionsstätten) gestatten und dafür (bei fremden Produzenten) z. B. Pachteinnahmen erzielen. Ihr Faktoreinkommen ist der Gewinn, der ihnen im Gegensatz zu den Arbeitnehmern aber nicht als Kontrakteinkommen, sondern als Residualeinkommen zufließt. Erst am Ende des Wirtschaftsjahres wird anhand der Buchführung geklärt, wie hoch es tatsächlich gewesen ist.

> **Kapital** ist im Gegensatz zu Arbeit und Boden kein originärer, sondern ein abgeleiteter (derivativer) Produktionsfaktor, denn er ist erst selbst durch die Produktion von Gütern entstanden.

Produktionsfaktor: Kapital

Sachkapital sind die im Produktionsprozess eingesetzten Investitionsgüter wie z. B. Maschinen und Gebäude, während **Geldkapital** eine Forderung bzw. Verbindlichkeit und damit eine indirekte Beteiligung am Eigentum des Sachkapitals darstellt. Sachkapital kann neu gebildet, aber durch seine Nutzung im Produktionsprozess auch verschlissen werden. Voraussetzung für die Sachkapitalbildung ist die Geldkapitalbildung, die volkswirtschaftlich als **Sparen** bezeichnet wird. Sparen ist Konsumverzicht, d. h., es entsteht dadurch, dass die Eigentümer der Produktionsfaktoren ihr durch die Faktornutzung bei der Güterproduktion erhaltenes Einkommen nicht voll zum Kauf von Konsumgütern verwenden, sondern den Rest – meist unter Vermittlung des Bankensystems – den Investoren als Käufern von Investitionsgütern und damit wieder der Produktion zur Verfügung stellen.

Auch die Kapitaleigentümer beanspruchen für die Faktornutzung einen Teil des Produktionsergebnisses als Faktoreinkommen. Es fließt ihnen wie den Bodeneigentümern als Residualeinkommen in Form des Gewinns zu. Der Gewinnanspruch wird von den Boden- und Kapitaleignern außerdem mit dem Argument begründet, dass sie auch das Risiko des Verlustes durch Liquidierung ihres Faktoreigentums zu tragen haben.

Situationsbezogene Antwort 5

Installationsmeister Röhrl setzt bei der Installation von Pelletheizungen durch seine Beschäftigten den volkswirtschaftlichen Produktionsfaktor Arbeit ein, der je nach Beschäftigungsstunden und Ausbildungsstand der Beschäftigten von unterschiedlicher Quantität und Qualität ist. Die Beschäftigten sind Eigentümer von Arbeitskraft und gestatten Installationsmeister Röhrl vertraglich die Nutzung ihrer Arbeitskraft (Arbeitnehmer) und erhalten als Nutzungsentgelt den vertraglich vereinbarten Lohn oder das Gehalt (Kontrakteinkommen). In der vertraglichen Bindung kommt eine Abhängigkeit der Arbeitnehmer zum Ausdruck. Die Beschäftigen von Installationsmeister Röhrl gehen demnach einer abhängigen, unselbständigen Tätigkeit nach, während die Tätigkeit von Installationsmeister Röhrl als Betriebsinhaber eine selbständige Tätigkeit darstellt. Er ist Eigentümer der volkswirtschaftlichen Produktionsfaktoren Boden und Kapital. Der Boden ist z. B. das Firmengelände, das Kapital sind z. B. das Firmengebäude und die eingesetzten Maschinen (Sachkapital) und die flüssigen Geldmittel auf dem Bankkonto (Geldkapital). Für die Nutzung seiner Produktionsfaktoren erhält er den Gewinn, der allerdings nicht vertraglich vereinbart ist, sondern sich erst am Ende des Jahres ergibt (Residualeinkommen). Ein Verlust als negativer Gewinn würde sein Kapitaleigentum und im schlimmsten Fall der Insolvenz auch sein Bodeneigentum schmälern.

Situationsbezogene Frage 6

Welche Kunden von Installationsmeister Röhrl zählen aus volkswirtschaftlicher Sicht zu den privaten Haushalten und wie unterscheiden sie sich von anderen möglichen Kundengruppen?

1.1.6 Volkswirtschaftliche Sektoren

Die am volkswirtschaftlichen Güterversorgungsprozess beteiligten Spezialisten treffen tagtäglich millionenfache Entscheidungen. Nach dem offiziellen, auch in Deutschland gültigen Begriffsystem des **Europäischen Systems der Volkswirtschaftlichen Gesamtrechnungen (ESVG 2010)**, das auf dem weltweit gültigen „System of National Accounts 2008" (SNA 2008) der Vereinten Nationen (UN) beruht und durch eine entsprechende Verordnung der Europäischen Union (EU) allen Mitgliedsländern vorschreibt, in ihrer nationalen Volkswirtschaftlichen Gesamtrechnung (VGR) die vorgegebenen Begriffe und Buchungssysteme zu verwenden, werden fünf Grundsektoren unterschieden:

1. Das Unternehmen in der volkswirtschaftlichen Leistungserstellung

Private Sektor

> **Private Unternehmen** konsumieren nicht, sondern investieren nur.

Private Unternehmen

Die privaten Unternehmen werden in Unternehmen mit eigener und ohne eigene Rechtspersönlichkeit unterteilt. Unternehmen mit eigener Rechtspersönlichkeit (juristische Personen) sind nichtfinanzielle (z. B. ein Automobilproduzent) und finanzielle (z. B. eine Geschäftsbank) Kapitalgesellschaften wie z. B. eine AG oder GmbH, aber auch Quasi-Kapitalgesellschaften wie z. B. eine OHG oder KG. Unternehmen ohne eigene Rechtspersönlichkeit sind die Selbstständigen wie z. B. ein Handwerksbetrieb oder ein Rechtsanwalt. In den privaten Unternehmen werden mittels des Einsatzes und der Kombination von Produktionsfaktoren (Arbeit, Boden, Kapital) und der gegebenen Produktionstechnologie Güter hergestellt. Für die Nutzung der Produktionsfaktoren müssen die Unternehmen an die Eigentümer der Produktionsfaktoren ein Entgelt – letztlich wiederum Güter – zahlen, d. h., es entstehen ihnen Kosten, z. B. Arbeitnehmerentgelte als Lohnkosten (Lohnsatz × Arbeitsmenge). Für die Eigentümer der Produktionsfaktoren, die in sämtlichen Sektoren angesiedelt sein können, sind diese Zahlungen Einkommen (Faktoreinkommen). Für den Verkauf ihrer erzeugten Produkte am Markt (Marktproduktion) erzielen die Unternehmen einen Erlös oder Umsatz (= Preis × Absatzmenge). Der Gewinn als Betriebsüberschuss (für die Unternehmen mit eigener Rechtspersönlichkeit) bzw. als Selbstständigeneinkommen (für die Unternehmen ohne eigene Rechtspersönlichkeit) ergibt sich aus der Differenz von Umsatz und Kosten und fließt als Einkommen den Eigentümern des Unternehmens bzw. der entsprechenden Produktionsfaktoren als verteilter Gewinn zu oder verbleibt als unverteilter Gewinn im Unternehmen.

> **Private Haushalte** konsumieren vor allem, aber investieren auch.

Private Haushalte

Die privaten Haushalte sind Eigentümer von Produktionsfaktoren, stellen diese den privaten Unternehmen, den privaten Organisationen ohne Erwerbszweck und dem Staat zur Verfügung und beziehen für ihre Nutzung ein Einkommen als Arbeitnehmer-

1.1.6 Volkswirtschaftliche Sektoren

entgelt (z. B. Löhne und Gehälter) für die Nutzung ihrer Arbeitskraft oder ein Selbstständigeneinkommen für die Nutzung ihres Bodens oder/und Kapitals. Die Unternehmen ohne eigene Rechtspersönlichkeit zählen als Selbstständige zu den privaten Haushalten, da in der Praxis häufig eine klare Trennung zwischen privatem Haushaltsbereich und Unternehmensbereich nicht möglich ist. In diesen Fällen stellen also die privaten Haushalte ihre Produktionsfaktoren gleichsam sich selbst zur Verfügung. Über ihr Einkommen verfügen die privaten Haushalte, indem sie Konsumgüter kaufen und den Rest sparen, um damit z. B. den eigenen Kauf von Investitionsgütern in ihren Unternehmen ohne eigene Rechtspersönlichkeit zu finanzieren oder anderen den Kauf durch Kreditvergabe (auch z. B. durch den Erwerb von Aktien) zu ermöglichen.

> **Private Organisationen ohne Erwerbszweck** investieren und konsumieren.

Die privaten Organisationen ohne Erwerbszweck umfassen z. B. die Gewerkschaften, politischen Parteien, Kirchen, Forschungseinrichtungen, Hilfswerke, Sportvereine etc. Ihre Dienstleistungsproduktion ist – bis auf ganz wenige Ausnahmen (z. B. Wohnungsvermietung) – nicht für den Markt (Nichtmarktproduktion) bestimmt und wird daher als ihr Eigenverbrauch und damit als Konsum interpretiert und mit den Herstellungskosten bewertet. Die privaten Organisationen ohne Erwerbszweck werden auch als „Dritter Sektor" bezeichnet (engl.: Non-Governmental Organizations („NGOs")).

Private Organisationen ohne Erwerbszweck

Private Unternehmen, private Haushalte und private Organisationen ohne Erwerbszweck bilden zusammen den **privaten Sektor**. Die im privaten Sektor tätigen Wirtschaftssubjekte („Private") handeln meist nach ihrem wirtschaftlichen Eigeninteresse (Egoismus), dürfen dabei aber keine Gewalt gegenüber anderen Wirtschaftssubjekten ausüben. Dies bleibt dem Staat vorbehalten.

Der private Sektor hat keine hoheitlichen Befugnisse

> **Der Staat** investiert und konsumiert.

Der Staat (auch „öffentlicher Sektor" oder „öffentliche Haushalte" genannt) hat im Gegensatz zum privaten Sektor **hoheitliche Befugnisse** (Gewaltmonopol mit Legislative, Exekutive und Judikative), d. h., er darf die Privaten zwingen und in ihrem Eigeninteresse (Individualinteresse) einschränken, wenn es dem öffentlichen Interesse, dem Interesse aller in einem Gemeinwesen (Gemeininteresse), dient. Was darunter zu verstehen ist, legt die Verfassung, in Deutschland das Grundgesetz, fest. Sind die hoheitlichen Befugnisse nicht an einer Stelle konzentriert (Zentralstaat), sondern werden sie wie in Deutschland als Bundesstaat auf verschiedenen, abgestuften Ebenen (Bund, Länder, Gemeinden, Sozialversicherungsträger) eingesetzt, so sprechen wir von Föderalstaat oder **Föderalismus**.

Der staatliche Sektor hat hoheitliche Befugnisse

1. Das Unternehmen in der volkswirtschaftlichen Leistungserstellung

Private und öffentliche Güter

Im wirtschaftlichen Bereich erhebt der Staat als Träger der Finanzhoheit z. B. Steuern (= „Zwangsabgaben" = Güterentzug für den Steuerzahler) von den privaten Haushalten und Unternehmen. Dafür stellt er **öffentliche Güter** zur Verfügung. Bei ihnen handelt es sich um ökonomische (knappe) Güter als Dienstleistungen (z. B. Bildungsleistungen durch Schulen, Sicherheitsleistungen durch militärische Einrichtungen, Rechtsprechung durch Gerichte, Nutzung des Verkehrsnetzes etc.), die jedes Gesellschaftsmitglied nutzen kann. Eine direkte Gegenleistung durch Preiszahlung muss nicht erbracht werden, d. h., es gilt – im Gegensatz zu den **privaten Gütern** – kein Ausschlussprinzip. Es handelt sich demnach bei den öffentlichen Gütern um eine Nichtmarktproduktion, die wie bei den privaten Organisationen ohne Erwerbszweck als Eigenverbrauch des Staates und damit als Konsum (**Staatskonsum**) interpretiert und ebenfalls mit Herstellungskosten (darunter z. B. die Gehälter der Beamten) bewertet wird. Nur bei staatlichen Genehmigungen und entsprechenden Gebühren gilt das Ausschlussprinzip. Sie gelten daher als Marktproduktion und werden zu Vorleistungen oder privatem Konsum (Genaueres unter Abschnitt 1.2.2). Außerdem ist der **Staat als wirtschaftspolitische Instanz** tätig, indem er für Ordnung in der Wirtschaft sorgt (Ordnungspolitik), Ungleichgewichte (Instabilitäten) im Güterversorgungsprozess zu verhindern versucht (Prozesspolitik) und die Aufteilung der gesamten Gütermenge auf die und in den verschiedenen Sektoren korrigiert (Strukturpolitik). Im 4. – 7. Kapitel werden wir darauf näher eingehen.

> Die **übrige Welt** sind das Ausland oder die Ausländer.

Übrige Welt

Die übrige Welt umfasst alle Tauschpartner einer Volkswirtschaft (z. B. über den Export und Import von Gütern), die sich außerhalb der geographischen Grenzen des Landes befinden (Inlands-Auslands-Konzept) oder die als Gebietsfremde ihren Hauptwohnsitz im Ausland haben (Inländer-Ausländer-Konzept).

Situationsbezogene Antwort 6

Die Kunden von Installationsmeister Röhrl sind zunächst private Haushalte, die die Pelletheizung nicht in einem Produktionsprozess, sondern z. B. zur Beheizung der Wohnräume einsetzen. Es sind aber auch private Haushalte, die sie als Unternehmen ohne eigene Rechtspersönlichkeit (z. B. als Bäckerei) im Produktionsprozess (z. B. zur Beheizung der Backstube bei der Semmelproduktion) einsetzen. Installationsmeister Röhrl produziert demnach private Konsumgüter, aber auch private Investitionsgüter. Private Organisationen ohne Erwerbszweck (z. B. die örtliche Kirchengemeinde) und der Staat (z. B. die örtliche Gemeindeverwaltung) zählen nicht zu seinen Kunden. Auch im Auslandsgeschäft (z. B. durch die Lieferung (= Export) der Pelletheizung an einen österreichischen Betrieb oder den Bezug (= Import) von Ersatzteilen von einem österreichischen Händler) ist er nicht tätig.

Situationsbezogene Frage 7
Welche Geschäftsbeziehungen bestehen zwischen Installationsmeister Röhrl und seinen Geschäftspartnern im privaten Haushaltssektor?

1.1.7 Unternehmen und Haushalte im Tauschkontakt

Private Unternehmen (mit und ohne eigene Rechtspersönlichkeit) und private Haushalte (vgl. Abschnitt 1.1.6) sind über den Güter- und Faktormarkt miteinander verbunden, auf denen sie als Spezialisten und damit als Anbieter und Nachfrager aufeinander treffen und sich in ihren Wünschen und Plänen selbst untereinander abstimmen (koordinieren) oder von außen abgestimmt werden. Wie konkret die Planabstimmung bzw. der Interessenausgleich erfolgt, ist die Frage nach dem **Koordinationsmechanismus**, mit dem wir uns im 2. Kapitel näher befassen werden.

Auf dem **Gütermarkt** wird entschieden, welche Güter in welchen Mengen von den privaten Unternehmen für die privaten Haushalte produziert werden, während über den **Faktormarkt** die privaten Haushalte als Faktoreigentümer den privaten Unternehmen als Faktorkombinierern die zur Produktion notwendigen Produktionsfaktoren zur Verfügung stellen. Auf dem Gütermarkt treten die privaten Haushalte also als Nachfrager nach den Gütern auf, die ihnen dort mit ihrer Hilfe von den Unternehmen angeboten werden. Andererseits bieten die privaten Haushalte auf dem Faktormarkt den privaten Unternehmen ihre Hilfe in Form der Nutzung ihres Eigentums an Arbeitskraft, Boden oder/und Kapital an, die von den privaten Unternehmen benötigt und daher nachgefragt wird, um das Güterangebot erstellen zu können. Damit ist der Kreis geschlossen.

Güter- und Faktormarkt

Private Haushalte und private Unternehmen sind aber nicht nur über Güter- und Faktorströme, sondern auch über **Geldströme** miteinander verbunden, die den Güter- und Faktorströmen entgegengerichtet sind und sie gleichsam wie ein Schleier überlagern. Die Tauschbeziehungen zwischen den Spezialisten als Anbietern und Nachfragern erfolgen nämlich unter Einsatz von Geld als allgemeinem Tauschmittel (vgl. Abschnitt 6.1.3). Es ergibt sich dadurch eine weitere Wechselbeziehung (Interdependenz) zwischen den Wirtschaftssektoren. Diese Interdependenzen wurden schon früh in der Wirtschaftsgeschichte von – damals noch stark naturwissenschaftlich bzw. medizinisch geprägten – Ökonomen wie z. B. dem französischen Arzt FRANÇOIS QUESNAY (1694–1774) in Diensten von Ludwig XV. mit dem menschlichen Blutkreislauf verglichen.

Geldströme überlagern die Güter- und Faktorströme

Der beschriebene **Wirtschaftskreislauf** zwischen den privaten Unternehmen und Haushalten lässt sich in einer Übersicht verdeutlichen:

1. Das Unternehmen in der volkswirtschaftlichen Leistungserstellung

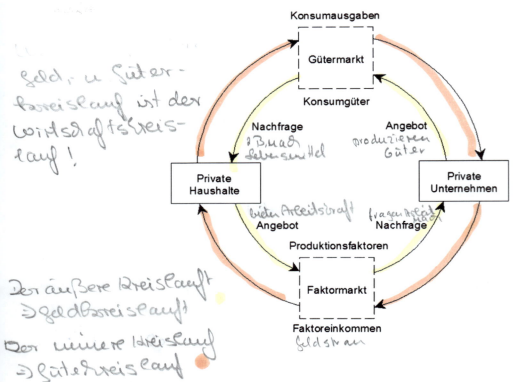

Handschriftliche Notizen:
- Geld- u. Güterkreislauf ist der Wirtschaftskreislauf!
- Der äußere Kreislauf ⇒ Geldkreislauf
- Der innere Kreislauf ⇒ Güterkreislauf
- Nachfrage z.B. nach Lebensmittel
- Angebot: produzieren Güter
- Angebot: bieten Arbeitskraft
- Nachfrage: fragen Arbeit nach
- Faktoreinkommen: Geldstrom

Situationsbezogene Antwort 7

Die Geschäftspartner von Installationsmeister Röhrl im privaten Haushaltssektor sind zunächst seine Kunden, die sich von ihm eine Pelletheizung einbauen lassen. Werden in den privaten Haushaltssektor entgegen der offiziellen Definition keine Unternehmen einbezogen, so handelt es sich bei den installierten Pelletheizungen nur um Konsumgüter. Mit deren Verkauf macht Installationsmeister Röhrl in einer Geldwirtschaft einen Umsatz, der für die privaten Haushalte Konsumausgaben darstellt. Die ihm zufließenden Geldmittel gibt Installationsmeister Röhrl wie in einem Kreislauf wieder an die privaten Haushalte zurück, weil er von ihnen die Nutzung der Produktionsfaktoren erhalten hat. Für die Eigentümer der Produktionsfaktoren sind diese Geldmittel Einkommen (Faktoreinkommen). Da nicht nur die Beschäftigten von Installationsmeister Röhrl als Eigentümer des Produktionsfaktors Arbeit, sondern auch er selbst als Eigentümer der Produktionsfaktoren Boden und Kapital dem privaten Haushaltssektor angehören und er eigene Produktionsfaktoren gleichsam an sich selbst in seiner Rolle als Unternehmer „verleiht", zählt neben den Löhnen und Gehältern seiner Beschäftigten auch sein Gewinn zum Faktoreinkommen.

1.2 Handlungssituation (Fallbeispiel 2)

> **Handlungssituation**   *Fallbeispiel 2*
>
> Installationsmeister Röhrl ist es durch einen verbesserten Kundendienst, durch Werbemaßnahmen und aufgrund eines allgemein stärkeren ökologischen Bewusstseins in der Bevölkerung gelungen, für seinen in München ansässigen und auf Pelletheizungen spezialisierten Installationsbetrieb neue Kunden zu gewinnen. Er bekam erstmals auch einen Auftrag zur Installation einer Pelletheizung in einer Schule der Stadt München und auch einen Auftrag von einer Firma im benachbarten Österreich. Die verbesserte Auftragslage machte eine Personalaufstockung und eine Erweiterung des Firmengebäudes notwendig, führte aber auch zu einer Verbesserung der Gewinnsituation.

Situationsbezogene Frage 1
Wie lässt sich der Installations- bzw. Produktionsprozess von Pelletheizungen im Betrieb von Installationsmeister Röhrl anhand der volkswirtschaftlichen Fachsprache genauer beschreiben?

1.2.1 Das einzelwirtschaftliche Produktionskonto

Der volkswirtschaftliche Produktionsprozess nimmt seinen Ausgangspunkt bei den einzelnen **Produzenten** im privaten Sektor (Haushalte, Unternehmen, Organisationen ohne Erwerbszweck) und im öffentlichen Sektor (Staatssektor). Letztlich ist er die Zusammenfassung (Aggregation) aller einzelwirtschaftlichen Produktionsprozesse. Es ist daher sinnvoll, sich zunächst mit diesen einzelwirtschaftlichen Produktionsprozessen zu beschäftigen, um dann in einem nächsten Schritt die gesamtwirtschaftliche Produktion zu erfassen. Wegen der großen Bedeutung des Unternehmenssektors in der Produktion ist es außerdem sinnvoll, zunächst nur ein einzelnes Unternehmen in seinem Produktionsablauf zu betrachten und zu beschreiben, dabei aber bereits den volkswirtschaftlichen Blickwinkel und die volkswirtschaftlich relevanten Fachbegriffe bzw. Messgrößen zu verwenden.

Beschreibung der Unternehmensproduktion durch Buchführung

Als Erhebungs- und Beschreibungsmethode bedient man sich in der Volkswirtschaftslehre ebenso wie in der Betriebswirtschaftslehre eines **Buchführungssystems**, das die wechselseitigen Tauschbeziehungen abbilden und die einzelnen Buchungsvorgänge bzw. Aktivitäten auf T-Konten erfassen soll. Da jede Tauschbeziehung auf einem Geben und Nehmen beruht, wird nach dem Prinzip der Buchung und Gegenbuchung (doppelte Buchung) vorgegangen.

Der Produktionsablauf lässt sich mit dem **einzelwirtschaftlichen Produktionskonto** eines Unternehmens (mit oder ohne eigene Rechtspersönlichkeit) erfassen. Aus betriebswirtschaftlicher Sicht werden auf der linken Seite des Kontos üblicherweise die Kosten und auf der rechten Seite die Erträge erfasst. Aus volkswirtschaftlicher Sicht stellen sie die **Inputseite** bzw. **Outputseite** des Produktionsprozesses dar. Das einzelwirtschaftliche Produktionskonto hat folgende Gestalt:

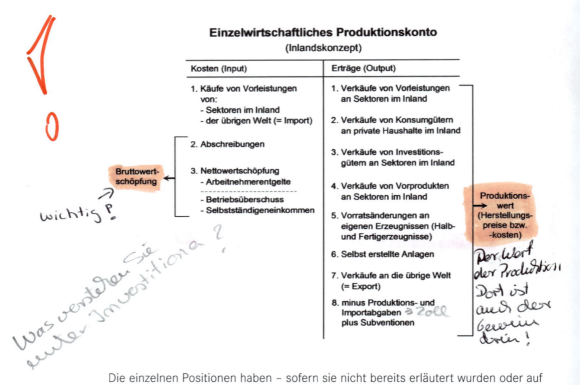

Die einzelnen Positionen haben – sofern sie nicht bereits erläutert wurden oder auf dem Konto selbst erläutert werden – folgende begriffliche Bedeutung:

Vorleistungen: Wert der nicht dauerhaften (kurzlebigen) Güter (Sachgüter und Dienstleistungen), die in der gleichen Periode wieder vollständig in der Produktion genutzt werden (z. B. Rohstoffe, Strom, Halbfabrikate, Transportleistungen). Vgl. auch Abschnitt 1.1.4.

Vorprodukte: In der gleichen Periode vom Käufer nicht genutzte Vorleistungen. Sie werden (ebenso wie die noch nicht verkauften **Vorratsänderungen an eigenen Erzeugnissen**) als Lagerinvestitionen erfasst.

Abschreibungen: Produktionsbedingter Verschleiß des Sachkapitalbestandes in einer Periode, der in der Betriebsbuchführung auf der Kostenseite gebucht wird und von der angenommenen Nutzungsdauer und Nutzungsschnelligkeit (linear oder degressiv) abhängt. Vor dem Hintergrund der Umweltproblematik ist kritisch zu fragen, warum nicht auch die Nutzung des ökologischen, natürlichen Systems und dabei z. B. die Bodennutzung durch Abschreibungen berücksichtigt werden. Offensichtlich wird üblicherweise davon ausgegangen, dass die Quellen- und Senkenfunktion der Natur (z. B. als Rohstofflieferant und als Deponie im weitesten Sinne) für den Produktionsprozess unerschöpflich sind.

Produktions- und Importabgaben: Sie werden vom Staat als Steuern, Gebühren und Beiträge bei den Produzenten erhoben und erhöhen (z. B. als Mehrwertsteuer, Mineralölsteuer, Tabaksteuer, Zoll) ihre **Herstellungskosten**. Die Produzenten überwälzen sie zusammen mit dem Gewinnaufschlag auf die Verkaufs- bzw. Marktpreise. Sie sind daher in den Verkaufspreisen enthalten und werden damit indirekt von den Käufern gezahlt (indirekte Steuern).

Subventionen: Staatliche Unterstützungszahlungen an die Produzenten, also das Gegenstück zu den Produktions- und Importabgaben. Sie stellen demnach für die Produzenten außerordentliche Erträge bzw. eine Verringerung der Herstellungskosten dar und reduzieren bei Weitergabe an die Kunden die Verkaufspreise.

Werden die Produktions- und Importabgaben und die Subventionen aus den Marktpreisen wieder herausgerechnet bzw. wieder in sie hineingerechnet, erhält man die **Herstellungspreise**. Es gilt demnach: Marktpreise − Produktions- und Importabgaben + Subventionen = Herstellungspreise = Herstellungskosten + Gewinnaufschlag.

Da die Netto-Abgabebelastung bei den einzelnen Produzenten durch unterschiedliche Abgabe- bzw. Subventionssätze unterschiedlich sein kann, wird bei der einzelwirtschaftlichen Datenerfassung einheitlich in Herstellungspreisen gerechnet. Erst bei der Zusammenfassung aller Produzenten im gesamtwirtschaftlichen Produktionskonto (vgl. Abschnitt 1.2.3) wird die gesamte Netto-Abgabebelastung wieder in den Produktionswert hineingerechnet und dadurch zur durchschnittlichen Marktpreisbewertung übergegangen. Sofern Güter nicht verkauft wurden, werden sie mit Herstellungskosten bewertet.

Investitionsgüter (vgl. auch Abschnitt 1.1.4): Bei den Investitionsgütern sind folgende genauere Investitionsbegriffe zu unterscheiden:

Bruttoinvestitionen = Sachanlagen (Bauten, Ausrüstungen, Nutztiere und Nutzpflanzungen) + Immaterielle Anlagegüter (Computerprogramme, Urheberrechte, Ausgaben für Forschung und Entwicklung etc.) + Vorprodukte und Vorratsänderungen (Lagerinvestitionen) + Selbst erstellte Anlagen.

Die **Bewertung** der eigenen Lagerinvestitionen und selbst erstellten Anlagen erfolgt zu Herstellungskosten bzw. Einstandspreisen, im Übrigen zu Marktpreisen.

Nettoinvestitionen = Bruttoinvestitionen – Abschreibungen

Nettoinvestitionen sind eine **Veränderung des Sachkapitalbestandes** und können daher positiv, negativ oder null sein.

Als **Investor** gilt volkswirtschaftlich und damit häufig im Unterschied zum täglichen Sprachgebrauch nur derjenige, der die Entscheidung zum Kauf eines Investitionsgutes und nicht z. B. zur Geldanlage trifft.

Arbeitnehmerentgelte: Einkommen der Eigentümer des Produktionsfaktors Arbeitskraft, die die Nutzung ihres Produktionsfaktors im Produktionsprozess den Unternehmen als Faktorkombinierern durch Vertrag (Kontrakt) gestattet und im Vorhinein als Gegenleistung Löhne und Gehälter als Kontrakteinkommen vereinbart und (z. B. zum Monatsende) erhalten haben. Sie enthalten jedoch noch die Lohn- und Einkommensteuer.

Betriebsüberschuss/Selbstständigeneinkommen: Was in der Betriebswirtschaftslehre und auch im täglichen Sprachgebrauch als **Gewinn** oder (bei einem negativen Gewinn) als Verlust bezeichnet wird, heißt in der offiziellen Fachsprache der Volkswirtschaftlichen Gesamtrechnung (VGR) Betriebsüberschuss bzw. Selbständigeneinkommen. Es handelt sich in jedem Fall um Einkommen der Eigentümer der Produktionsfaktoren Boden und Kapital. Sie werden – im Gegensatz zu den Arbeitnehmerentgelten – erst am Ende des Wirtschaftsjahres im Nachhinein festgestellt und gelten daher als Residualeinkommen. Sie enthalten aber ebenfalls noch die Einkommen- bzw. Körperschaftsteuer. **Betriebsüberschüsse** (einschl. Körperschaftsteuer) fallen bei den Unternehmen mit eigener Rechtspersönlichkeit, **Selbstständigeneinkommen** (einschl. Einkommensteuer) bei den Unternehmen ohne eigene Rechtspersönlichkeit (= private Haushalte) an (vgl. Abschnitt 1.1.6). Betriebsüberschuss bzw. Selbstständigeneinkommen werden statistisch im Gegensatz zu den Arbeitnehmerentgelten nicht direkt an der Quelle ermittelt, sondern durch Saldierung (gestrichelte Linie) gewonnen und sind daher mit einer entsprechend hohen Fehlerquote behaftet. Betriebsüberschuss bzw. Selbstständigeneinkommen werden bei der Datenerfassung nach dem Inländerkonzept (vgl. Abschnitt 1.2.3) auch **Unternehmens- und Vermögenseinkommen** genannt.

Wertschöpfung: Durch die Produktion werden Werte geschaffen (geschöpft), die zum größten Teil an die Eigentümer der Produktionsfaktoren Arbeit, Boden und Kapital als Faktoreinkommen in Gestalt des Arbeitnehmerentgeltes und des Betriebsüberschusses bzw. Selbständigeneinkommens weitergeleitet werden (**Nettowertschöpfung**). Werden zur Nettowertschöpfung auch noch die Werte hinzuaddiert, die für den Ersatz des verschlissenen Sachkapitals (Abschreibungen) notwendig wären, so erhält man die **Bruttowertschöpfung**.

1.2.1 Das einzelwirtschaftliche Produktionskonto

Situationsbezogene Antwort 1

Die von Installationsmeister Röhrl im Zeitablauf (z. B. pro Jahr) installierten Pelletheizungen sind sein Produktionsertrag. Um sie zu einer einheitlichen Größe aufsummieren zu können, müssen sie bewertet werden. Ausgangspunkt für die Bewertung ist normalerweise der Verkaufs- bzw. Marktpreis pro Pelletheizung, d. h., in der Summe der erzielte Umsatz. Er unterscheidet sich je nach Kundengruppe. Die in privaten Haushalten ohne Unternehmen installierten Pelletheizungen zählen zur Konsumgüterproduktion. Die in privaten Unternehmen mit und ohne eigene Rechtspersönlichkeit (z. B. in einem Kaufhauskonzern oder in einer Bäckerei) oder/und beim Staat (z. B. in einer Münchner Schule) installierten Heizungen fallen unter die Investitionsgüter. Die für einen Subunternehmer installierten Heizungen sind Vorleistungen und die in Österreich installierten Heizungen sind Exportgüter. Werden vom gesamten Umsatz die Produktions- und Importabgaben an den Staat (indirekte Steuern wie z. B. die Mehrwertsteuer oder auch der Zoll auf importierte Ersatzteile) abgezogen und möglicherweise erhaltene Subventionen (z. B. Lohnkostenzuschüsse) hinzugezählt, so erhalten wir die mit Herstellungspreisen bewertete Produktion von Installationsmeister Röhrl. Sofern Pelletheizungen in dem betreffenden Jahr zwar bereits installiert wurden, aber noch keine Rechnungsstellung erfolgte, oder eine Pelletheizung sogar im eigenen Betrieb installiert wurde, so ist diese Produktion mit Herstellungskosten zu bewerten und ebenfalls hinzuzuzählen. Die Gesamtsumme ist der Produktionswert. Er stellt die Outputseite des Installationsbetriebes in dem betreffenden Jahr dar.

Die Inputseite des Installationsbetriebes ist die Kostenseite auf seinem Produktionskonto. Sie erfasst zunächst die eingesetzten Vorleistungen, die von inländischen Zulieferern bezogen wurden (z. B. Heizungsrohre) oder die von ausländischen Zulieferern importiert wurden (z. B. Pumpen eines schwedischen Herstellers). Die Abschreibungen auf das Firmengebäude, den Maschinen- und Fahrzeugbestand etc. stellen einen weiteren Kostenfaktor dar. Als Kosten verringern sie den Gewinn, verringern dadurch die Gewinnsteuer als Einkommensteuer und haben damit den Zweck, über die Jahre der Nutzungsdauer wieder finanzielle Mittel zur Neuanschaffung ansammeln zu lassen. Das Firmengelände wird nicht abgeschrieben. Einer der größten Kostenfaktoren sind meist die Personalkosten als Arbeitnehmerentgelte. Der Abzug aller Kosten vom Produktionswert durch Saldierung führt zum Gewinn, der im Fall von Installationsmeister Röhrl als Inhaber eines Unternehmens ohne eigene Rechtspersönlichkeit in der volkswirtschaftlichen Fachsprache als Selbstständigeneinkommen bezeichnet wird. Arbeitnehmerentgelte und Selbstständigeneinkommen stellen die Nettowertschöpfung des Installationsbetriebes dar. Sie umfasst alle Einkommen, die die Eigentümer des Produktionsfaktors Arbeit (die Beschäftigten des Installationsbetriebes) und der Eigentümer des Produktionsfaktors Boden und

Kapital (Installationsmeister Röhrl) für die Nutzung ihrer Produktionsfaktoren in der Produktion erhalten haben (Faktoreinkommen). Als Realwert spiegeln sie gleichsam den Bezugsanteil der Faktoreigentümer an der Güterproduktion wider. Sie enthalten allerdings noch die Lohn- und Einkommenssteuer und stehen damit noch nicht voll zum Güterkauf zur Verfügung.

Situationsbezogene Frage 2
Wie schlägt sich der Auftrag der Stadt München zur Installation einer Pelletheizung durch Installationsmeister Röhrl aus volkswirtschaftlicher Sicht im Produktionsbereich des Auftraggebers nieder? Ist Installationsmeister Röhrl selbst auch Nutznießer bzw. Abnehmer der Produktion seines Auftraggebers?

1.2.2 Das staatliche Produktionskonto

Staatliche Dienstleistungen als öffentliche Güter

Der staatliche Sektor zählt zu den inländischen Sektoren (vgl. Abschnitt 1.1.6). Bereits dem Produktionskonto eines Unternehmens (vgl. Abschnitt 1.2.1) ist zu entnehmen, dass Vorleistungen und Investitionsgüter auch an den Staat verkauft werden, wie z. B. der Strom für die Beleuchtung in Bürogebäuden oder der Bau dieser Bürogebäude selbst. Aufgrund des Begriffsinhaltes dieser Güter (vgl. Abschnitt 1.1.4) muss dann jedoch zwangsläufig die Frage auftauchen, was der Staat mit diesen Gütern produziert. Einigkeit besteht noch darüber, dass die staatliche Produktion in erster Linie eine Produktion von Dienstleistungen ist, wie z. B. die Ausbildung durch staatliche Lehrer, die Bereitstellung eines Transportweges (z. B. einer Autobahn), die Rechtsprechung durch einen staatlichen Richter, die innere und äußere Sicherheitsleistung durch die Polizei bzw. das Militär. Die weitergehende Frage allerdings, ob es sich bei diesen Dienstleistungen dem volkswirtschaftlichen Güterbegriff entsprechend um Vorleistungen oder um Konsumgüter handelt – Investitionsgüter (einschließlich Lagerinvestitionen) sind ausgeschlossen, da Dienstleistungen immer kurzlebig sind –, können wir meist nicht mehr entscheiden. Bei der Nutzung dieser Güter kann meist nicht zwischen einer nicht produktionsbedingten Nutzung durch private Haushalte (= Konsumgüter) oder einer produktionsbedingten Nutzung durch Unternehmen (= Vorleistungen) unterschieden werden. Es soll auch meist bewusst nicht unterschieden werden, denn diese Güter sollen als **öffentliche Güter** (vgl. Abschnitt 1.1.6) allen Gesellschaftsmitgliedern zur Verfügung gestellt werden, d. h., es soll kein Ausschlussprinzip gelten.

Staatliche Dienstleistungsproduktion als Staatskonsum

Wir stehen also vor dem Problem, dass eine vorhandene Güterproduktion sich nicht in das gängige volkswirtschaftliche Begriffsschema der Güter einordnen lässt. Man hat dieses Problem durch Übereinkunft (Konvention) (vgl. Abschnitt 1.1.3) dadurch gelöst, dass man die staatliche Produktion zum Eigenverbrauch des Staates, also

1.2.2 Das staatliche Produktionskonto

aller Bürger, erklärt hat und ihn als **Staatskonsum** bezeichnet. Da auch meist keine Bewertung mit Marktpreisen (wegen des fehlenden Ausschlussprinzips) erfolgen soll oder kann, ist meist nur eine Bewertung mit Herstellungskosten möglich. Nur z. B. bei staatlichen Genehmigungen oder Entsorgungsleistungen mit entsprechenden Gebühren oder Beiträgen gilt das Ausschlussprinzip. Sie allein sind einer Marktproduktion mit Marktpreisen vergleichbar und können bzw. müssen dann als Vorleistungen oder private Konsumgüter zugeordnet werden. Produktions- und Importabgaben bzw. Subventionen fallen allerdings nicht an. Bis auf diese wenigen Ausnahmefälle kann sonst im staatlichen Sektor wegen des fehlenden Umsatzes auch kein Betriebsüberschuss bzw. -defizit auftreten. Daraus wiederum folgt, dass die staatliche Produktion auch nicht mit dem üblichen betriebswirtschaftlichen Maßstab der Wirtschaftlichkeit bewertet werden kann. Anders ausgedrückt: Das Gehalt des öffentlich Bediensteten (z. B. des Beamten als Eigentümer von Arbeitskraft im Rahmen des staatlichen Produktionsprozesses) ist mit seiner Produktion identisch, weil es Teil der Herstellungskosten dieser Produktion ist, unabhängig davon, ob der betreffende Beamte tatsächlich etwas „leistet" oder im Dienst z. B. nur die Zeitung liest.

Das **staatliche Produktionskonto** hat demnach im Gegensatz zum Produktionskonto eines privaten Unternehmens folgendes Aussehen:

Die Positionen 1. – 3. auf der Ertragsseite sind die Einzigen, die – wie beim Produktionskonto eines Unternehmens – zu Herstellungspreisen, nämlich mit Gebühren und Beiträgen, bewertet werden. Sie sind dafür verantwortlich, dass es auch im staatlichen Sektor zu einem Betriebsüberschuss bzw. -defizit kommen kann. Sie sind jedoch im Vergleich zur 4. Ertragsposition von geringer Bedeutung. Die 4. Ertragsposition umfasst den Großteil der staatlichen Dienstleistungsproduktion, betrifft die öffentlichen Güter, kann – wegen des fehlenden Ausschlussprinzips – nur zu Herstellungskosten bewertet werden und macht den Staatskonsum aus.

Situationsbezogene Antwort 2

Die Installation einer Pelletheizung in einer Schule der Stadt München durch Installationsmeister Röhrl führt zu einer staatlichen Investition, gleichzeitig aber auch bereits zu einer anteilmäßigen Abschreibung dieser Heizung in dem betreffenden Jahr. Nur diese Abschreibung erscheint auf dem staatlichen Produktionskonto. Die Investition selbst ist eine Sachvermögensbildung und wird eigenständig auf dem Vermögensänderungskonto gebucht, das wir noch behandeln werden.

Investitionsgüter als langlebige Sachgüter müssen wieder der Produktion dienen, woraus sich bei einer staatlichen Investition die Frage stellt, was mit ihr produziert wird. Handelt es sich um eine Heizung in einer Schule, so wird mit der Heizung offensichtlich die Dienstleistung Ausbildung produziert. Wird diese Dienstleistung ohne Ausschlussprinzip, d. h., ohne Preiszahlung (z. B. in Gestalt eines Schulgeldes) abgegeben, so handelt es sich um die staatliche Produktion eines öffentlichen Gutes, die als Eigenverbrauch des Staates bzw. als Staatskonsum bezeichnet wird. Auch Installationsmeister Röhrl könnte Nutznießer bzw. Abnehmer dieses Staatskonsums sein, wenn z. B. seine Kinder die betreffende Schule besuchen. Wird dagegen für den Schulbesuch eine Gebühr (z. B. in Gestalt des schon genannten Schulgeldes) erhoben, so würde es sich bei den Kindern von Installationsmeister Röhrl um Konsumenten eines privaten Haushalts handeln, da Installationsmeister Röhrl das Schulgeld sicherlich nicht in seiner Betriebsbuchführung auf der Kostenseite absetzen kann. Könnte ein Schuldgeld dagegen in einer Betriebsbuchführung abgesetzt werden, so wäre damit die Produktionsnutzung gegeben und es hätte die staatliche Produktion einer Vorleistung vorgelegen.

Situationsbezogene Frage 3

Wie hat Installationsmeister Röhrl mit der Ausdehnung seiner Produktion zur volkswirtschaftlichen Produktionsleistung beigetragen?

1.2.3 Das gesamtwirtschaftliche Produktionskonto und die volkswirtschaftlichen Leistungsgrößen

Konsolidierung der Produktionskonten

Werden alle einzelwirtschaftlichen (privaten und staatlichen) Produktionskonten zusammengefasst (konsolidiert), so erhalten wir das gesamtwirtschaftliche Produktionskonto. Dabei lassen sich gleichartige Größen gegeneinander aufrechnen, wie z. B. der Ex- und Import und die Vorleistungen, oder mit einem umgekehrten Vorzeichen auf die andere Seite des Kontos buchen, wie z. B. die Produktions- und Importabgaben bzw. indirekte Steuern (T_{ind}) und die Subventionen (Z).

1.2.3 Das gesamtwirtschaftliche Produktionskonto

Das **gesamtwirtschaftliche Produktionskonto** hat die folgende Gestalt:

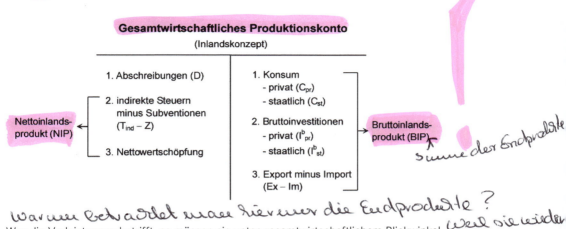

Was die Vorleistungen betrifft, so müssen sie unter gesamtwirtschaftlichem Blickwinkel aufgrund ihres Begriffsinhaltes auf der Input- und Outputseite einander entsprechen. Der Grund dafür, sie im gesamtwirtschaftlichen Produktionskonto als eigenständige Größen wegzulassen, liegt jedoch darin, dass sie im Endwert der Konsum-, Investitions- und Exportgüter enthalten sind (z. B. die im Laufe eines Jahres von der Zulieferindustrie produzierten Reifen eines Pkws). Ihre nochmalige Auflistung würde demnach zu einer Mehrfachzählung führen, wenn wir an der volkswirtschaftlichen Gesamtleistung interessiert sind und nach entsprechenden Messgrößen suchen. Es reicht also aus, wenn wir den Wert der Endprodukte ermitteln, da in ihm die Vorleistungen bereits enthalten sind.

Aus dem gesamtwirtschaftlichen Produktionskonto lassen sich die folgenden **volkswirtschaftlichen Leistungsgrößen** ermitteln:

Bruttoinlandsprodukt (BIP) = Summe der Endprodukte (Sachgüter und Dienstleistungen), die im Inland von Inländern und Ausländern während einer Periode (z. B. Kalenderjahr) produziert worden sind. **Inland** ist das Gebiet, das sich innerhalb der hoheitlichen Grenzen eines Landes befindet. **Inländer** sind diejenigen Personen, die ihren Hauptwohnsitz als „Lebensmittelpunkt" im Inland haben. Nicht die Staatsangehörigkeit ist also entscheidend, sondern der Wohnsitz. Ausländer haben dementsprechend ihren Hauptwohnsitz im Ausland. Zum Inlandsprodukt zählen also auch die im Inland von Ausländern produzierten Güter bzw. die daraus entstandenen Faktoreinkommen (z. B. der Betriebsüberschuss von IBM-Deutschland oder das Selbstständigeneinkommen eines Ausländers in Gestalt der Zinsen auf seinem Konto bei einer deutschen Geschäftsbank). Nicht zum BIP zählen demnach die von Inländern im Ausland produzierten Güter bzw. die daraus entstandenen Faktoreinkommen (z. B. der Betriebsüberschuss von VW-Brasilien oder die Zinsen eines deutschen Inländers als Selbstständigeneinkommen auf seinem Bankkonto in Luxemburg). Sie wären Teil eines

Inlands- und Sozialprodukt

1. Das Unternehmen in der volkswirtschaftlichen Leistungserstellung

Bruttoinländerprodukts. Das Inländerprodukt wurde früher (vor 1995) **Sozialprodukt (SP)** genannt, wird aber heute als **Nationaleinkommen (NE)** bezeichnet.

In Symbolen ausgedrückt lautet die Definitionsgleichung für das BIP:

$$BIP = C_{pr} + C_{st} + I^b_{pr} + I^b_{st} + Ex - Im$$

Unter Berücksichtigung der Definition für die Nettoinvestitionen ($I^n = I^b - D$) gelten weiterhin folgende Definitionen:

Nettoinlandsprodukt (NIP) $= C_{pr} + C_{st} + I^n_{pr} + I^n_{st} + Ex - Im = BIP - D$

Bei den staatlichen Nettoinvestitionen (I^n_{st}) ist zu beachten, dass Abschreibungen (D) sie zwar negativ beeinflussen, aber zu den Herstellungskosten bei der Produktion öffentlicher Güter zählen und damit zum Staatskonsum (C_{st}) werden (vgl. Abschnitt 1.2.2). Sie werden daher in ihrer Wirkung auf das Nettoinlandsprodukt (NIP) neutralisiert, denn der C_{st} wirkt sich positiv auf das NIP aus.

Nettowertschöpfung = **Nettoinlandsprodukt zu Faktorkosten** = $NIP - (T_{ind} - Z)$

Die **aktuellen Werte** für die wichtigsten volkswirtschaftlichen Leistungsgrößen in Deutschland können der folgenden Übersicht entnommen werden:

Gesamtwirtschaftliche Leistungsgrößen
(gerundete Werte in jeweiligen Preisen für Deutschland 2014 in Mrd. €)

Bruttoinlandsprodukt (BIP) = $C_{pr} + C_{st} + I^b_{pr} + I^b_{st} + (Ex - Im) = 2.904$
                                   1.605   561   486   63   189

                                                                    Abschreibungen
Nettoinlandsprodukt (NIP) = BIP − D = 2.392
                                       512

~~**Nettonationaleinkommen (NNE)**~~ = NIP + $PE_N^{\rightarrow üW}$ = 2.460
                                          68

Volkseinkommen (VE) = NNE − (T_{ind} − Z) = 2.173
                                     287

~~**Verfügbares Einkommen (Y^v)**~~ = NNE − $Tr_N^{\rightarrow üW}$ = 2.422
                                          38

Nur die 3 P P

Eine ständige Aktualisierung der Werte erfolgt in den Veröffentlichungen des Statistischen Bundesamtes (www.destatis.de) und dabei in der Fachserie 18, Reihe 1.4.

Situationsbezogene Antwort 3

Die Ausdehnung der Produktionsleistung von Installationsmeister Röhrl durch die vermehrte Installation von Pelletheizungen in einem bestimmten Jahr ist für sich

1.2.3 Das gesamtwirtschaftliche Produktionskonto

betrachtet natürlich nur ein winziger Beitrag zur Steigerung der volkswirtschaftlichen Produktionsleistung. Für die Gesamtheit aller Installationsbetriebe oder gar berufs- und betriebsübergreifend für den gesamten Handwerksbereich ergeben sich volkswirtschaftlich aber durchaus relevante Beiträge. Unabhängig aber von der absoluten Höhe des volkswirtschaftlichen Leistungsbeitrages geht es um die volkswirtschaftliche und damit auch die gesellschaftliche „Ortsbestimmung" des einzelnen Handwerksbetriebes, letztlich also um das Selbstverständnis seines Eigentümers, in diesem Fall von Installationsmeister Röhrl.

Konkret kann sich die Ausdehnung der Produktionsleistung von Installationsmeister Röhrl je nach Kundengruppe auf allen Ebenen der volkswirtschaftlichen Produktionsleistung, wie sie z. B. mit dem Bruttoinlandsprodukt (BIP) gemessen wird, niedergeschlagen haben. Sie kann einen direkten oder indirekten Einfluss gehabt haben.

Ein direkter volkswirtschaftlicher Produktionseinfluss durch Installationsmeister Röhrl kann zunächst über die private Konsum- und Investitionsgüterproduktion erfolgt sein. Wurden Pelletheizungen vermehrt in privaten Haushalten z. B. zur Heizung der Wohnräume installiert, so wurde dadurch die volkswirtschaftliche Produktion privater Konsumgüter ausgedehnt. Die Installation von Heizungen in privaten Unternehmen hat dagegen die Produktion der privaten Investitionsgüter gesteigert. Auf alle Investitionsgüter bezogen sind dadurch die privaten Bruttoinvestitionen gestiegen, unter Abzug der bereits im Installationsjahr angefallenen Abschreibungen aber auch die Nettoinvestitionen, die zum Ende des betreffenden Jahres in der Bilanz der Unternehmenskunden den Sachkapitalbestand erhöht haben. Der Auftrag der Stadt München hat zu entsprechenden Veränderungen bei den staatlichen Investitionen geführt. Da annahmegemäß neben den Bruttoinvestitionen auch die Nettoinvestitionen gestiegen sind, erhöhte sich neben dem Bruttoinlandsprodukt (BIP) auch das Nettoinlandsprodukt (NIP). Und letztlich hat auch der Auftrag aus Österreich über einen gestiegenen Export das BIP wie auch das NIP positiv beeinflusst. Da der Betrieb von Installationsmeister Röhrl in München ansässig ist, gilt er als Inländer. Die von ihm ausgehende Steigerung der volkswirtschaftlichen Produktionsleistung hat demnach auch das Nettonationaleinkommen (NNE) (das alte „Nettosozialprodukt") erhöht. Unterschiede im Beitrag zum NIP und NNE würden sich künftig erst dann ergeben, wenn Installationsmeister Röhrl einen Zweigbetrieb in Österreich errichten würde, um gestiegenen Aufträgen aus Österreich besser nachkommen zu können.

Ein indirekter volkswirtschaftlicher Produktionseinfluss durch Installationsmeister Röhrl kann grundsätzlich über die von ihm produzierten Investitionsgüter erfolgen. Im Unterschied zu Konsumgütern dienen sie nämlich wieder der Produktion, d. h., es kann ein weiterer positiver Beitrag zur volkswirtschaftlichen Produktionsleistung entstehen. Er könnte sich z. B. in einer höheren Produktionsleistung der Unternehmen äußern, in denen die Heizungen installiert wurden. Auch deren zwangsläufig gestiegener Bedarf an Pellets wirkt sich positiv auf die volkswirtschaftliche Produktionsleistung aus. Ähnliches gilt für die in einer Schule installierten Heizungen, deren Abschreibungen die Herstellungskosten der staatlichen Produktion (z. B. die Produktion von Bildungsleistungen) und damit – bei Nichtausschluss, also öffentlichen Gütern – den Staatskonsum erhöhen. Wir werden uns mit solchen Zusatzeffekten (Multiplikatoreffekten) im Abschnitt 5.2.5 beschäftigen.

Situationsbezogene Frage 4
Wie hat Installationsmeister Röhrl mit der Ausdehnung seiner Produktion zur volkswirtschaftlichen Einkommensentstehung und -verwendung beigetragen?

1.2.4 Das gesamtwirtschaftliche Einkommenskonto und die volkswirtschaftlichen Einkommensgrößen

Einkommen entsteht durch Produktion

Das gesamtwirtschaftliche Einkommenskonto ergibt sich durch Konsolidierung der Einkommenskonten des privaten und staatlichen Sektors. Es informiert darüber, wie das gesamtwirtschaftliche Einkommen entstanden ist und wie es verwendet wurde. Was die Einkommensentstehung betrifft, so dürfte schon nach dem bisher Gesagten klar sein, dass der Realwert des entstandenen Einkommens im Kern nichts anderes darstellt als die produzierte Gütermenge. Daraus wiederum folgt, dass die Entstehungsseite des Einkommens buchungstechnisch die rechte Seite des Einkommenskontos sein muss, da sie zum größten Teil die Gegenbuchung zum gesamtwirtschaftlichen Produktionskonto (vgl. Abschnitt 1.2.3) aufzunehmen hat. Dort war die produktionsbedingte Einkommensentstehung auf der linken Seite in Gestalt der Nettowertschöpfung als Summe der Faktoreinkommen, aber auch in Gestalt der indirekten Steuern abzüglich Subventionen als Netto-Staatseinnahmen sichtbar geworden. Die linke Seite des gesamtwirtschaftlichen Einkommenskontos informiert dann über die Verwendung des Einkommens, die wiederum güterbezogen und bei den Konsumausgaben die Gegenbuchung zum Produktionskonto ist.

Die Tatsache, dass es sich bei den Einkommensbeziehern um (natürliche und juristische) Personen und den Staat handelt, lässt außerdem den Schluss zu, dass das gesamtwirtschaftliche Einkommenskonto nach dem Inländerkonzept zu führen ist. Da das gesamtwirtschaftliche Produktionskonto andererseits auf dem Inlandskonzept basiert, wird nach der Gegenbuchung eine Korrektur erforderlich. Sie erfolgt über die von Inländern aus der übrigen Welt bezogenen Nettoprimäreinkommen ($PE_N^{\leftarrow üW}$) (siehe unten).

1.2.4 Das gesamtwirtschaftliche Einkommenskonto

Das **gesamtwirtschaftliche Einkommenskonto** nach dem Inländerkonzept hat folgende Gestalt:

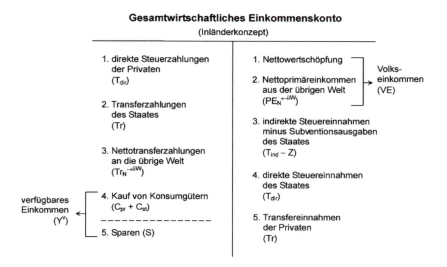

Aus dem gesamtwirtschaftlichen Einkommenskonto lassen sich die folgenden **volkswirtschaftlichen Einkommensgrößen** gewinnen:

Nettonationaleinkommen (NNE) = Primäreinkommen (PE) = NIP plus Saldo der Primäreinkommen (Nettoprimäreinkommen) aus der übrigen Welt (Faktoreinkommen der Inländer im Ausland minus Faktoreinkommen der Ausländer im Inland ($PE_N^{\leftarrow üW}$)). Im gesamtwirtschaftlichen Einkommenskonto setzt sich das NNE aus den Positionen 1., 2. und 3. auf der rechten Seite zusammen. In Symbolen: NNE = NIP + $PE_N^{\leftarrow üW}$.

Nettonationaleinkommen

Das NNE wurde früher (vor 1995) auch als **Nettosozialprodukt zu Marktpreisen** bezeichnet.

Volkseinkommen (VE) = NNE − (T_{ind} − Z) = Arbeitnehmerentgelte für den Produktionsfaktor Arbeit plus Unternehmens- und Vermögenseinkommen für die Produktionsfaktoren Boden und Kapital. Die Unternehmens- und Vermögenseinkommen nach dem Inländerkonzept sind also das Gegenstück zu den Betriebsüberschüssen bzw. Selbstständigeneinkommen nach dem Inlandskonzept. Das Volkseinkommen wurde früher (vor 1995) auch als **Nettosozialprodukt zu Faktorkosten** bezeichnet, um deutlich zu machen, dass es um die Einkommen der Eigentümer der Produktionsfaktoren geht, die aus Sicht des volkswirtschaftlichen Einkommenszahlers als Kosten zu interpretieren sind.

Volkseinkommen

Lohn- und Profitquote

Der Anteil der Faktoreinkommen aus Arbeitskraft am Volkseinkommen wird als **Lohnquote**, der Anteil der Faktoreinkommen aus Boden und Kapital am Volkseinkommen als **Profitquote** bezeichnet. Als grobe aktuelle Werte können 70% bzw. 30% gelten.

Da das Volkseinkommen (VE) noch nicht die staatliche Beeinflussung des Einkommens (z. B. durch die Steuerbelastung) berücksichtigt und demnach den Einkommensbeziehern noch nicht voll für ihre Kaufentscheidung zur Verfügung steht, lässt sich noch eine weitere Einkommensgröße bilden:

Verfügbares Einkommen als Großteil der Produktion

Verfügbares Einkommen (Y^v) = VE minus an den staatlichen Sektor geleistete direkte Steuerzahlungen (T_{dir}) (Einkommen- und Vermögenssteuern, einschl. Sozialversicherungsbeiträge) der nicht staatlichen Sektoren als Inländer plus von Inländern empfangene T_{dir} des staatlichen Sektors plus von Inländern empfangene indirekte Steuern (T_{ind}) des staatlichen Sektors minus an Inländer geleistete Subventionen (Z) des staatlichen Sektors minus an Inländer geleistete Transferzahlungen (z. B. Kindergeld, Wohngeld etc.) (Tr) des staatlichen Sektors plus vom staatlichen Sektor empfangene Tr der Inländer minus Saldo der Transferzahlungen (Nettotransferzahlungen) an die übrige Welt ($Tr_N^{\to üW}$) (z. B. Entwicklungshilfe). In Symbolen zusammengefasst:

$$Y^v = VE - T_{dir} + T_{dir} + T_{ind} - Z - Tr + Tr - Tr_N^{\to üW} = VE + T_{ind} - Z - Tr_N^{\to üW}$$

$$Y^v = NNE - Tr_N^{\to üW}$$

Da sich einige Größen – nämlich T_{dir} und Tr – gegenseitig als gesamtwirtschaftliche Einnahmen bzw. Ausgaben aufheben, wird deutlich, dass die gesamte volkswirtschaftliche Produktion (mit Ausnahme der Güter, die in Höhe der Abschreibungen die verschlissenen Investitionsgüter ersetzen sollen, und der Nettotransferzahlungen an die übrige Welt ($Tr_N^{\to üW}$)) bzw. ihr Gegenstück in Gestalt des Nettonationaleinkommens dem gesamten verfügbaren Einkommen entsprechen muss. Anders ausgedrückt:

> Wo produziert wird, entsteht gleichzeitig auch Einkommen. Produktion und Einkommen sind zwei Seiten der gleichen „Medaille".

Warum wird der Boden nicht abgeschrieben?

Außerdem wird deutlich, dass nur das als Einkommen und damit maximal nutzbare Gütermenge bezeichnet wird, was über den Erhalt des Sachkapitals hinausgeht. Es soll also sichergestellt werden, dass auch im nächsten Jahr wieder ein entsprechendes Einkommen erzielt werden kann. Man könnte demnach in Anlehnung an das traditionelle Produktionsverfahren in der Forstwirtschaft von einem „Nachhaltigkeitskonzept" sprechen, das auch der Volkswirtschaftlichen Gesamtrechnung zugrunde liegt. Allerdings ist kritisch zu fragen, warum nur das Sachkapital als künstlicher, von Menschen geschaffener Produktionsfaktor erhalten werden soll, die Abnutzung des natürlichen Kapitals aber unberücksichtigt bleibt. Abschreibungen

1.2.4 Das gesamtwirtschaftliche Einkommenskonto

des Produktionsfaktors Boden sind jedenfalls – wie schon im Abschnitt 1.2.1 erwähnt – nicht vorgesehen. Es wird anscheinend angenommen, dass er unbeschränkt und damit kostenlos zur Verfügung steht. Die kritische Frage lautet daher: Sollte ein ernst zu nehmendes „Nachhaltigkeitskonzept" nicht auch der Bodennutzung Rechnung tragen? Darüber hinaus: Wird und – wenn ja – wie wird die Abnutzung der menschlichen Arbeitskraft berücksichtigt?

Die konkrete Verfügung über das verfügbare Einkommen (Y^v) wird volkswirtschaftlich so interpretiert, dass aus dem Einkommen zunächst der Kauf von Konsumgütern (C) finanziert wird. Der Rest wird als **Sparen (S)** bezeichnet. In Symbolen ausgedrückt:
$S = Y^v - C$

Sparen ist also entgegen dem täglichen Sprachgebrauch keine Bestandsgröße (z. B. das Guthaben auf dem Sparbuch zu einem bestimmten Zeitpunkt), sondern gibt als Strömungsgröße an, welcher Teil des verfügbaren Einkommens im Zeitablauf (z. B. im Laufe eines Kalenderjahres) nicht konsumiert wurde.

Sparen als Konsumverzicht

Die **aktuellen Werte** für die wichtigsten volkswirtschaftlichen Einkommensgrößen in Deutschland können der Übersicht im Abschnitt 1.2.3 entnommen werden.

Situationsbezogene Antwort 4

Das von Installationsmeister Röhrl im Rahmen seiner Güterproduktion geschaffenen Faktoreinkommen bei den Eigentümern der Produktionsfaktoren Arbeit, Boden und Kapital ist seine Nettowertschöpfung. Sie setzt sich aus seinen Personalkosten als Arbeitnehmerentgelte und aus seinem betriebswirtschaftlichen Gewinn als Selbständigeneinkommen zusammen. Beide Einkommen aber sind Teil des Volkseinkommens als Inländereinkommen. Seinen Gewinn kann Installationsmeister Röhrl in seinem privaten Unternehmen als Finanzierungsmittel für Investitionsgüterkäufe (z. B. Anschaffung eines neuen Lieferwagens) belassen (unverteilter Gewinn) oder er kann ihn als Finanzierungsmittel zum Konsumgüterkauf (z. B. Anschaffung einer neuen Wohnzimmereinrichtung) in seinem privaten Haushalt entnehmen (verteilter Gewinn). In beiden Fällen aber hat er eine Einkommensteuer als direkte Steuer zu entrichten, bevor er weiter über das Einkommen verfügen kann.

Der von Installationsmeister Röhrl nicht entnommene und besteuerte Gewinn stellt ein Einkommen seines Unternehmens dar und wird vollständig zum Sparen (z. B. in Gestalt von Bankguthaben oder einer Beteiligung an einem anderen Unternehmen) verwendet, da Unternehmen definitionsgemäß nicht konsumieren. Dagegen erhöht der entnommene Gewinn das Einkommen seines privaten Haushalts, wird nochmals besteuert und steht dann für den Kauf von Konsumgütern zur Verfügung. Verbleibt danach noch ein Einkommensrest, so dient er ebenfalls dem Sparen (z. B. in Gestalt von Bankguthaben oder einer Alterssicherung).

Es darf nicht übersehen werden, dass auch die Personalkosten von Installationsmeister Röhrl aus volkswirtschaftlicher Sicht ein Einkommen entstehen lassen und damit zum Volkseinkommen beitragen, nämlich bei seinen Beschäftigten, über das diese dann nach Entrichtung der Lohn- und Einkommensteuer entsprechend ihren Wünschen verfügen. Auch bei ihnen gilt, dass die nicht zum Konsumgüterkauf verwendeten Einkommen dem Sparen dienen. Und letztlich entstehen auch durch die Steuerzahlungen (direkte und indirekte Steuern) der privaten Haushalte und Unternehmen Einkommen, nämlich im staatlichen Sektor. Sie zählen zwar nicht zum Volkseinkommen, da sie kein Faktoreinkommen sind, werden vom Staat nach Zahlung von Transfers (z. B. in Gestalt von Kindergeld an die Beschäftigten von Installationsmeister Röhrl) aber dann ebenfalls zum Kauf bzw. Eigenverbrauch von Konsumgütern (z. B. in Gestalt der produzierten Bildungsleistungen = Staatskonsum) verwendet. Der Rest stellt wiederum Sparen dar, das auch negativ sein kann, wenn die Konsumausgaben das verfügbare Einkommen überschreiten, eine im staatlichen Sektor keineswegs unrealistische Situation und mit einer Erhöhung der Staatsverschuldung verbunden.

Situationsbezogene Frage 5
Wie hat Installationsmeister Röhrl mit der Ausdehnung seiner Produktion zur volkswirtschaftlichen Vermögensbildung beigetragen?

1.2.5 Das gesamtwirtschaftliche Vermögensänderungskonto und die Beziehung zwischen Sparen und Investieren

Bildung und Finanzierung von Produktivvermögen

Der gesamtwirtschaftliche Vermögensbegriff ist produktionsbezogen, d. h., als Vermögensbildung gilt nur, was entweder direkt der Produktion dient wie die Nettoinvestitionen (**Sachvermögensbildung**) oder ihr zumindest indirekt als Finanzierungsquelle der Nettoinvestitionen über das Sparen (**Reinvermögensbildung**) zugute kommt. Übersteigt die Reinvermögensbildung die Sachvermögensbildung und treten demnach Finanzierungsüberschüsse (FÜ) auf, so kommt es zur **Geldvermögensbildung**. Das Vermögensänderungskonto macht diese Vorgänge sichtbar und übernimmt dabei wiederum die Funktion, die Gegenbuchungen zum Produktions- und Einkommenskonto aufzunehmen, und zwar in Gestalt der Bruttoinvestitionen und Abschreibungen bzw. in Gestalt des Sparens.

Allerdings tritt dabei das Problem auf, dass die Bruttoinvestitionen (I^b) und Abschreibungen (D) bzw. deren Differenz, die Nettoinvestitionen (I^n), nach dem Inlandskonzept, das Sparen (S) aber nach dem Inländerkonzept ermittelt worden sind. Ist es also zu einem Finanzierungsüberschuss gekommen, weil das Sparen größer als die Nettoinvestitionen war ($S > I^n$), so kann dieser Finanzierungsüberschuss nicht nur

1.2.5 Das gesamtwirtschaftliche Vermögensänderungskonto

darauf zurückgeführt werden, dass ein Exportüberschuss (Ex > Im) entstanden ist, sondern es können auch Finanzierungsmittel aus der Differenz von Nettoprimäreinkommen aus der übrigen Welt ($PE_N^{\leftarrow üW}$) und Nettotransferzahlungen an die übrige Welt ($Tr_N^{\rightarrow üW}$) zugeflossen sein. Für den Fall $S > I^n$ muss also für den Saldo des Vermögensänderungskontos gelten: FÜ = Ex + Im + $PE_N^{\leftarrow üW}$ − $Tr_N^{\rightarrow üW}$. Die einzelnen Komponenten des Saldos sind gleichsam die noch fehlenden Gegenbuchungen zum Produktions- und Einkommenskonto, die wir aber noch gesondert auf dem Konto der übrigen Welt erfassen werden.

Wird das **gesamtwirtschaftliche Vermögensänderungskonto** auf die beschriebene Weise gefüllt und saldiert, so wird es auf das Inländerkonzept vereinheitlicht und erhält folgende Gestalt:

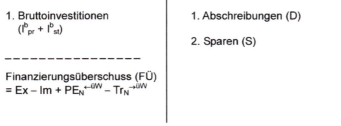

Das gesamtwirtschaftliche Vermögensänderungskonto führt uns zu der wichtigen Einsicht, dass die Höhe des gesamtwirtschaftlichen Sparens aufgrund der Begriffswahl in einer **geschlossenen Volkswirtschaft** (d. h., ohne Berücksichtigung der Wirtschaftsbeziehungen zur übrigen Welt wie z. B. durch Export und Import) am Ende der Rechnungsperiode immer den Nettoinvestitionen entsprechen muss: $S = I^n$.

Sparen gleich Investieren

Positive Nettoinvestitionen und damit eine Ausdehnung des Sachkapitalbestandes bzw. der zukünftigen Produktionskapazitäten sind also in einer geschlossenen Volkswirtschaft nur durch Konsumverzicht möglich. Länder, die sich aufgrund eines ohnehin geringen Versorgungsniveaus der Bevölkerung mit Konsumgütern keinen weiteren Konsumverzicht leisten können und demnach Schwierigkeiten mit dem Sparen haben, können Investitionen daher zwangsläufig nur durch Öffnung ihrer Volkswirtschaft und über einen Importüberschuss (Im > Ex) und damit durch Verschuldung in der übrigen Welt finanzieren. Die Verschuldung lässt sich lediglich durch empfangene Nettoprimäreinkommen aus der übrigen Welt ($PE_N^{\leftarrow üW}$) oder/und durch empfan-

Investitionen ohne Sparen nur durch internationale Verschuldung oder Geschenke

gene Nettotransferzahlungen („Geschenke") aus der übrigen Welt ($Tr_N^{\leftarrow üW} = -Tr_N^{\rightarrow üW}$) mildern. Für diejenigen, die es genau wissen wollen:

In einer **offenen Volkswirtschaft** gilt nach den bisherigen Begriffen bzw. Symbolen:

$S = Y^v - C = NNE - Tr_N^{\rightarrow üW} - (C_{pr} + C_{st}) = NIP + PE_N^{\leftarrow üW} - Tr_N^{\rightarrow üW} - (C_{pr} + C_{st})$

$S = C_{pr} + C_{st} + I^b_{pr} + I^b_{st} + Ex - Im - D + PE_N^{\leftarrow üW} - Tr_N^{\rightarrow üW} - (C_{pr} + C_{st})$

$S = I^b_{pr} + I^b_{st} - D + Ex - Im + PE_N^{\leftarrow üW} - Tr_N^{\rightarrow üW}$

$S = I^n + Ex - Im + PE_N^{\leftarrow üW} - Tr_N^{\rightarrow üW}$

Wenn $S = 0$, dann gilt:

$I^n = (Im - Ex) - PE_N^{\leftarrow üW} + Tr_N^{\rightarrow üW} = (Im - Ex) - PE_N^{\leftarrow üW} - Tr_N^{\leftarrow üW}$

Die Nettoinvestitionen (I^n) sind in diesem Fall mit einem Finanzierungsdefizit (($Im - Ex) - PE_N^{\leftarrow üW} - Tr_N^{\leftarrow üW}$) auf der rechten Seite des gesamtwirtschaftlichen Vermögensänderungskontos verbunden. Es entspricht dem Leistungsbilanzdefizit, wie wir im 8. Kapitel bei der Darstellung der Zahlungsbilanz noch sehen werden. Das Land ist also in diesem Fall voll auf die Hilfe aus der übrigen Welt angewiesen.

Situationsbezogene Antwort 5

Unter volkswirtschaftlichem Blickwinkel liegt eine Vermögensbildung nur dann vor, wenn es sich um Produktivvermögen handelt, d. h., wenn sich die Produktionsmöglichkeiten erhöhen. So stellt z. B. die Wohnzimmereinrichtung, selbst z. B. ein wertvoller Kunstgegenstand, kein Produktivvermögen dar, da sie nicht wieder der Produktion dient. Produktivvermögen wird direkt durch die Bildung von Sachvermögen über Investitionsgüter geschaffen, indirekt durch die Bildung von Reinvermögen durch Sparen zur Finanzierung des Sachvermögens. Daneben dienen auch durch Abschreibung gewonnene Finanzierungsmittel der Sachvermögensbildung.

Installationsmeister Röhrl hat zunächst dadurch zur volkswirtschaftlichen Sachvermögensbildung beigetragen, dass er mit der Erweiterung seines Firmengebäudes eine Bruttoinvestition und unter Abzug der bereits angefallenen Abschreibung auf dieses Gebäude auch eine Nettoinvestition getätigt hat. Sie wurde mit Eigenmitteln durch das Sparen (Reinvermögensbildung) seines Unternehmens finanziert, das seinem verfügbaren Selbständigeneinkommen als versteuertem, nicht ausgeschüttetem Gewinn entspricht. Sollten die Eigenmittel bzw. das Sparen zur Finanzierung nicht ausgereicht haben, so muss es zu einem Finanzierungsdefizit, also zu einer negativen Geldvermögensbildung, gekommen sein, d. h., es muss z. B. eine Kreditfinanzierung vorgelegen haben.

Ein weiterer Beitrag zur volkswirtschaftlichen Vermögensbildung könnte über den privaten Haushalt von Installationsmeister Röhrl außerhalb seines Unternehmensbereichs dadurch erfolgt sein, dass sein weiteres verfügbares Selbständigeneinkommen als versteuerter, ausgeschütteter Gewinn von ihm nicht voll zum Konsumgüterkauf (z. B. Anschaffung einer neuen Wohnzimmereinrichtung) verwendet, sondern zum Teil gespart wurde (z. B. als Bankguthaben oder durch Aktienerwerb). Dieses Sparen würde dann (z. B. unter Vermittlung des Bankensektors) zur Finanzierung von Nettoinvestitionen in anderen volkswirtschaftlichen Produktionsbereichen (z. B. auch im staatlichen Sektor durch den Erwerb von Staatsanleihen) dienen.

Situationsbezogene Frage 6
Wie stellen sich die Geldbewegungen bzw. die eingesetzten Finanzierungsmittel bei der Betriebstätigkeit von Installationsmeister Röhrl und bei seinen Kunden aus volkswirtschaftlicher Sicht dar?

1.2.6 Das gesamtwirtschaftliche Kreditänderungskonto

Bei der Buchung der wirtschaftlichen Aktivitäten von Tauschpartnern darf nicht übersehen werden, dass es sich um unterschiedliche Personengruppen in Gestalt der Verkäufer und Käufer handelt, bei denen nicht gleichzeitig der Verkauf und Kauf gebucht wird. Zwischen Leistung und Gegenleistung vergeht meist Zeit. Sie wird durch das Auftreten von **Forderungen und Verbindlichkeiten** überbrückt. Am Beispiel des privaten Konsums wird dies deutlich:

Der Verkauf der privaten Konsumgüter auf der rechten Seite des Produktionskontos führt bei den Verkäufern zunächst zu einer Forderungszunahme bzw. Verbindlichkeitsabnahme, die eigentlich auf der linken Seite eines eigenständigen Kontos, des Kreditänderungskontos, gegengebucht werden müsste. Die Forderungszunahme wird z. B. durch eine Rechnung dokumentiert und besteht darin, dass die Käufer die Gegenleistung zunächst schuldig bleiben. Sie tritt aber auch bei einer Geldzahlung als Gegenleistung bzw. der Rechnungsbegleichung auf, denn Geld (Bargeld oder Buchgeld) stellt immer eine Forderung dar, wie wir noch zeigen werden (vgl. Abschnitt 6.1.4). Im Gegenzug erscheint der Kauf der Konsumgüter als Einkommensverfügung auf der linken Seite des Einkommenskontos und führt zu einer Verbindlichkeitszunahme bzw. bei Geldzahlung zu einer Forderungsabnahme bei den Käufern. Sie ist auf der rechten Seite des Kreditänderungskontos gegenzubuchen. Das Kreditänderungskonto legt also die Verteilung der Gläubiger- und Schuldnerpositionen offen. Nur wer diese Information wünscht, benötigt das Konto. Ansonsten ist es überflüssig. Da in einer geschlossenen Volkswirtschaft ohne wirtschaftliche Außenbeziehungen die Gläubiger- und Schuldnerpositionen in der Summe einander ent-

Tauschaktivitäten führen zu Forderungen und Verbindlichkeiten

sprechen müssen, kann in diesem Fall auch kein Saldo entstehen. Er kann nur in einer offenen Volkswirtschaft auftreten und ist dann identisch mit dem Saldo des Vermögensänderungskontos.

Gesamtwirtschaftliches Kreditänderungskonto
(Inländerkonzept)

1. Forderungszunahme bzw. Verbindlichkeitenabnahme	1. Forderungsabnahme bzw. Verbindlichkeitenzunahme
	--------------------
	Finanzierungsüberschuss (FÜ) $= Ex - Im + PE_N^{\leftarrow \text{üW}} - Tr_N^{\rightarrow \text{üW}}$

Situationsbezogene Antwort 6

Da Geld in jeder Form (z. B. als Bargeld oder Bankguthaben auf dem Girokonto) eine Forderung für den Geldbesitzer und entsprechend eine Verbindlichkeit für den „Produzenten" des Geldes darstellt, gilt dies auch für die Geldbewegungen bzw. die eingesetzten Finanzierungsmittel bei der Betriebstätigkeit von Installationsmeister Röhrl und bei seinen Kunden. So führt z. B. die Installation einer Pelletheizung mit anschließender Rechnungsstellung durch Installationsmeister Röhrl bei ihm in seiner Betriebsbuchführung zu einer Forderungszunahme und entsprechend beim Kunden zu einer Verbindlichkeitszunahme. Bezahlt der Kunde eines Tages die Rechnung bar oder durch Banküberweisung, so nimmt zwar die Rechnungsforderung bei Installationsmeister Röhrl bzw. die Rechnungsschuld bei seinem Kunden ab, im Gegenzug bekommt er aber von seinem Kunden eine andere Forderung, nämlich eine Forderung gegen die Europäische Zentralbank (EZB) bei Barzahlung oder eine Forderung gegen eine Bank bei Banküberweisung. Er kann dann diese neue Forderung selbst z. B. beim Güterkauf als Gegenleistung einsetzen.

Da grundsätzlich jeder Forderung irgendwo eine Verbindlichkeit bzw. einem Gläubiger ein Schuldner gegenüberstehen muss, ist klar, dass bei einer Zusammenfassung von Installationsmeister Röhrl und seinen Kunden zu einer gemeinsamen Gruppe ohne weitere Außenbeziehungen, die Forderungen und Verbindlichkeiten dieser Gruppe sich zu Null saldieren müssen. Das gilt auch für eine geschlossene Volkswirtschaft. Nur in einer offenen Volkswirtschaft, d. h., im Außenverhältnis gegenüber Dritten kann überhaupt in der Summe ein Saldo als Gläubiger- oder Schuldnerposition auftreten.

Die Installation einer Pelletheizung durch Installationsmeister Röhrl bei einem Kunden in Österreich als Export führt zwar zu einer Forderungszunahme der deutschen

1.2.7 Nominal- und Realgrößen

Volkswirtschaft gegenüber der österreichischen Volkswirtschaft. Da Österreich aber ebenso wie Deutschland der Europäischen Währungsunion (EWU) angehört, würde eine Rechnungsstellung und Rechnungsbegleichung in Euro (EUR) zu Forderungen und Verbindlichkeiten führen, die innerhalb der geschlossenen Volkswirtschaft der EWU einander entsprechen müssen. Es kann dann auch keinen Export innerhalb dieses geschlossenen Systems geben, so wie es z. B. keinen Export von Bayern nach Sachsen gibt. Das würde sich erst dann ändern, wenn Installationsmeister Röhrl seine Pelletheizungen eines Tages in den USA oder in Schweden installiert, also in Ländern außerhalb der EWU. Es kommt also darauf an, wie eine Volkswirtschaft abgegrenzt und was z. B. unter Inländer und Inland bzw. Ausländer und Ausland verstanden wird. Im 8. Kapitel werden wir uns mit diesen Fragen näher beschäftigen.

Situationsbezogene Frage 7
Hat Installationsmeister Röhrl mit der Verbesserung seiner Gewinnsituation auch seine Güterversorgung verbessert?

1.2.7 Nominal- und Realgrößen

Bei den volkswirtschaftlichen Leistungsgrößen und ihren Komponenten handelt es sich zunächst im Kern um Mengengrößen (**Realgrößen**). Da Mengen mit ihren unterschiedlichen physikalischen Maßeinheiten (z. B. Kilogramm, Liter, Stück, m² etc.) nicht einfach addiert werden können, müssen sie auf einen einheitlichen Nenner gebracht werden. Als gemeinsamer Nenner dient der Preis, also die Anzahl der Geldeinheiten (z. B. 4 EUR) pro Mengeneinheit, mit dem die Anzahl der unterschiedlichen Mengeneinheiten multipliziert wird. Die Mengen werden dadurch in einheitliche (z. B. in EUR bewertete) Geldgrößen (**Nominalgrößen**) umgewandelt und lassen sich dann addieren. Als Preis wird bei der Ermittlung des Inlands- bzw. Sozialprodukts der Marktpreis genommen, der sich aus dem Herstellungspreis und der Differenz aus indirekten Steuern und Subventionen ($T_{ind} - Z$) zusammensetzt. Sofern keine Marktpreise vorliegen, weil die betreffenden Güter nicht vermarktet bzw. nicht verkauft wurden wie z. B. der Staatskonsum, die Lagerinvestitionen und die selbst erstellten Anlagen, werden die Herstellungskosten bzw. Einstandspreise angesetzt. Werden in jedem Jahr die in diesem Jahr erzielten Preise angesetzt, so wird z. B. vom „BIP in jeweiligen Preisen" oder kurz vom „nominalen BIP" gesprochen. Allerdings tritt bei einer solchen Bewertungsmethode das Problem der jährlichen Preissteigerungen auf, die den Nominalwert erhöhen können, ohne dass der Realwert und damit die Güterversorgung entsprechend gestiegen sind.

Nur Realgrößen zeigen die tatsächliche Güterversorgung

Freiheit von Geldillusion durch Realgrößen	Besteht **Freiheit von Geldillusion** (vgl. Abschnitt 6.1.3) und demnach ein Informationsinteresse am Realwert, wird das Problem der Preisänderungen dadurch umgangen, dass die Preise künstlich konstant gehalten werden. Im Gegensatz zum nominalen BIP in jeweiligen Preisen wird daher beim realen BIP in konstanten Preisen eine Preisbereinigung vorgenommen. Das Bereinigungsverfahren erfolgt mit statistischen Methoden, die relativ komplex sind. Für die Interessierten sei es kurz beschrieben:
Preisbereinigung anhand eines Kettenindex	Das mengenmäßige BIP-Volumen eines Jahres (BIP_V) wird mit dem auf das Vorjahr normierten Preisindex (P) bewertet. Damit ist sichergestellt, dass die entsprechende Wertänderung fiktiv nur die Mengenänderung widerspiegelt. Die Zeitreihe des realen BIP wird in der offiziellen Statistik nur als **Kettenindex** ausgewiesen. Zur Ermittlung dieses Kettenindex wird zunächst jeder preisbereinigte Jahreswert des BIP ins Verhältnis gesetzt zum Vorjahreswert des BIP in laufenden Preisen (Volumenindex nach Laspeyres). Die Berechnungsmethode für diesen Teilindex des realen BIP lautet z. B. für das Jahr 2010:

$$BIP^{2010} \text{ (preisber., Teilindex)} = \frac{BIP_V^{2010} \cdot P^{2009}}{BIP_V^{2009} \cdot P^{2009}}$$

Für das Jahr 2009 würde sich entsprechend ergeben:

$$BIP^{2009} \text{ (preisber., Teilindex)} = \frac{BIP_V^{2009} \cdot P^{2008}}{BIP_V^{2008} \cdot P^{2008}}$$

Um eine fortlaufende Indexreihe zu erhalten, werden die Teilindizes miteinander verkettet. Dazu wird zunächst der preisbereinigte BIP-Wert eines Referenzjahres (z. B. für das Jahr 2009) gleich hundert gesetzt und so der erste Kettenindex gebildet. Die Kettenindizes der Folgejahre werden dadurch ermittelt, dass der Teilindex eines jeden Jahres mit dem Kettenindex des Vorjahres durch Multiplikation verknüpft wird. In obigem Beispiel ergibt sich dann z. B. für das reale BIP im Jahr 2010 folgender Wert des Kettenindex:

$$BIP^{2010} \text{ (preisber., Kettenindex, 2009 = 100)} = \left(\frac{BIP_V^{2010} \cdot P^{2009}}{BIP_V^{2009} \cdot P^{2009}}\right) \cdot 100$$

Der Kettenindex für das Jahr 2011 würde entsprechend lauten:

$$BIP^{2011} \text{ (preisber., Kettenindex, 2009 = 100)} = \left(\frac{BIP_V^{2011} \cdot P^{2010}}{BIP_V^{2010} \cdot P^{2010}}\right) \cdot \left(\frac{BIP_V^{2010} \cdot P^{2009}}{BIP_V^{2009} \cdot P^{2009}}\right) \cdot 100$$

Die Kettenindizes der weiteren Jahre lassen sich entsprechend berechnen. Der verkettete Absolutwert für das reale BIP eines bestimmten Jahres kann bei Bedarf dadurch zurückermittelt werden, dass der Kettenindex des betreffenden Jahres mit dem Kettenindex und dem Absolutwert des realen BIP für ein Referenzjahr (z. B. für das Jahr 2009) durch Multiplikation verknüpft wird.

1.2.7 Nominal- und Realgrößen

Wer wissen will, wie sich die volkswirtschaftliche Güterversorgung im Zeitablauf mengenmäßig verändert hat, benötigt die **Wachstumsrate (W) des realen BIP (WBIP)**. Sie lässt sich anhand der Kettenindexreihe des preisbereinigten BIP relativ einfach nach folgender Methode ermitteln:

WBIP zwischen den Jahren 2011 und 2010 in Prozent:

$$WBIP_{2010}^{2011} (\%) = \left(\frac{BIP^{2011} \text{ (preisber., Kettenindex)}}{BIP^{2010} \text{ (preisber., Kettenindex)}} - 1 \right) \cdot 100$$

WBIP zwischen den Jahren 2011 und 2009 in Prozent entsprechend:

$$WBIP_{2009}^{2011} (\%) = \left(\frac{BIP^{2011} \text{ (preisber., Kettenindex)}}{BIP^{2009} \text{ (preisber., Kettenindex)}} - 1 \right) \cdot 100$$

Die Wachstumsrate des realen BIP (WBIP) ist ein weiterer und vielleicht der wichtigste Leistungsindikator einer Volkswirtschaft, da sie die Verbesserung oder Verschlechterung der gesellschaftlichen Güterversorgung anzeigt und auf weitere Leistungsindikatoren wie z. B. die Beschäftigungssituation schließen lässt.

Wachstumsrate des realen BIP zeigt Veränderung der Güterversorgung

Situationsbezogene Antwort 7

Gewinne, Umsätze, Kosten etc. sind Nominalgrößen, d. h., sie werden in Geldeinheiten (z. B. in EUR) gemessen. Wenn der Gewinn von Installationsmeister Röhrl steigt, hat er zwar einen höheren Geldbetrag als Nominalbetrag zur Verfügung, aber das heißt noch nicht, dass auch seine Kaufkraft bezüglich eines Gütererwerbs zugenommen hat. Sind nämlich mit dem Gewinn auch die Preise derjenigen Güter gestiegen, die im Rahmen seines Güterversorgungsproblems von Bedeutung sind, so hat der Realwert seines Gewinns abgenommen. Es kommt also darauf an, welcher Effekt (Gewinnsteigerung oder Preissteigerung) größer war. Konkret bedeutet dies, dass Installationsmeister Röhrl angesichts einer Gewinnsteigerung und mit Blick auf sein Güterversorgungsproblem nur dann frei von Geldillusion ist, wenn er von der prozentualen Gewinnsteigerung die prozentuale Preissteigerung der relevanten Güter abzieht. Die Differenz gibt ihm die prozentuale Veränderung seiner Güterversorgung an. Sie kann sich also schlimmstenfalls sogar verschlechtert haben, obwohl sein Gewinn gestiegen ist. So würde z. B. eine Gewinnsteigerung von 2 % bei einer gleichzeitigen Preissteigerung von 3 % zu einem realen Kaufkraftverlust von 1 % führen.

Situationsbezogene Frage 8

Sind die für Installationsmeister Röhrl verständlicherweise unangenehmen Kosten (z. B. seine Personalkosten) auch aus volkswirtschaftlicher Sicht unangenehm?

1.2.8 Betriebswirtschaftliche und volkswirtschaftliche Kosten

Betriebswirtschaftliche und volkswirtschaftliche Kosten haben einen unterschiedlichen Bedeutungsinhalt und sind demnach auch unterschiedlich zu bewerten.

> **Betriebswirtschaftliche Kosten** sind unangenehm.

Kosten sind uns einzelwirtschaftlich unangenehm, bedeuten sie im täglichen Sprachgebrauch doch, dass wir anderen Geld und damit Güter geben, die uns dadurch bei der Lösung unseres eigenen Güterversorgungsproblems verloren gehen. Wenngleich wir nach dem bisher Gesagten wissen, dass betriebswirtschaftliche Kosten in der ökonomischen Fachsprache nur in der Produktion bzw. bei den Produzenten auftreten, so werden sie jedoch auch dort unangenehm empfunden, denn sie schmälern den Gewinn als Differenz zwischen Umsatz und Kosten und damit das Einkommen der Unternehmenseigner.

> **Volkswirtschaftliche Kosten** als Summe betriebswirtschaftlicher Kosten sind angenehm.

Betriebswirtschaftliche Kosten sind in der volkswirtschaftlichen Summe – kurz und bündig gesagt – gleich Erträgen. Auch Gewinne bzw. Betriebsüberschüsse und Selbstständigeneinkommen (vgl. Abschnitt 1.2.1) zählen volkswirtschaftlich zu den Kosten, nämlich zur Nettowertschöpfung und damit zu den Faktorkosten, wie uns schon der alte Begriff des Nettosozialprodukts zu Faktorkosten sagt, das mit dem Volkseinkommen identisch ist (vgl. Abschnitt 1.2.4). Wir erkennen diese simple, aber häufig verkannte Tatsache auch, wenn wir uns aus volkswirtschaftlicher Sicht daran erinnern, dass die Kosten des einen (z. B. des Mieters als Kostenträger) gleichzeitig der Ertrag bzw. das Einkommen des anderen (in diesem Fall des Vermieters als Kostenempfänger) sind, nach dem Motto: „Des einen Freud, des anderen Leid". Die unangenehmen und gleichzeitig auch angenehmen Seiten des betriebswirtschaftlichen Kostenbegriffs halten sich also volkswirtschaftlich die Waage.

Sozialkosten sind Ineffizienzen

Eine höhere volkswirtschaftliche Produktion, z. B. gemessen am Bruttoinlandsprodukt (BIP), ist in jedem Fall mit höheren betriebswirtschaftlichen Kosten verbunden, wie uns auch bereits ein Vergleich des einzelwirtschaftlichen und gesamtwirtschaftlichen Produktionskontos in den Abschnitten 1.2.1 und 1.2.3 gezeigt hat. Der Ruf nach volkswirtschaftlicher Kostensenkung ist daher eher kontraproduktiv und lässt eine fundierte Kenntnis der volkswirtschaftlichen Zusammenhänge vermissen. Es sei denn, mit dem volkswirtschaftlichen Kostenbegriff würde inhaltlich etwas anderes verbunden als mit dem betriebswirtschaftlichen Kostenbegriff. Gelegentlich wird bei volkswirtschaftlichen Kosten auch von **Sozialkos-**

ten gesprochen. Doch was verbirgt sich hinter ihnen? Die Antwort lautet, dass auf der volkswirtschaftlichen Ebene mit Kosten häufig Ineffizienzen gemeint sind, d. h., die vorhandenen Produktionskapazitäten sind nicht voll ausgeschöpft worden. Ein falscher Einsatz von Produktionsfaktoren hat zu Produktionseinbußen geführt. Es wird daher auch von **Opportunitätskosten** gesprochen. Wachstums- bzw. gesellschaftliche Wohlfahrtsverluste sind entstanden. In ihnen liegt das Unangenehme der volkswirtschaftlichen Kosten. Daraus ergibt sich die erstaunliche – selbst Volkswirten nicht immer bewusste – Schlussfolgerung:

> Eine Senkung (Erhöhung) der volkswirtschaftlichen Kosten führt zu einer Erhöhung (Senkung) der betriebswirtschaftlichen Kosten.

Der Umkehrschluss führt zu einem Verteilungsproblem und gilt daher nur bedingt. Betriebswirtschaftliche und volkswirtschaftliche Kosten erfordern aber in jedem Fall einen unterschiedlichen Blick und sind auch unterschiedlich zu bewerten.

Situationsbezogene Antwort 8

Kosten sind für Installationsmeister Röhrl im Kern, nämlich bei realer Betrachtung und damit bei Freiheit von Geldillusion, nichts anderes als Güter, die er anderen (z. B. seinen Beschäftigten oder seinen Zulieferern) geben muss, weil er sich vertraglich dazu verpflichtet hat. Sie schmälern demnach über eine Gewinneinbuße seine eigene Güterversorgung, verschärfen sein Güterversorgungsproblem und sind ihm daher unangenehm. Andererseits aber sind seine Kosten bei den Zahlungsempfängern (z. B. bei seinen Beschäftigten in Gestalt von deren Lohn und Gehalt oder bei seinen Zulieferern in Gestalt von deren Umsatz) und damit für sie im Kern Güter, die ihnen höchst willkommen sind, weil sie mit ihnen ihr Güterversorgungsproblem besser lösen können. Es findet also volkswirtschaftlich zunächst nur eine Umverteilung statt. Das volkswirtschaftliche Problem ist ein Verteilungsproblem, d. h., es geht um die Frage, ob die beschriebene Umverteilung zu Ineffizienzen führt, weil die Produktionsmöglichkeiten nicht voll ausgeschöpft und damit die gesamte zu verteilende Gütermenge nicht maximal ist. Dieses Problem könnte z. B. dadurch auftreten, dass die hohe Kostenbelastung bei Installationsmeister Röhrl in seiner Betriebsbuchführung zu einem Verlust führt, der ihn zur Aufgabe seines Betriebes und zur Entlassung seiner Beschäftigten zwingt. In diesem Fall würde die volkswirtschaftliche Gütermenge sinken und die Güterversorgung auf beiden Seiten beeinträchtigt werden. Es gilt also, eine Verteilung zu finden, die auf allen Seiten als gerecht empfunden wird, dadurch die Leistungsmotivation steigert und dadurch wiederum letztlich die gesamte Güterversorgung verbessert.

1. Das Unternehmen in der volkswirtschaftlichen Leistungserstellung

Situationsbezogene Kontrollaufgabe

Kompetenz-
kontrolle

Handlungssituation

Versetzen Sie sich in die Lage von Installationsmeister Röhrl, der sich auf die Installation von Gasheizungen spezialisiert hat und mit seinem Installationsbetrieb als Unternehmen ohne eigene Rechtspersönlichkeit in München gemeldet ist. Im Jahr 2014 erwirtschafteten Sie zusammen mit einem Mitarbeiterstamm von 10 Beschäftigten und mit einem noch vorhandenen Maschinen- und Gebäudeanschaffungswert zu Beginn des Jahres in Höhe von 300 Tsd. EUR einen Umsatz in Höhe von 600 Tsd. EUR und ein Selbständigeneinkommen („Gewinn") vor Steuer in Höhe von 120 Tsd. EUR. Den „Gewinn" haben Sie zur Hälfte im Unternehmen belassen. Er wurde mit 20 % besteuert. In dem betreffenden Jahr haben Sie Investitionen in Höhe von 100 Tsd. EUR getätigt. Der Umsatz entstand allein durch einen Großauftrag eines bayerischen Unternehmens in Höhe von 400 Tsd. EUR und durch einen Auftrag der Stadt München in Höhe von 200 Tsd. EUR. Die in Ihrem Betrieb eingesetzten Maschinen und Gebäude und die von Ihnen installierten Gasheizungen haben in allen Bereichen eine durchschnittliche Nutzungsdauer von 10 Jahren und werden linear vom Anschaffungswert abgeschrieben. Die Personalkosten Ihres Betriebes betrugen in dem betreffenden Jahr 300 Tsd. EUR und Sie bezogen Thermostate wegen ihrer Qualität und ihres niedrigen Preises für 10 Tsd. EUR von einem Lieferanten in den USA. Sie verfügten außerdem über ein kleines Depot mit US-Aktien, die Ihnen im Jahr 2014 Dividendenzahlungen vor Steuer in Höhe von 2 Tsd. EUR einbrachten. Sie ahnen natürlich, dass Sie mit den konkreten Werten Ihrer Wirtschaftstätigkeit allein nur in verschwindend geringem Maße zur Leistung der deutschen Volkswirtschaft beigetragen haben. Gleichwohl wollen Sie zur Stärkung Ihrer Selbstsicherheit wissen, wie hoch dieser Beitrag war und welche grundsätzliche volkswirtschaftliche Bedeutung Ihr Installationsbetrieb damit hat.

Kontrollfragen

a) Welche ökonomischen Gründe könnten Sie dazu veranlasst haben, sich auf die Installation von Gasheizungen zu spezialisieren?

b) Welchen volkswirtschaftlichen Sektoren sind Sie mit Ihrer Wirtschaftstätigkeit im Jahr 2014 zuzuordnen?

c) Wie und in welcher Höhe wurden durch Ihre Wirtschaftstätigkeit im Jahr 2014 das deutsche Bruttoinlandsprodukt, das Nettoinlandsprodukt und das Volkseinkommen beeinflusst?

1.2.8 Betriebswirtschaftliche und volkswirtschaftliche Kosten

d) Wie und in welcher Höhe haben Sie im Jahr 2014 zum Staatskonsum bzw. zur Produktion öffentlicher Güter in Deutschland beigetragen?

e) Wie und in welcher Höhe wurden die von Ihnen im Jahr 2014 getätigten Investitionen aus volkswirtschaftlicher Sicht finanziert und wie haben diese Investitionen den Sachkapitalbestand Ihres Unternehmens und damit der deutschen Volkswirtschaft verändert?

Alle Antworten sind unter Verwendung des volkswirtschaftlichen Basiswissens zu erläutern!

2. Das Unternehmen in der Sozialen Marktwirtschaft

2.1 Handlungssituation (Fallbeispiel 1)

> **Handlungssituation** — Fallbeispiel 1
>
> Der Fleischerfachbetrieb von Fleischermeister Kutter hat durch die Herstellung von Wildspezialitäten und auch durch einen Partyservice neue Kunden gewonnen. In der von ihm belieferten Region zählt er mittlerweile zu den drei größten Betrieben, zu denen er aber in harter Konkurrenz steht. Sein Personalbestand ist auf zwanzig Beschäftigte angewachsen und auch sein Sachkapitalbestand (Firmengebäude, Maschinen etc.) wurde erweitert. Der kräftige Umsatzanstieg hat zu einer Verbesserung der Gewinnsituation geführt. Allerdings sind die verschiedenen Betriebsabläufe durch die Betriebserweiterung auch unübersichtlicher geworden. Fleischermeister Kutter wendet sich daher an einen Unternehmensberater.

Situationsbezogene Frage 1
Warum benötigt Fleischermeister Kutter eine Organisation seines Fleischerfachbetriebes und was muss organisiert werden?

2.1.1 Notwendigkeit und Gegenstand einer Wirtschaftsordnung

Aus Abschnitt 1.1.2 wissen wir, dass Volkswirtschaften heute verstärkt versuchen, durch eine immer weiter voranschreitende nationale und internationale **Arbeitsteilung** bzw. **Spezialisierung** als eine Form der Rationalisierung das gesellschaftliche Güterversorgungsproblem noch besser zu lösen. Wir wissen auch, dass sich dabei die Spezialisten in **Anbieter** und **Nachfrager** unterteilen lassen, die beim Faktoreinsatz auf der Inputseite (Kostenseite) und bei der Güterproduktion auf der Outputseite (Ertragsseite) anzutreffen sind. Den Vorteil einer höheren Produktivität und Produktqualität erkaufen sich die Spezialisten allerdings mit einer größeren Abhängigkeit untereinander, die gelegentlich schon allein als unangenehm und daher nachteilig empfunden wird. Spezialisten sitzen gleichsam „gemeinsam in einem Boot". Ihre wechselseitige Abhängigkeit erfordert eine Organisation und gegenseitige Abstimmung (Koordination), ist aber selbst Problemen ausgesetzt. Um diese Koordination und die Frage nach dem geeigneten **Koordinationsmechanismus** geht es in einer Wirtschaftsordnung.

Spezialisten benötigen eine Organisation

> Die **Wirtschaftsordnung** beantwortet die Frage nach dem Koordinationsmechanismus von Angebot und Nachfrage.

Gleichgewicht als Interessenausgleich

Die Wirtschaftsordnung sagt uns, wie die Spezialisten als Anbieter und Nachfrager in ihren unterschiedlichen Wünschen und Plänen so aufeinander abgestimmt werden, dass es möglichst zu einem Ausgleich der Interessen, zu einem harmonischen **Gleichgewicht**, kommt. Ungleichgewichte als Zeichen einer – zumindest teilweise – falschen Spezialisierung äußern sich in einem Überangebot oder einer Übernachfrage. Die Wirtschaftsordnung soll sie verhindern oder beseitigen. Sie ist zwangsläufig nur ein – wenn auch gewichtiger – Teil der Gesellschaftsordnung, die außerdem zu berücksichtigen hat, dass es neben ökonomischen Interessen auch nichtökonomische Interessen gibt, die ebenfalls nach einem Ausgleich verlangen.

Die Notwendigkeit eines Koordinationsmechanismus bzw. einer Wirtschaftsordnung und die Frage, wie sie konkret ausgestaltet werden sollen, ist keineswegs nur eine Frage, die sich auf der gesellschaftlich-volkswirtschaftlichen Ebene stellt. Sie ist auch eine **betriebswirtschaftlich bedeutsame Frage**, denn die einzelnen Spezialisten treffen täglich vor Ort im Produktionsprozess aufeinander und jedes Unternehmen hat sich daher Gedanken zu machen und zu entscheiden, mit welcher konkreten Organisationsstruktur versucht werden soll, einen möglichst reibungslosen Produktionsablauf zu sichern. Die Wirtschaftsordnung einer Volkswirtschaft im Großen ist daher mit der Organisation eines Unternehmens im Kleinen vergleichbar.

Situationsbezogene Antwort 1

Fleischermeister Kutter benötigt eine Organisation seines Fleischerfachbetriebes, um einen reibungslosen Produktionsablauf zu gewährleisten. Störungen (Ungleichgewichte) im Produktionsablauf könnten dadurch auftreten, dass seine spezialisierten Beschäftigten als Anbieter und Nachfrager nicht „Hand in Hand" arbeiten und es dadurch zu Engpässen kommt. So muss z. B. sichergestellt werden, dass die Bedienung hinter der „Ladentheke" (Nachfrage) möglichst schnell durch die „Wurstküche" (Angebot) beliefert wird, wenn sich Kundenwünsche ändern. Auch innerhalb der „Wurstküche" ist z. B. eine Abstimmung zwischen dem Personal am Cutter zur Herstellung des Bräts (Angebot) und dem Personal an der Füllmaschine (Nachfrage) notwendig, um einen Leerlauf in der Wurstproduktion zu verhindern. In kleineren Betrieben wird dies natürlich ohne ein großartiges Organisationsschema geschehen, weil „man sich kennt". Mit zunehmender Betriebsgröße und komplizierteren Produktionsabläufen dürfte jedoch die Entwicklung eines klar strukturierten Organisationsschemas – z. B. unter Hinzuziehung eines Unternehmensberaters als Organisationsspezialist – unvermeidlich sein.

2.1.2 Wirtschaftssystem und Wirtschaftsordnung

Situationsbezogene Frage 2

Wird das Konzept einer Unternehmensorganisation, das der von Fleischermeister Kutter hinzugezogene Unternehmensberater seinen Überlegungen zugrunde legen wird, schon vollständig in die Praxis umzusetzen sein?

2.1.2 Wirtschaftssystem und Wirtschaftsordnung

> Ein **Wirtschaftssystem** bezeichnet die **gedanklichen** Möglichkeiten einer Koordination von Angebot und Nachfrage in einer Volkswirtschaft.

Aus betriebswirtschaftlicher Sicht ist ein Wirtschaftssystem gleichsam das, was sich z. B. der Leiter der Organisationsabteilung eines Unternehmens oder ein Unternehmensberater „am grünen Tisch" überlegt, wenn er sich vor die Aufgabe gestellt sieht, die Spezialisten im Produktionsprozess (z. B. die Arbeitnehmer an einem Fließband) in ihren verschiedenen Verrichtungen aufeinander abzustimmen. Das Ergebnis ist insofern – wie eine „Blaupause" – **idealtypisch**, als es noch die Wunschvorstellungen des Organisationsleiters oder Unternehmensberaters widerspiegelt und noch nicht in der Praxis erprobt ist. Wir ahnen damit bereits, dass die praktische Umsetzung eines Wirtschaftssystems zu Abstrichen von der Reinheit der idealtypischen Vorstellungen zwingen dürfte, weil sich in der Praxis theoretische Grenzlinien nicht so klar ziehen lassen, Überlappungen und Vermischungen an der Tagesordnung und Kompromisse nicht zu umgehen sind.

Wirtschaftssysteme sind „rein"

> Im Gegensatz zum gedanklichen Wirtschaftssystem bezeichnet die **Wirtschaftsordnung** die **tatsächliche** Koordination in der Wirklichkeit.

Eine Wirtschaftsordnung kann zwangsläufig immer nur ein **Mischsystem**, eine Vermischung von idealtypischen Wirtschaftssystemen, darstellen. Der Zusatz „rein" (z. B. als „reine Marktwirtschaft") im Zusammenhang mit einer bestimmten Wirtschaftsordnung ist daher eher verwirrend als klärend und eine – bewusste oder unbewusste – Überhöhung der Ordnungsidee in der Realität. Wer ihn verwendet, läuft Gefahr, sich dem Vorwurf der Ideologie auszusetzen.

Wirtschaftsordnungen sind „unrein"

Situationsbezogene Antwort 2

Der von Fleischermeister Kutter hinzugezogene Unternehmensberater wird zunächst in seinem Büro aufgrund der gesammelten Informationen ein gedankliches Organisationsschema (Wirtschaftssystem) entwickeln. Er wird dieses Schema vielleicht auch graphisch mit einem Computerprogramm aufarbeiten, um es dann zunächst Fleischermeister Kutter und möglicherweise auch in einer Betriebsversammlung den

Beschäftigten zu präsentieren. Es ist damit zu rechnen, dass es in der Diskussion vor Ort bei einzelnen Punkten zu Einwänden gegen die praktische Umsetzung und auch zu Verbesserungsvorschlägen kommt. Letztlich wird das dann endgültig in die Praxis umgesetzte Organisationsschema (Wirtschaftsordnung) eine Mischung aus verschiedenen, gedanklich durchgespielten Organisationsmöglichkeiten (Mischsystem) sein.

Situationsbezogene Frage 3
Welche grundsätzlichen Organisationsformen wird der von Fleischermeister Kutter hinzugezogene Unternehmensberater seinen Überlegungen zur Entwicklung eines Organisationsschemas zugrunde legen?

2.1.3 Grundprinzipien der Marktwirtschaft und Planwirtschaft

> Im **marktwirtschaftlichen System** werden Angebot und Nachfrage nach dem Prinzip des Einverständnisses und Einvernehmens aufeinander abgestimmt.

Freiheit als marktwirtschaftliches Grundprinzip

In einem marktwirtschaftlichen System wetteifern Anbieter und Nachfrager als Spezialisten **frei** untereinander und mit dem jeweiligen Verhandlungspartner über das Tauschverhältnis von Gütern oder/und die Nutzung von Produktionsfaktoren. In einer Geldwirtschaft geschieht dies über den **Preis** als Anzahl der Geldeinheiten (z. B. EUR pro Einheit (z. B. Liter, Stück, Kilogramm, Stunde, m^2)) des betreffenden Tauschobjekts. Der Verhandlungsort von Anbietern und Nachfragern wird **Markt** genannt, unabhängig davon, ob es auf ihm frei oder nicht frei zugeht. Märkte sind die logische Konsequenz der Arbeitsteilung (vgl. Abschnitt 1.1.2). Wie – nicht dass – sie organisiert werden, also die Frage des Marktsystems bzw. der Marktordnung, steht auf einem ganz anderen Blatt. Insofern darf „Markt" und „Marktwirtschaft" nicht gleichgesetzt werden, ebenso wie „Ort" nicht wörtlich zu nehmen ist, denn ein Markt kann sich z. B. auch in einer Zeitung, am Telefon oder im Internet abspielen.

Egoismus als marktwirtschaftliche „Triebfeder"

Marktwirtschaftlich sind die frei handelnden Marktteilnehmer **Egoisten** und müssen es auch sein. Sie folgen ihrem Individualinteresse und haben zunächst nur ihr eigenes Güterversorgungsproblem im Auge, das sie bestmöglich lösen wollen. Etwas salopp gesagt: sie trachten danach, den Verhandlungspartner „über den Tisch zu ziehen" und zur Lösung des eigenen Güterversorgungsproblems einzuspannen. Sie erkennen aber auch, dass sie auf ebenfalls egoistisch denkende und handelnde Verhandlungspartner treffen, die das Gleiche mit ihnen vorhaben, auf die sie als Spezialisten zwangsläufig angewiesen sind und denen gegenüber sie sich daher anpas-

2.1.3 Grundprinzipien der Marktwirtschaft und Planwirtschaft

sungsfähig und kompromissbereit zeigen müssen. Das Prinzip lautet: Leistung gegen Gegenleistung und das Ergebnis wird auch als gerecht empfunden (**Leistungsgerechtigkeit**). Nur wer bereit und in der Lage ist, als Spezialist auf die Wünsche der Gegenseite einzugehen, kann im Gegenzug damit rechnen, seinen eigenen Wunsch nach bestmöglicher Güterversorgung erfüllt zu bekommen.

Der geistige Vater der Marktwirtschaft, ADAM SMITH (1723–1790), hat das 1776 – also noch vor der französischen Revolution 1789 mit ihrem Ruf nach Freiheit, Gleichheit und Brüderlichkeit – in seinem berühmten Buch „Wealth of Nations" (Wohlstand der Nationen) so formuliert: „Nicht vom Wohlwollen des Fleischers, Brauers oder Bäckers erwarten wir unsere Mahlzeit, sondern von ihrer Rücksichtnahme auf ihr eigenes Interesse. Wir wenden uns nicht an ihre Humanität, sondern an ihren Egoismus und sprechen ihnen nie von unseren Bedürfnissen, sondern von ihren Vorteilen".

Adam Smith als „Vater des Gedankens"

Der **Preis** als marktwirtschaftliches Verhandlungsergebnis **informiert** im Vorfeld neuer Verhandlungen potentielle Anbieter darüber, ob sie angesichts ihrer Produktionskosten überhaupt als Anbieter auftreten können, welcher Bedarf besteht und wie viele Verhandlungspartner als Nachfrager anzutreffen sind, die ihrerseits wiederum untereinander im Wettbewerb und in Rivalität um das betreffende knappe Gut stehen. Gleichzeitig belohnt und bestraft (**sanktioniert**) der Preis als relativ hoher bzw. niedriger Preis diejenigen, die ihre Möglichkeiten zur Bedarfsdeckung und den Bedarf richtig bzw. falsch eingeschätzt und in den Verhandlungen die Gegenseite davon überzeugt bzw. nicht überzeugt haben, dass sie ihnen zur Lösung ihres Güterversorgungsproblems hilfreich sein können und ihnen daher auch eine entsprechende Gegenleistung zusteht. Auf die Funktionsweise des marktwirtschaftlichen Koordinationsmechanismus müssen wir wegen ihrer Bedeutung für das Verständnis unserer eigenen Wirtschaftsordnung später noch genauer eingehen.

Information und Sanktion durch Preise

> Im **planwirtschaftlichen System** werden Angebot und Nachfrage auf dem Markt nach dem Prinzip der Über- und Unterordnung (hierarchisches Prinzip) koordiniert.

Informationsbeschaffung und -bewertung, Anweisung, Kontrolle und Sanktionierung gehen in einem planwirtschaftlichen System von einer Zentrale als übergeordneter Stelle aus. Daher wird bei dieser Koordinationsform auch von **Zentralverwaltungswirtschaft** gesprochen. Es ist selbstverständlich, dass die Zentrale hoheitliche Befugnisse, also Macht, haben muss, wenn sie wirksam koordinieren soll. Was die Zentrale selbst betrifft, so kann sie unterschiedlicher Gestalt sein und auf unterschiedlichem Wege zur Zentrale geworden sein.

Hierarchie als planwirtschaftliches Grundprinzip

| 65

2. Das Unternehmen in der Sozialen Marktwirtschaft

Unternehmensführung als Planwirtschaft

Auf der **betriebswirtschaftlichen Ebene** wie z. B. in einem handwerklichen Betrieb kann z. B. der Meister die Zentrale sein, der kraft seiner Ausbildung und Autorität seinen Auszubildenden und Gesellen als Spezialisten sagt, wo und wie sie sich im Produktionsprozess einzugliedern haben. Überhaupt lässt sich sagen, dass auf der betriebswirtschaftlichen Ebene die planwirtschaftliche Koordination überwiegt und mit der Größe des Unternehmens an Bedeutung zunimmt (z. B. Fließbandarbeit), da nur mit einer straffen Organisation Leerlauf und Stillstand als Ungleichgewichte in den komplexen Produktionsabläufen verhindert werden können. Der Hinweis auf die betriebswirtschaftliche Normalität einer planwirtschaftlichen Koordination und damit einer Zentralverwaltungswirtschaft im Kleinen ist insofern wichtig, als er deutlich macht, dass eine vordergründige Wertung nach dem Muster: „Marktwirtschaft ist gut, Planwirtschaft ist schlecht" völlig unangebracht ist. Eine planwirtschaftliche Koordination kann genauso gut oder schlecht wie eine marktwirtschaftliche Koordination sein. Es kommt auf die konkrete Ausgestaltung in der Realität an, denn es gibt z. B. auch gute oder schlechte Meister im Handwerksbetrieb, je nach dem, wie sie mit ihren Untergebenen umgehen und welche fachliche Autorität sie besitzen.

Staatliches Handeln als Planwirtschaft

Auf der **volkswirtschaftlichen Ebene** muss die **Zentrale der Staat** sein, denn er besitzt das **Gewaltmonopol** bei seiner Aufgabe, für das Wohlbefinden und den Erhalt des Gemeinwesens, der Gesellschaft, zu sorgen. Er allein ist legitimiert, uns als Individuen und Gesellschaftsmitglieder zu zwingen. Dieser Zwang äußert sich z. B. in der Pflicht zur Zahlung von Steuern (Zwangsabgaben), mit denen uns private Güter genommen werden, um sie – z. B. als öffentliche Güter – an eine andere Stelle in der Gesellschaft bzw. Volkswirtschaft zu lenken. Die Frage, wie die staatliche Zentrale zu ihrer Macht kommt und wie sie damit gegenüber den Bürgern als gleichsam Untergebenen umgeht, ist – wie auf der betriebswirtschaftlichen Ebene – unterschiedlich zu beantworten. Eine Möglichkeit zur Schaffung eines staatlichen Gewaltmonopols

Staatsgewalt durch Demokratie

ist die **Demokratie**, in der jeder einzelne Bürger mit seiner Stimme und mit seiner freien Entscheidung diejenigen wählt, die ihn für einen begrenzten Zeitraum, nämlich bis zur nächsten Wahl, zwingen dürfen. In einer demokratischen Wahl liegt also gleichzeitig auch eine Machtkontrolle durch diejenigen, die dieser Macht ausgesetzt sind. Dies sieht z. B. in einer absoluten Monarchie anders aus, in der nach dem Motto: „Der Staat bin ich" der jeweilige Herrscher seine hoheitlichen Befugnisse gegenüber den Bürgern einsetzt. Jedenfalls aber ist auch auf der volkswirtschaftlichen Ebene davor zu warnen, eine Zentralverwaltungswirtschaft wie auch eine Marktwirtschaft ideologisch von vornherein als gut oder schlecht zu bewerten. Täglich werden wir durch jede „rote Ampel" oder konkret z. B. durch die Pflicht zum Eintrag in die Handwerksrolle gezwungen und damit planwirtschaftlich koordiniert, ohne dass wir uns dagegen auflehnen, weil wir keinen Sinn darin erkennen. Letztlich geht es um den Erhalt einer Gesellschaft, wie es von der Verfassung festgelegt ist. Dabei ist ein

"Marktversagen" ebenso möglich wie ein "Staatsversagen" (vgl. auch Abschnitt 2.1.5). Als höchste und letzte Instanz zur Beurteilung dieser Frage dient ein Verfassungsgericht, z. B. in Deutschland das Bundesverfassungsgericht.

Situationsbezogene Antwort 3
Der von Fleischermeister Kutter hinzugezogene Unternehmensberater hat bei seinen Überlegungen zur Entwicklung eines praxistauglichen Organisationsschemas grundsätzlich von zwei gegensätzlichen Organisationsformen (Wirtschaftssystemen) auszugehen. Eine auf dem marktwirtschaftlichen Wirtschaftssystem beruhende Organisationsform würde die Selbstorganisation der Beschäftigten zum Inhalt haben, d. h., sie würde es der freien und durchaus auch egoistischen Entscheidung der Beschäftigten überlassen, wie sie sich in den Produktionsprozess eingliedern. Dieser Gedanke mag auf den ersten Blick realitätsfern erscheinen, weil er eher an Missmanagement bzw. betriebliche Unordnung denken lässt. Bei genauerem Hinsehen aber wird deutlich, dass auch eine freiheitliche Selbstorganisation der Beschäftigten gleichsam von einer "unsichtbaren Hand" zur Anpassung und zum Interessenausgleich geleitet wird. Jeder einzelne Beschäftigte ist nämlich durch sein Güterversorgungsproblem und demnach durch die Notwendigkeit einer Einkommenserzielung gezwungen, sich anzupassen und in den Produktionsablauf einzufügen. Er muss sich als Spezialist mit seinen anderen Mitbeschäftigten als Spezialisten arrangieren, wenn er nicht seinen Arbeitsplatz verlieren und damit seine Güterversorgung aufs Spiel setzen will.

Die Alternative zur "unsichtbaren Hand" ist die "sichtbare Hand" eines Vorgesetzten oder Betriebsleiters bzw. letztlich des Unternehmensleiters als Kapitaleigner. Sie trifft in Anlehnung an ein zentralverwaltungswirtschaftliches Wirtschaftssystem Entscheidungen, an die sich die untergeordneten Mitarbeiter anzupassen haben. Sie befinden sich also in einem hierarchischen System, an deren Spitze z. B. Fleischermeister Kutter steht. Natürlich hat dabei seine hoheitliche Entscheidungsbefugnis, sein "Gewaltmonopol", eine andere Qualität als das staatliche Gewaltmonopol. Jedenfalls wird der Unternehmensberater beide Organisationsformen in sein Beratungsergebnis einfließen lassen. Für Fleischermeister Kutter ergibt sich daraus die wichtige Erkenntnis, dass das, was auf der gesamtwirtschaftlichen Ebene als marktwirtschaftliches oder zentralverwaltungswirtschaftliches Wirtschaftssystem zur Diskussion steht, im Kern auch in seiner eigenen Betriebsorganisation anzutreffen ist. Er sollte sich also davor hüten, die eine oder andere Organisationsform ideologisch von vornherein als gut oder schlecht zu bewerten. Ihre Bewertung hängt vielmehr davon ab, inwieweit sie geeignet ist, das Unternehmensziel bestmöglich zu erreichen.

Situationsbezogene Frage 4

Welche Bedeutung wird der von Fleischermeister Kutter hinzugezogene Unternehmensberater bei seinen Überlegungen zur Entwicklung eines Organisationsschemas den Eigentumsverhältnissen im Unternehmen beimessen?

2.1.4 Eigentum an Produktionsfaktoren in Marktwirtschaft und Planwirtschaft

Eigentum beinhaltet ein Nutzungsrecht

Eigentum ist prinzipiell für den Eigentümer mit dem Recht verbunden, über die Nutzung seines Eigentums selbst bestimmen zu können. Eigentümer von Produktionsfaktoren haben also das Recht, selbst darüber zu entscheiden, wie ihr Produktionsfaktor im Produktionsprozess eingesetzt wird. Dazu zählt auch das Recht, anderen (z. B. in einem Arbeits- oder Pachtvertrag) die Nutzung zu gestatten.

Kapitalistische Marktwirtschaft

In einem marktwirtschaftlichen System bestehen von vornherein klare Verhältnisse hinsichtlich des Eigentums an den Produktionsfaktoren Arbeit, Boden und Kapital. Da dieses System auf der freien (und auch egoistischen) Entscheidung des Einzelnen beruht, bleibt es auch seiner eigenen, privaten Entscheidung überlassen, ob er „nur" Eigentümer von Arbeitskraft bleiben will oder ob er einen Teil seines Arbeitseinkommens – sofern er dazu in der Lage ist – durch Konsumverzicht sparen, dadurch direkt oder indirekt zum Eigentümer von Boden und Kapital werden und über dieses Eigentum wiederum frei verfügen will, indem er es z. B. an seine Nachkommen vererbt. Das marktwirtschaftliche System ist also prinzipiell mit dem **Privateigentum** an sämtlichen Produktionsfaktoren verbunden. Man bezeichnet diese Eigentumsordnung auch als **kapitalistisch**. Als Idealtyp eines marktwirtschaftlichen Systems gilt demnach die **kapitalistische Marktwirtschaft**.

Sozialistische Zentralverwaltungswirtschaft

Auch in einem planwirtschaftlichen System sind die Eigentumsverhältnisse an den Produktionsfaktoren prinzipiell vorbestimmt, denn die zentrale, staatliche Entscheidungsgewalt kann eine private, von egoistischen Motiven geleitete Entscheidung über die Verfügung bzw. den Einsatz der Produktionsfaktoren im Produktionsprozess nicht dulden, da es sonst zu Konflikten zwischen den staatlichen, auf die Gesellschaft gerichteten Zielvorstellungen und den privaten Zielvorstellungen kommen kann, aber nicht muss. Es liegt daher nahe, dass das Eigentum an den Produktionsfaktoren – seit Abschaffung des Leibeigentums (Sklaventum) allerdings nur das Eigentum an den Produktionsfaktoren Boden und Kapital – in staatlichen Händen liegt (**Kollektiveigentum**). Man bezeichnet eine solche Eigentumsform auch als **sozialistisch**. Ein idealtypischer Gegensatz zur kapitalistischen Marktwirtschaft ist daher in der **sozialistischen Zentralverwaltungswirtschaft** zu sehen.

2.1.4 Eigentum an Produktionsfaktoren in Marktwirtschaft und Planwirtschaft

Situationsbezogene Antwort 4

Der von Fleischermeister Kutter hinzugezogene Unternehmensberater hat bei seinen Überlegungen zur Entwicklung eines praxistauglichen Organisationsschemas nicht nur die Frage zu klären, ob eine zentrale (zentralverwaltungswirtschaftliche) oder/und dezentrale (marktwirtschaftliche) Lenkung des Produktionsablaufs erfolgen soll, sondern hat auch die Frage zu beantworten, wer die Eigentümer der Produktionsfaktoren Arbeit, Boden und Kapital sein sollen. Sollten Private ohne hoheitliche Befugnisse innerhalb oder/und außerhalb des Betriebes (kapitalistische Organisationsform) oder der Staat mit hoheitlichen Befugnissen (sozialistische Organisationsform) Faktoreigentümer sein?

Zunächst dürfte klar sein, dass der von Fleischermeister Kutter hinzugezogene Unternehmensberater die sozialistische Organisationsform nicht in seine Überlegungen einbeziehen wird, denn letztlich würde es ja dann um eine Verstaatlichung des Unternehmens gehen. Insofern dürften seine Überlegungen von vornherein kapitalistisch ausgerichtet sein. Beim Produktionsfaktor Arbeit ist dabei ebenfalls von vornherein klar, dass es nur eine Möglichkeit gibt, nämlich das alleinige Eigentum in Händen des Arbeitnehmers. Er selbst entscheidet darüber, ob und wie er seine, mit ihm untrennbar verbundene Arbeitskraft nutzen lässt. Diese Entscheidung ist an sich frei, steht allerdings unter dem Zwang, ohne eine Nutzung der Arbeitkraft auch kein Einkommen zu erzielen und damit die Güterversorgung nicht sichern zu können. Für Fleischermeister Kutter bzw. für seinen Unternehmensberater stellt sich also die Frage, wie er die für die Produktion notwendigen Arbeitskräfte mit einem Arbeitsvertrag am Arbeitsmarkt gewinnen kann.

Bei den Produktionsfaktoren Boden und Kapital sind dagegen kapitalistische Alternativen denkbar. Zunächst liegt der Gedanke nahe, dass der Unternehmensleiter, in unserem Fall also Fleischermeister Kutter, auch alleiniger Eigentümer des genutzten Bodens und Kapitals ist. Daraus würde folgen, dass er allein über den Faktoreinsatz und damit über den Betriebsablauf entscheiden könnte. Dies würde sich bereits ändern, wenn Teile des Faktoreigentums an Boden und Kapital z. B. innerhalb des Betriebes in den Händen von Arbeitnehmern oder außerhalb des Betriebes in den Händen von Geschäftsbanken, Aktionären etc. liegen. Solche Anteilseigner könnten dann über den Betriebsablauf zwangsläufig mitentscheiden. Im Kern geht es also bei der Frage nach den Faktoreigentümern von Boden und Kapital im Unternehmen um eine Finanzierungsfrage, nämlich um Eigen- oder/und Fremdfinanzierung. Auch auf diese Frage hat der von Fleischermeister Kutter hinzugezogene Unternehmensberater eine Antwort zu finden. Jedenfalls wird wiederum deutlich, dass die volkswirtschaftliche Frage, ob ein kapitalistisches Wirtschaftssystem mit Privateigentum an allen Produktionsfaktoren oder ein sozialistisches Wirtschaftssystem mit Staatseigentum (Kollektiveigentum) an den Produktionsfaktoren vorzuziehen ist und wie sie konkret ausgestaltet werden, im Kern auch eine betriebswirtschaftliche Frage ist, die möglichst ideologiefrei entschieden werden sollte.

Situationsbezogene Frage 5
Welche Vor- und Nachteile der beiden grundsätzlichen Organisationsformen wird der von Fleischermeister Kutter hinzugezogene Unternehmensberater bei seinen Überlegungen zur Entwicklung eines Organisationsschemas zu berücksichtigen haben und was folgt daraus für sein Beratungsergebnis?

2.1.5 Grundprobleme eines kapitalistisch-marktwirtschaftlichen und sozialistisch-planwirtschaftlichen Systems

Die praktische Umsetzung eines idealtypischen Wirtschaftssystems muss zwangsläufig zu Problemen führen, denn nur die Gedanken und Theorien über Zusammenhänge sind rein. Die Praxis ist unrein und zwingt häufig zu Abweichungen von theoretischen Vorstellungen und zu Kompromissen. Wir haben daher bereits die Wirtschaftsordnung als Mischsystem bezeichnet (vgl. Abschnitt 2.1.2).

Probleme bei der praktischen Umsetzung des Idealtyps der kapitalistischen Marktwirtschaft ergeben sich schon allein aus den Eigentumsverhältnissen bei den Produktionsfaktoren. Die freie, individuelle Verfügbarkeit der Produktionsfaktoren Boden und Kapital muss in einem Gemeinwesen, das auf dem harmonischen Zusammenleben aller Gesellschaftsmitglieder basiert, dort an Grenzen stoßen, wo die freie Entscheidung und Verfügung Einzelner zur Unfreiheit Anderer führt und dadurch das Gemeinwesen insgesamt der Gefahr der Selbstzerstörung aussetzt.

> **Grenzen individueller Freiheitsspielräume** müssen durch den Staat aufgrund seiner Verantwortung für die Gemeinschaft der Individuen gesetzt und gesichert werden, notfalls durch Zwang.

Privateigentum ist sozialgebunden

Wir sprechen daher auch von der **Sozialpflichtigkeit des Eigentums**, die z. B. in unserer Verfassung verankert ist. Konkret äußert sie sich z. B. darin, dass die Möglichkeit einer Verstaatlichung des Privateigentums an den Produktionsfaktoren Boden und Kapital besteht (Verstaatlichung des Bergbaus oder auch von Banken, Enteignungen im Zuge eines staatlichen Bauvorhabens etc.), wenn dem privaten Interesse ein öffentliches Interesse entgegensteht. Man könnte in diesen Fällen eines Mischsystems von einer **sozialistischen Marktwirtschaft** sprechen.

Marktversagen

Nicht nur rein kapitalistische Eigentumsverhältnisse, sondern auch die rein marktwirtschaftliche Koordination von Anbietern und Nachfragern führen bei der praktischen Umsetzung zu Problemen, deren Bewältigung zu einer Abkehr vom marktwirt-

2.1.5 Grundprobleme eines Wirtschaftssystems

schaftlichen System und zur Einführung planwirtschaftlicher Systemelemente zwingen. Es wird in diesen Fällen auch von marktwirtschaftlichem Versagen (kurz: **Marktversagen**) gesprochen. Als Beispiel sei an die Versorgung mit öffentlichen Gütern erinnert (vgl. Abschnitt 1.1.6), die bei einer rein marktwirtschaftlichen, nur dem egoistischen Erwerbsstreben und dem Preismechanismus ausgesetzten Koordination nicht funktionieren kann.

Zum einen dürfte es marktwirtschaftlich zu einer **Unterversorgung mit öffentlichen Gütern** dort kommen, wo der Produzent bzw. Anbieter aufgrund der Produktionskosten und seiner eigenen Gewinnmarge einen so hohen Preis verlangen müsste, dass dessen Zahlung durch die Nachfrager eher aussichtslos erscheint (z. B. Nutzung eines Verkehrsweges durch relativ wenige Nutzer) und daher eine privatwirtschaftliche Produktion von vornherein unterbleibt. Dies wäre zwar an sich rein marktwirtschaftlich gesehen nicht bedauerlich, sondern nur konsequent, könnte jedoch unter gesellschaftlichem Blickwinkel unerwünscht sein, wenn es sich um Güter handelt (wie z. B. die genannte Nutzung eines Verkehrsweges als Dienstleistung), die für das gesellschaftliche (soziale) Leben notwendig sind. Eine ausreichende Versorgung ist daher staatlich und damit zentralverwaltungswirtschaftlich sicherzustellen.

Zum anderen kann ein Marktversagen aber auch in der **Übernutzung von öffentlichen Gütern** gesehen werden, deren Preis rein marktwirtschaftlich wegen ihres scheinbar unendlich großen Angebots nahe Null liegen dürfte, die von den Nachfragern also gleichsam als Geschenk empfunden werden und daher zu einer egoistisch sorglosen Nutzung geradezu einladen. Die marktwirtschaftliche Konsequenz einer Übernutzung preislich freier, d. h., nicht knapper Güter ist letztlich deren Knappheit, die zwar neue marktwirtschaftliche Koordinationsmöglichkeiten eröffnet, aber wiederum gesellschaftlich unerwünscht ist, wenn es sich um lebensnotwendige Güter handelt. Die gesamte Umweltproblematik und dabei z. B. die Verknappung der ehemals freien Güter Wasser und Luft sind ein Ausdruck dieser Form des Marktversagens und machen dann ebenfalls eine staatlich-planwirtschaftliche Einflussnahme (Intervention) zur Vermeidung oder Beseitigung der Probleme (z. B. in Form der Umweltpolitik) erforderlich.

Wettbewerbsgrenzen

Weitere Probleme in der praktischen Umsetzung einer rein marktwirtschaftlichen Koordination können dadurch auftreten, dass die egoistisch geprägte Rivalität als **Konkurrenz** um die knappen Güter übersteigert und **unlauter** zu werden droht, weil sie moralische Grenzen überschreitet (z. B. als ruinöser Vernichtungswettbewerb). Sie kann andererseits dadurch gänzlich beseitigt oder zumindest **beschränkt** werden, dass die Konkurrenten ihre als lästig empfundene, weil Kraft zehrende, aber gerade dadurch leistungsfördernde Rivalität freiwillig oder auf Druck der Stärkeren beenden und „gemeinsame Sache machen". Beide Auswüchse einer marktwirt-

Unsoziale Marktergebnisse

schaftlichen Koordination in der Praxis müssen staatlich z. B. durch eine Wettbewerbspolitik (vgl. 4. Kapitel) verhindert werden.

Die praktische Umsetzung eines marktwirtschaftlichen Systems ist letztlich ganz allgemein dadurch Problemen ausgesetzt, dass bisweilen das marktwirtschaftliche Koordinationsergebnis (z. B. in Gestalt einer Inflation oder Arbeitslosigkeit) als **unsozial** empfunden wird, weil es mit gesellschaftlichen Endzielen (vgl. Abschnitt 3.1.1) nicht in Einklang steht und daher nach der „sichtbaren Hand" (A. Smith) des Staates, also nach einer planwirtschaftlichen Koordination, verlangt.

Geringe Faktorproduktivität durch Kollektiveigentum

Probleme bei der praktischen Umsetzung des Idealtyps einer sozialistischen Zentralverwaltungswirtschaft ergeben sich bezüglich der Eigentumsverhältnisse bei den Produktionsfaktoren insofern, als die Nachteile eines kollektiven Faktoreigentums dessen mögliche Vorteile übertreffen können. Solange das menschliche Wesen wohl eher egoistisch-selbstbezogen als kollektivistisch-gemeinschaftsbezogen ist, dürfte ein Privateigentum an den Produktionsfaktoren Boden und Kapital – Kollektiveigentum am Produktionsfaktor Arbeit steht nach dem bisher Gesagten nicht zur Diskussion – auch zu einer stärkeren Identifikation der Faktoreigentümer mit ihren Produktionsfaktoren, zu einem bewussteren Umgang mit ihnen und dadurch letztlich auch zu einer höheren Leistung pro Produktionsfaktor (**Faktorproduktivität**) motivieren und führen, als es ein Kollektiveigentum vermag. Dies ist zumindest dann entscheidend, wenn der betreffende Produktionsfaktor von seiner Quantität und Qualität her im Einzelfall nur von untergeordneter Bedeutung für den gesamten Produktionsprozess ist und daher die Gefahr eines auch möglichen Missbrauchs durch den privaten Faktoreigentümer als gering anzusehen ist. Letztlich wird also auch eine sozialistische Zentralverwaltungswirtschaft bei ihrer praktischen Verwirklichung auf kapitalistische Elemente nicht verzichten können.

Staatsversagen

Was den planwirtschaftlichen Koordinationsmechanismus selbst betrifft, so wird er in der Praxis ebenfalls nicht in Reinheit umzusetzen sein, da einige Probleme unübersehbar sind und zu Kompromissen, d. h., zur Einführung marktwirtschaftlicher Systemelemente, zwingen dürften. Zunächst liegt die **Gefahr der Fehlplanung** nahe, denn eine allwissende Zentrale, die künftige Güterversorgungsprobleme rechtzeitig erkennt, die Möglichkeiten zu einer bestmöglichen Problemlösung kennt und sie in entsprechende Handlungsanweisungen umsetzt, ist wohl nur ein „frommer Wunsch". Selbst wenn es die allwissende Zentrale gäbe, so wäre die dann notwendige „Planung bis zur letzten Schraube" allein schon wegen des enormen Verwaltungsaufwandes nicht durchführbar und würde auch in keinem Verhältnis zu dem angestrebten Ergebnis stehen. Als Gegenstück zum Marktversagen könnte also auch von **Staatsversagen** gesprochen werden. Daraus folgt aber letztendlich, dass jedes planwirtschaftliche System bei der praktischen Verwirklichung wohl oder übel ab einer bestimmten Stufe marktwirtschaftliche Elemente einführen und die freie Entscheidung der Wirtschaftssubjekte zulassen muss und diese auch tunlichst zulassen sollte.

Wir können den Schluss ziehen, den wir bereits allgemein im Abschnitt 2.1.2 gezogen haben:

> Jede Wirtschaftsordnung als tatsächliche Koordinationsform mit bestimmten Eigentumsverhältnissen an den Produktionsfaktoren kann immer nur ein **Mischsystem** sein, das sich mehr oder weniger an den beiden idealtypischen Extremformen einer kapitalistischen Marktwirtschaft oder einer sozialistischen Zentralverwaltungswirtschaft bzw. Planwirtschaft orientiert.

Wie die Orientierung an einer kapitalistischen Marktwirtschaft oder an einer sozialistischen Zentralverwaltungswirtschaft in der Praxis konkret erfolgt, ist das Ergebnis des betreffenden gesellschaftlichen Systems (z. B. eines demokratischen Systems) und der in ihm getroffenen politischen Entscheidungen.

Situationsbezogene Antwort 5

Die Vor- und Nachteile eines kapitalistisch-marktwirtschaftlichen bzw. sozialistisch-planwirtschaftlichen Wirtschaftssystems aus volkswirtschaftlicher Sicht sind im Kern auch auf der betriebswirtschaftlichen Ebene sichtbar und müssen daher auch für Fleischermeister Kutter bzw. für seinen Unternehmensberater von Interesse sein.

So dürfte wohl z. B. unstrittig sein, dass die zentrale Lenkung seines Unternehmens durch Fleischermeister Kutter mit der Gefahr einer Fehlplanung aufgrund seiner Entscheidung verbunden sein kann. Diese Gefahr dürfte mit der Stärke der zentralen Lenkung zunehmen, die schlimmstenfalls in eine permanente Anweisung und Kontrolle der Mitarbeiter einmünden würde. Die freie, eigenverantwortliche und daher im Kern marktwirtschaftliche Entscheidung der Mitarbeiter bei bestimmten Betriebsabläufen fördert deren Engagement und nutzt deren Sachkompetenz. Sie stellt sich also auch für Fleischermeister Kutter vorteilhaft dar und lässt ein Abweichen von der zentralen Lenkung ratsam erscheinen. Es ist damit die grundsätzliche Frage der betrieblichen Mitbestimmung angesprochen.

Das Gleiche gilt für die Frage der Eigentumsverhältnisse bei den Produktionsfaktoren Boden und Kapital bzw. für die Frage der Eigen- und Fremdfinanzierung. Eine Antwort auf die Frage, ob Fleischermeister Kutter eine Fremdbeteiligung an seinem Unternehmensvermögen zulassen sollte, ergibt sich nicht nur zwangsläufig z. B. bei der Notwendigkeit einer Kreditaufnahme bei Zahlungsengpässen und wird daher naturgemäß nachteilig von ihm empfunden. Eine freiwillige Fremdbeteiligung z. B.

in Gestalt einer unternehmensinternen Beteiligung der Mitarbeiter oder auch einer Beteiligung eines externen Finanzinvestors kann dagegen vorteilhaft sein, wenn die Beteiligten innovative Ideen in das Unternehmen einbringen. Ihre Beteiligung am Unternehmensgewinn könnte sie dazu motivieren. Nachteilig würde sich dagegen auswirken, wenn die Fremdbeteiligten auf einen spekulativen Veräußerungsgewinn ihrer Beteiligung und möglicherweise auf eine Zerschlagung des Unternehmens abzielen. In all diesen Fällen einer Fremdbeteiligung handelt es sich aber weiterhin um kapitalistische Eigentumsverhältnisse im volkswirtschaftlichen Sinne, denn die Eigentümer sind Private ohne hoheitliche Befugnisse.

Sozialistische Eigentumsverhältnisse würden dann zum Tragen kommen, wenn die Fremdbeteiligung in staatlichen Händen liegt und insofern eine Form des Kollektiveigentums auftritt. Dies dürfte beim Unternehmen von Fleischermeister Kutter höchst unwahrscheinlich sein bzw. seinen Unternehmensberater wenig interessieren, denn die wie immer auch vorgenommene Verstaatlichung eines Unternehmens hat aus der gesellschaftlichen Verantwortung des Staates zu folgen. Das betreffende Unternehmen müsste also von gesellschaftlicher Bedeutung sein und damit dem Sozialgedanken der Marktwirtschaft Rechnung tragen, es müsste „systemrelevant" sein. Das Beispiel der staatlichen Rettung einzelner Banken im Zuge der Finanzkrise zeigt aber, welche Ausprägungen sozialistische Eigentumsverhältnisse annehmen können. Ihr Vorteil liegt darin, dass ein überzogenes, nur am Eigeninteresse orientiertes Gewinnstreben (z. B. Bonuszahlungen) verhindert werden kann. Ihr Nachteil könnte dagegen in einer gewissen unternehmerischen Inflexibilität staatlicher Entscheidungsträger (z. B. Beamte als Manager) bestehen.

Der von Fleischermeister Kutter hinzugezogene Unternehmensberater wird bei der Frage, welche konkrete Organisationsform er seinem Auftraggeber vorschlagen wird, die Vor- und Nachteile der verschiedenen Systemelemente (dezentrale versus zentrale Lenkung bzw. marktwirtschaftlich versus planwirtschaftlich, Privateigentum versus Kollektiveigentum bzw. kapitalistisch versus sozialistisch) gegeneinander abzuwägen haben und seinem Beratungsergebnis möglichst viele Vorteile beimessen. In jedem Fall aber wird es sich bei der von ihm vorgeschlagenen Organisationsform für das Unternehmen von Fleischermeister Kutter um ein Mischsystem handeln.

Situationsbezogene Frage 6
Wie unterscheidet sich das Organisationsschema in der Volkswirtschaft vom Organisationsschema in der Betriebswirtschaft von Fleischermeister Kutter?

2.1.6 Systemorientierung von Ländern

Allgemein lässt sich feststellen, dass die westlichen Industrieländer stärker kapitalistisch-marktwirtschaftlich orientiert sind, während die östlichen Industrieländer zumindest in der Vergangenheit stärker sozialistisch-planwirtschaftlich orientiert waren. Letztere haben sich bekanntlich mit Beginn der 90er-Jahre („Wende") einer stärker marktwirtschaftlichen Koordination zugewendet, während die Einführung kapitalistischer Eigentumsverhältnisse zögerlicher geschah. Überhaupt lässt sich keine einheitliche Entwicklung in den betreffenden Ländern erkennen. Vielmehr ist eine unterschiedliche Betonung der kapitalistischen oder/und marktwirtschaftlichen Elemente in den jeweiligen Mischsystemen unübersehbar, stark beeinflusst durch die dortigen politischen Verhältnisse.

Trend zu einer stärker marktwirtschaftlichen Koordination

Versucht man, eine Gruppierung der **östlichen Industrieländer** mit einer zumindest in der Vergangenheit sozialistisch-planwirtschaftlich orientierten, aber gegenwärtig stärker kapitalistisch-marktwirtschaftlich durchmischten Wirtschaftsordnung entsprechend dem jeweiligen Durchmischungsverhältnis vorzunehmen, so können auf der einen Seite Länder wie z. B. Ungarn, das ehemalige Jugoslawien, Tschechien und die Slowakei und vielleicht auch noch Polen und die baltischen Staaten und auf der anderen Seite Länder wie z. B. die GUS-Staaten bzw. die ehemalige Sowjetunion, Rumänien, Bulgarien und sicherlich China genannt werden.

Auch die kapitalistisch-marktwirtschaftliche Orientierung der **westlichen Industrieländer** ist in ihrer Vermischung mit sozialistisch-planwirtschaftlichen Elementen nicht einheitlich. Als Gegenpole lassen sich Ländergruppen mit Ländern wie z. B. den USA, Großbritannien und Deutschland auf der einen Seite und Ländern wie z. B. den skandinavischen Ländern und vielleicht auch noch Frankreich auf der anderen Seite bilden.

Alle Gruppierungen sind aber zwangsläufig von der persönlichen Bewertung des Betrachters abhängig und zeigen letztlich, dass es die ganz bestimmte Wirtschaftsordnung nicht gibt, sondern dass es sich um ein dynamisches Gebilde mit einem länderspezifischen, sich immer wieder auch einmal ändernden Mischungsverhältnis der beschriebenen Systemelemente handelt.

Wirtschaftsordnungen sind länderspezifisch und ändern sich

Situationsbezogene Antwort 6

Das Organisationsschema im Betrieb von Fleischermeister Kutter ist grundsätzlich mit dem volkswirtschaftlichen Organisationsschema vergleichbar. Auch betriebswirtschaftlich muss entschieden werden, welche Eigentumsform für die Produktionsfaktoren und welche Lenkungsform für die betrieblichen Entscheidungen gewählt werden. Das Ergebnis wird wie auf der volkswirtschaftlichen Ebene ein Mischsystem sein, das aus kapitalistischen bzw. sozialistischen und dezentralen bzw. zentralen Elementen besteht, im Mischungsverhältnis aber sehr spezifisch sein wird. Für Fleischermeister Kutter könnte das Mischungsverhältnis, vielleicht unter Zuhilfenahme des Unternehmensberaters, z. B. so aussehen, dass er zwar seine Rolle als Unternehmensleiter betont, aber sehr stark auf eine Beteiligung seiner Mitarbeiter setzt und damit aus volkswirtschaftlicher Sicht kapitalistische und marktwirtschaftliche Elemente in seiner Betriebsorganisation betont. Dies könnte sich z. B. darin äußern, dass er seine Mitarbeiter am Gewinn oder sogar auch am Betriebsvermögen beteiligt und dass er einen Betriebsrat einsetzt, den er aufgrund seiner Betriebsgröße eigentlich gar nicht einsetzen müsste. Insgesamt aber zeigt sich, dass die volkswirtschaftliche Frage nach einer konkreten Wirtschaftsordnung als Mischsystem auf der betriebswirtschaftlichen Ebene sich im Kern genauso stellt und im Einzelfall unter Abwägung der Vor- und Nachteile der verschiedenen Systemelemente beantwortet werden muss.

Situationsbezogene Frage 7
Mit welchen allgemeinen Auswirkungen muss Fleischermeister Kutter rechnen, wenn er bei der Vermarktung seiner Wildspezialitäten und seines Partyservice dem marktwirtschaftlichen Preismechanismus ausgesetzt ist?

2.1.7 Der Markt- und Preismechanismus

Angebotsmenge und Preis verlaufen gleichgerichtet

Im marktwirtschaftlichen System wird unterstellt, dass die untereinander konkurrierenden **Anbieter normalerweise an einem möglichst hohen Preis interessiert sind,** da er ihnen ein hohes Einkommen in Form des Gewinns und dadurch eine hohe Güterversorgung sichert. Je höher der Preis ist, umso mehr Anbieter wollen und können auch aufgrund ihrer Kostensituation anbieten (und umgekehrt). Der erzielbare Güterpreis muss über den Stückkosten der Güterproduktion liegen, damit überhaupt ein Gewinn entsteht. Da die Stückkosten aber von Produzent zu Produzent unterschiedlich sind, dürften umso mehr Produzenten als Anbieter auftreten, je höher der vom Markt vorgegebene Güterpreis ist. Dabei wird jeder Produzent, wenn er seinen Gewinn als Nettogröße aus Umsatz und Kosten maximieren will, genau diejenige Gütermenge anbieten und hoffentlich verkaufen, bei der eine zusätzlich produzierte Mengeneinheit bei ihrem Verkauf einen erfreulichen Zusatzumsatz (Grenzumsatz) in Höhe des Preises, aber auch zusätzliche, leidvoll empfundene Produktionskosten (Grenzkosten) in genau gleicher Höhe hervorrufen würde. Unter der Annahme, dass die Grenzkosten mit zunehmender Produktionsmenge auch zunehmen, ergibt sich daraus ein Angebotsverhalten, das bei einem steigenden Güterpreis mit einer zunehmenden Angebotsmenge verbunden ist und umgekehrt.

2.1.7 Der Markt- und Preismechanismus

Für die **Nachfrager** wird unterstellt, dass sie normalerweise **an einem möglichst niedrigen Preis interessiert** sind, da er ihnen ebenfalls eine hohe Güterversorgung sichert. Je geringer der Preis eines Gutes ist, umso mehr wollen und können sie auch bei gegebenem Einkommen von diesem Gut kaufen (und umgekehrt). Die Nachfrager befinden sich also in der genau entgegen gesetzten Rolle wie die Anbieter und für ihr Preisverhalten kann demnach auch entgegengesetzt argumentiert werden. Es gilt also auch hier die Redewendung: „Des einen Freud, des anderen Leid." Der zu zahlende Güterpreis muss für die Nachfrager unter dem Roh- oder Bruttonutzen pro Gütermengeneinheit (z. B. pro Stück) liegen, damit ihnen überhaupt ein Nettonutzen durch den Kauf der Güter und deren Nutzung entsteht. Da der Bruttonutzen pro Gütermengeneinheit aber von Nachfrager zu Nachfrager unterschiedlich ist, dürften umso mehr Nachfrager auftreten, je niedriger der vom Markt vorgegebene Güterpreis ist. Dabei wird jeder Nachfrager, wenn er seinen Nettonutzen maximieren will, genau diejenige Gütermenge nachfragen und hoffentlich bekommen, bei der eine zusätzliche Mengeneinheit zusätzliche, leidvoll empfundene Ausgaben (Grenzausgaben = Grenzumsatz der Anbieter) in Höhe des Preises, aber auch einen zusätzlichen, erfreulichen Bruttonutzen (Grenznutzen) in genau gleicher Höhe hervorrufen würde. Unter der Annahme, dass der Grenznutzen mit zunehmender Güterversorgungsmenge abnimmt, ergibt sich daraus ein Nachfrageverhalten, das bei einem sinkenden Güterpreis mit einer zunehmenden Nachfragemenge verbunden ist und umgekehrt.

Nachfragemenge und Preis verlaufen entgegen gerichtet

Die Disziplin innerhalb der Volkswirtschaftslehre, die sich die genauere Analyse marktwirtschaftlicher Verhaltensweisen zum Ziel gesetzt hat, ist die mikroökonomische Theorie oder kurz: **Mikroökonomik**. Sie versucht anhand eines Geflechtes von vermuteten Ursache-Wirkungs-Zusammenhängen (Theorien) zu erklären und vorherzusagen, welche Gütermenge Unternehmen angesichts ihrer Produktionstechnik bzw. Kostensituation und angesichts erwarteter Umsätze mit dem Ziel der Gewinnmaximierung anbieten werden und welche Gütermenge die Haushalte nachfragen werden, wenn sie Güter in einem bestimmten Maße gut bzw. nützlich finden, ihnen durch die Preiszahlung beim Erwerb ein bestimmtes Leid widerfährt und sie ihren verbleibenden Nettonutzen maximieren wollen. Die Mikroökonomik versucht dann zu erklären, zu welchen Anpassungsprozessen es kommen dürfte, wenn Anbieter und Nachfrager in ihren unterschiedlichen Wunschvorstellungen auf einem Markt marktwirtschaftlich aufeinandertreffen, und welche Rolle dabei unterschiedliche Machtkonstellationen (z. B. Monopole oder Konkurrenzsituationen) spielen. Wir wollen hier auf eine eingehendere Darstellung der – in weiten Bereichen hoch komplexen – Mikroökonomik verzichten, da es nur um das Grundverständnis des marktwirtschaftlichen Systems geht.

Mikroökonomik als Theorie der Marktwirtschaft

2. Das Unternehmen in der Sozialen Marktwirtschaft

Das üblicherweise marktwirtschaftlich unterstellte Angebots- und Nachfrageverhalten lässt sich zeichnerisch in einem **Schaubild** darstellen:

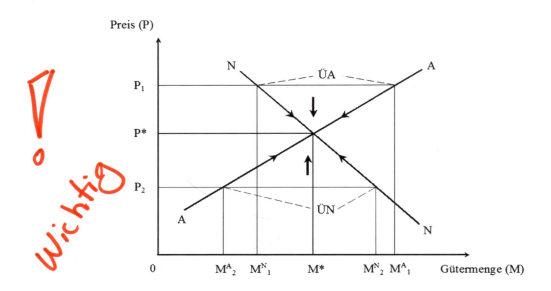

Das Angebotsverhalten wird durch die Kurve AA, das Nachfrageverhalten durch die Kurve NN wiedergegeben, d.h., je höher (niedriger) der Preis (P) ist, umso größer (kleiner) ist die angebotene Menge (M), bzw. je höher (niedriger) der Preis (P) ist, umso kleiner (größer) ist die nachgefragte Menge (M).

Bei einem Preis von P_1 kommt es zu einem **Überangebot** (ÜA = $M^A_1 - M^N_1$) und durch Konkurrenzdruck unter den überraschten Anbietern zu **Preissenkungen**, bei P_2 zu einer **Übernachfrage** (ÜN = $M^N_2 - M^A_2$) und durch Konkurrenzdruck unter den überraschten Nachfragern zu **Preiserhöhungen**.

Das **Marktgleichgewicht**, bei dem Anbieter und Nachfrager keine Überraschungen mehr erleben, ist bei einem Preis P^* und der Menge M^* erreicht (Schnittpunkt der Kurven).

> Im Marktgleichgewicht sind die gehandelte Menge und damit die Güterversorgung am größten.

Ungleichgewichte als Käufer- oder Verkäufermärkte

Jede Ungleichgewichtssituation ist mit einer geringeren Güterversorgung verbunden. So würde z.B. beim Preis P_1 die nachgefragte Menge M^N_1 und beim Preis P_2 die angebotene Menge M^A_2 gehandelt. Im ersten Fall handelt es sich um einen **Käufermarkt**, da die Nachfrager in einer starken Position sind und die Anbieter rationieren,

d. h., sie wählen sich die Anbieter aus und bestimmen, was sie ihnen zu diesem Preis von ihrem relativ hohen Angebot abzunehmen bereit sind. Im zweiten Fall handelt es sich um einen **Verkäufermarkt**, d. h., die Anbieter sind in der starken Position und rationieren die Nachfrager. Grundsätzlich gilt für Ungleichgewichtssituationen: „Die kurze Seite entscheidet über die lange Seite". Nur im Marktgleichgewicht sind beide Seiten gleich und es kommt zu einem Ausgleich der Interessen, bei dem niemand mehr Überraschungen erlebt. Unter der Zielsetzung einer bestmöglichen Güterversorgung muss daher das Marktgleichgewicht angestrebt werden.

> Der große Vorteil und die Stärke eines funktionierenden marktwirtschaftlichen Koordinationsmechanismus liegen darin, über Preisanpassungen im Wettbewerb ein Marktgleichgewicht herbeizuführen und damit den Beteiligten eine bestmögliche Güterversorgung zu sichern.

Situationsbezogene Antwort 7
Bei der Vermarktung seiner Wildspezialitäten und seines Partyservice tritt Fleischermeister Kutter als einer von mehreren Anbietern auf und ist auf der Gegenseite mit mehreren Nachfragern als Kunden konfrontiert, denen er seine Produkte verkaufen will, um letztlich einen Gewinn zu erzielen. Anbieter und Nachfrager stehen in Konkurrenz untereinander und gegeneinander. Ihr Verhalten orientiert sich am Preis der Wildspezialitäten und des Partyservice, denn er entscheidet darüber, welchen Geldbetrag pro Gütereinheit und damit welche Gütermenge sie im Tausch als Anbieter zurückbekommen bzw. als Nachfrager hergeben müssen. Da jeder einen möglichst großen Vorteil für sich sucht, sind die Anbieter normalerweise an einem möglichst hohen und die Nachfrager an einem möglichst niedrigen Preis interessiert. Die unterschiedlichen Interessen werden bei einem frei schwankenden Preis über Preisanpassungen zu einem Ausgleich gebracht.

Am Markt für Wildspezialitäten und Partyservices nimmt normalerweise bei einem steigenden (sinkenden) Preis das Gesamtangebot zu (ab) und die Gesamtnachfrage ab (zu). Das gilt auch im Einzelfall für Fleischermeister Kutter, denn je höher der Preis ist, den er für sein Angebot an Wildspezialitäten und Partyservice erzielen würde, umso eher wäre er überhaupt erst aufgrund seiner Kostensituation in der Lage anzubieten und umso eher würde er vielleicht auch daran denken, seine Kapazität und damit sein Angebot auszudehnen. Auf der anderen Seite würden die Nachfrager nach Wildspezialitäten und Partyservices normalerweise bei einem sinkenden (steigenden) Preis mehr (weniger) nachfragen. Das gilt auch für die Kunden von Fleischermeister Kutter. Ein (im Verhältnis zur Nachfrage) zu großes Angebot am Markt für Wildspezialitäten und Partyservices würde über Preissenkungen, eine (im Verhältnis zum Angebot) zu große Nachfrage würde über Preiserhöhungen abgebaut.

Letztlich ergibt sich also im Marktgleichgewicht ein Marktpreis für Wildspezialitäten und Partyservices, an den sich jeder einzelne Anbieter und jeder einzelne Nachfrager mit seiner angebotenen bzw. nachgefragten Menge anzupassen hat. Das gilt auch für Fleischermeister Kutter. Den Preis für seine Wildspezialitäten und seinen Partyservice kann er nur insoweit leicht ändern, als er bei Preiserhöhungen nicht damit rechnen muss, Kunden zu verlieren, weil sie sich ihm verbunden fühlen und nicht gleich zur Konkurrenz abwandern bzw. bei Preissenkungen auf nur wenige neue Kunden hoffen kann, weil auch Kundenbindungen bei seinen Konkurrenten bestehen.

Situationsbezogene Frage 8
Mit welchen Auswirkungen auf den Preis seiner Wildsalami muss Fleischermeister Kutter rechnen, wenn die entsprechenden Produktionskosten aufgrund allgemein gesunkener Wildpretpreise gesunken sind und durch Geschmacksänderung ein neuer Kundenstamm aufgetreten ist?

2.1.8 Preisänderungen durch Angebots- oder/und Nachfrageänderungen

Änderungen im Angebots- oder/und Nachfrageverhältnis

Änderungen im Angebots- oder/und Nachfrageverhalten (z. B. durch Einkommens- oder Geschmacksänderungen, Änderungen in der Produktionstechnik bzw. in der Kostensituation, Preisänderungen konkurrierender Güter, Änderungen in der Zahl der Anbieter oder/und Nachfrager etc.) führen zu Verschiebungen der Angebots- und Nachfragekurve und über entsprechende Preisanpassungen zu einem neuen Marktgleichgewicht. Eine **Rechtsverschiebung der Angebotskurve** könnte z. B. auf einer Kostenreduktion aufgrund des technischen Fortschritts beruhen. Sie würde bedeuten, dass Anbieter, die vorher wegen ihrer relativ hohen Stückkosten nicht anbieten konnten, nun als neue Anbieter bei jedem vorgegebenen Preis auftreten. Entsprechend würde z. B. eine Erhöhung der Lohnkosten zu einer **Linksverschiebung der Angebotskurve** führen. Eine **Rechtsverschiebung der Nachfragekurve** bei jedem vorgegebenen Preis könnte z. B. dadurch verursacht werden, dass Geschmacksänderungen neue Nachfrager oder/und eine erhöhte Nachfrage bisheriger Nachfrager hervorgebracht haben, die Einkommen der Nachfrager gestiegen sind oder sich die Preise konkurrierender Güter erhöht haben. Entsprechende Argumente ließen sich für eine **Linksverschiebung der Nachfragekurve** anführen. Entscheidend für die Preisänderungen ist aber immer das Angebots- und Nachfrageverhältnis. Eine Angebots- oder Nachfrageänderung allein ist nicht aussagekräftig und lässt keinen Schluss über eine mögliche Preisänderung zu. Das folgende **Schaubild** verdeutlicht die möglichen Preisanpassungen beispielhaft aufgrund einer Rechtsverschiebung der Angebots- oder/und Nachfragekurve:

2.1.8 Preisänderungen durch Angebots- oder/und Nachfrageänderungen

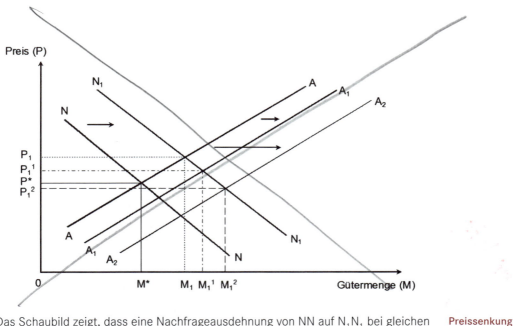

Das Schaubild zeigt, dass eine Nachfrageausdehnung von NN auf N_1N_1 bei gleichen Angebotsverhältnissen AA eine relativ starke Preissteigerung auf P_1 im neuen Marktgleichgewicht bewirkt. Kommt es aber gleichzeitig auch zu einer Angebotsausdehnung auf A_1A_1, so wird diese Preissteigerung bereits gemildert und der neue Preis P_1^1 liegt zwar noch über P^*, aber unter P_1. Wird das Angebot stärker als die Nachfrage ausgedehnt und zwar auf A_2A_2, so kommt es sogar trotz der Nachfrageausdehnung von NN auf N_1N_1 zu einer Preissenkung auf P_1^2. Eine solche Situation können wir z. B. auf dem Computermarkt beobachten, wo die rasante technische Entwicklung und die entsprechenden Kostensenkungen zu einer – im Verhältnis zur zweifellos gleichzeitig stattfindenden Nachfrageausdehnung („der PC im Kinderzimmer") – relativ starken Angebotsausdehnung führen. Tendenziell sinkende Preise müssen dann die Konsequenz sein.

Preissenkung trotz Nachfrageausdehnung

Situationsbezogene Antwort 8

Wenn die Produktionskosten der Wildsalami allgemein gesunken sind, führt dies am Markt für Wildsalami bei rein marktwirtschaftlicher Koordination dazu, dass sich im Schaubild des Markt- und Preismechanismus die Angebotskurve nach rechts verschiebt, weil bei jedem Preis mehr angeboten wird. Wenn gleichzeitig ein neuer Kundenstamm aufgetreten ist, so verschiebt sich dadurch die Nachfragekurve nach rechts, weil bei jedem Preis mehr nachgefragt wird. Die Angebotsänderung für sich genommen würde zu einer Preissenkung führen, während die Nachfrageänderung für sich genommen eine Preiserhöhung bewirken würde. Es kommt also darauf an, welcher Effekt überwiegt. Überwiegt der Angebotseffekt (Nachfrageeffekt), so müsste Fleischermeister Kutter mit einer Preissenkung (Preiserhöhung) rechnen.

Sind beide Effekte gleich, so bleibt der Preis konstant. Nur eine genaue Marktbeobachtung würde demnach Fleischermeister Kutter die Information liefern, mit welcher Preisänderung er bei seiner Wildsalami rechnen muss und welche Konsequenzen er daraus für seine Produktion bzw. für sein eigenes Angebotsverhalten zu ziehen hätte.

Situationsbezogene Frage 9
Fleischermeister Kutter beschäftigen folgende Fragen: Sollte der Preis der Wildsalami oder/und der normalen Salami gesenkt oder erhöht werden, um den Umsatz und damit die Gewinnaussichten noch weiter zu verbessern? Könnte sich eine Preissenkung oder -erhöhung bei der Wildsalami auch auf den Umsatz der normalen Salami auswirken und umgekehrt? Wie dürfte sich der Umsatz der Wildsalami oder/und der normalen Salami ändern, wenn sich die Einkommenssituation der Kunden ändert?

2.1.9 Messung des Angebots- und Nachfrageverhaltens

Elastizität als Verhaltensmessgröße

Eine wichtige Messgröße für das konkrete Verhalten der Marktteilnehmer ist die **Elastizität**. Sie ist grundsätzlich definiert als das Verhältnis von zwei relativen (prozentualen) Veränderungen, wobei die prozentuale Veränderung der Verhaltensursache im Nenner und die prozentuale Veränderung der Verhaltenswirkung im Zähler des betreffenden Bruches (Quotienten) stehen.

Direkte Preiselastizität der Nachfrage

Die **direkte Preiselastizität der Nachfrage** gibt z. B. an, wie die Nachfrager mit einer prozentualen Nachfrageänderung auf eine prozentuale Preisänderung reagieren. Normalerweise (wie auch im Schaubild) ist die direkte Preiselastizität der Nachfrage negativ, denn auf eine prozentuale Preiserhöhung (Preissenkung) reagieren die Nachfrager mit einer prozentualen Nachfragesenkung (Nachfrageerhöhung). Reagieren sie anormal, d. h., fragen sie bei Preissteigerungen mehr bzw. bei Preissenkungen weniger nach (z. B. bei Statusgütern), so ist die direkte Preiselastizität der Nachfrage positiv. Es handelt sich dann um sog. **Giffen-Güter**, benannt nach ihrem Entdecker, dem Statistiker und Ökonom ROBERT GIFFEN (1837–1910). Die Anbieter reagieren normalerweise (wie auch im Schaubild) entgegengesetzt zu den Nachfragern, d. h., die **direkte Preiselastizität des Angebots** ist positiv. Hat die direkte Preiselastizität der Nachfrage oder des Angebots einen Wert (unabhängig vom Vorzeichen) zwischen 0 und 1, wird von einer **preisunelastischen Reaktion** der Nachfrager bzw. Anbieter gesprochen. Bei Werten über 1 liegt entsprechend eine **preiselastische Reaktion** vor.

Umsatzänderung durch Preisänderung

Wie wichtig für ein Unternehmen als Anbieter die Kenntnis der direkten Preiselastizität seiner Kunden als Nachfrager sein kann, lässt sich am Umsatz verdeutlichen, der neben den Kosten die Gewinnsituation bestimmt, denn es gilt: Gewinn = Umsatz − Kosten. Der Umsatz seinerseits setzt sich aus einer Preis- und aus einer Mengenkomponente zusammen, denn es gilt: Umsatz = Preis × Absatzmenge. Wenn z. B. ein Anbieter mit einer Sonderpreisaktion für einen Artikel seines Produktsortiments beabsichtigt, die Nachfrage seiner Kunden zu steigern, in der Hoffnung, dass dann sein Umsatz und womöglich auch sein Gewinn steigen, so entscheidet die direkte Preiselastizität der Nachfrage darüber, ob sich seine Hoffnung erfüllt. Zwar wird bei einer Preissenkung normalerweise die nachgefragte Menge zunehmen, bezüglich des Umsatzes sind beide Veränderungen aber gegenläufig. Es kommt damit auf die konkrete und zwar prozentuale Änderung der Nachfragemenge an, die durch die konkrete und zwar prozentuale Preisänderung ausgelöst wird. Entscheidend ist also die Höhe der direkten Preiselastizität der Nachfrage. Bei einer preisunelastischen Nachfrage würde nämlich trotz der Preissenkung der Umsatz zurückgehen, weil die prozentuale Nachfragesteigerung kleiner als die prozentuale Preissenkung ist. Nur bei einer preiselastischen Reaktion seiner Kunden würde sich die Hoffnung des Anbieters erfüllen, mit einer Preissenkung seinen Umsatz steigern zu können. Auf der anderen Seite würde eine Preiserhöhung nicht zwangsläufig zu einer Umsatzeinbuße führen. Reagiert die Nachfrage preisunelastisch, so lässt eine Preissteigerung auch eine Umsatzsteigerung erwarten. Nur bei einer preiselastischen Nachfrage würde der Umsatz sinken. Erwägt also ein Anbieter eine Preisänderung für sein Produkt und fragt nach der Auswirkung auf seinen Umsatz und damit womöglich auch seinen Gewinn, so ist ihm eine vorherige sorgfältige Marktanalyse – z. B. mit Unterstützung eines Unternehmensberaters – anzuraten.

Eine weitere wichtige Elastizität ist die **indirekte Preiselastizität der Nachfrage**, die auch **Kreuzpreiselastizität** genannt wird. Sie gibt an, wie die Nachfrage nach einem bestimmten Gut mit einer prozentualen Änderung auf die prozentuale Preisänderung eines anderen (alternativen) Gutes reagiert. Es geht also darum, in welcher Beziehung zwei Güter zueinander stehen. Besteht eine Beziehung, so kann es sich um substitutionale oder komplementäre Güter handeln. **Substitutionale Güter** stehen in einem Konkurrenzverhältnis zueinander, d. h., sie sind gegenseitig in ihrer Nutzenstiftung ersetzbar, wie es z. B. bei Butter und Margarine der Fall sein dürfte. **Komplementäre Güter** stiften dagegen nur in einem festen Verhältnis zueinander einen Nutzen, wie z. B. bei Pfeife und Tabak. Reagieren beide Güterarten auf eigene Preisänderungen normal, ist also ihre direkte Preiselastizität der Nachfrage negativ, so ist bei substitutionalen Gütern die Kreuzpreiselastizität der Nachfrage positiv und bei komplementären Gütern negativ. Kennen Anbieter die Kreuzpreiselastizität der Nachfrage ihrer Produkte, so können sie daraus wichtige Schlussfolgerungen bezüglich der abgesetzten Menge ihrer Produkte ziehen, wenn Anbieter von Konkurrenz- oder Komplementärprodukten ihre Preise ändern.

Von Interesse kann für Anbieter auch noch die **Einkommenselastizität der Nachfrage** sein. Sie gibt an, wie die Nachfrager mit einer prozentualen Änderung ihrer Nachfrage nach einem bestimmten Gut auf eine prozentuale Änderung ihres Einkommens reagieren. Normalerweise dürften die Nachfrageänderung und die Einkommensänderung in die gleiche Richtung verlaufen, d. h., mit steigendem Einkommen wird mehr und mit sinkendem Einkommen weniger nachgefragt. Die Einkommenselastizität der Nachfrage ist in diesem Fall positiv. Die entsprechenden Güter werden **superiore Güter** genannt. Reagieren die Nachfrager dagegen anormal, d. h., mit steigendem (sinkendem) Einkommen sinkt (steigt) die Nachfrage, so handelt es sich bei den betreffenden Gütern um **inferiore Güter**. Sie haben demnach eine negative Einkommenselastizität der Nachfrage. Güter mit einem geringen Einkommensstatus („Nun können wir uns Butter statt Margarine leisten") würden z. B. unter diese Kategorie fallen. Für Anbieter ist also auch wichtig zu wissen, welcher Einkommensgruppe ihre Kunden zuzurechnen sind und wie sie bei Einkommensänderungen mit ihrer Nachfrage nach den angebotenen Produkten reagieren.

Situationsbezogene Antwort 9
Der Umsatz mit Wildsalami ergibt sich für Fleischermeister Kutter als Produkt (multiplikativ) aus abgesetzter Menge und erzieltem Preis pro Mengeneinheit. Menge und Preis reagieren normalerweise entgegengerichtet. Wie sich der Umsatz mit Wildsalami ändern dürfte, wenn Fleischermeister Kutter den Preis der Wildsalami ändert, hängt von der direkten Preiselastizität der Nachfrage nach der Wildsalami ab. Sie misst die prozentuale Änderung der Nachfrage, hervorgerufen durch eine prozentuale Änderung des Preises. Wie hoch diese Elastizität ist, kann Fleischermeister Kutter entweder durch Beobachtung über einen längeren Zeitraum selbst feststellen oder z. B. durch einen Unternehmensberater erfahren, der mit statistischen Methoden der Marktanalyse solche Werte ermitteln kann oder sie von entsprechenden Spezialisten ermitteln lässt. Würde ein solches Ermittlungsergebnis z. B. lauten, dass die betreffende Elastizität einen Wert von − 0,8 hat, so würde das negative Vorzeichen zunächst bedeuten, dass die Nachfrage nach Wildsalami tatsächlich normal reagiert, d. h., eine Preiserhöhung würde zu einer Nachfragesenkung, eine Preissenkung zu einer Nachfrageerhöhung führen. Ein konkreter Wert von |0,8| (ohne Berücksichtigung des Vorzeichens) aber zeigt, dass die Nachfrage preisunelastisch reagiert, d. h., der Mengeneffekt bei der Nachfrage ist kleiner als der Preiseffekt. Dies würde bei einer Preissenkung zu einem Umsatzrückgang und bei einer Preiserhöhung zu einer Umsatzsteigerung führen. Beabsichtigt Fleischermeister Kutter also, seinen Umsatz mit der Wildsalami zu steigern, müsste er deren Preis erhöhen. Bei einem Elastizitätswert von > |1|, z. B. bei einem Wert von − 2, würden die gegenteiligen Effekte auftreten.

Über die Reaktion der Nachfrage nach Wildsalami bei Preisänderungen der normalen Salami entscheidet die indirekte Preiselastizität der Nachfrage (Kreuzpreiselastizität). Würde deren Wert bei Fleischermeister Kutter z. B. + 1,2 betragen, so könnte

2.1.9 Messung des Angebots- und Nachfrageverhaltens

aus dem positiven Vorzeichen zunächst geschlossen werden, dass die beiden Salamisorten in einem Konkurrenzverhältnis zueinander stehen, d. h., es handelt sich um substitutionale Güter. Eine Preissenkung bei der normalen Salami würde demnach deren Nachfrage ausdehnen, aber zu Lasten der Nachfrage nach Wildsalami. Ihr Umsatz würde also sinken. Ob dieser Umsatzrückgang durch eine Umsatzsteigerung bei der normalen Salami kompensiert werden könnte, hängt wiederum von der direkten Preiselastizität der Nachfrage nach normaler Salami ab, wie oben beschrieben. Eine Preiserhöhung bei der normalen Salami würde sich entsprechend zu Gunsten der Wildsalami, aber möglicherweise zu Lasten der normalen Salami auswirken. Ein negativer Wert der Kreuzpreiselastizität würde zu den gegenteiligen Effekten führen.

Wie die Kunden von Fleischermeister Kutter mit ihrer Nachfrage nach Wildsalami reagieren, wenn sich ihre Einkommenssituation ändert, hängt von der Einkommenselastizität der Nachfrage ab. Normalerweise dürfte sie auch bei der Wildsalami positiv sein, d. h., Nachfrageänderung und Einkommensänderung gehen in die gleiche Richtung. Die Wildsalami wäre demnach ein superiores Gut. Würde sich z. B. die Einkommenssituation der Nachfrager verschlechtern, weil eine konjunkturelle Krise mit zunehmender Arbeitslosigkeit und in der Folge auch sinkendem Einkommen eingetreten ist, so müsste Fleischermeister Kutter auch mit einer sinkenden Nachfrage nach Wildsalami, demnach mit einem sinkenden Umsatz und entsprechend geringeren Gewinnaussichten rechnen. Wie stark diese Effekte genau sind, hängt von der konkreten Höhe der Einkommenselastizität der Nachfrage ab. Bei Werten von < 1 würde es nur zu einer unterproportionalen, bei Werten von > 1 aber zu einer überproportionalen Nachfragesenkung kommen. Bei der normalen Salami könnte dagegen vermutet werden, dass es sich bei ihr um ein inferiores Gut handelt, d. h., die Einkommenselastizität der Nachfrage wäre negativ. Diese Vermutung würde dann naheliegen, wenn festgestellt würde, dass die Kunden von Fleischermeister Kutter bei verbesserter Einkommenssituation (z. B. in einem Konjunkturaufschwung) die Nachfrage nach normaler Salami einschränken und dafür mehr hochpreisigere Wildsalami kaufen, die sie sich nun „leisten" können. Hätte sich dagegen ihre Einkommenssituation (z. B. in einer konjunkturellen Krise wie oben beschrieben) verschlechtert, so würden sie entsprechend mehr normale Salami zu Lasten der Wildsalami kaufen.

Alles in allem wird deutlich, wie wichtig für Fleischermeister Kutter die Kenntnis der Preis- und Einkommenselastizität der Nachfrage seiner Kunden nach seinen Produkten ist. Ihre Kenntnis ist ein wichtiger Baustein in einer erfolgreichen, gewinnorientierten Unternehmensstrategie.

2.2 Handlungssituation (Fallbeispiel 2)

Fallbeispiel 2

Handlungssituation

Fleischermeister Kutter hat zur Alterssicherung, aber auch aus Spekulationsgründen VW-Aktien und auf einer Zwangsversteigerung eine Eigentumswohnung erworben. Er wundert sich, dass er die VW-Aktien trotz seiner Kauforder „billigst" zu einem relativ hohen Kurs erwarb und ihm die Eigentumswohnung nur knapp unter dem Verkehrswert zugeschlagen wurde.

Situationsbezogene Frage 1
Wie kann sich Fleischermeister Kutter die Preisbildung beim Erwerb der VW-Aktien erklären?

2.2.1 Der Markt- und Preismechanismus an der Börse

Die marktwirtschaftliche Koordination funktioniert überall dort am besten, wo es über den Preismechanismus zu einem möglichst schnellen Ausgleich von Angebot und Nachfrage kommt. Das gilt z. B. für die Aktien- und Devisenmärkte an den Börsen oder auch für Auktionen. Eine nur geringfügig eingeschränkte, meist durch Zeitverzögerungen bedingte Funktionsfähigkeit gilt für die meisten Bereiche des Wirtschaftslebens. Eine mangelhafte oder gar gänzlich fehlende Funktionsfähigkeit des marktwirtschaftlichen Koordinationsmechanismus ist bei den in Abschnitt 2.1.5 angesprochenen Problemen gegeben, die zu Marktversagen führten. Es ist bei der Beurteilung der Funktionsfähigkeit aber wiederum zu bedenken, dass es nicht nur um rein ökonomische, sondern auch um gesellschaftliche Funktionen geht, d. h., eine ökonomisch funktionierende Marktwirtschaft kann außerhalb des Güterversorgungsbereichs zu gesellschaftlich unerwünschten (unsozialen) Ergebnissen führen, wie auch gesellschaftlich erwünschte Ergebnisse von vornherein eine marktwirtschaftliche Koordination überflüssig und eine planwirtschaftliche Koordination durch den Staat erforderlich machen können.

Zur Verdeutlichung, wie die marktwirtschaftliche Koordination in der Wirklichkeit z. B. an einer standortgebundenen **Aktienbörse** („Parketthandel", im Gegensatz zum immer bedeutenderen Telefon- oder auch Computerhandel) funktioniert und zu einem Ausgleich von Angebot und Nachfrage führt, soll das folgende Beispiel dienen:

Aktienbörse als praktisches Beispiel

Es wird angenommen, dass die Verkäufer (= Anbieter) und Käufer (= Nachfrager) einer bestimmten Aktie ihre Aufträge zum Verkauf bzw. Kauf einer bestimmten Menge dieser Aktie mit einem bestimmten Kurs (Limit) versehen, d. h., sie sind nur bereit, bei einem bestimmten Preis (= Kurs) der Aktie zu verkaufen bzw. zu kaufen. Wird das

2.2.1 Der Markt- und Preismechanismus an der Börse

Limit unter- bzw. überschritten, so ist der jeweilige Auftrag hinfällig. Wird jeder Kurs akzeptiert, so wird „bestens" bzw. „billigst" verkauft bzw. gekauft. Die folgende Tabelle und das anschließende Diagramm zeigen dies:

Kurs (EUR)	Angebot (Stck.)	Summe Angebot	Nachfrage (Stck.)	Summe Nachfrage	Umsatz (Stck.)
bestens	50	50	30	620	50
220	30	80	100	590	80
225	60	140	70	490	140
230	80	220	70	420	220
235	70	290	30	350	290
240	**30**	**320**	**70**	**320**	**320**
245	80	400	60	250	250
250	40	440	70	190	190
255	30	470	50	120	120
260	30	500	40	70	70
billigst	50	550	30	30	30

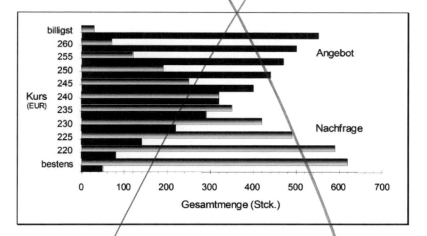

Die Tabelle und auch das Diagramm machen deutlich, dass die Börse aufgrund der vorliegenden Verkaufsaufträge (= Angebot) und Kaufaufträge (= Nachfrage) zum Kurs von 240 EUR eröffnet, denn bei diesem Kurs würde es zu der größten gehandelten Menge, nämlich 320 Stck., kommen, d.h., es muss bei diesem Kurs ein Marktgleichgewicht vorliegen. Während der Börsenzeit ergeben sich ständig Änderungen der Angebots- und Nachfragesituation, wenn Anleger ihre Aufträge eingeben. Diese Änderungen der Ausgangssituation führen entsprechend den Angebots- und Nachfrageverhältnissen zu immer neuen Marktgleichgewichten (variable Kurse). Etwa zur Hälfte der Börsenzeit wird der sog. Kassakurs ermittelt, der als Signal für den neuen Börsentermin gilt.

Situationsbezogene Antwort 1

Fleischermeister Kutter kann sich die Preisbildung beim Kauf der VW-Aktien grundsätzlich damit erklären, dass der Markt- und Preismechanismus gewirkt hat. Seine Kauforder „billigst" beim Kauf der VW-Aktien signalisierte, dass er die Aktien auf jeden Fall kaufen wollte, also bereit war, jeden Preis zu zahlen. Offensichtlich traf an dem betreffenden Tag die Gesamtnachfrage nach VW-Aktien zunächst auf ein relativ geringes Angebot. Dieser Nachfrageüberhang wurde durch Kurssteigerungen abgebaut, die auch Fleischermeister Kutter trafen.

Situationsbezogene Frage 2

Wie kann sich Fleischermeister Kutter die Preisbildung beim Erwerb der Eigentumswohnung erklären?

2.2.2 Der Markt- und Preismechanismus auf einer Auktion

Auch eine **Auktion** zeigt, wie der Markt- und Preismechanismus im Kern funktioniert. Die Funktionsweise lässt sich wiederum mit einem **Schaubild** verdeutlichen.

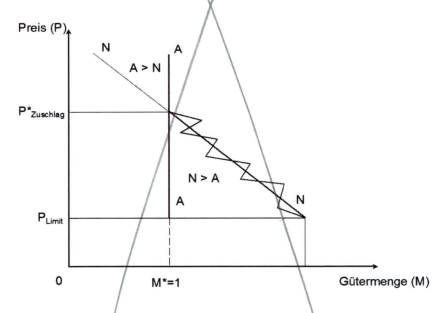

Auktion als praktisches Beispiel

Gegenüber der Börse und auch gegenüber dem Normalfall ergibt sich insofern eine Abweichung, als die Angebotskurve (AA) in den meisten Fällen geradlinig vertikal nach oben zeigen dürfte. Dies ist dann der Fall, wenn es sich bei dem zu versteigernden Gut um ein Unikat handelt, das nur in einer Mengeneinheit (M) vorhanden ist, eine häufig anzutreffende Situation. Außerdem dürfte der Anbieter in vielen Fällen nicht bereit sein, das Gut zu einem Preis (P) von Null anzubieten, und vielmehr ein Verkaufslimit (P_{Limit}) setzen. Daraus folgt, dass die Angebotsgerade erst im positiven Teil der Preisachse beginnt. Unter dem Verkaufslimit existiert demnach kein Angebot (gestrichelte Linie). Die gezackte Nachfragelinie (NN) soll andeuten, dass der Abbau der Übernachfrage (N > A) über Preiserhöhungen in der Praxis keineswegs geradlinig verlaufen muss, sondern in Sprüngen erfolgen kann, die nur im Trend einen gleichmäßigen Verlauf aufweisen. Es ist z. B. die Aufgabe eines Auktionators als Vermittler (Makler) zwischen Angebot und Nachfrage, diesen Preisanpassungsprozess in Gang zu setzen und dann im Marktgleichgewicht das angebotene Gut dem einzig verbliebenen Nachfrager zuzuschlagen ($P^*_{Zuschlag}$). Natürlich kann dies auch maschinell erfolgen, wie wir es z. B. aus Internetauktionen kennen.

Das Schaubild macht auch deutlich, dass bei einer Auktion keineswegs nur mit einem sehr niedrigen Preis begonnen werden muss, um dann im Preis aufsteigend die Übernachfrage (N > A) abzubauen (Englische Auktion). Es wäre durchaus auch möglich, zu Beginn der Auktion mit einem relativ hohen Preis zu beginnen, der dann zunächst auf ein Überangebot (A > N) treffen dürfte. Im Preis absteigend ist es dann abgebaut, wenn der erste Nachfrager erscheint und diesem das Gut zu dem dann geltenden Preis zugeschlagen wird.

Eine weitere Auktionsvariante könnte darin bestehen, dass eine normal verlaufende Angebotskurve auf eine geradlinig vertikal nach oben verlaufende Nachfragekurve trifft, d. h., ein einzelner Nachfrager kann unter mehreren Anbietern auswählen und könnte dem Anbieter mit dem niedrigsten Preis den Zuschlag geben (Reverse Auction). Alle Auktionsvarianten aber zeigen, wie praxisnah der zunächst nur theoretisch abgeleitete Markt- und Preismechanismus sein kann.

Situationsbezogene Antwort 1

Fleischermeister Kutter kann sich die Preisbildung beim Kauf der Eigentumswohnung auf einer Zwangsversteigerung grundsätzlich damit erklären, dass auch dabei der Markt- und Preismechanismus gewirkt hat. Bei der Zwangsversteigerung handelt es sich um eine Auktion. Das Auftreten mehrerer Interessenten, die alle die Eigentumswohnung möglichst günstig, also weit unter dem Verkehrswert erwerben wollten, führte beim ersten Aufruf mit dem Preislimit zu einem Nachfrageüberhang, der in der Bietkonkurrenz durch einen steigenden Preis bis in die Nähe des Verkehrswertes abgebaut wurde. Das Preislimit liegt dabei im Allgemeinen bei der Hälfte des Verkehrswertes.

2.3 Handlungssituation (Fallbeispiel 3)

Fallbeispiel 3

Handlungssituation

Friseurmeisterin Straubhaar betreibt einen Damen- und Herrensalon und beschäftigt fünf Friseurinnen. Sie hat ihnen einen Mindestlohn zu zahlen, dessen Einführung vor kurzer Zeit für das Friseurhandwerk beschlossen wurde. Friseurmeisterin Straubhaar ist sich immer noch nicht sicher, was sie davon halten soll, weiß aber aufgrund ihrer Vorbildung, dass sie in einer Sozialen Marktwirtschaft lebt.

Situationsbezogene Frage 1
Wie könnte Friseurmeisterin Straubhaar unabhängig von ihrer eigenen Situation grundsätzlich einen Mindestlohn beurteilen?

2.3.1 Die Wirtschaftsordnung der Bundesrepublik Deutschland

Grundidee der Sozialen Marktwirtschaft

Die Wirtschaftsordnung der Bundesrepublik Deutschland wird als **Soziale Marktwirtschaft** bezeichnet. Bezeichnungen wie „freie" oder „reine" Marktwirtschaft sind nicht exakt und eher verwirrend, weil sie nicht deutlich machen, dass unsere Wirtschaftsordnung sich zwar in erster Linie am Leitbild der marktwirtschaftlichen Koordination orientiert, aber sehr wohl auch planwirtschaftliche Elemente enthält und demnach ein Mischsystem ist. Der Ordnungsgedanke der Sozialen Marktwirtschaft könnte also mit der Forderung umschrieben werden:

> „Soviel Markt wie möglich, soviel Staat wie nötig!"

Als geistige Väter der Sozialen Marktwirtschaft gelten ALEXANDER RÜSTOW (1885-1963), WILHELM RÖPKE (1899-1966), ALFRED MÜLLER-ARMACK (1901-1978) und LUDWIG ERHARD (1897-1977). Letzterer übernahm als Wirtschaftsminister und Bundeskanzler auch die politische Umsetzung des Ordnungsgedankens.

Sozialgedanke

Sozialbindung der marktwirtschaftlichen Koordination bedeutet, marktwirtschaftliche Ergebnisse zu dulden und auch zu fördern, solange sie mit den gesellschaftlichen (sozialen) Endzielen (vgl. Abschnitt 3.1.1) in Einklang stehen. Unsoziale Marktergebnisse sind dagegen durch planwirtschaftliche (d.h., staatliche) Koordination zu verhindern oder zu beseitigen. Planwirtschaft bedeutet also nicht „Kommunismus", sondern ist überall dort anzutreffen, wo die „sichtbare Hand" des Staates im positiven wie auch im negativen Sinne für Ordnung sorgt.

Als **Beispiele für unsoziale Marktergebnisse** sind zu nennen: Ungerechtigkeiten durch zu hohe Preissteigerungen (Inflation) mit Gewinnern und Verlierern; Unfreiheiten und Unsicherheiten durch allgemeine Arbeitslosigkeit oder Arbeitslosigkeit in wichtigen Teilbereichen; Übernutzung oder Unterversorgung bei öffentlichen Gütern (z. B. Umweltverschmutzung bzw. zu geringe Verkehrsinfrastruktur); Ungerechtigkeiten bei der Versorgung mit lebenswichtigen Gütern (Gesundheitsleistung, Grundnahrungsmittel, Wohnung, Bildung etc.); Ungerechtigkeiten durch mangelhafte Versorgung bei denjenigen, die noch nicht (Auszubildende), unverschuldet nicht (z. B. Kranke) oder nicht mehr (Pensionäre) im Produktionsprozess tätig sind; Schlechterstellung und damit ungerechte Behandlung derjenigen, die durch eine genügend große Kinderzahl zum Fortbestehen einer Gesellschaft beitragen. Wir haben einige dieser Beispiele bereits diskutiert (vgl. z. B. Abschnitt 2.1.5) oder werden im weiteren Verlauf noch näher auf sie eingehen.

Unsoziale Marktergebnisse

Situationsbezogene Antwort 1
Unter dem Blickwinkel der Sozialen Marktwirtschaft würde Friseurmeisterin Straubhaar grundsätzlich erkennen, dass ein Mindestlohn offensichtlich eine weitere Lohnsenkung verhindern soll, nämlich eine Lohnsenkung auf das marktwirtschaftliche Niveau durch das Zusammenspiel und den Ausgleich von Arbeitsangebot und Arbeitsnachfrage, ähnlich dem Ausgleich von Angebot und Nachfrage auf dem Gütermarkt durch den Preismechanismus. Das marktwirtschaftliche Lohnniveau wird deswegen als zu niedrig erachtet, weil es den Lohnempfängern nicht ein Mindestmaß an Lebensstandard sichern würde. Es wäre daher unsozial. Unsoziale Marktergebnisse müssen aber in einer Sozialen Marktwirtschaft durch staatliche Eingriffe verhindert werden. Diese dienen beim Mindestlohn dem sozialen Schutz der Lohnempfänger, können aber auf der Gegenseite z. B. Friseurmeisterin Straubhaar als Lohnzahlerin belasten.

Situationsbezogene Frage 2
Wie könnte Friseurmeisterin Straubhaar aus betriebswirtschaftlicher, aber auch aus volkswirtschaftlicher Sicht einen Mindestlohn im Friseurhandwerk beurteilen?

2.3.2 Höchst- und Mindestpreise in der Sozialen Marktwirtschaft

Höchst- und Mindestpreise sind Beispiele für die Sozialbindung einer marktwirtschaftlichen Ordnung. Sie sind nämlich nichts anderes als staatliche (planwirtschaftliche) Eingriffe in den marktwirtschaftlichen Koordinationsmechanismus, von denen wir nach dem bisher Gesagten wissen, dass sie der Verhinderung oder Korrektur unsozialer Marktergebnisse dienen sollen. Bei Höchst- und Mindestpreisen handelt es sich demnach im Kern um staatlich fixierte Preise außerhalb der marktwirtschaftlichen Gleichgewichtspreise (Marktpreise), die den betroffenen Nachfragern und Anbietern aus sozialen Gründen nicht zugemutet werden sollen.

> Staatlich fixierte **Höchstpreise** können ihre Wirkung nur entfalten, wenn sie unter den Marktpreisen liegen.

Höchstpreise zum Nachfragerschutz

Höchstpreise stellen Maximalpreise dar, die nicht überschritten werden sollen, auch wenn dies marktwirtschaftlich geschehen würde. Daraus folgt bereits, dass Höchstpreise dem **Schutz der Nachfrager** dienen sollen. Die eigentlich höheren Marktpreise würden zu einem Rückgang der Nachfrage führen, weil einzelne Nachfrager sich diese Preise aufgrund ihrer Einkommenssituation nicht mehr leisten können, daher aus dem Markt ausscheiden müssen und damit ihr Güterversorgungsproblem nicht gelöst bekommen. Dies wäre zwar rein marktwirtschaftlich gesehen kein beklagenswerter, sondern ein ganz normaler, ja sogar notwendiger Vorgang, würde uns aber unter sozialem Blickwinkel möglicherweise zu einer anderen Bewertung zwingen. Wenn wir z. B. daran denken, dass manche Güter (wie z. B. Gesundheitsleistungen) nicht nur gut, sondern besser sind, weil sie lebensnotwendig sind, dann dürfte bei diesen Gütern schnell Einigkeit darüber zu erzielen sein, dass die Nachfrager (in unserem Beispiel die Kranken) ihr Güterversorgungsproblem – zumindest hinsichtlich einer Grundversorgung – gelöst bekommen müssen. Sofern der Marktpreis dies nicht gewährleistet, ist eine staatliche Intervention in Gestalt eines Höchstpreises erforderlich. Dazu sind verschiedene Interventionsinstrumente denkbar, wie z. B. die Unterstützung der Nachfrager in Höhe der Differenz aus angebotsnotwendigem und nachfragemöglichem Preis oder die staatliche Ausdehnung des Angebots. In jedem Fall aber sind Höchstpreise zunächst mit einem Nachfrageüberhang verbunden, der nun staatlich abgebaut werden muss. Wird er es nicht, so besteht die Gefahr von „Schwarzmärkten", auf denen Preise dann doch ihre marktwirtschaftliche Auslesefunktion wahrnehmen, was aus sozialen Gründen aber gerade verhindert werden sollte.

> Analog zu Höchstpreisen müssen staatlich fixierte **Mindestpreise** über den Marktpreisen liegen, wenn sie wirkungsvoll sein sollen.

Mindestpreise zum Anbieterschutz

Mindestpreise sollen dem **Schutz der Anbieter** vor marktwirtschaftlich sinkenden Preisen dienen. Sie würden eine Reihe von Anbietern aufgrund ihrer Kostensituation zu Produktionseinschränkungen oder gar -einstellungen zwingen, marktwirtschaftlich wiederum eine ganz normale Situation. Ist dies aus sozialen Gründen unerwünscht, weil sich dadurch z. B. das Problem der Arbeitslosigkeit verschärft oder die Produktion mit erhaltenswerten positiven, wenngleich marktwirtschaftlich nicht ho-

2.3.2 Höchst- und Mindestpreise in der Sozialen Marktwirtschaft

norierten Nebeneffekten (externen Effekten) verbunden ist (z. B. eine Landschaftserhaltung im Zuge der landwirtschaftlichen Produktion), so ist den Anbietern staatlicherseits ein bestimmter Preis, eben der Mindestpreis, zu garantieren. Dies könnte z. B. dadurch geschehen, dass der Marktpreis nach oben subventioniert wird, d. h., die Anbieter würden eine Unterstützung in Höhe der Differenz aus notwendigem Angebotspreis und Marktpreis erhalten. Soll erreicht werden, dass die Nachfrager die angebotene Produktion vollständig aufnehmen, so müsste sogar eine Unterstützung in Höhe der Differenz aus Angebots- und Nachfragepreis gewährt werden. Gelingt es nicht, die Nachfrager über die künstliche Preisreduktion für das gesamte Angebot zu begeistern, so ist z. B. an eine staatliche Abnahmegarantie mit entsprechenden Lagerhaltungskosten oder an eine Unterstützungszahlung ohne Produktionsanbindung zu denken. Probleme ergeben sich also auch bei Mindestpreisen.

Höchst- und Mindestpreise stellen demnach eine Gratwanderung zwischen den Vor- und Nachteilen einer marktwirtschaftlichen Koordination und ihrer sozialen Bindung dar. Letztlich lässt sich über die Richtung nur politisch entscheiden.

Der Gedanke und die Wirkungsweise von Höchst- und Mindestpreisen lassen sich auch mit dem ersten, zentralen **Schaubild** zum Markt- und Preismechanismus auf dem Gütermarkt im Abschnitt 2.1.7 verdeutlichen:

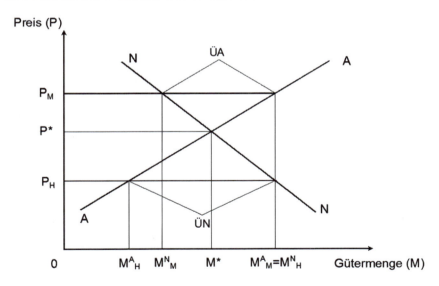

Der Höchstpreis P_H und der Mindestpreis P_M werden staatlich daran gehindert, über den marktwirtschaftlichen Konkurrenz- und Ausgleichsmechanismus auf den Marktpreis P^* zu steigen bzw. zu sinken, allerdings mit der Konsequenz, sich dann Gedanken machen zu müssen, was mit der Übernachfrage (ÜN = $M^N_H - M^A_H$) beim Höchstpreis bzw. mit dem Überangebot (ÜA = $M^A_M - M^N_M$) beim Mindestpreis geschehen soll.

2. Das Unternehmen in der Sozialen Marktwirtschaft

Arbeitsmarkt als Treffpunkt von Arbeitnehmern und Arbeitgebern

Das Gegenstück zum Mindestpreis auf dem Gütermarkt ist der **Mindestlohn auf dem Arbeitsmarkt**. Der Lohn ist nämlich auch ein Preis, der Preis des Produktionsfaktors Arbeit. Auf dem Arbeitsmarkt treffen sich die Arbeitnehmer als Anbieter von Arbeitskraft und die Arbeitgeber als Nachfrager nach Arbeitskraft. Das Arbeitsangebot geht dabei von den privaten Haushalten aus, denn sie sind die Eigentümer von Arbeitskraft (vgl. Abschnitt 1.1.6). Sie gestatten den Produzenten als Nachfragern (private Unternehmen und Staat) die Nutzung ihrer Arbeitskraft (z. B. gemessen in Arbeitsstunden) durch Vertrag und vereinbaren mit ihnen einen Nominallohn (bei Arbeitsstunden einen Stundenlohn) als Nutzungsentgelt. Der Lohn ist dabei das Gegenstück zum Güterpreis, also allgemein die Anzahl der Geldeinheiten (z. B. EUR) pro Arbeitseinheit (z. B. Arbeitsstunde).

Arbeitsangebot und Reallohn sind normalerweise gleich gerichtet

Beim **Arbeitsangebot** wird in der ökonomischen Theorie unterstellt, dass sich die Arbeitsuchenden bei ihrer Entscheidung, wie viel sie arbeiten wollen, am Lohn orientieren. Es wird aber auch angenommen, dass sie **frei von Geldillusion** sind (vgl. Abschnitt 6.1.3). Sie orientieren sich in ihrem Angebotsverhalten also nicht am Nominallohn (L), sondern am **Reallohn** (L/P). Er sagt ihnen nämlich unter Berücksichtigung des Güterpreises (P), welche Gütermenge sie für ihr Lohneinkommen und damit für die Nutzung ihrer Arbeitskraft letztlich bekommen. So bedeutet z. B. eine Steigerung des Nominallohnes um 4 % bei einer gleichzeitigen Preissteigerung von 3 %, dass sich die Güterversorgung der betreffenden Arbeitnehmer durch ihren Arbeitseinsatz nur um 1 % verbessert hat. Weiterhin wird unterstellt, dass die Arbeitnehmer mit einem steigenden (sinkenden) Reallohn normalerweise ihr Arbeitsangebot ausdehnen (einschränken). Allerdings gibt es vermutlich einen oberen Reallohn (L/P^O), bei dessen Überschreiten das Arbeitsangebot eher zurückgeht, weil nun die Arbeitnehmer das hohe Lohneinkommen genießen wollen und daher mehr Freizeit, also Nicht-Arbeitszeit, wünschen. Auf der entgegen gesetzten Ebene lässt sich argumentieren, dass es einen extrem niedrigen Reallohn (L/P^U) geben kann, der gerade noch die materielle Existenz absichert und bei dessen Unterschreiten die Arbeitnehmer daher zur Sicherung ihrer Existenz gezwungen sind, mehr zu arbeiten.

Arbeitsnachfrage und Reallohn sind entgegen gerichtet

Für die **Arbeitsnachfrage** wird in der ökonomischen Theorie unterstellt, dass sich die Arbeitgeber bei ihrer Entscheidung, wie viel Arbeitnehmer sie einstellen wollen bzw. wie viel Arbeitszeit sie benötigen, ebenfalls am Reallohn orientieren. Er ist für sie ein wichtiger Kostenfaktor und daher eher unangenehm, denn er gibt letztlich die Gütermenge an, die aus der Produktionsmenge abgezweigt werden muss und demnach den Produzenten selbst in Form des Gewinns nicht mehr zur Verfügung steht. Das Unangenehme der Lohnzahlung zeigt sich darin, dass die Arbeitgeber bei steigendem (sinkendem) Reallohn normalerweise weniger (mehr) Arbeit nachfragen dürften.

2.3.2 Höchst- und Mindestpreise in der Sozialen Marktwirtschaft

Ähnlich wie für den Gütermarkt lässt sich auch das angenommene Verhalten der Arbeitsanbieter und -nachfrager in einem **Schaubild** übersichtlich durch eine Arbeitsangebotskurve (AA) bzw. Arbeitsnachfragekurve (NN) darstellen. Das Schaubild macht aber auch deutlich, welcher rein marktwirtschaftliche Lohnanpassungsprozess sich ergeben dürfte, wenn Arbeitsanbieter und -nachfrager im Wettbewerb aufeinander treffen. Ein Ungleichgewicht in Gestalt eines Überangebots an Arbeitskraft würde durch einen sinkenden Reallohn, eine Übernachfrage durch einen steigenden Reallohn beseitigt. Im Gleichgewicht herrscht bei dem dann bestehenden Reallohn (L/P^V) **Vollbeschäftigung** (AK^V), weil das Arbeitsangebot voll von der Nachfrage aufgenommen wird.

Vollbeschäftigung bei einem bestimmten Reallohn

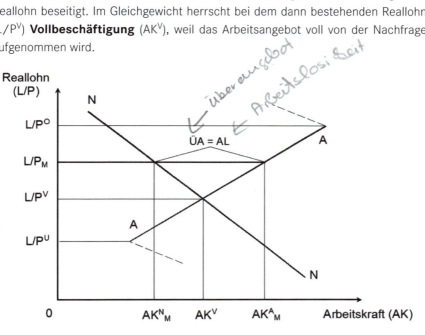

Welche Bedeutung und Auswirkung ein **Mindestlohn** (L/P_M) hat, lässt sich anhand des Schaubildes ebenfalls erkennen. Er muss über dem Vollbeschäftigungslohn (L/P^V) liegen und dient dem Schutz der Arbeitnehmer, weil der geringere Vollbeschäftigungslohn unter sozialen Gesichtspunkten z. B. einen bestimmten Minimalstandard der Lebenshaltung nicht abdecken würde. Die Konsequenz würde dann aber bei den unterstellten Verhaltensweisen am Arbeitsmarkt sein, dass die Arbeitsnachfrage (AK^N_M) geringer ist als das Arbeitsangebot (AK^A_M) und sich demnach das Überangebot (ÜA) in Arbeitslosigkeit (AL) äußert. Da ein Mindestlohn sich üblicherweise auf den Nominallohn bezieht, entspricht er nur dann in seiner Wirkung dem Reallohn, wenn das Preisniveau konstant bleibt. Ändert sich also das Preisniveau, so kann ein Mindestlohn nur dann seine beabsichtigte Wirkung, nämlich den Schutz der Arbeitnehmer, im Zeitablauf behalten, wenn er an mögliche Preisänderungen angepasst wird, allerdings wieder mit der Konsequenz einer fortdauernden Arbeitslosigkeit. Deren Bekämpfung würde weitere staatliche Maßnahmen (z. B. zur Belebung der Arbeitsnachfrage) erfordern.

Mindestlohn über dem Vollbeschäftigungslohn

2. Das Unternehmen in der Sozialen Marktwirtschaft

Situationsbezogene Antwort 2

Friseurmeisterin Straubhaar dürfte aus betriebswirtschaftlicher Sicht einen Mindestlohn, den sie ihren Angestellten zu zahlen hat, eher kritisch sehen, denn Lohnzahlungen betreffen die betriebswirtschaftliche Kostenseite und schmälern grundsätzlich den Gewinn. Der Gewinn ist die Differenz aus Umsatz und Kosten, wobei der Umsatz seinerseits sich multiplikativ aus dem Preis und der abgesetzten Menge zusammensetzt. Problematisch wird für Friseurmeisterin Straubhaar ein Mindestlohn insbesondere dann, wenn sie z. B. durch eine härtere Konkurrenz im Friseurhandwerk zu Preiszugeständnissen gezwungen wird oder gar Kunden verliert, also Umsatzeinbußen zu befürchten hat. Um einen Gewinnrückgang oder gar einen Verlust zu verhindern, könnte sie die Umsatzeinbußen nur durch Kostensenkungen, also auch durch Senkung der Lohnkosten, auszugleichen versuchen. Lohnkosten setzen sich aber multiplikativ aus dem Lohnsatz pro Arbeitsstunde und der eingesetzten Arbeitsmenge zusammen. Der Mindestlohn verhindert eine Lohnsatzsenkung, sodass eine Senkung der Lohnkosten demnach nur über eine Reduktion der eingesetzten Arbeitsmenge zu erreichen wäre. Das aber würde für Friseurmeisterin Straubhaar Kurzarbeit oder Entlassung von Arbeitskräften bedeuten. Wenn das (z. B. aus Gründen des Kündigungsschutzes) nicht möglich ist und auch andere Kosteneinsparungen schwierig sind, droht schlimmstenfalls ein Verlust oder gar die Betriebsstilllegung. Diese Konsequenzen eines Mindestlohnes dürfte Friseurmeisterin Straubhaar nicht nur aus ihrer eigenen, betriebswirtschaftlichen Sicht, sondern auch aus volkswirtschaftlicher Sicht als unangenehm empfinden, weil alle selbständigen Friseurmeisterinnen und -meister davon betroffen sind und das Friseurhandwerk auch volkswirtschaftliches Gewicht hat.

Situationsbezogene Frage 3

Warum könnte Friseurmeisterin Straubhaar trotz ihres volkswirtschaftlichen Verständnisses der deutschen Wirtschaftsordnung Zweifel haben, dass in dem beschlossenen Mindestlohn die Ordnungsidee der Sozialen Marktwirtschaft zum Ausdruck kommt?

2.3.3 Gefahren für die Sozialbindung der Marktwirtschaft

Die Gefahren, denen die Sozialbindung einer marktwirtschaftlichen Ordnung ausgesetzt ist, ergeben sich aus zwei Fragen:

> Wer entscheidet wie darüber, ob ein marktwirtschaftliches Ergebnis als sozial oder als unsozial eingestuft wird? Und: Welchen Umfang sollte die Sozialbindung einnehmen?

2.3.3 Gefahren für die Sozialbindung der Marktwirtschaft

Nach dem bisher Gesagten ist klar, dass die Entscheidung darüber, ob ein marktwirtschaftliches Ergebnis als sozial bzw. unsozial anzusehen ist, eine **staatliche Entscheidung** sein muss, die aus der gesellschaftlichen Verantwortung des Staates heraus getroffen wird. In einem demokratischen Staat sind es letztlich parlamentarische Entscheidungen bzw. die betreffenden Entscheidungsträger (vgl. Abschnitt 3.2.2), die eine Sozialbewertung von marktwirtschaftlichen Ergebnissen vornehmen und z. B. einem Unternehmen oder einer ganzen Branche die staatliche Unterstützung in Form einer Subventionierung zusagen, wenn ihre Existenz marktwirtschaftlich (z. B. wegen mangelnder Konkurrenzfähigkeit am Weltmarkt) nicht gesichert ist, sie aber dennoch wichtige gesellschaftliche Funktionen (z. B. die Sicherung der Versorgung mit lebensnotwendigen Gütern oder die Sicherung von Arbeitsplätzen) erfüllen. Insbesondere das marktwirtschaftliche Scheitern eines Großunternehmens macht häufig eine staatliche Stützungsaktion unter dem Sozialaspekt notwendig, weil der Verlust einer großen Zahl von Arbeitsplätzen mit entsprechender Arbeitslosigkeit droht oder weil das Unternehmen von großer gesamtwirtschaftlicher Bedeutung ist. Das Unternehmen ist dann zu groß zum Sterben (engl.: too big to fail). **Systemrelevanz** ist eine ähnliche Rettungsformel. Sie war z. B. auch immer wieder bei der Diskussion um eine staatliche Bankenrettung im Zuge der letzten Finanz- und Eurokrise zu hören. Problematisch daran ist, dass „systemrelevante" Unternehmen dazu neigen können, bewusst risikoreiche Spekulationsgeschäfte zu tätigen, weil das Verlustrisiko vom Steuerzahler getragen wird. Das Ergebnis wäre dann, dass **Gewinne privatisiert, Verluste aber sozialisiert** werden.

Sozialbindung durch politische Entscheidung

Systemrelevanz als Allheilmittel

Eine Gefahr ist darin zu sehen, dass es Einzelnen oder Gruppen gelingt, ihr Einzel- oder Gruppeninteresse zu einem **Sozialinteresse** „aufzupolieren" und dadurch die Marktrisiken von staatlicher Seite abgenommen zu bekommen, obwohl es bei nüchterner Betrachtung schwerfällt, ihre gesamtgesellschaftliche Bedeutung zu erkennen. Die vielfältigen, häufig finanziell („Spendenkonto") oder mit Wählerstimmen gestützten Möglichkeiten der politischen Einflussnahme können im Widerspruch zur Verfolgung gesellschaftlicher Endziele stehen. Aber auch reine Mehrheitsentscheidungen im Parlament darüber, welches Marktergebnis als sozial und welches als unsozial zu bewerten ist, birgt die Gefahr in sich, dass Minderheiten sich kein Gehör verschaffen und ihre Probleme damit nicht zu Sozialproblemen werden können. Es zählt zu den wichtigsten Aufgaben jeder Demokratie, diesen Gefahren entgegenzuwirken.

Einzel- und Sozialinteresse im Konflikt

Eine Gefahr geht in diesem Zusammenhang auch von der fortschreitenden **Globalisierung** aus. Die Öffnung von Grenzen durch eine marktwirtschaftliche Liberalisierung verringert nämlich den hoheitlichen Einfluss von Nationalstaaten und beeinträchtigt damit auch ihre Möglichkeit, unter dem Sozialgedanken durch gesetzliche Regelungen für den Schutz der jeweiligen Gesellschaft zu sorgen. Nur die Internatio-

Sozialgefährliche Globalisierung

nalisierung des Konzepts einer sozialen Marktwirtschaft könnte dem vorbeugen. Letztlich stellt sich aber grundsätzlich die Frage, auf welche Gesellschaft sich der Sozialgedanke bei zunehmender Globalisierung beziehen soll. Es müsste eigentlich in letzter Konsequenz die Weltgemeinschaft sein, deren Finalziele die Basis und die Ausrichtung des Sozialgedankens bestimmen. Angesichts großer nationaler, auch kulturell bestimmter Interessenunterschiede bestehen Zweifel, ob ein globalisierter Sozialgedanke realitätsnah ist.

„Des Guten zu viel tun"

Das **Soziale Netz** kann zu einer gesellschaftlichen Belastung und damit eigentlich wiederum unsozial werden, wenn es zu engmaschig ist und Einzelne verstärkt dazu animiert, es als „Hängematte" zu missbrauchen. So können z. B. private Güter, die staatlicherseits zur Vermeidung einer Unterversorgung zu öffentlichen Gütern gemacht wurden (meritorische Güter), dann andererseits der Gefahr der Übernutzung unterliegen (vgl. Abschnitt 2.1.5), weil sich einzelne Nutzer angesichts einer scheinbar kostenlosen Nutzung als „Trittbrettfahrer" aufführen („free-rider-Verhalten"). Privat- bzw. Eigeninitiative und Leistungsbereitschaft können dadurch gelähmt und Selbsthilfe und -vorsorge vom Vordergrund in den Hintergrund gerückt werden. Auch hier kann niemand sagen, wo genau die Grenze zwischen Eng- und Weitmaschigkeit des sozialen Netzes liegt. Letztlich muss auch dies politisch entschieden werden, womit wir wiederum beim oben genannten Gefahrenkomplex landen.

Situationsbezogene Antwort 3

Friseurmeisterin Straubhaar hat zwar die Grundidee der Sozialen Marktwirtschaft verstanden und sieht ein, dass auch sie mit ihrem Betrieb dieser Grundidee folgen und daher gelegentlich Beschränkungen ihrer betrieblichen Freiheit dulden muss. Sie bezweifelt jedoch, dass der in ihrer Branche eingeführte Mindestlohn grundsätzlich dem Sozialgedanken dient. Ist sie z. B. wegen des Mindestlohnes gezwungen, Arbeitskräfte zu entlassen, weil sie die Lohnkosten nicht mehr tragen kann, so bezweifelt sie, dass dieses Ergebnis mit Blick auf die Arbeitslosen noch dem Sozialgedanken dienen soll. Sie fragt sich außerdem vielleicht, ob der Mindestlohn, der vor allem auf Druck der Gewerkschaft eingeführt wurde, nicht vielmehr den Interessen der Gewerkschaft und der Absicherung ihrer Machtposition dient, weil Gewerkschaftsmitglieder zufriedengestellt und stärker an die Gewerkschaft gebunden werden sollen. Friseurmeisterin Straubhaar erkennt zwar, dass die unterschiedlichen Interessenlagen bei der Einführung eines Mindestlohnes letztlich durch eine politische Entscheidung und damit in einer Demokratie durch das Parlament ausgeglichen werden müssen, angesichts einer zunehmenden und teilweise auch begründeten Politikverdrossenheit, die sich auch bei ihr bemerkbar macht, bekommt sie aber ebenfalls Zweifel an der Sinnhaftigkeit eines Mindestlohnes.

2.3.3 Gefahren für die Sozialbindung der Marktwirtschaft

Situationsbezogene Kontrollaufgabe

Handlungssituation

Kompetenzkontrolle

Versetzen Sie sich in die Lage von Fleischermeister Kutter, der mit seinem Fleischerfachbetrieb durch die Herstellung von Wildspezialitäten und auch durch einen Partyservice neue Kunden gewonnen hat. In der von Ihnen belieferten Region zählen Sie mittlerweile zu einem der größten Betriebe, zu denen Sie aber in harter Konkurrenz stehen. Ihr Personalbestand ist auf zwanzig Beschäftigte angewachsen und Sie haben auch den Sachkapitalbestand (Firmengebäude, Maschinen etc.) erweitert. Der kräftige Umsatzanstieg hat zu einer Verbesserung der Gewinnsituation geführt. Allerdings drohen Gewinneinbußen durch den Mindestlohn in der Fleischbranche und durch eine immer härtere Konkurrenz infolge der europäischen, marktwirtschaftlich begründeten Aufweichung von Zulassungsbeschränkungen im Handwerksbereich. Hinzu kommt, dass Ihre Kunden aufgrund der schlechten konjunkturellen Situation und damit verbundener geringerer Einkommen, preisbewusster geworden sind. Sie machen sich daher Sorgen um den Fortbestand Ihres Unternehmens und fragen sich, wie Sie auf die Bedrohung reagieren und Ihre Unternehmensstrategie anpassen können. Sie wissen, dass Ihr Betrieb Teil einer Wirtschaftsordnung ist, die als „Soziale Marktwirtschaft" bezeichnet wird. Um eine Antwort auf Ihre Fragen zu finden, versuchen Sie, die veränderte Situation zunächst grundsätzlich unter dem Blickwinkel der Sozialen Marktwirtschaft zu verstehen und daraus dann auch konkrete Handlungsalternativen für Ihre spezielle Situation zu gewinnen.

Kontrollfragen

a) Wie lässt sich die marktwirtschaftliche Position Ihres Fleischerfachbetriebes beschreiben?

b) Wie lässt sich anhand von drei Beispielen zeigen, dass die Sozialbindung der Marktwirtschaft auch Ihren Fleischerfachbetrieb beeinflusst?

c) Wie können Sie sich auch anhand einer Zeichnung klar machen, dass sich die Konkurrenzsituation auf dem Markt für Wildspezialitäten und Partyservices verschärft hat und welche Auswirkungen sie hat?

d) Wie können Sie sich auch anhand von jeweils einer Zeichnung klar machen, welche Bedeutung die Einführung eines Mindestlohnes auf dem Arbeitsmarkt in der Fleischbranche hat und wie dadurch auch die Marktposition Ihres Betriebes beeinflusst wird?

e) Welchen Wert muss die direkte Preiselastizität der Nachfrage nach Wildspezialitäten aufweisen, damit Sie mit einer Preissenkung auf einen höheren Umsatz hoffen können?

f) Welche Elastizität mit welchem Wert entscheidet darüber, ob und – wenn ja – wie sich für Ihren Betrieb eine Preissenkung bei Wildsalami auf die Nachfrage nach normaler Salami auswirkt?

g) Wie können Sie sich auch anhand einer Zeichnung klar machen, welche Auswirkung ein geringeres Einkommen Ihrer Kunden auf die Marktposition Ihres Betriebes hat?

h) Wie müssten Sie über Ihren Verband argumentieren, wenn Sie staatliche Hilfen zur Milderung der auch für Sie schlechten konjunkturellen Situation einfordern wollen, und welche Erfolgsaussichten haben Sie?

Alle Antworten sind unter Verwendung des volkswirtschaftlichen Basiswissens zu erläutern!

3. Der wirtschafts- und gesellschaftspolitische Rahmen des Unternehmens

3.1 Handlungssituation (Fallbeispiel 1)

Handlungssituation — Fallbeispiel 1

Die Handwerkskammer für Schwaben in Augsburg vertritt die Interessen ihrer Mitglieder, der einzelnen Handwerksbetriebe in der betreffenden Region und ist auf Bundesebene auch Mitglied im Deutschen Handwerkskammertag (DHKT). Die Mitglieder beklagen einerseits den zunehmenden Staatseinfluss in Gestalt immer neuer, kostenintensiver Verordnungen (z. B. bei der Verpackung, beim Betrieb von Feuerungsanlagen, beim Arbeitsschutz etc.), fühlen sich andererseits aber bei der staatlichen Förderung von Investitionsprojekten gegenüber den Großbetrieben aus dem industriellen Bereich politisch benachteiligt.

Situationsbezogene Frage 1
Was erwarten Handwerksbetriebe bzw. eine sie vertretende Handwerkskammer oder deren Dachverband grundsätzlich von der Politik und dabei vor allem von der Wirtschaftspolitik?

3.1.1 Gegenstand und gesellschaftliche Ziele der Wirtschaftspolitik

Als **Beispiele für wirtschaftspolitische Maßnahmen** dürften aus den Medien bekannt sein: Steueränderungen zur Beeinflussung der Konsum- und Investitionsentscheidungen, staatliche Aufträge zur Wirtschaftsbelebung, Subventionierung der Landwirtschaft, Zinsänderungen durch die Zentralbank, Verbot von Unternehmenszusammenschlüssen, Förderung mittelständischer Unternehmen, Export- oder Importbeschränkungen.

Bei allen Beispielen handelt es sich um **staatliche Maßnahmen**, die aufgrund gesetzlicher Regelungen durch Anweisungen (d. h., nach dem hierarchischen Prinzip und damit im Rahmen einer planwirtschaftlichen Koordination) erfolgen. Wir können daher unter **Wirtschaftspolitik** allgemein alle zielgerichteten Maßnahmen staatlicher, d. h., mit hoheitlichen Befugnissen ausgestatteter Institutionen zur Beeinflussung der Gesamtwirtschaft oder Teilbereichen der Gesamtwirtschaft verstehen.

Wirtschaftspolitik ist staatliches Handeln

Wirtschafts-politik folgt aus der Sozialbindung der Marktwirtschaft

Eine wirtschaftspolitische Steuerung ist notwendig, weil die freie und egoistisch ausgerichtete Entscheidung und das entsprechende Verhalten der Wirtschaftssubjekte, das wir im 2. Kapitel als marktwirtschaftliches Verhalten kennen gelernt haben, zu Ergebnissen führen kann, die unter gesamtgesellschaftlichem Blickwinkel als negativ (unsozial) zu beurteilen sind und daher staatliche Eingriffe zu ihrer Verhinderung oder Korrektur erfordern, so wie es dem Grundgedanken der Sozialen Marktwirtschaft entspricht. Eine wirtschaftspolitische Steuerung folgt daher eigentlich bereits aus der **Sozialbindung einer marktwirtschaftlichen Ordnung**.

> Alle staatlichen Maßnahmen wie z. B. die Wirtschaftspolitik werden letztlich aufgrund der **gesellschaftlichen Verantwortung des Staates** ergriffen, d.h., sie sind darauf gerichtet, eine Gesellschaft in ihrem gegenwärtigen und zukünftigen Bestand zu sichern.

Was unter gesellschaftlicher Bestandssicherung zu verstehen ist, wird durch die Verfassung, in Deutschland durch das Grundgesetz, festgelegt. In ihr werden als gesellschaftliche Endziele z. B. Freiheit, Sicherheit, Gerechtigkeit, Wohlfahrt und Frieden genannt. Sie können einen materiellen (d. h., auf Güter bezogenen) und einen immateriellen Inhalt haben. Für die Bedeutung wirtschaftspolitischer Ziele folgt daraus, dass sie zunächst Fehlentwicklungen bei der materiellen Güterversorgung verhindern sollen. Sie können damit nur Unterziele (**Modalziele**) und Instrumente auf dem Wege zur Verwirklichung der gesellschaftlichen Endziele (**Finalziele**) sein. Ihre Berechtigung erhalten sie erst aus diesen Finalzielen. Inwieweit sie den Finalzielen dienen, ist ständig – letztlich durch ein Verfassungsgericht wie z. B. das Bundesverfassungsgericht – zu überprüfen, da Konflikte mit immateriellen Werten auftreten können. Die Umweltdiskussion ist dafür ein Beispiel.

Situationsbezogene Antwort 1

Handwerksbetriebe bzw. eine sie vertretende Handwerkskammer oder deren Dachverband erwarten grundsätzlich von der Politik und damit vom Staat, dass ihre gesellschaftliche Bedeutung und demnach auch ihr gesellschaftliches Schutzbedürfnis anerkannt werden. Dieses Schutzbedürfnis ergibt sich nicht nur immateriell z. B. aus dem kulturellen und kulturgeschichtlichen Beitrag des Handwerks und der Handwerksberufe zur gesellschaftlichen Entwicklung, sondern auch und in besonderem Maße aus ihrer materiellen, wirtschaftlichen Bedeutung. Handwerksbetriebe verkörpern in ihrer Mehrzahl das kleine und mittlere Unternehmertum und bilden damit einen wichtigen und stabilisierenden Eckpfeiler der Marktwirtschaft. Er ruht allerdings selbst nicht immer auf dem sprichwörtlich „goldenen Boden", sondern ist auch wirtschaftlichen Krisen ausgesetzt, die seine Existenzfähigkeit gefährden. Es wird daher von der Wirtschaftspolitik erwartet, dass sie in Krisensituationen staatliche Hilfen

(z. B. in Gestalt von Förderprogrammen) gewährt und damit unter dem Sozialgedanken zur marktwirtschaftlichen Existenzsicherung des Handwerks beiträgt.

Situationsbezogene Frage 2
Warum könnten die Erwartungen der Handwerksbetriebe bzw. der sie vertretenden Handwerkskammer oder deren Dachverband an die Wirtschaftspolitik zu hoch sein?

3.1.2 Probleme der Wirtschaftspolitik

Wirtschaftspolitische Maßnahmen unterliegen zunächst dem Problem der **Diagnose und Prognose**, d. h., eine wirksame wirtschaftspolitische Steuerung setzt eigentlich voraus, dass die Ursachen gegenwärtiger oder vergangener Fehlentwicklungen (z. B. Arbeitslosigkeit) bekannt sind und auch mögliche Fehlentwicklungen in der Zukunft rechtzeitig erkannt werden. Beide Voraussetzungen sind in der Praxis nicht voll erfüllt und werden wohl auch nicht voll erfüllt werden können, da es sich bei möglichen Fehlentwicklungen letztlich um menschliches Fehlverhalten handelt, das erklärt und prognostiziert werden müsste.

Problem: Diagnose und Prognose

Ein weiteres Problem liegt im **politischen Entscheidungsprozess** selbst begründet, denn allen wirtschaftspolitischen Maßnahmen geht eine politische Entscheidung voraus, die eigenen Regeln folgen kann. So muss z. B. nicht sicher sein, dass eine als richtig erkannte Maßnahme auch tatsächlich ergriffen wird, wenn ihr z. B. Gruppeninteressen entgegenstehen. Darüber hinaus ist zu bedenken, dass es bei der Entscheidungsfindung und -durchführung, wie aber auch bei der erhofften Wirkung, zu zeitlichen Verzögerungen kommen kann, die im Extremfall eine an sich richtige Maßnahme in ihr Gegenteil verkehren können.

Problem: Entscheidungsprozess

Die mit den wirtschaftspolitischen Maßnahmen verfolgten Ziele können insofern Probleme aufwerfen, als zwischen den Zielen möglicherweise Beziehungen bestehen, die die Gefahr von **Zielkonflikten** in sich bergen. So könnte z. B. die Verfolgung des Vollbeschäftigungszieles über eine Ankurbelung der Nachfrage in Konflikt zum Ziel der Preisstabilität geraten und eine Zielgewichtung erforderlich machen (vgl. Abschnitt 5.2.7).

Problem: Zielkonflikte

Probleme sind letztlich auch mit dem **föderalistischen Aufbau** (Bund, Länder und Gemeinden) der Bundesrepublik Deutschland verbunden, weil die Gefahr gegenläufiger wirtschaftspolitischer Maßnahmen auf den verschiedenen staatlichen Ebenen besteht. Diese Gefahr ist allein schon deswegen gegeben, weil es den Ländern und insbesondere den Gemeinden schwerfallen dürfte, die gesamtwirtschaftliche Bedeutung ihrer ökonomischen Entscheidungen zu erkennen und damit ihrer gesamtwirtschaftlichen Verantwortung gerecht zu werden. Ähnliche Probleme ergeben sich

Problem: Föderalstaat

auf der Ebene der Europäischen Wirtschafts- und Währungsunion (EWWU) durch ihre föderale Struktur und durch die möglicherweise unterschiedlichen nationalen Wirtschaftspolitiken.

Situationsbezogene Antwort 2
Die Erwartungen der Handwerksbetriebe an die Wirtschaftspolitik könnten zunächst insofern zu hoch sein, als den wirtschaftspolitischen Entscheidungsträgern die notwendige Sachkenntnis fehlen könnte und sie nicht wissen, welche Ursachen z. B. für die Absatzkrise in einem bestimmten Handwerksbereich verantwortlich waren oder für die Zukunft sein werden. Wirtschaftspolitische Unterstützungsmaßnahmen dürften in diesem Fall wenig Erfolg versprechend sein. Zudem ist kritisch zu hinterfragen, ob der Handwerksbereich im politischen Entscheidungsbereich sich überhaupt genügend Gehör verschaffen und gegen die vielseitig machtvolle Interessenvertretung des industriellen Sektors bestehen kann. Der Wirtschaftspolitik ist aber auch zuzugestehen, dass eine Förderung oder gar Bevorzugung des Handwerksbereichs allein schon aufgrund knapper finanzieller Mittel zu politischen Zielkonflikten durch Vernachlässigung anderer, auch gesellschaftlich bedeutender Bereiche führen kann. Und letztlich ist auch zu bedenken, dass der Handwerksbereich einen starken Regionalbezug hat. Im deutschen Föderalstaat bedeutet dies, dass die Beanspruchung staatlicher Hilfen weniger auf der Bundesebene, sondern eher auf der Ebene der Länder und Gemeinden begründet ist, dort aber in besonderem Maße dem Problem großer Unterschiede in der öffentlichen Haushaltslage ausgesetzt ist.

3.2 Handlungssituation (Fallbeispiel 2)

Fallbeispiel 2

Handlungssituation

Die Mitglieder der Handwerkskammer für Schwaben haben erkannt, dass sie in wirtschaftlichen Krisensituationen nicht nur auf sich allein gestellt sind, sondern auch staatliche Hilfe von der Wirtschaftspolitik erwarten können. Allerdings ist ihnen auch bewusst, dass sie allein schon wegen ihrer Größe diese Hilfe nicht selbst beanspruchen können, sondern dass sie sich dabei der Unterstützung ihrer Handwerkskammer als gemeinsamer Interessenvertretung bedienen müssen. Sie erwarten dabei von ihr Information und Beratung, welche wirtschaftspolitischen Hilfsmaßnahmen für sie von Bedeutung sind und wie sie in den Genuss dieser Maßnahmen kommen können.

3.2.1 Aufgabenbereiche der Wirtschaftspolitik

Situationsbezogene Frage 1
Auf welche Bereiche der Wirtschaftspolitik richten sich die Erwartungen der Handwerksbetriebe bzw. der sie vertretenden Handwerkskammer oder deren Dachverband und wie sind diese Erwartungen in die Gesellschaftspolitik eingebettet?

3.2.1 Aufgabenbereiche der Wirtschaftspolitik

Welchen Aufgaben eine Wirtschaftspolitik zu dienen hat und welche **Aufgabenbereiche** dabei zu unterscheiden sind, lässt sich mit einem **Übersichtsschema** verdeutlichen:

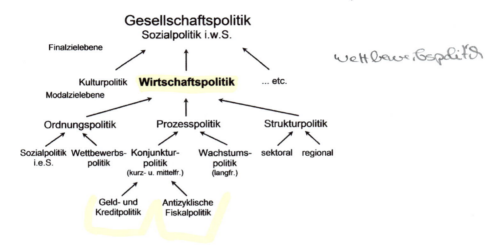

Das Schema zeigt, dass die **Wirtschaftspolitik nur ein Teilbereich der Gesellschaftspolitik** ist, die sämtliche Maßnahmen umfasst, die ein Staat aus seiner gesellschaftlichen Verantwortung heraus ergreift und die daher als Sozialpolitik im weitesten Sinne (i. w. S.) bezeichnet werden können. Wenngleich der wirtschaftliche Bereich einer Gesellschaft sicherlich ein wichtiger Bereich ist und wir dazu neigen, von einer Wirtschaftsgesellschaft zu sprechen, so wäre dies doch eine Verengung des Blickwinkels, denn es geht in einer Gesellschaft neben der Lösung von Güterversorgungsproblemen auch z. B. um Versorgungsprobleme im geistig-kulturellen Bereich, die demnach eine Kulturpolitik erfordern. Als weitere Beispiele können die Außen- und Sicherheitspolitik dienen, die zum Ziel haben, gute nachbarschaftliche Beziehungen zu anderen Gesellschaften zu pflegen bzw. vor Angriffen von außen zu schützen. Natürlich stehen die verschiedenen gesellschaftspolitischen Bereiche nicht isoliert nebeneinander, sondern überlappen sich. So kann z. B. der Bau eines Theaters einerseits eine wirtschaftspolitische Maßnahme sein, weil er Arbeitsplätze schafft, zählt andererseits aber auch zu den kulturpolitischen Maßnahmen.

Wirtschaftspolitik ist Gesellschaftspolitik

3. Der wirtschafts- und gesellschaftspolitische Rahmen des Unternehmens

> Als **Ordnungspolitik** gilt derjenige Teilbereich der Wirtschaftspolitik, in dem staatliche Maßnahmen zur Sicherung einer bestimmten Wirtschaftsordnung als Koordinationsmechanismus zur Abstimmung von Anbietern und Nachfragern bei der Güterversorgung ergriffen werden.

Ordnungspolitik ist z. B. Wettbewerbspolitik

Im 2. Kapitel sind wir auf Ordnungsfragen näher eingegangen und haben als deutsche Wirtschaftsordnung die Soziale Marktwirtschaft kennen gelernt. Sie kann daher als das Hauptziel der deutschen Ordnungspolitik bezeichnet werden. Was die Sozialbindung der deutschen Wirtschaftsordnung betrifft, so wird ihr mit einer Sozialpolitik im engeren Sinne (i. e. S.) Rechnung getragen. Darunter fallen alle staatlichen Maßnahmen, die unsozialen Ergebnisse der marktwirtschaftlichen Koordination verhindern, korrigieren oder beseitigen sollen. Als Beispiele kann an die Sozialversicherungspflicht, die Sozialhilfe, das Verbot der Kinderarbeit, aber auch an so einfache Regelungen wie das Ladenschlussgesetz gedacht werden. Der marktwirtschaftliche Kern der deutschen Wirtschaftsordnung wird staatlich dadurch gesichert, dass das wichtigste Element der marktwirtschaftlichen Koordination, nämlich der Wettbewerb, in seinen Funktionen gesichert und demnach Wettbewerbspolitik betrieben wird. Wir werden uns damit im 4. Kapitel näher befassen.

> Die **Prozesspolitik** (auch Ablaufpolitik genannt) hat allgemein zum Ziel, Ungleichgewichte im gesamtwirtschaftlichen Güterversorgungsprozess zu beseitigen.

Prozesspolitik sind z. B. Konjunktur- und Wachstumspolitik

Ungleichgewichte können sich z. B. in einer Inflation, Arbeitslosigkeit oder einem zu geringen Wirtschaftswachstum äußern. Wie die prozesspolitischen Ziele konkret lauten und was sich hinter ihnen verbirgt, werden wir in den Abschnitten 5.1.3 und 5.2.1 untersuchen. Je nach ihrem Zeithorizont wird die Prozesspolitik in die kurz- und mittelfristige Konjunkturpolitik und in die langfristige Wachstumspolitik unterteilt. Ziel der Konjunkturpolitik ist die Dämpfung oder Glättung der konjunkturellen Zyklen, die zumindest in ihren extremen Ausprägungen als Boom bzw. Depression unangenehm sein können. Die Konjunkturpolitik wird daher auch als Stabilisierungspolitik bezeichnet und umfasst z. B. die schon erwähnte staatliche Bekämpfung von Inflation und Arbeitslosigkeit. Als besonders wichtige und aktuelle Bereiche der Konjunkturpolitik gelten die antizyklische Fiskalpolitik und die Geld- und Kreditpolitik. Mit ihnen werden wir uns im 5. und 6. Kapitel intensiv beschäftigen. Die Wachstumspolitik werden wir dagegen nur streifen. Sie dient der Sicherung der gesellschaftlichen Güterversorgung in der weiteren Zukunft und beinhaltet z. B. die Forschungs- und Technologiepolitik oder die Bildungspolitik.

3.2.2   Träger der Wirtschaftspolitik

> Die **Strukturpolitik** zielt auf Teilbereiche der Gesamtwirtschaft (Wirtschaftsstruktur).

Wenn diese Teilbereiche bestimmte Regionen (z. B. Bayerischer Wald, Alpenregion, Küstenregion) sind, so wird von **regionaler Strukturpolitik** gesprochen. Eine staatliche Förderung von Sektoren wie z. B. die Subventionierung der Landwirtschaft (Agrarpolitik), des Berg-, Schiff- und Wohnungsbaus wird **sektorale Strukturpolitik** genannt. Die Strukturpolitik werden wir im 7. Kapitel näher kennenlernen.

Strukturpolitik kann regional oder/und sektoral betrieben werden

Situationsbezogene Antwort 1
Ordnungspolitisch erwarten die Handwerksbetriebe von der Wirtschaftspolitik zum einen, dass ihre Wettbewerbsposition im marktwirtschaftlichen Austauschprozess geschützt und gefördert wird. Dazu zählt z. B. der Schutz vor Großunternehmen und deren starker Machtstellung gegenüber handwerklichen Zulieferbetrieben oder z. B. die Förderung technischer Innovationen und die Erleichterung des Marktzugangs zur Verbesserung der Wettbewerbsposition. Zum anderen wird ordnungspolitisch auf dem Gebiet der engeren Sozialpolitik erwartet, dass betriebliche Belastungen der Sozialgesetzgebung (z. B. Lohnzusatzkosten, Arbeitszeitregelungen, Kündigungsschutz etc.) möglichst gering gehalten werden.

An die Prozesspolitik knüpfen Handwerksbetriebe die Hoffnung, dass sie vor allem in konjunkturellen Krisensituationen (z. B. durch Steuererleichterungen, staatliche Aufträge, Zinssenkungen etc.) gestützt werden.

Als sektorale Strukturpolitik gilt eigentlich schon jede direkte wirtschaftspolitische Beeinflussung des Handwerksbereichs, da es sich ja um eine branchenspezifische Wirtschaftspolitik handelt. Natürlich aber wird der Handwerksbereich auch indirekt durch andere sektorale Strukturpolitiken beeinflusst, wie z. B. die Mittelstandspolitik oder auch die Umweltpolitik. Eine indirekte Beeinflussung kann zudem auch durch eine regionale Strukturpolitik erfolgen, wie z. B. die bayerischen regionalen Förderprogramme zur Verbesserung der regionalen Wirtschaftsstruktur.

Situationsbezogene Frage 2
Welchen wirtschaftspolitischen Einfluss haben die Handwerksbetriebe über ihre jeweilige Handwerkskammer und deren Dachverband?

3.2.2   Träger der Wirtschaftspolitik

Bei den Trägern oder Akteuren der Wirtschaftspolitik lassen sich Entscheidungs- und Einflussträger unterscheiden.

> **Entscheidungsträger** (offizielle Akteure) der Wirtschaftspolitik treffen aufgrund ihrer hoheitlichen Befugnisse Entscheidungen über wirtschaftspolitische Maßnahmen.

Wirtschaftspolitische Entscheidungsträger sind die staatlichen Institutionen, die – in einer parlamentarischen Demokratie durch die Wähler – dazu legitimiert sind, aus Verantwortung für die Gesellschaft und dabei für den wirtschaftlichen Bereich Macht auszuüben (Gewaltmonopol des Staates; vgl. Abschnitt 1.1.6) und z. B. anhand von Gesetzen, Verordnungen und Anweisungen die privaten Gesellschaftsmitglieder in ihrem ökonomischen Verhalten zu beeinflussen.

Nationale und supranationale Entscheidungsträger

In **Deutschland als föderalem Bundesstaat** finden wir die wirtschaftspolitischen Entscheidungsträger auf der Bundes-, Landes- und Kommunalebene und bei den Sozialversicherungsträgern in Gestalt der jeweiligen Parlamente, Regierungen und Behörden. Bis zum 1.1.1999 war auch die Deutsche Bundesbank als oberste deutsche Währungsbehörde (Zentralbank) eine wirtschaftspolitische Entscheidungsträgerin. Der fortschreitende politische Einigungsprozess in Europa hat jedoch auch im ökonomischen Bereich durch die Bildung der Europäischen Wirtschafts- und Währungsunion (EWWU) dazu geführt, dass nationale Kompetenzen an supranationale europäische Entscheidungsträger abgetreten wurden oder noch abgetreten werden. Die Deutsche Bundesbank hat jedenfalls zu dem genannten Zeitpunkt ihre Kompetenzen in der Geld- und Kreditpolitik an die Europäische Zentralbank (EZB) abgetreten, die nun als wirtschaftspolitische Entscheidungsträgerin auf dem Gebiet der Geld- und Kreditpolitik gilt und auch für Deutschland zuständig ist. Wir werden im Abschnitt 6.1.2 darauf näher eingehen. Auch in anderen wirtschaftspolitischen Bereichen, wie z. B. der Wettbewerbspolitik, sind Entscheidungsträger zunehmend auf der europäischen Ebene angesiedelt.

> **Einflussträger** (inoffizielle Akteure) der Wirtschaftspolitik üben Einfluss auf die Entscheidungsträger aus, indem sie diese davon zu überzeugen versuchen, Entscheidungen in ihrem Interesse bzw. zu ihren Gunsten zu treffen.

In der politischen Einflussnahme ist grundsätzlich nichts Verwerfliches, sondern in einer parlamentarischen Demokratie etwas ganz Normales und sogar Notwendiges zu erkennen, denn jeder politische Entscheidungsträger benötigt als Entscheidungsgrundlage Informationen, um abwägen und eine sachgerechte Entscheidung treffen zu können. Schon im alten Griechenland als Geburtsland der Demokratie hatte man nichts gegen Interessenvertreter, die sich im Vorraum des Parlaments (Lobby) aufhielten und die Parlamentarier auf ihrem Wege zur parlamentarischen Entscheidung beiseite nahmen und sie mit Argumenten noch zu ihren Gunsten zu beeinflussen

3.2.2 Träger der Wirtschaftspolitik

versuchten. Andererseits liegen in diesem Vorgang aber auch Gefahren, auf die wir im Abschnitt 2.3.3 bereits hingewiesen haben. Jedenfalls handelt es sich bei Einflussträgern immer um Interessenvertreter, die häufig in Interessengruppen organisiert sind, um durch Bündelung der jeweiligen Interessen über einen größeren Einfluss bzw. ein größeres Durchsetzungsvermögen gegenüber den Entscheidungsträgern zu verfügen.

Als **deutsche Einflussträger** der Wirtschaftspolitik gelten zunächst die großen Verbände wie z. B. die Arbeitnehmerverbände (Gewerkschaften wie z. B. der DGB als Dachverband und die IG Metall als Einzelgewerkschaft nach dem deutschen Industrieverbandsprinzip, im Gegensatz zum Berufsverbandsprinzip z. B. in Großbritannien) und die Arbeitgeberverbände (z. B. der Bundesverband der Deutschen Industrie (BDI) und die Bundesvereinigung der Arbeitgeberverbände (BdA)), aber auch Einzelverbände wie z. B. der Deutsche Bauernverband. Zu den Einflussträgern zählen außerdem z. B. die Kammern wie die Handwerkskammern (HWK) mit dem Deutschen Handwerkskammertag (DHKT) als Dachverband und die Industrie- und Handelskammern (IHK) mit dem Deutschen Industrie- und Handelstag (DIHT) als Dachverband. Diese Einflussträger haben zudem noch dadurch ein besonderes Gewicht, dass ihnen von den staatlichen Entscheidungsträgern Entscheidungskompetenzen (z. B. das Prüfungsrecht für bestimmte Berufsqualifikationen wie z. B. zur Vergabe des geschützten Titels „Betriebswirt(in) nach der Handwerksordnung (HwO)" oder „Industriekaufmann(frau)") übertragen worden sind und sie insoweit hoheitliche Befugnisse haben, die sie als Körperschaften des öffentlichen Rechts ausüben. Als gewichtige Einflussträger gelten letztlich auch die wissenschaftlichen Institutionen, die allein aufgrund ihres Sachverstandes wirtschaftspolitische Entscheidungen beeinflussen können und auch sollen, indem sie häufig um gutachterliche Stellungnahmen gebeten werden oder gar gesetzlich dazu verpflichtet worden sind. Als bekanntes Beispiel ist der bereits 1963 gesetzlich gebildete und daher wohl schon als halboffizieller Akteur geltende „Sachverständigenrat zur Begutachtung der gesamtwirtschaftlichen Entwicklung" (kurz: „Sachverständigenrat" oder im Volksmund: „Fünf Weise") zu nennen, der im November eines jeden Jahres mit einem Gutachten die gesamtwirtschaftliche Situation beurteilt und eine wichtige wirtschaftspolitische Beratungsfunktion wahrnimmt.

Interessenverbände als Einflussträger

Situationsbezogene Antwort 2

Handwerkskammern und deren Dachverband, der deutsche Handwerkskammertag (DHKT), sind in erster Linie den wirtschaftspolitischen Einflussträgern zuzuordnen. Die regional organisierten Handwerkskammern können in den Ländern und Gemeinden, der DHKT auf der Bundesebene Einfluss auf die politischen Entscheidungsträger (Bundes-, Landes- und Kommunalregierungen- bzw. -parlamente) und ihre Entscheidungen in Gestalt von Gesetzen, Verordnungen etc. nehmen. Ziel ist die Interessenvertretung ihrer Mitglieder. Wie stark ihr Einfluss dabei ist, hängt von verschiedenen Faktoren ab (Zahl der Mitglieder als Wähler, wirtschaftliche Kraft der Mitglieder, Vernetztheit mit der Politik etc.). In den politischen Entscheidungsprozess sind die handwerklichen Interessenvertretungen insofern eingebunden, als ihnen von den Entscheidungsträgern bestimmte hoheitliche Befugnisse (z. B. das Prüfungsrecht für Berufsabschlüsse) übertragen worden ist.

Situationsbezogene Frage 3
Welche wirtschaftspolitischen Maßnahmen können Handwerksbetriebe grundsätzlich als Hilfestellung in einer Krisensituation erwarten?

3.2.3 Ansatzpunkt, Wirkung und Unterteilung der wirtschaftspolitischen Instrumente

Wirtschaftspolitische Instrumente sind nach dem bisher Gesagten staatliche Maßnahmen, mit denen hoheitliche Befugnisse ausgeübt werden und die demnach in die privaten, freien Entscheidungen der Wirtschaftssubjekte eingreifen, demnach als eine Form planwirtschaftlicher Koordination Zwang auf sie ausüben und dadurch ihr Verhalten steuern, wie schon der Begriff „Steuern" („Zwangsabgaben") als spezifisches wirtschaftspolitisches Instrument andeutet. Der grundsätzliche „Steuerkurs" ist die Verwirklichung bestimmter wirtschaftspolitischer Ziele wie z. B. das Ziel der Preisstabilität oder der Vollbeschäftigung, von denen wir nun wissen, dass sie als Modalziele der Verwirklichung gesellschaftlicher Finalziele dienen und damit den Bestand der Gesellschaft sichern sollen.

Der **Ansatzpunkt** des wirtschaftspolitischen Instrumenteneinsatzes liegt grundsätzlich bei den konkreten Einflussfaktoren, die auch ohne staatliche Einflussnahme die Entscheidungen und das Verhalten der privaten Wirtschaftssubjekte beeinflussen (Verhaltensparameter). Es sind dies die institutionellen Rahmenbedingungen des Verhaltens (z. B. das Rechtssystem), sowie die verschiedenen ökonomischen Verhaltensparameter (z. B. Einkommen und Preise). Staatlich beeinflusst werden die Wirtschaftssubjekte als Spezialisten im Güterversorgungsprozess, d. h., als Anbieter und Nachfrager.

Wirtschaftspolitische Instrumente beeinflussen Angebot oder/und Nachfrage

Die beabsichtigte **Wirkung** des wirtschaftspolitischen Instrumenteneinsatzes ist also grundsätzlich auf das Angebots- oder/und Nachfrageverhalten der Wirtschaftssubjekte gerichtet. Wir können uns das an einem einfachen Beispiel und schon im Vorgriff auf die genauere Behandlung der verschiedenen Wirtschaftspolitiken und ihre Wirkungsweise in den folgenden Kapiteln deutlich machen: Aus dem 2. Kapitel wissen wir, dass Preissteigerungen rein marktwirtschaftlich darauf zurückzuführen sind, dass die Nachfrage größer als das Angebot ist. Für eine Wirtschaftspolitik, die sich zum Ziel gesetzt hat, für Preisstabilität zu sorgen, ergibt sich aus dieser Erkenntnis angesichts inflationärer Gefahren und im Vertrauen auf die Wirkungsmechanismen der marktwirtschaftlichen Koordination die Schlussfolgerung, Instrumente einzusetzen, die entweder die Nachfrage drosseln oder/und das Angebot ausdehnen. Wir stehen damit vor einer sehr grundsätzlichen Auseinandersetzung in der Beurteilung der Wirkung wirtschaftspolitischer Instrumente und des geeigneten Instrumenteneinsatzes, nämlich vor der:

> Auseinandersetzung zwischen **nachfrageorientierter** und **angebotsorientierter** Wirtschaftspolitik.

Es handelt sich um den Streit zwischen zwei Glaubensrichtungen, der sich wie ein roter Faden durch die gesamte Volkswirtschaftslehre und dementsprechend auch durch die Wirtschaftspolitik als angewandter Volkswirtschaftslehre zieht und dem unvoreingenommenen Beobachter gelegentlich wie der „Streit um die Henne und das Ei" vorkommt. Es ist jedoch richtig, dass wir sicher nur eines wissen: An einem wirtschaftlichen Ergebnis gleich welcher Art müssen in einer arbeitsteiligen, auf Spezialisierung beruhenden Wirtschaft marktsymmetrisch Nachfrager und Anbieter gemeinsam beteiligt gewesen sein. Es wird immer strittig bleiben, welcher Seite die größere Bedeutung zukommt. Allerdings dürfte es so sein, dass Änderungen der Nachfrage vor allem kurz- und mittelfristig auftreten, während Änderungen des Angebots, die häufig erst Änderungen der Produktionskapazität erfordern, eher eine langfristige Erscheinung sind.

Eine **Unterteilung** der wirtschaftspolitischen Instrumente lässt sich danach vornehmen, wie stark sie in die privaten, freien Entscheidungen der Wirtschaftssubjekte eingreifen. Von **marktorientierten Instrumenten** wird in der Literatur gelegentlich dann gesprochen, wenn der staatliche Eingriff relativ sanft erfolgt, d. h., die freie Entscheidung der Wirtschaftssubjekte bleibt erhalten, allerdings unter veränderten Rahmenbedingungen. So gilt z. B. die Erhebung einer Steuer als marktorientiert, da sie den Betroffenen die Wahl lässt, entweder die Steuer zu zahlen und ihr bisheriges Verhalten beizubehalten oder ihr Verhalten zu ändern und dadurch die Steuer zu sparen. Anders verhält es sich mit denjenigen Instrumenten, die den Betroffenen keine Wahl lassen wie z. B. Auflagen in Form von Verboten. Sie werden daher zu den **marktkonträren Instrumenten** gezählt. Kritisch lässt sich zu dieser Unterteilung sagen, dass sie recht schwammig und auch künstlich erscheint, denn unter dem Blickwinkel ihrer Wirksamkeit dürfte es dem zielorientierten, an einem konkreten Ergebnis interessierten Betrachter ziemlich egal sein, ob ein Instrument als markt-

Marktorientierte und marktkonträre Instrumente

konform oder marktkonträr bezeichnet wird, Hauptsache, das angestrebte Ziel wird erreicht und das Instrument gerät auch nicht in Konflikt zu anderen, höherwertigeren Zielen wie z. B. Verfassungszielen. Wie wir wissen, spielt sich wirtschaftspolitisch alles auf der Modalzielebene ab und Unterscheidungen sollten daher nicht zu einem Selbstzweck und zur Finalzielebene hochstilisiert werden.

Situationsbezogene Antwort 3
Auf welche wirtschaftspolitischen Unterstützungsmaßnahmen Handwerksbetriebe in einer Krisensituation grundsätzlich hoffen können, wird davon abhängen, ob die betreffende Krisensituation als eher kurz- und mittelfristig und damit konjunkturell eingestuft wird oder ob in ihr ein längerfristiges Wachstumsproblem gesehen wird. In einer Konjunkturkrise stehen staatliche Maßnahmen zur Steuerung der Nachfrage (z. B. Steuersenkungen, Zinssenkungen etc.) im Vordergrund, d. h., Handwerksbetriebe können erwarten, dass die Nachfrage ihrer Kunden als Konsumenten und Investoren oder/und ihre eigene Nachfrage als Investoren beeinflusst werden. Solche Maßnahmen werden von Kritikern insofern als marktkonträr abgelehnt, als sie in Konjunkturkrisen marktwirtschaftliche Reinigungskrisen sehen, die durch staatliche Maßnahmen in ihrer natürlichen Auslesefunktion eher behindert werden und daher zu gesamtwirtschaftlichen Effizienzverlusten führen. Als marktkonform gelten für diese Kritiker lediglich staatliche Unterstützungsmaßnahmen, die zur Behebung von längerfristigen Wachstumskrisen die Rahmenbedingungen der Produktion verbessern (z. B. Förderung von Unternehmensneugründungen, Innovationsförderung, Ausbildungsförderung etc.) und damit die Angebotsseite betreffen.

3.2.3   Ansatzpunkt, Wirkung und Unterteilung der wirtschaftspolitischen Instrumente

Situationsbezogene Kontrollaufgabe

Handlungssituation

Versetzen Sie sich in die Lage von Bezirksschornsteinfegermeister Schwarz, der Mitglied in der Kaminkehrerinnung der regionalen Handwerkskammer ist. In den letzten Jahren sind Sie mit zahlreichen neuen staatlichen Vorschriften konfrontiert worden, die einerseits Ihr Betätigungsfeld ausgeweitet haben, andererseits aber auch Ihre berufliche Existenz in Frage stellen. Es handelt sich um wirtschaftspolitische Maßnahmen aus dem Bereich der Umwelt- und Energiepolitik wie z. B. die Einführung neuer oder die Verschärfung bestehender Prüfwerte in der Energienutzung und um wirtschaftspolitische Maßnahmen aus der Wettbewerbspolitik wie z. B. die Flexibilisierung der Wettbewerbsverhältnisse auf dem europäischen Markt für Kaminkehrer. Es ist für Sie ein Problem, wie Sie die verschiedenen wirtschaftspolitischen Maßnahmen, die Sie betreffen, überhaupt verstehen sollen, wie Sie darüber informiert werden, wie Sie sich anpassen sollen und wie Sie vielleicht auch selbst Einfluss auf die Maßnahmen nehmen können. Hilfe bei der Lösung dieser Probleme erwarten Sie sich von Ihrer regionalen Interessenorganisation, der Handwerkskammer.

Kompetenzkontrolle

Kontrollfragen

a) Was steckt grundsätzlich hinter den wirtschaftspolitischen Maßnahmen, die Sie in ihrer beruflichen Existenz beeinflussen, und was erwarten Sie daher grundsätzlich von einer Wirtschaftspolitik?

b) Warum könnten Ihre Erwartungen, die Sie mit der Wirtschaftspolitik verknüpfen, grundsätzlich zu hoch sein?

c) Wie können Sie anhand von zwei Beispielen erläutern, an welchen konkreten wirtschaftspolitischen Maßnahmen Sie Interesse haben und welchen Teilbereichen der Wirtschaftspolitik diese Maßnahmen zuzuordnen sind?

d) Wie beurteilen Sie die wirtschaftspolitische Position Ihrer Handwerkskammer, von der Sie erwarten, dass sie Ihre Interessen vertritt?

e) Wie können Sie anhand von jeweils einem Beispiel erläutern, welchen Einfluss eine nachfrageorientierte oder eine angebotsorientierte Wirtschaftspolitik auf Ihre Unternehmensstrategie hätte?

Alle Antworten sind unter Verwendung des volkswirtschaftlichen Basiswissens zu erläutern!

4. Der ordnungspolitische Rahmen des Unternehmens *Wirtschaftsordnungspolitik*

4.1 Handlungssituation (Fallbeispiel 1)

> **Handlungssituation** *Fallbeispiel 1*
>
> Bauunternehmer Höchst hat sich auf den Tiefbau und dabei insbesondere auf den Straßenbau spezialisiert. Seine Auftraggeber sind vor allem staatliche Stellen (Bund, Länder und Gemeinden), im Autobahnbau in zunehmendem Maße aber auch private Investoren. Bauunternehmer Höchst ist es gelungen, seinen Betrieb im Laufe der Jahre trotz harter Konkurrenz zu einem der wenigen großen Betriebe im süddeutschen Raum auszubauen. Er ist auch weiterhin bemüht, seinen Marktanteil zu erhöhen. Zur Beschaffung finanzieller Mittel für die geplante weitere Expansion hat er sein Unternehmen als Aktiengesellschaft (AG) an der Börse platziert, hält aber mit seiner Familie die Aktienmehrheit. Die geplante Expansion des Unternehmens ist auch insofern hoffnungsvoll, als es Bauunternehmer Höchst gelungen ist, eine neuartige, besonders geräuscharme Mischung für den Straßenbelag („Flüsterasphalt") zu entwickeln bzw. für sich entwickeln zu lassen. Bisher ist er alleiniger Anbieter dieses Straßenbelages und gewinnt dadurch und aufgrund der strengeren Lärmschutzvorschriften zunehmend Auftraggeber. Die Gewinnsituation des Unternehmens hat sich in den letzten Jahren kontinuierlich verbessert und wird auch für die Zukunft positiv beurteilt.

Situationsbezogene Frage 1
Warum kann es Bauunternehmer Höchst nicht gleichgültig sein, welche Ordnungspolitik in Deutschland betrieben wird?

4.1.1 Ordnungspolitik als Wettbewerbspolitik

Aus Abschnitt 3.1.1 wissen wir: **Ordnungspolitik** ist auf die staatliche Sicherung einer bestimmten Wirtschaftsordnung als Koordinationsmechanismus zur Abstimmung von Anbietern und Nachfragern als Spezialisten gerichtet. Als ordnungspolitisches Ziel gilt dabei in Deutschland die Wirtschaftsordnung der Sozialen Marktwirtschaft. Daraus folgt: Sofern unsoziale Marktergebnisse nicht zu befürchten sind, besteht die ordnungspolitische Aufgabe des Staates darin, die Funktionsfähigkeit des marktwirtschaftlichen Koordinationsmechanismus zu sichern.

Wie wir im Abschnitt 2.1.7 schon gesehen haben, ist der **Preiswettbewerb** der Anbieter und Nachfrager untereinander die Voraussetzung dafür, dass Ungleichgewichte (Überangebot oder Übernachfrage) marktwirtschaftlich beseitigt werden und es über Preisanpassungen (Preissenkungen bei einem Überangebot und Preiserhöhungen bei einer Übernachfrage) zu einem Ausgleich der Interessen und damit zu einem Marktgleichgewicht kommt. Daraus folgt:

> Ordnungspolitik zur Sicherung des marktwirtschaftlichen Fundaments der Sozialen Marktwirtschaft muss **Wettbewerbspolitik** sein.

Situationsbezogene Antwort 1
Die Ordnungspolitik in Deutschland hat das Ziel, die Soziale Marktwirtschaft zu sichern. Da als Grundbaustein einer funktionierenden Marktwirtschaft der Wettbewerb gilt, hat Ordnungspolitik Wettbewerbspolitik zu sein und demnach für den Schutz und die Förderung des Wettbewerbs zu sorgen. Auch die Konkurrenzsituation von Bauunternehmer Höchst ist Gegenstand dieser Wettbewerbspolitik. Wettbewerbspolitische Eingriffe des Staates können sich für ihn und seine Unternehmensstrategie angenehm oder unangenehm auswirken und dürften ihm daher nicht gleichgültig sein.

Situationsbezogene Frage 2
Wie empfinden Bauunternehmer Höchst und seine Kunden grundsätzlich die Konkurrenzsituation, in der sie sich befinden?

4.1.2 Gegenstand und Funktionen des Wettbewerbs

Wettbewerb ist Rivalität zwischen Anbietern und Nachfragern

Von **Wettbewerb** oder Konkurrenz in einer marktwirtschaftlichen Ordnung sprechen wir dann, wenn eine Rivalitätsbeziehung der Anbieter und Nachfrager untereinander um die bessere, kostengünstigere Produktionstechnik bzw. um die höhere Kaufkraft, d. h., **im Parallelprozess**, oder untereinander um die jeweilige Marktgegenseite, d. h., **im Austauschprozess**, besteht. Die Rivalität ist letztlich darauf zurückzuführen, dass alle Beteiligten Güterversorgungsprobleme haben und egoistisch versuchen, möglichst leicht an die knappen Güter zu kommen, dabei aber erkennen müssen, dass sie gleichsam von Egoisten umringt sind, die alle die gleiche Absicht haben.

Wettbewerb ist auf Modal- und Finalziele gerichtet

Die **Wettbewerbsfunktionen** sind zum einen darauf gerichtet, den marktwirtschaftlichen Koordinationsmechanismus zu stützen und zu sichern. Sie sind diesbezüglich auf Modalziele wie eine bestmögliche Güterversorgung (z. B. Wirtschaftswachstum) oder die Vermeidung oder Beseitigung von Ungleichgewichten (z. B. Arbeitslosigkeit) gerichtet. Wir wissen zum anderen jedoch, dass Modalziele nur Un-

4.1.2 Gegenstand und Funktionen des Wettbewerbs

terziele auf dem Wege zur Verwirklichung von Finalzielen sind, d. h., auch die Wettbewerbsfunktionen müssen letztlich auch diesen Finalzielen dienen. Was nun die konkreten Wettbewerbsfunktionen betrifft, so lassen sich mehrere Funktionen unterscheiden, die aber nicht isoliert nebeneinander stehen, sondern sich häufig überlappen.

Zuerst ist die **Freiheitsfunktion** zu nennen, bei der noch am ehesten der Bezug zu Finalzielen erkennbar ist. Sie bedeutet, dass Wettbewerb die Zahl der Alternativen auf der Marktgegenseite vergrößert und z. B. der **Konsument** als Nachfrager sich zwischen mehreren Anbietern und ihren Produkten entscheiden kann und dadurch sein Entscheidungsspielraum und seine Verhandlungsmöglichkeiten ausgeweitet werden. Auf der gleichen Marktseite schafft Wettbewerb z. B. zwischen Anbietern die Freiheit zu eigenem, kreativem Handeln, um sich von den Mitbewerbern abzuheben.

Freiheitssicherung

Die **Kontrollfunktion** des Wettbewerbs besteht darin, dass Anbieter und Nachfrager sich im Austauschprozess gegenseitig kontrollieren und z. B. überzogene Preisforderungen zurückweisen oder dass Anbieter und Nachfrager sich untereinander im Parallelprozess kontrollieren und z. B. auf überzogene Preisunterbietungen der Mitbewerber mit entsprechenden Gegenmaßnahmen antworten.

Kontrolle (nicht so wichtig)

Die **Koordinations- und Anpassungsfunktion** des Wettbewerbs sorgen dafür, dass es zu einem möglichst schnellen Ausgleich der Interessen zwischen Anbietern und Nachfragern in Richtung auf ein Marktgleichgewicht kommt und z. B. die Anbieter sich am Bedarf der Nachfrager orientieren, aber auch im Zeitablauf dynamisch reagieren und sich an Bedarfsänderungen schnell anpassen, um konkurrenzfähig zu bleiben.

Koordination und Anpassung

Die **Allokations- und Verteilungsfunktion** bewirken, dass im Wettbewerb stehende Anbieter und Nachfrager versuchen werden, den Einsatz der Produktionsfaktoren möglichst kostenminimierend bzw. einkommensmaximierend einzusetzen, und dass die sich daraus ergebende Einkommensverteilung leistungsgerecht ist.

Allokation und Verteilung

Leistungsbezogen sind letztlich auch die **Anreiz- und Auslesefunktion** des Wettbewerbs, da sie die Wettbewerber dazu ermahnen, ständig ihre Leistungsfähigkeit zu überprüfen und sie zu steigern, um nicht Gefahr zu laufen, durch Einkommensverlust ausgesondert (selektiert) zu werden, ihre Güterversorgungsprobleme damit nicht mehr marktwirtschaftlich gelöst zu bekommen und auf die soziale Hilfestellung des Staates angewiesen zu sein.

Anreiz und Auslese

Situationsbezogene Antwort 2

Die Beziehung zu seinen Mitkonkurrenten bzw. Mitanbietern bei Bauprojekten, d. h., im Parallelprozess, dürfte Bauunternehmer Höchst insofern als unangenehm empfinden, als er sich von ihnen beobachtet, kontrolliert und ständig unter Leistungsdruck gesetzt fühlt, da sie danach trachten, einen Teil seiner Kunden für sich zu gewinnen. Nur bei seiner marktbeherrschenden Position als Anbieter des „Flüsterasphalts" fühlt er sich ungestört. Seine Kunden ihrerseits sehen sich untereinander im Parallelprozess auch in einer Konkurrenzsituation, da sie als Nachfrager möglichst schnell und günstig ihre Bauprojekte realisiert bekommen wollen. Sie empfinden dies auch als Leistungsdruck, haben aber andererseits die Freiheit, zwischen mehreren Anbietern wählen zu können. Zwischen Bauunternehmer Höchst bzw. zwischen seinen Mitkonkurrenten und seinen Kunden besteht im Austauschprozess insofern ebenfalls eine Konkurrenzsituation, als jede Seite versucht, die Gegenseite zur Erfüllung der eigenen Ziele für sich zu gewinnen. Wem dies letztlich im Wettbewerbsprozess am ehesten gelingt oder wer vielleicht sogar scheitern wird, hängt von seiner Überzeugungs- und Leistungskraft und von seiner Anpassungsfähigkeit ab. Auch Bauunternehmer Höchst weiß dies und versucht mit großer Kraftanstrengung daher ständig, seine Unternehmensstrategie daran auszurichten und seine Konkurrenzfähigkeit noch zu verbessern.

Situationsbezogene Frage 3
In welcher konkreten Konkurrenzsituation befindet sich Bauunternehmer Höchst und wie verhält er sich deswegen am Markt?

4.1.3 Wettbewerbsformen und Marktverhalten

Zahl der Wettbewerber

Die einfachste Messgröße zur Ermittlung der Wettbewerbsintensität ist die grobe **Zahl der Wettbewerber** auf beiden Marktseiten, nämlich einer, wenige und viele Anbieter bzw. Nachfrager. Es ergeben sich demnach neun Kombinationsmöglichkeiten, die – begrifflich dem Griechischen entlehnt – zu folgenden **Wettbewerbsformen** führen:

Anbieter / Nachfrager	einer	wenige	viele
einer	zweiseitiges Monopol	beschränktes Monopson	Monopson
wenige	beschränktes Monopol	zweiseitiges Oligopol	Oligopson
viele	Monopol	Oligopol	zweiseitiges Polypol

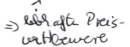
⇒ lebhafter Preiswettbewerb

4.1.3 Wettbewerbsformen und Marktverhalten

Natürlich kann die Zahl der Wettbewerber nur ein erster Anhaltspunkt für die Wettbewerbssituation auf einem Markt sein. Entscheidender dürfte das **Verhalten** dieser Wettbewerber sein, denn es bestimmt das Marktergebnis und lässt erst dann eine Bewertung zu. Wenn wir beispielhaft nur die Angebotsseite betrachten, haben wir zu fragen, wodurch sich polypolistisches, oligopolistisches und monopolistisches Marktverhalten voneinander unterscheiden.

Marktverhalten im Wettbewerb

Polypolistisches Marktverhalten liegt vor, wenn der einzelne Anbieter in der Masse seiner vielen Mitkonkurrenten so klein ist, dass er das Marktergebnis, d. h., den Preis, allein nicht beeinflussen kann. Er hat sich an den vorgegebenen Marktpreis mit seiner produzierten und angebotenen Menge entsprechend seinen Produktionskosten so anzupassen, dass ihm im Idealfall ein möglichst hoher Gewinn (Gewinnmaximum) winkt.

Polypolisten sind Mengenanpasser

Oligopolistisches Marktverhalten wird dagegen zu beobachten sein, wenn der einzelne Anbieter gegenüber seinen wenigen, großen Mitkonkurrenten selbst so groß ist, dass er das Marktergebnis zwar beeinflussen kann, aber mit Reaktionen seiner Mitkonkurrenten rechnen muss (spieltheoretische Situation). Bei einer **defensiven Strategie** versucht jeder Anbieter – möglicherweise durch Absprache mit seinen Konkurrenten – seinen Marktanteil zu halten, d. h., der Wettbewerb wird eingeschränkt. Bei einer **offensiven Strategie** versucht ein Anbieter, seinen Marktanteil auszudehnen, provoziert dadurch jedoch heftige Reaktionen seiner Mitkonkurrenten, über die (z. B. bei Preiskämpfen) die Nachfrager nur erfreut sein können.

Oligopolisten sind defensiv oder offensiv

Monopolistisches Marktverhalten tritt letztlich auf, wenn der einzige Anbieter Preisfixierer ist, d. h., er kann den Marktpreis bestimmen, auf den die Nachfrager allerdings mit einer bestimmten Nachfragemenge reagieren, im Normalfall – wie wir aus Abschnitt 2.1.7 wissen – bei einem höheren Preis mit einer geringeren, bei einem niedrigeren Preis mit einer höheren Nachfrage. Der Monopolist wird den Marktpreis so setzen, dass er zu diesem Preis eine Menge absetzt, die ihm unter Berücksichtigung der Produktionskosten im Idealfall ein Gewinnmaximum beschert.

Monopolisten sind Preisfixierer

Situationsbezogene Antwort 3
Bauunternehmer Höchst befindet sich gegenüber seinen wenigen großen Mitkonkurrenten im süddeutschen Raum in einer Oligopolsituation. Er verfolgt dabei insofern eine offensive Strategie, als er versucht, seinen Marktanteil zu erhöhen. Allerdings muss er damit rechnen, dass seine Mitkonkurrenten dies als Angriff auf ihre eigene Marktposition empfinden und entsprechend reagieren werden. Er muss demnach solche Reaktionen in seiner Unternehmensstrategie bei der Verfolgung seiner unternehmerischen Ziele berücksichtigen.

Als Anbieter des „Flüsterasphalts" befindet sich Bauunternehmer Höchst dagegen in einer Monopolsituation. Sie stellt sich für ihn insofern komfortabel dar, als er den Preis ohne Rücksicht auf die Reaktionen von Mitkonkurrenten selbst bestimmen kann. Dies heißt jedoch nicht, dass seine Auftraggeber als Nachfrager jeden Preis akzeptieren werden, sofern sie sich nicht in einer vollständigen Abhängigkeitsposition befinden und durchaus noch auf die Verbauung eines „Flüsterasphalts" verzichten können bzw. allein schon aus Kostengründen verzichten müssen.

Situationsbezogene Frage 4
Von welcher Grundausrichtung der deutschen Wettbewerbspolitik muss Bauunternehmer Höchst ausgehen, wenn er sich fragt, wie seine eigene Wettbewerbssituation politisch beeinflusst werden dürfte?

4.1.4 Wettbewerbspolitische Leitbilder

Für die deutsche Wettbewerbspolitik, die an dem ordnungspolitischen Ziel der Sozialen Marktwirtschaft ausgerichtet ist, stellt sich zur Sicherung der marktwirtschaftlichen Koordination die Frage, welche Wettbewerbsintensität bzw. welche Wettbewerbsform marktwirtschaftlich als erstrebenswert und in diesem Sinne als Leitbild gilt, das staatlich zu verwirklichen ist.

Monopole sind unerwünscht

Einigkeit dürfte zunächst darüber bestehen, dass eine **monopolistische Marktstruktur unerwünscht** ist, zumindest wenn sie auf Dauer auftritt, auch unabhängig von der Tatsache, dass sie vielleicht in bestimmten Situationen gar nicht zu vermeiden und gleichsam natürlich ist, wie wir noch sehen werden. Dem Monopolist wird bereits bei vordergründigem Wissen unterstellt, dass er seine mächtige Position gegenüber den Nachfragern sicherlich zu seinem Vorteil ausnützen dürfte und daher zur Ausbeutung neigt. In der Tat lässt sich auch theoretisch unter bestimmten Annahmen zeigen, dass ein Monopolist als Gewinnmaximierer die Nachfrager mit einer geringeren Gütermenge zu einem höheren Preis versorgen wird als Anbieter in einer polypolistischen Marktstruktur, Letztere also vorzuziehen ist.

Leitbild der vollständigen Konkurrenz

Leitbild der deutschen Wettbewerbspolitik war in der Nachkriegszeit tatsächlich eine polypolistische Marktstruktur, die auch als vollständige Konkurrenz bezeichnet wird. Das **Leitbild der vollständigen Konkurrenz** beherrschte auch zunächst das 1957 verabschiedete Gesetz gegen Wettbewerbsbeschränkungen (GWB), auf das wir noch eingehen werden. Es faszinierte der Gedanke, dass bei vollständiger Konkurrenz der Markt- und Preismechanismus seine Kräfte voll entfalten und zu einem möglichst schnellen Ausgleich der Interessen von Anbietern und Nachfragern führen kann. Wie dies funktioniert, haben wir im 2. Kapitel gesehen. Allerdings haben wir auch bereits kritisch angemerkt, dass bestimmte Funktionsbedingungen gegeben sein müssen,

4.1.4 Wettbewerbspolitische Leitbilder

die in der Wirklichkeit aber möglicherweise nicht gegeben sind. Entsprechende Zweifel wurden auch in der deutschen Wettbewerbspolitik zu Anfang der 70er-Jahre immer lauter. Bezweifelt wurde vor allem, dass die vielen kleinen Anbieter im Polypol in der Lage sein könnten, für technischen Fortschritt zu sorgen, der häufig nur unter Einsatz großer finanzieller Mittel (z. B. in einer Forschungsabteilung) vorangetrieben werden kann. Kleine und auch mittlere Unternehmen geraten hier schnell an die Grenze ihrer Möglichkeiten. Es wurde daher etwas abfällig von „Schlafmützenkonkurrenz" gesprochen. Kritisiert wurde also eine mangelhafte Dynamik in dieser Konkurrenzsituation.

Gefordert wurde das **Leitbild eines dynamischen, funktionsfähigen Wettbewerbs,** das dem Fortschrittsgedanken besser Rechnung tragen und berücksichtigen sollte, dass ein wirkungsvoller Wettbewerb aus einem Prozess ständiger Aktion und Reaktion der Konkurrenten untereinander besteht. Der Gedanke war keineswegs neu, sondern wurde schon in den 30er-Jahren in England theoretisch unter dem Begriff „workable competition" entwickelt. In Deutschland wurde er 1973 in eine der Neufassungen (Novellierungen) des GWB aufgenommen, löste dadurch das Leitbild der vollständigen Konkurrenz ab und wurde zum neuen – auch heute noch gültigen – Leitbild der Wettbewerbspolitik.

Leitbild des dynamischen, funktionsfähigen Wettbewerbs

> Grundsätzlich wird unter dem Leitbild eines dynamischen, funktionsfähigen Wettbewerbs jede Form eines Wettbewerbs gutgeheißen, die klar beschriebenen Funktionen dient, unter denen die dynamische Fortschrittsfunktion eine besondere Rolle spielt.

Konkret wird unter dem Leitbild eines dynamischen, funktionsfähigen Wettbewerbs – in Anlehnung an die Überlegungen des Nationalökonomen JOSEF ALOIS SCHUMPETER (1883-1950) – von der These ausgegangen, dass am Anfang des technischen Fortschritts eine Erfindung (Invention) steht, die von einem **Pionierunternehmer** selbst stammt oder zumindest von ihm aufgegriffen wird und in seinem Produktionsprozess als Neuerung (Innovation) zuerst angewendet wird. Da er zunächst als Einziger diese Innovation durchführt, ist er als Monopolist anzusehen, der auch einen entsprechenden **Monopolgewinn** macht und dadurch eine Belohnung für seine Leistungs- bzw. Innovationsfähigkeit erhält. Es wäre eher kontraproduktiv, diesen Gewinn von vornherein zu verurteilen und z. B. durch eine bewusst herbeigeführte vollständige Konkurrenzsituation zunichte zu machen. Nachteilig wäre nur eine dauerhafte Monopolstellung, die ihrerseits ebenfalls einen dynamischen Prozess verhindern würde. Entscheidend ist demnach, ob angesichts des Monopolgewinns potenzielle Mitkonkurrenten auftreten und – wenn ja – wie sie reagieren. Ihre Reaktion kann entweder in einer schlichten Imitation oder – noch besser – in einer neuen, eigenständigen

Schumpeter'scher Pionierunternehmer

Innovation bestehen. Jedenfalls würde durch ihre Reaktion der Monopolgewinn beseitigt und es würde ein neuer Fortschrittsprozess in Gang gesetzt. Keine oder unwirksame Reaktionen würden dagegen die ursprüngliche Monopolsituation verfestigen und wären aus den genannten Gründen unerwünscht.

Als konkrete Konkurrenzsituation, die dem Leitbild des dynamischen, funktionsfähigen Wettbewerbs am nächsten kommt, kann an ein **weites Oligopol** gedacht werden, d. h. an wenige große Wettbewerber, die eine offensive Wettbewerbsstrategie verfolgen und potenziellen Mitkonkurrenten den Marktzutritt nicht verwehren.

Zusammenfassend und im **Überblick** lässt sich das Leitbild eines dynamischen, funktionsfähigen Wettbewerbs wie folgt darstellen:

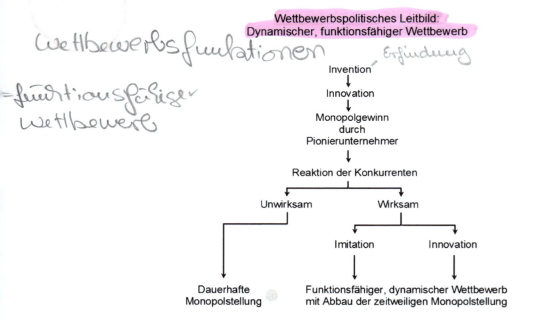

Situationsbezogene Antwort 4

Bauunternehmer Höchst kann davon ausgehen, dass die deutsche Wettbewerbspolitik nicht auf eine konkrete Wettbewerbssituation wie ein Polypol, Oligopol oder Monopol ausgerichtet ist bzw. sie nicht verhindern oder beseitigen will, sondern dass sie als Leitbild eine Wettbewerbssituation anstrebt, die bestimmte Funktionen erfüllt. Unter diesen Funktionen ist die Dynamik des Wirtschaftsprozesses von besonderer Bedeutung, die z. B. den technischen Fortschritt vorantreibt und damit letztlich die gesellschaftliche Güterversorgung durch Wirtschaftswachstum verbessert. Ob diese Funktionen durch eine Polypol-, Oligopol- oder gar Monopolsituation erfüllt werden, ist zweitrangig und wird immer wieder neu zu entscheiden sein. Bauunternehmer Höchst muss unter diesem Blickwinkel also keine Sorge haben, dass z. B. die Oligopolsituation, in der er sich zu seinen Mitkonkurrenten befindet, von vornherein der deutschen Wettbewerbspolitik missfällt und er daher mit staatlichen Eingriffen rechnen muss. Solange sein Verhältnis zu seinen Mitkonkurrenten durch einen – vielleicht sogar besonders heftigen – Wettbewerb geprägt ist, der den Kunden zugute kommt, hat er nichts zu befürchten oder kann sogar auf staatliche Unterstützung hoffen. Ähnliches gilt für die Verbauung des „Flüsterasphalts", bei der er eine Monopolsituation einnimmt. Es spricht seitens der Wettbewerbspolitik nichts dagegen, ihn für seinen Erfindungsreichtum zunächst auch mit einem Monopolgewinn zu belohnen und daher auch keine Einwände gegen relativ hohe Preisforderungen zu erheben. Allerdings kann er nicht darauf hoffen, dass seine Monopolsituation auf Dauer toleriert wird oder er sie gar als Druckmittel zur Beschaffung von Aufträgen in anderen Produktbereichen, wie z. B. dem reinen Straßenbau, einsetzen darf.

Situationsbezogene Frage 5
Warum muss sich Bauunternehmer Höchst bei seiner Geschäftstätigkeit grundsätzlich vor den staatlichen Wettbewerbshütern hüten?

4.1.5 Gesetzliche Grundlagen der deutschen Wettbewerbspolitik

Die deutsche Wettbewerbspolitik hat die Aufgabe, einen „normalen", d. h., an einem Leitbild orientierten Wettbewerb zu sichern, und geht dementsprechend gesetzlich gegen zwei extreme Wettbewerbssituationen vor: einen zu hohen Wettbewerb und einen zu geringen Wettbewerb.

Ein **zu hoher Wettbewerb** liegt vor, wenn moralische Grenzen, die sich eine Gesellschaft gesetzt hat, überschritten werden und insofern ein „unlauterer" Wettbewerb vorliegt. Das würde z. B. dann zutreffen, wenn mit Betrug (z. B. in Form von Mogelpackungen) gearbeitet und dies als Wettbewerb ausgegeben wird, nach dem Motto: Schlauheit setzt voraus, dass es marktsymmetrisch auf der Gegenseite Dummheit gibt. Die menschliche und gesellschaftliche Vernunft hat solche Verhaltensweisen als unmoralisch qualifiziert, weil sie für das Gemeinwesen nicht förderlich sind, und verbietet sie entsprechend durch staatliche Gesetze. Das entsprechende Gesetz der Wettbewerbspolitik ist das **Gesetz gegen unlauteren Wettbewerb (UWG)**. Es stammt bereits aus den 20er-Jahren und ist damit das älteste Wettbewerbsgesetz. Als Tatbestandsmerkmale für unlauteren Wettbewerb beinhaltet es z. B. die schon genannten betrügerischen Verkaufspraktiken, aber auch versteckte Rabatte, fehlende Preisauszeichnungen oder ruinöse Wettbewerbspraktiken. Zuständig für die Ein-

Unlauterer Wettbewerb

haltung des Gesetzes sind die Gerichte, die allerdings nicht auf die Klage von Einzelpersonen, sondern nur von Interessenverbänden (z. B. Verbraucherorganisationen) hin tätig werden.

Beschränkter Wettbewerb

Ein **zu niedriger Wettbewerb** liegt vor, wenn es zu Wettbewerbsbeschränkungen kommt, weil z. B. ein Wettbewerber einen Mitkonkurrenten aufkauft und dadurch eine marktbeherrschende Position erlangt oder mit anderen Wettbewerbern zu Lasten der Nachfrager „gemeinsame Sache macht" und z. B. Preisabsprachen trifft. Die gesetzliche Grundlage, mit der wettbewerbspolitisch solchen und anderen Wettbewerbsbeschränkungen begegnet werden soll, ist das schon erwähnte **Gesetz gegen Wettbewerbsbeschränkungen (GWB)**, das 1957 verabschiedet und seitdem mehrfach durch Novellierungen geändert und ergänzt wurde, um es an veränderte Leitbilder (wie z. B. das beschriebene Leitbild des dynamischen, funktionsfähigen Wettbewerbs) und veränderte Wettbewerbssituationen (wie z. B. die zunehmende Bedeutung von Nachfragemacht) wie auch an den „Erfindungsreichtum" der Wettbewerber anzupassen. Im nächsten Abschnitt werden wir uns mit diesem Gesetz näher befassen.

Situationsbezogene Antwort 5

Bauunternehmer Höchst muss sich grundsätzlich vor den Wettbewerbshütern hüten, weil es Wettbewerbsgesetze gibt, die dem Schutz und der Förderung des Wettbewerbs dienen und an die sich private Unternehmen im marktwirtschaftlichen Wettbewerbsprozess zu halten haben. Halten Sie sich nicht daran, so laufen sie Gefahr, durch staatliche Institutionen (z. B. durch das Bundeskartellamt) aufgrund ihres Gewaltmonopols sanktioniert zu werden (z. B. durch Auferlegung eines Bußgeldes). Als Wettbewerbsgesetze kommen z. B. die großen gesetzlichen Rahmenwerke des Gesetzes gegen unlauteren Wettbewerb (UWG) und des Gesetzes gegen Wettbewerbsbeschränkungen (GWB) in Betracht. Unter diesen hat sich Bauunternehmer Höchst nicht so sehr vor dem UWG, sondern insbesondere vor dem GWB zu hüten. Diejenigen, die die Einhaltung der Gesetze zu kontrollieren haben, werden besonders aufmerksam seine Verhaltensweisen beobachten, die sich aus seiner Oligopolsituation gegenüber seinen Mitkonkurrenten bei der Durchführung von Bauprojekten und aus seiner Monopolsituation bei der Verbauung von „Flüsterasphalt" ergeben können.

4.2.1 Tatbestände von Wettbewerbsbeschränkungen nach dem GWB

4.2 Handlungssituation (Fallbeispiel 2)

Handlungssituation — Fallbeispiel 1

Bauunternehmer Höchst überlegt, wie er seine Konkurrenz- und damit auch Gewinnsituation noch verbessern kann, obwohl er eigentlich bereits über eine starke Marktposition mit einem beruhigenden Gewinn verfügt. Neben dem bereits von ihm allein angebotenen „Flüsterasphalt" befindet er sich in der Entwicklung einer neuartigen, besonders abriebfesten Fahrbahnmarkierung, die er seinen Auftraggebern zusätzlich anbieten möchte und von deren Verkauf er sich eine weitere Gewinnsteigerung erhofft. Um die Markteinführung der Markierung zu erleichtern, hat er die Absicht, bei Straßenbauprojekten den „Flüsterasphalt" nur dann einem Interessenten anzubieten, wenn dieser ihn auch mit der anschließenden Fahrbahnmarkierung beauftragt. Zudem denkt er daran, sein gutes finanzielles Polster einzusetzen, um sich an dem Unternehmen eines Konkurrenten, das sich in einer Krise befindet, wesentlich zu beteiligen oder es gar ganz zu übernehmen. Und letztlich denkt er momentan darüber nach, ob er sich beim Ausschreibungsverfahren für ein großes staatliches Bauvorhaben im Vorfeld der Gebotsabgabe nicht mit dem wegen der Größenordnung wahrscheinlich allein konkurrierenden Mitbieter zum beiderseitigen Vorteil darüber einigen kann, wer welches Gebot abgibt und demnach den Zuschlag erhält.

(Handschriftliche Notiz: ← dies wäre eine Vereinbarung)

Situationsbezogene Frage 1

Warum muss sich Bauunternehmer Höchst bei seinen konkreten Überlegungen, wie er seine Konkurrenzsituation noch verbessern kann, vor den staatlichen Wettbewerbshütern hüten?

4.2.1 Tatbestände von Wettbewerbsbeschränkungen nach dem GWB

Das Gesetz gegen Wettbewerbsbeschränkungen (GWB) unterscheidet grundsätzlich drei Tatbestände von Wettbewerbsbeschränkungen: Kooperation, Konzentration und Missbrauch einer marktbeherrschenden Stellung.

Kooperation (im GWB „Vereinbarung" genannt) zum Zwecke der Wettbewerbsbeschränkung bedeutet, dass Wettbewerber zusammenarbeiten, um den ihnen hinderlich erscheinenden, weil kräftezehrenden Wettbewerb zu beschränken. Wichtig ist, dass die kooperierenden Wettbewerber ihre **rechtliche und wirtschaftliche Selbstständigkeit nicht aufgeben**.

4. Der ordnungspolitische Rahmen des Unternehmens

Wettbewerbsbeschränkung durch Kooperation

Eine wettbewerbsbeschränkende Kooperation kann z. B. darin bestehen, Vereinbarungen über Preise zu treffen, die den Nachfragern vorgesetzt werden, oder Regionen abzugrenzen, in denen einzelne Wettbewerber allein tätig sein können und dadurch eine Monopolstellung einnehmen. Werden die entsprechenden Vereinbarungen **vertraglich** verankert, so wird von **Kartellen** gesprochen, in den genannten Beispielen also von Preis- bzw. Regionalkartellen. Das GWB verbietet grundsätzlich jede Form eines Kartells, es sei denn, es wird anhand bestimmter Kriterien von den Wettbewerbsbehörden eine sog. Freistellung ausgesprochen. Verzichten die Wettbewerber auf vertragliche Vereinbarungen, um das Kartellverbot zu umgehen, so wird von **abgestimmtem Verhalten** gesprochen. Der Volksmund hat diese Form der **formlosen** Wettbewerbsbeschränkung treffend als „Frühstückskartell" bezeichnet. Der Gesetzgeber hat den Tatbestand erst später in das GWB aufgenommen, als das Ausweichverhalten der Wettbewerber offensichtlich wurde, ohne dass der Zweck sich änderte. Während Kartelle und abgestimmte Verhaltensweisen zwischen Wettbewerbern auf der gleichen Produktionsstufe (horizontal) auftreten, kann eine Wettbewerbsbeschränkung aber auch auf nachgelagerten Produktionsstufen (vertikal) beabsichtigt sein. Die sog. **Preisbindung der zweiten Hand** war eine solche Form der vertikalen Wettbewerbsbeschränkung. Anbieter bestimmter Endprodukte wurden von ihren Lieferanten **vertraglich** unter Androhung von Vertragsstrafen oder Lieferbeschränkungen verpflichtet, einen ganz bestimmten Preis von den Nachfragern zu verlangen. Preiswettbewerb wurde so zum Nachteil der Nachfrager verhindert und Gewinnspannen festgeschrieben. Das GWB verbot dann – bis auf wenige Ausnahmen wie z. B. bei Verlagserzeugnissen – die Preisbindung der zweiten Hand, mit der Konsequenz, dass sie häufig durch „unverbindliche Preisempfehlungen" ersetzt wurde, die ihrerseits aber wiederum der Gefahr von „Mondpreisen" ausgesetzt sind.

Konzentration (im GWB „Zusammenschluss" genannt) zum Zwecke der Wettbewerbsbeschränkung liegt vor, wenn ein Wettbewerber einen Mitkonkurrenten aufkauft oder sich zumindest entscheidend an ihm beteiligt, um ihn auf diese Weise als Konkurrent aus dem Markt zu nehmen und selbst eine marktbeherrschende Position einzunehmen. Im Gegensatz zur Kooperation geht also bei der Konzentration die **rechtliche und wirtschaftliche Selbstständigkeit** der ausgeschalteten Konkurrenten **ganz oder teilweise verloren**.

Wettbewerbsbeschränkung durch Konzentration

Der Zusammenschluss konkurrierender Unternehmen wird auch als **Fusion** bezeichnet. Das GWB begegnet dieser Form einer Wettbewerbsbeschränkung durch eine **vorbeugende Fusionskontrolle**. Sie bedeutet, dass eine beabsichtigte Fusion bei der für die Umsetzung des GWB zuständigen obersten Bundesbehörde des Bundeswirtschaftsministeriums, nämlich dem **Bundeskartellamt**, angemeldet werden muss. Das Bundeskartellamt hat zu prüfen, ob durch die Fusion eine marktbeherrschende Position erlangt wird, wobei zunächst der relevante Markt abzugrenzen und festzulegen ist, was „Beherrschung" bedeutet. Das GWB enthält dazu klare Vorgaben als Aufgreifkriterien, die sich z. B. an der Größe des aufkaufenden Unternehmens und an seinem zu erwartenden Marktanteil orientieren. Grundsätzlich gilt, dass die Aufgreifkriterien erst bei relativ großen Unternehmen mit z. B. Umsätzen im zweistelligen Mio. EUR-Bereich relevant werden und die Beherrschung des gesamten deutschen Marktes in Frage steht, so dass kleine und mittlere Unternehmen als Bagatellfälle ohnehin ausgeklammert sind. Stellt das Bundeskartellamt nun fest, dass durch die geplante Fusion eine marktbeherrschende Position entsteht, so wird die Fusion untersagt. Das letzte Wort hat jedoch der Wirtschaftsminister, der unter Abwägung aller Interessen – wie z. B. unter dem Blickwinkel der internationalen Konkurrenzfähigkeit – mit seiner sog. **Ministererlaubnis** die Anordnung des Bundeskartellamtes rückgängig machen kann. Als Beispiel aus der Vergangenheit kann die nachträglich genehmigte Fusion zwischen Daimler-Benz und MBB genannt werden, bei der die internationale Konkurrenzfähigkeit der deutschen Luftfahrzeugindustrie („Airbus") eine Rolle spielte.

Missbrauch einer marktbeherrschenden Stellung als dritter Tatbestand des GWB könnte bei vordergründiger Betrachtung als gesetzlich nicht relevant erscheinen, da doch das Entstehen einer marktbeherrschenden Position gerade durch die vorbeugende Fusionskontrolle verhindert werden soll. Dabei würde jedoch übersehen, dass es auch zu einer **marktbeherrschenden Position ohne vorherige Fusion** kommen kann.

Zunächst ist daran zu denken, dass Unternehmen aus eigener Leistungskraft immer besser und dadurch auch immer größer werden können (**internes Wachstum**), so dass sie eines Tages den Markt allein beherrschen, weil Konkurrenten nicht mithalten konnten. Es wäre absurd, dieses Verhalten von vornherein zu unterbinden. Es müsste eigentlich eher gefördert werden. Zu unterbinden ist jedoch, dass die marktbeherrschende Position missbräuchlich, weil zum Schaden der Marktgegenseite wie z. B. der Nachfrager, genutzt wird. Ähnlich verhält es sich mit den sog. **natürlichen Monopolen**. Bei ihnen handelt es sich um Unternehmen, die aufgrund der produktionstechnischen Notwendigkeiten zwangsläufig nur allein am Markt operieren können. Dazu zählen z. B. die leitungsgebundenen Energieversorger, deren Leitungsnetz so hohe Fixkosten verursacht, dass ein zweites Unternehmen mit einem eigenen Leitungsnetz ökonomisch unsinnig wäre. Es wird also nicht die Existenz solcher Monopole in Frage gestellt, sondern „nur" der Missbrauch ihrer marktbeherrschenden Position verhindert, indem ihnen z. B. auferlegt wird, potenziellen Mitkonkurrenten die Nutzung ihres Leitungsnetzes gegen Preiszahlung zu gestatten. Als scheinbar nebensächliches Beispiel können auch die Autobahntankstellen erwähnt werden, die auf dem betreffenden Autobahnabschnitt gleichsam ein natürliches Monopol besitzen und daher auch der Gefahr des Missbrauchs unterliegen. Einer Missbrauchsaufsicht unterliegen letztlich auch die vom Wettbewerb beschränkenden Tatbestand der Kooperation und Konzentration (siehe oben) ausgenommenen **Ausnahmebereiche des GWB** wie z. B. Banken und Versicherungen, Unternehmen der Verkehrswirtschaft, Versorgungsunternehmen und die Landwirtschaft, die z. T. zu den natürlichen Monopolen zählen.

Missbrauch einer marktbeherrschenden Stellung

Als Missbrauchstatbestand wird zwischen Ausbeutungsmissbrauch und Behinderungsmissbrauch unterschieden. **Ausbeutungsmissbrauch** liegt vor allem vor, wenn die marktbeherrschende Position dazu benutzt wird, überhöhte Preise zu verlangen und durchzusetzen, die in einer Konkurrenzsituation so nicht durchgesetzt werden könnten. Als Beispiel kann die erwähnte Autobahntankstelle dienen. Von einem **Behinderungsmissbrauch** wird gesprochen, wenn potenzielle Konkurrenten durch den Inhaber der marktbeherrschenden Position daran gehindert werden, am Markt aufzutreten. Als klassisches Beispiel ist in die Literatur der Fall des Produzenten eines Preisauszeichnungsgerätes eingegangen, der seine Erfindung und die dadurch erlangte marktbeherrschende Position dazu nutzen wollte, den Abnehmern des Gerätes auch gleich die – von anderen Konkurrenten leicht zu produzierenden – Etiketten zu verkaufen und ihnen bei Weigerung androhte, ihnen dann auch nicht das betreffende Gerät zu liefern.

In einem **Übersichtsschema** lassen sich die Tatbestandsmerkmale von Wettbewerbsbeschränkungen und die wettbewerbspolitischen Maßnahmen zu ihrer Verhinderung im GWB noch einmal zusammengefasst darstellen:

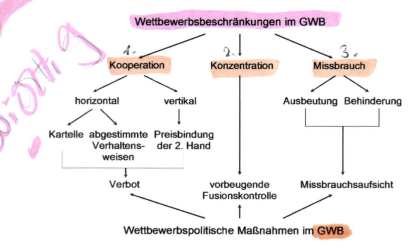

4.2.2 Schwierigkeiten bei der Durchsetzung des GWB

Situationsbezogene Antwort 1
Bauunternehmer Höchst sollte sich zunächst einmal davor hüten, seine marktbeherrschende Position beim „Flüsterasphalt" missbräuchlich zu nutzen. Dies wäre zum einen dann der Fall, wenn er versuchen würde, sein Angebot an der Verbauung von „Flüsterasphalt" an das Angebot auch einer besonders abriebfesten Fahrbahnmarkierung zu koppeln. Ein solches Koppelungsgeschäft könnte ihm als Behinderungsmissbrauch im Sinne des GWB ausgelegt werden und das Bundeskartellamt bzw. das zuständige Landeskartellamt zum Einschreiten veranlassen. Zum anderen könnte ihm ein Ausbeutungsmissbrauch seiner marktbeherrschenden Position vorgeworfen werden, wenn er die Verbauung des „Flüsterasphalts" zu einem überhöhten Preis vornehmen und abrechnen würde. Seine Absicht, sich an dem Unternehmen eines Mitkonkurrenten wesentlich zu beteiligen oder es gar ganz zu übernehmen, könnte der vorbeugenden Fusionskontrolle im Sinne des GWB unterliegen, sofern es sich nicht um einen Bagatellfall handelt. Letztlich aber sollte er sich besonders davor hüten, sich bei der Gebotsabgabe für das ausgeschriebene staatliche Bauvorhaben mit seinem Mitkonkurrenten über den Angebotspreis abzusprechen. Dies würde den Tatbestand einer formlosen abgestimmten Verhaltensweise zum Zweck der Wettbewerbsbeschränkung im Sinne des GWB erfüllen und mit Sicherheit zur Verhängung eines empfindlichen Bußgeldes durch das Kartellamt führen.

Situationsbezogene Frage 2
Warum könnte es den staatlichen Wettbewerbshütern schwer fallen, Bauunternehmer Höchst bei ungesetzlichen Versuchen, seine Konkurrenzsituation zu verbessern, zu belangen?

4.2.2 Schwierigkeiten bei der Durchsetzung des GWB

Schwierigkeiten bei der Durchsetzung des GWB treten grundsätzlich zunächst dort auf, wo es um die **gerichtliche Durchsetzung** (Justiziabilität) geht, denn bei allen Anordnungen des Bundeskartellamtes oder der Landeskartellämter handelt es sich um Verwaltungsakte, gegen die sich die Betroffenen gerichtlich wehren können. Einer endgültigen richterlichen Entscheidung muss aber noch einmal eine genaue Tatsachenfeststellung vorausgehen, d.h., das Kartellamt hat seine Entscheidungsgrundlagen offenzulegen und zu beweisen. Das kann z.B. beim Vorwurf abgestimmter Verhaltensweisen schwierig oder nicht eindeutig sein, da im Gegensatz zum Kartell keine schriftlichen Verträge vorliegen und daher Vermutungstatbestände (z.B. gleiche Benzinpreiserhöhungen) als Ersatz dienen müssen. Auch die klare Abgrenzung des relevanten Marktes, der angeblich beherrscht werden soll oder des Vergleichsmarktes, der das Normalmaß zur Feststellung überhöhter Preise

Das GWB lässt sich manchmal nur schwer durchsetzen

festlegt, kann zu Schwierigkeiten führen und einer richterlichen Überprüfung möglicherweise nicht standhalten. Da das Bundeskartellamt als Bundesbehörde mit hoheitlichen Befugnissen seinen Anordnungen nur bis zu den hoheitlichen Grenzen Geltung verschaffen kann und daher nur der nationale Markt relevant ist, sind **international tätige Großunternehmen** außerdem häufig nicht oder nur durch supranationale Kartellbehörden, wie z. B. auf der europäischen Ebene, zu belangen. Einer Verwässerung des GWB können letztlich auch die zahlreichen **Ausnahmeregelungen** einschließlich der bereits erwähnten Ministererlaubnis Vorschub leisten.

Situationsbezogene Antwort 2
Schwierigkeiten bei der Ahndung eines wettbewerbsbeschränkenden Verhaltens nach dem GWB durch das Bundeskartellamt oder die Landeskartellämter liegen grundsätzlich in der Justiziabilität der betreffenden Anordnung, d. h., sie muss in einem Rechtsstaat gerichtlich überprüfbar sein. Bei Bauunternehmer Höchst ergibt sich daraus zunächst die Schwierigkeit, ihm gegebenenfalls ein missbräuchliches Verhalten der Behinderung oder der Ausbeutung nachzuweisen. Behinderung setzt nämlich voraus, dass es überhaupt mögliche Konkurrenten – in diesem Fall bei der abriebfesten Fahrbahnmarkierung – gibt, die sich eine Behinderung nicht gefallen lassen. Beim Tatbestand der Ausbeutung besteht das Problem darin, einen „Normalpreis" bei Wettbewerb – in diesem Fall beim „Flüsterasphalt" – als Vergleichsmaßstab für einen angeblich überhöhten Preis zu ermitteln. Die Beteiligung am Unternehmen eines Mitkonkurrenten könnte Bauunternehmer Höchst allein wegen der Bagatellklausel wettbewerbsrechtlich nicht berühren. Aber selbst wenn es kein Bagatellfall wäre, könnte eine Ministererlaubnis das wettbewerbsbeschränkende Verhalten rechtfertigen. Sogar eine Preisabsprache mit dem Mitkonkurrenten bei der Gebotsabgabe im staatlichen Ausschreibungsverfahren könnte für Bauunternehmer Höchst folgenlos bleiben, wenn es nicht gelingt, ihm diese Absprache „hieb- und stichfest" nachzuweisen.

4.2.2   Schwierigkeiten bei der Durchsetzung des GWB

Situationsbezogene Kontrollaufgabe

Handlungssituation

Kompetenzkontrolle

Versetzen Sie sich in die Lage von Bauunternehmer Höchst, der ein größeres Straßenbauunternehmen im süddeutschen Raum betreibt. Bei der Vergabe von Straßenbauprojekten durch staatliche und zunehmend auch private Auftraggeber konkurrieren Sie mit drei weiteren größeren Bauunternehmen in der Region. Überregionale Bauunternehmen haben Sie grundsätzlich nicht als Konkurrenten zu fürchten. Auch Ihre Mitkonkurrenten im süddeutschen Raum müssen Sie insofern nicht fürchten, als Sie allein den besonders geräuscharmen „Flüsterasphalt" anbieten. Ihre Gewinnsituation ist zwar gegenwärtig beruhigend, dennoch machen Sie sich Gedanken, wie Sie Ihren Gewinn noch steigern und langfristig absichern können. Als ein Ergebnis Ihrer Überlegungen haben Sie eine abriebfeste Fahrbahnmarkierung entwickelt bzw. entwickeln lassen, die Sie künftig zusätzlich zum Straßenbau und exklusiv anbieten möchten.

Kontrollfragen

a) Wie lässt sich Ihre Konkurrenzsituation bei normalen Straßenbauprojekten beschreiben und welche Verhaltensweisen können sich daraus für Sie grundsätzlich ergeben?

b) Wie lässt sich Ihre Konkurrenzsituation beim „Flüsterasphalt" und künftig bei der abriebfesten Fahrbahnmarkierung beschreiben und welche Verhaltensweisen können sich daraus für Sie grundsätzlich ergeben?

c) Wie vorteilhaft oder nachteilig empfinden Sie selbst und Ihre Kunden die Konkurrenzsituation, in der Sie sich befinden?

d) Wie könnten Sie versuchen, Ihre Konkurrenzsituation mit einer defensiven Strategie abzusichern und warum und wie müssten Sie dabei möglicherweise mit Eingriffen der Wettbewerbshüter rechnen? Um wen handelt es sich dabei konkret?

e) Warum und wie sollten Sie eine mögliche Reaktion der Wettbewerbshüter beachten, wenn Sie Ihren Auftraggebern die Verbauung des geräuscharmen Flüsterasphalts und künftig auch die Anbringung einer abriebfesten Fahrbahnmarkierung anbieten?

f) Wie könnten Sie eine marktbeherrschende Position bei Straßenbauprojekten anstreben, ohne dass Sie dabei die Wettbewerbshüter fürchten müssen?

Alle Antworten sind unter Verwendung des volkswirtschaftlichen Basiswissens zu erläutern!

5. Der prozesspolitische Rahmen des Unternehmens I: Auswirkungen der antizyklischen Fiskalpolitik

5.1 Handlungssituation (Fallbeispiel 1)

Handlungssituation — Fallbeispiel 1

Kraftfahrzeugmeister Benz hat den von seinem Vater übernommenen Reparaturbetrieb im Laufe der Jahre stark ausgebaut. Es ist ihm gelungen, die örtliche Niederlassung eines bedeutenden Kraftfahrzeugherstellers zu übernehmen. Neben dem Verkauf der betreffenden Kraftfahrzeuge bietet er auch deren fachmännische Reparatur an. Zu seinen Kunden zählen vor allem private Konsumenten, aber auch private Investoren und vereinzelt auch staatliche Auftraggeber. Er hat den Plan, in der Zukunft noch weiter zu expandieren und neue Geschäftsfelder zu erschließen. Im vergangenen Jahr hat sich jedoch die gesamtwirtschaftliche Konjunktursituation eingetrübt und die Arbeitslosigkeit ist gestiegen. Auch Kraftfahrzeugmeister Benz war davon betroffen. Er musste empfindliche Umsatzeinbußen im Neuwagenverkauf und Reparaturbetrieb und gleichzeitig auch Kostensteigerungen hinnehmen. Erstmals war er gezwungen, in seinem Betrieb Kurzarbeit einzuführen und zur Überbrückung von Finanzierungslücken einen größeren Bankkredit aufzunehmen. Kraftfahrzeugmeister Benz sieht nun nicht nur seine Expansionspläne gefährdet, sondern macht sich sogar Sorgen um den langfristigen Fortbestand seines Unternehmens. Er hat bereits begonnen, sich Gedanken um eine Neuausrichtung seiner Unternehmensstrategie zu machen. Über die Medien hat er erfahren, dass von staatlicher Seite Maßnahmen der Fiskalpolitik zur Konjunkturstabilisierung angekündigt wurden. Er hofft nun darauf, dass diese Maßnahmen auch zur Stabilisierung seiner betrieblichen Situation beitragen und ihn in seiner strategischen Ausrichtung unterstützen.

Situationsbezogene Frage 1
Was verbindet Kraftfahrzeugmeister Benz mit fiskalpolitischen Maßnahmen, was erwartet er grundsätzlich für sich selbst von ihnen und von wem erwartet er sie?

5.1.1 Gegenstand, Träger und Funktionen der Fiskalpolitik

> **Fiskalpolitik ist staatliche Einnahmen- und Ausgabenpolitik**

Fiskalpolitik (auch **Finanzpolitik** genannt) betrifft die geplante Ausgestaltung und Veränderung der **staatlichen Einnahmen und Ausgaben**, die in den Staatshaushalten (Staatsbudgets) buchhalterisch erfasst werden. Es wird daher auch von **Haushalts- oder Budgetpolitik** gesprochen. Dabei wird zwischen ordentlichen Einnahmen (z. B. Steuern) und außerordentlichen Einnahmen (z. B. Krediteinnahmen) unterschieden. Als Staat und damit als **Träger der Fiskalpolitik** gelten im föderalen Bundesstaat der Bundesrepublik Deutschland der Bund, die Länder, die Gemeinden und die Sozialversicherungsträger. Die Zentralbank als oberste Währungsbehörde ist eine eigenständige staatliche Institution. Sie ist keine Trägerin der Fiskalpolitik, sondern der Geld- und Kreditpolitik, der wir uns im nächsten Kapitel widmen wollen. Die strikte Trennung von Fiskalpolitik und Geld- und Kreditpolitik ist also sehr wichtig.

Die Fiskalpolitik hat drei Aufgaben oder Funktionen zu erfüllen:

> Die **Allokationsfunktion** der Fiskalpolitik kann als **klassische Aufgabe** bezeichnet werden, da sie zu den ursprünglichen Aufgaben des Staates zählt, die er aufgrund seiner gesellschaftlichen Verantwortung zu erfüllen und schon immer erfüllt hat.

z. B. öffentliche Grünfläche

> **Versorgung mit öffentlichen Gütern durch Fiskalpolitik**

Bei der Allokationsfunktion geht es um die **Versorgung mit öffentlichen Gütern**, die marktwirtschaftlich nicht produziert würden oder werden sollten, deren Nutzung aber für alle Gesellschaftsmitglieder wichtig ist und die daher nicht dem Ausschlussprinzip unterliegen sollten. Wir haben sie im Abschnitt 1.1.6 näher kennen gelernt. Die staatliche Produktion der öffentlichen Güter verursacht Ausgaben, die durch entsprechende Einnahmen zu finanzieren sind. Wir können uns die Allokationsfunktion (abgeleitet von dem Lateinischen „allocare": an den Ort bringen) der Fiskalpolitik an einem einfachen Beispiel klarmachen, indem wir fragen, wozu z. B. eine Steuer als staatliche Einnahme verwendet wird. Vor dem Hintergrund der Allokationsfunktion wird sie z. B. dazu verwendet, mit ihr eine Straße als staatliche Investition bauen zu lassen, mit der dann als öffentliches Gut die Dienstleistung „Nutzung eines Transportweges" produziert wird. Es werden also Produktionsfaktoren aus dem privaten Sektor an einen neuen Standort im staatlichen Sektor umgeleitet.

> Die **Distributionsfunktion** (eigentlich besser: Redistributionsfunktion) der Fiskalpolitik zählt schon zu den **neueren Aufgaben** der Fiskalpolitik, die etwa ab Mitte des 19. Jahrhunderts in den staatlichen Aufgabenbereich aufgenommen wurden.

(Soziale Marktwirtschaft)

5.1.1 Gegenstand, Träger und Funktionen der Fiskalpolitik

Distributions- bzw. Redistributionsaufgaben der Fiskalpolitik ergaben sich aus einer stärkeren Betonung des Sozialgedankens und sollten der **Beseitigung von Ungerechtigkeiten** dienen. Konkret geht es bei der Distributions- bzw. Redistributionsfunktion (aus dem Lateinischen „distribuere" bzw. „redistribuere": verteilen bzw. umverteilen) darum, durch Einnahmen und Ausgaben eine Umschichtung in der Güterversorgung der Gesellschaftsmitglieder vorzunehmen. Wir können uns diesen Vorgang wieder an dem einfachen Beispiel einer Steuer verdeutlichen, die dort, wo sie als staatliche Einnahme erhoben wird (z. B. bei einem Alleinstehenden) einen Kaufkraftentzug bedeutet, aber dort, wohin sie als staatliche Ausgabe geleitet wird (z. B. als Kindergeld in eine Familie) als Kaufkraftzuwachs wirkt und dadurch z. B. dem Prinzip der Bedarfsgerechtigkeit dient.

Umverteilung durch Fiskalpolitik

> Die **Stabilisierungsfunktion** der Fiskalpolitik kann zu den **modernsten Aufgaben** der Fiskalpolitik gezählt werden, da sie erst in den 30er-Jahren theoretisch untersucht wurde und erst in der Nachkriegszeit in die praktische Wirtschaftspolitik Eingang gefunden hat.

Die fiskalpolitische Stabilisierungsfunktion wird uns in diesem Abschnitt besonders interessieren. Die Anhänger dieser Funktion werden auch als **Fiskalisten** oder **Keynesianer** bzw. **Neokeynesianer** bezeichnet. Ihr geistiger Vater ist der große Nationalökonom JOHN MAYNARD KEYNES (1883–1946). Er versuchte 1936 im Anschluss an die Weltwirtschaftskrise 1929/30 mit seinem bahnbrechenden Werk einer „Allgemeinen Theorie der Beschäftigung, des Zinses und des Geldes" den Nachweis zu führen, dass ein marktwirtschaftlicher Koordinationsmechanismus zu Ungleichgewichten (Instabilitäten) wie z. B. zu hohen Preissteigerungen (Inflation) oder Arbeitslosigkeit neigt, aus denen er sich selbst – im Gegensatz zur Meinung der **Klassiker** bzw. **Neoklassiker** als Anhänger von ADAM SMITH (vgl. Abschnitt 2.1.3) – nicht mehr befreien kann. Sie erfordern daher eine staatliche, also planwirtschaftliche Intervention, weil sie als unsozial empfunden werden. Wieder anhand des einfachen Beispiels einer Steuer verdeutlicht, bedeutet die Stabilisierungsfunktion der Fiskalpolitik, dass z. B. zu einer Steuererhöhung als fiskalpolitischer Maßnahme mit zunehmenden Staatseinnahmen gegriffen werden kann, um bei den Nachfragern Kaufkraft abzuschöpfen und ihre Nachfrage zu dämpfen und dadurch einem inflationären Prozess entgegen zu wirken.

Konjunkturstabilisierung durch Fiskalpolitik

Situationsbezogene Antwort 1

Kraftfahrzeugmeister Benz verbindet mit fiskalpolitischen Maßnahmen staatliche Maßnahmen, die einerseits mit Kosten und dadurch mit Ausgaben für den Staat verbunden sind und die andererseits zu ihrer Finanzierung mit Einnahmen verbunden sein müssen. Welche Ausgaben und Einnahmen der Staat plant, wird im

Staatshaushalt erfasst. Kraftfahrzeugmeister Benz erwartet von fiskalpolitischen Maßnahmen grundsätzlich drei Zielrichtungen:

Zum einen und wohl am wichtigsten sollen sie mit einer Allokationsfunktion sicherstellen, dass das öffentliche Leben reibungslos funktioniert, von dem er selbst Vorteile hat. Dazu zählen z. B. Ausgaben für das Rechts- und Sicherheitssystem (z. B. Gerichte und Polizei) und Ausgaben für das Gesundheits- und Verkehrssystem (z. B. Krankenhäuser und Straßen). Es handelt sich um staatliche Dienstleistungen (öffentliche Güter), für die er nicht direkt mit einem Preis als Gegenleistung, sondern nur indirekt z. B. mit seinen Steuern zu zahlen hat.

Zum anderen sollen fiskalpolitische Maßnahmen mit einer Distributionsfunktion durch Umverteilung (z. B. durch unterschiedliche Steuersätze und Sozialausgaben) einen Ausgleich schaffen, wenn zu große Unterschiede im Einkommen und Vermögen und damit im Lebensstandard zwischen bestimmten Bevölkerungsschichten („Arme und Reiche") bestehen. Kraftfahrzeugmeister Benz weiß, dass auch diese Aufgabe der Fiskalpolitik für ihn persönlich je nach seiner Einkommens- und Vermögenssituation mit Vor- und Nachteilen verbunden sein kann.

Vor- und Nachteile ergeben sich für ihn auch letztlich aus der Stabilisierungsfunktion der Fiskalpolitik, mit der die konjunkturellen Wellenbewegungen (Konjunkturzyklen) gedämpft werden sollen. Vorteilhaft kann sie für ihn sein, wenn er z. B. durch staatliche Aufträge oder Steuererleichterungen Unterstützung bei der Bewältigung einer betrieblichen Absatzkrise erfährt. Nachteilig könnte er es z. B. empfinden, wenn er mit seiner Steuerzahlung die Absatzkrisen in anderen Branchen abzumildern hilft.

Situationsbezogene Frage 2
Welches Konzept und welche gesetzlichen Regelungen sieht Kraftfahrzeugmeister Benz hinter den angekündigten staatlichen Maßnahmen zur Konjunkturstabilisierung?

5.1.2 Gegenstand und gesetzliche Grundlage der antizyklischen Fiskalpolitik

Fiskalpolitik als Stabilisierungspolitik

Eine **antizyklische Fiskalpolitik** ist nach dem bisher Gesagten eine Fiskalpolitik, die ihrer Stabilisierungsfunktion nachkommt. Sie kann daher auch als **Stabilisierungspolitik** bezeichnet werden. Das Adjektiv „antizyklisch" besagt, dass sie gegen die konjunkturellen Wellenbewegungen (Konjunkturzyklen) gerichtet ist und sie glätten soll. Zumindest sollen extreme Ausschläge (Boomphasen bzw. Depressionsphasen) verhindert werden, denn sie schaffen Probleme wie z. B. das schon erwähnte Inflations- bzw. Arbeitslosigkeitsproblem. Wann konjunkturelle Probleme vorliegen,

5.1.3 Ziele der antizyklischen Fiskalpolitik

die zu einem fiskalpolitischen Handlungsbedarf führen, ist gesetzlich bestimmt worden. Wir werden uns im nächsten Abschnitt damit befassen.

Das Konzept einer antizyklischen Fiskalpolitik wurde erstmalig in der Bundesrepublik Deutschland im Jahr 1967 in der praktischen Wirtschaftpolitik eingesetzt. Es herrschte damals nach den Jahren des „Wirtschaftswunders" die erste große Nachkriegskrise in Deutschland, mit einer – aus damaliger Sicht – relativ hohen Arbeitslosigkeit, die als gesellschaftliches Problem nach einer staatlichen Intervention verlangte und mit dem Übergang zu einer großen Koalition auch eine politische Wende brachte. Eine der ersten Amtshandlungen des neuen Wirtschaftsministers Karl Schiller, Sozialdemokrat und Keynesianer, war der Entwurf eines Gesetzes, das die Stabilisierungsfunktion der Fiskalpolitik stärker als bisher herausstellen und gleichzeitig mit einer klaren Zielvorgabe und einem entsprechenden Instrumentarium die Möglichkeit bieten sollte, möglichst schnell, nämlich juristisch auf dem einfachen Verordnungswege, die aktuelle wirtschaftliche Krise und künftige Krisen zu überwinden. Das Gesetz wurde im Parlament verabschiedet, trat am 8. Juni 1967 in Kraft und trug tatsächlich wesentlich zur Überwindung der damaligen Wirtschaftskrise bei. Es trägt den Namen: „Gesetz zur Förderung der Stabilität und des Wachstums der Wirtschaft", auch kurz: **Stabilitäts- und Wachstumsgesetz (StWG)** genannt. Es gilt als gesetzliche Verankerung des Konzepts einer antizyklischen Fiskalpolitik.

Gesetzliche Grundlage StWG

Situationsbezogene Antwort 2
Kraftfahrzeugmeister Benz erkennt hinter den angekündigten staatlichen Maßnahmen zur Konjunkturstabilisierung eine Fiskalpolitik, die ihrer Stabilisierungsfunktion gerecht werden will und demnach eine Glättung der Konjunkturzyklen anstrebt. Da sie gegen die Konjunkturzyklen gerichtet ist, wird sie als „antizyklische Fiskalpolitik" bezeichnet. In der konkreten Situation geht es darum, den Konjunkturabschwung, der auch Kraftfahrzeugmeister Benz getroffen hat, aufzuhalten und wieder in einen Aufschwung einmünden zu lassen. Kraftfahrzeugmeister Benz weiß, dass entsprechende Maßnahmen aufgrund des Stabilitäts- und Wachstumsgesetzes (StWG) von 1967 nicht nur möglich, sondern auch zu erwarten sind.

Situationsbezogene Frage 3
Welche konkreten Ziele vermutet Kraftfahrzeugmeister Benz hinter den angekündigten staatlichen Hilfen zur Konjunkturstabilisierung?

5.1.3 Ziele der antizyklischen Fiskalpolitik

Bereits der Name des StWG deutet an, dass die Stabilisierungsfunktion der Fiskalpolitik allgemeiner gesehen wird. Denn neben der Stabilisierung im engeren Sinne, die auf den kurz- und mittelfristigen Konjunkturverlauf gerichtet ist, wird auch ausdrücklich auf das langfristig angelegte Wirtschaftswachstum Bezug genommen. Bei genauerem Hinsehen stellt sich allerdings heraus, dass zwar das Wachstumsziel genannt, aber auf entsprechende wachstumspolitische Instrumente im Gesetz selbst verzichtet wird.

Die **Ziele der antizyklischen Fiskalpolitik** werden in § 1 des StWG genannt. Es heißt dort wörtlich:

> „Bund und Länder haben bei ihren wirtschafts- und finanzpolitischen Maßnahmen die Erfordernisse des gesamtwirtschaftlichen Gleichgewichts zu beachten. Die Maßnahmen sind so zu treffen, dass sie im Rahmen der marktwirtschaftlichen Ordnung gleichzeitig zur Stabilität des Preisniveaus, zu einem hohen Beschäftigungsgrad und außenwirtschaftlichen Gleichgewicht bei stetigem und angemessenem Wirtschaftswachstum beitragen".

Ziele der antizyklischen Fiskalpolitik

Wir entnehmen dem Gesetzestext zunächst, dass als Träger der Fiskalpolitik der Bund und die Länder angesprochen werden. Die Gemeinden werden nicht etwa übergangen, sondern in einem der späteren §§ über die Länder in die Pflicht genommen. Der erste Satz ist gleichlautend mit einem Satz, der gleichzeitig als Art. 109 Abs. 2 in das Grundgesetz aufgenommen wurde und demnach die Verbindung zur Finalzielebene darstellt. „Gesamtwirtschaftliches Gleichgewicht" ist eine allgemeine Formulierung (ein „unbestimmter Verfassungsbegriff") und bedeutet anders ausgedrückt „Stabilität". Ein Ungleichgewicht gilt als marktwirtschaftliche Instabilität, die mit fiskalpolitischen Maßnahmen beseitigt werden soll, ohne aber die marktwirtschaftliche Hauptorientierung der Ordnungspolitik, nämlich die Soziale Marktwirtschaft (vgl. das 2. Kapitel), zu verlassen. Daher findet sich zu Beginn des zweiten Satzes die Aufforderung, dass die Maßnahmen „im Rahmen der marktwirtschaftlichen Ordnung" zu treffen seien. Die Ziele selbst und damit die inhaltliche Auffüllung des „gesamtwirtschaftlichen Gleichgewichts" folgen anschließend. Es werden vier Ziele genannt: **Stabilität des Preisniveaus** (kurz: Preisstabilität), **hoher Beschäftigungsstand** (kurz: Vollbeschäftigung), **außenwirtschaftliches Gleichgewicht** und **stetiges, angemessenes Wirtschaftswachstum** (kurz: Wachstum). Diese vier Ziele sollen gleichzeitig erreicht werden, ein hoher – vielleicht zu hoher – Anspruch, wie wir noch sehen werden.

Die antizyklische Fiskalpolitik verfolgt Modalziele

Bei der Antwort auf die Frage, **warum** diese Ziele formuliert worden sind, müssen wir uns an Abschnitt 3.1.1 erinnern. Die Ziele Preisstabilität, Vollbeschäftigung, außenwirtschaftliches Gleichgewicht und Wachstum sind demnach nicht deswegen erstrebenswert, weil die begrifflichen Zusätze „Stabilität", „Voll", „Gleichgewicht" und „Wachstum" etwas Positives ausstrahlen und z. B. ein Gefühl von Harmonie, Solidität

5.1.3 Ziele der antizyklischen Fiskalpolitik

Preissteigerung = Inflation

oder Fortschritt vermitteln, sondern es handelt sich zunächst um einfache Modalziele, die ihre Bedeutung erst aus den gesellschaftlichen Finalzielen erhalten, denen sie gleichsam als Instrumente dienen sollen. Wir müssen uns also zur Begründung der Ziele der antizyklischen Fiskalpolitik Gedanken um deren Finalziele machen.

Das Modalziel der **Preisstabilität** erhält seine Bedeutung z. B. aus dem Finalziel der Gerechtigkeit. Inflation (d. h., eine zu hohe Preissteigerung) führt zu Ungerechtigkeiten, da die einzelnen Wirtschaftssubjekte von den Preissteigerungen in der Regel unterschiedlich getroffen werden. Das Inflationsproblem ist nämlich ein Verteilungsproblem. So führt z. B. das sog. **Nominalwertprinzip,** nach dem der Gläubiger nur Anspruch auf Erfüllung der ursprünglichen Geldforderung (Nominalforderung) durch den Schuldner hat, nicht aber eine Anpassung der Forderung an die inflationäre Entwicklung durch Wertsicherungsklauseln (auch „Indexklauseln" genannt) vornehmen kann, zu einer ungerechten Behandlung des Gläubigers. Eine entsprechende Klausel müsste durch die Zentralbank genehmigt werden, wenn sie rechtswirksam sein soll, wird aber von ihr in der Regel – zu den Ausnahmen zählen z. B. sehr langfristige Mietverträge – nicht genehmigt. Ohne diese Klausel nimmt die gütermäßige Kaufkraft der Nominalforderung des Gläubigers durch die inflationäre Entwicklung aber ab, während der Schuldner einen geringeren Güterbetrag zurückzuzahlen hat und daher im Vorteil ist. Unter diesem Blickwinkel kann eine **Inflation als stille Enteignung des Gläubigers** angesehen werden. Das trifft vor allem auf den „kleinen" Sparer mit Sparbuch zu, der sich nicht durch relativ hoch verzinste Anlageformen zumindest teilweise zu schützen weiß.

Inflation führt zu Ungerechtigkeiten

Euro = Euro

Finalziele der **Vollbeschäftigung** können z. B. Freiheit, Sicherheit und wiederum Gerechtigkeit sein. Arbeitslosigkeit (also die Nichtverwirklichung des Zieles Vollbeschäftigung) stellt eine besondere Gefahr für den Zusammenhalt einer Gesellschaft dar, wie auch ein Blick in die Geschichte (Industrielle Revolution des 19. Jahrhunderts, Weltwirtschaftskrise 1929/30 etc.) zeigt. Wie wir aus Abschnitt 1.1.5 wissen, ist der Produktionsfaktor Arbeitskraft untrennbar mit dem einzelnen Menschen verbunden. **Ein arbeitsloser Mensch „rostet"**, da er im Produktionsprozess nicht mehr benötigt wird. Eine rostende Maschine als Produktionsfaktor Sachkapital oder ein brachliegender Produktionsfaktor Boden sind aber etwas ganz anderes. Die Freiheit des Arbeitslosen ist stark eingeschränkt. Eine freie Arbeitsplatz- und Berufswahl sind für ihn nicht gegeben und seine Güterversorgung ist nicht sichergestellt. Er fühlt sich vielleicht auch ungerecht behandelt und an den Rand einer sog. Leistungsgesellschaft versetzt, die den Einzelnen oft nur nach seiner erbrachten materiellen Leistung bzw. nach seinem Einkommen bewertet. Verlust von Selbstwertgefühl und sozialen Kontakten ist die Folge. Arbeitslosigkeit bedeutet außerdem – wie bei allen anderen Produktionsfaktoren auch – ungenutzte Produktionskapazitäten und damit Einbußen bei der Ausweitung der materiellen Freiheitsspielräume (Wirtschaftswachs-

Arbeitslosigkeit führt zu Unfreiheit

tum) einer Gesellschaft. Vor allem aber die Anhäufung der psychischen Belastung bei den einzelnen Arbeitslosen dürfte eine besondere Gefahrenquelle für eine Gesellschaft darstellen. Es ist daher verständlich, dass Vollbeschäftigung immer als vorrangiges wirtschaftspolitisches Ziel angesehen wurde. Jede Regierung – unabhängig von ihrer politischen „Farbe" – weiß, dass über kurz oder lang ihr „Überleben" davon abhängig sein wird, inwieweit es ihr gelingt, das Arbeitslosigkeitsproblem zu lösen. Das war in Deutschland z. B. in der ersten großen Nachkriegskrise 1966/67 und bei der letzten Bundestagswahl 1998 der Fall und wird auch in Zukunft der Fall sein.

Das Finalziel, das hinter dem Modalziel des **außenwirtschaftlichen Gleichgewichts** steht, ist zunächst nur schwer zu erkennen. Bei genauerem Hinsehen wird aber deutlich, dass es letztlich um die internationalen Beziehungen von Gesellschaften bzw. Nationen zueinander geht. Wiederum sagt uns ein Blick in die Geschichte, dass Handelskriege häufig Auslöser größerer kriegerischer Auseinandersetzungen waren. Auch wenn heute dank internationaler Schlichtungsgremien, wie z. B. der UNO, die Gefahr kriegerischer Auseinandersetzungen auch in den Handelsbeziehungen minimiert ist, so ist doch das Grundproblem geblieben. Es geht nämlich darum, dass der häufig zu hörende Ruf nach möglichst viel Export und möglichst wenig Import oder – in einer etwas feineren Version – der Ruf nach einer Spitzenposition im internationalen Wettbewerb („Exportweltmeister") nicht von Sachverstand, sondern eher von Oberflächlichkeit zeugt. Die schlichte Frage lautet nämlich, was denn wohl die Konsequenz aus den Geschäftsverbindungen zweier Handelspartner wäre, wenn der eine dem anderen ständig mehr verkauft als von ihm kauft. Die Konsequenz wäre das **Entstehen einer Gläubiger- und auf der Gegenseite einer Schuldnerposition**.

Außenwirtschaftliche Ungleichgewichte führen zu Gläubigern und Schuldnern

Abgesehen davon, dass Gläubiger- bzw. Schuldnerpositionen prinzipiell immer den Keim von Zwistigkeiten in sich bergen, da sie schon begrifflich etwas mit Stärke und Schwäche und moralischen Werten zu tun haben („der Schuldner ist schuldig"), können sie langfristig nur auf drei Wegen bereinigt werden: Die erste Möglichkeit besteht darin, dass langfristig der zunächst relativ starke Verkäufer auch Phasen der Schwäche zeigt, d. h., von seinem Handelspartner mehr kauft als an ihn verkauft und sich demnach durch Verrechnung ein Ausgleich und damit auch ein Abbau der Gläubiger- und Schuldnerpositionen im Zeitablauf ergeben. Eine zweite Möglichkeit besteht darin, Handelsströme in Geldkapitalströme umzumünzen, d. h., die durch Handelsbeziehungen aufgebaute Gläubigerposition des einen Handelspartners kann dadurch bereinigt werden, dass dieser zum Ausgleich einen Teil der Vermögenstitel des Schuldners erhält und z. B. Teilhaber an dem entsprechenden Unternehmen wird. Im Übrigen ist diese zweite Möglichkeit auch der Weg, der zwangsweise von einem Konkursrichter als Erstes beschritten wird. Scheiden diese beiden Möglichkeiten aus welchen Gründen auch immer aus, so ist als letzte Möglichkeit nur noch der Schuldenerlass denkbar, der aber nichts anderes als ein Geschenk ist.

5.1.3 Ziele der antizyklischen Fiskalpolitik

Wer die drei genannten Möglichkeiten der Bereinigung von Gläubiger- bzw. Schuldnerpositionen bedenkt, erkennt schnell, dass darin auch das Problem eines außenwirtschaftlichen Ungleichgewichts liegt, bei dem über den Export mehr oder weniger verkauft als über den Import gekauft wurde. Verlassen wir die einzelwirtschaftliche Ebene, so tauchen international noch zusätzliche praktische Fragen auf wie z. B.: Wo ist der internationale Konkursrichter? Bedeutet die Überschuldung eines Landes, dass dieses Land liquidiert wird und auch als Nation aufhört zu existieren, weil es unter den Gläubigern aufgeteilt wird? Wie sind die speziellen Außenwirtschaftsbeziehungen zwischen den notorisch schwachen unterentwickelten Ländern und den notorisch starken entwickelten Ländern zu beurteilen? Letztlich geht es auf der Finalzielebene also um die Frage, wie Gesellschaften bzw. Nationen miteinander umgehen. Mit einem außenwirtschaftlichen Gleichgewicht soll jedenfalls zu möglichst konfliktfreien internationalen Beziehungen beigetragen werden. Etwas euphorisch ausgedrückt: Ein außenwirtschaftliches Gleichgewicht kann als **Beitrag zur internationalen Friedenssicherung** gesehen werden.

Außenwirtschaftliche Gleichgewichte dienen der Friedenssicherung

Das Modalziel des **Wirtschaftswachstums** soll den gesellschaftlichen Finalzielen Freiheit, Sicherheit und Gerechtigkeit dienen. Gelegentlich wird es auch als „Wohlfahrt" bezeichnet, so dass wir häufig in die Versuchung geraten und durch die aktuelle politische Diskussion auch darin bestärkt werden, im Wachstum schon selbst ein Finalziel zu sehen. Wachstum scheint der Konfliktlöser schlechthin und die erste und letzte Stufe zum „Glück" zu sein. Die Überlegungen, die wir gleich zu Beginn im Abschnitt 1.1.1 zur materiellen und immateriellen Bedürfnisbefriedigung angestellt haben, sollten uns jedoch vorsichtig machen und zu einer nüchternen Betrachtung zwingen. Sicherlich ist unstrittig, dass eine größere Güterversorgung – und das wird im täglichen Sprachgebrauch mit Wachstum verbunden – eine **Ausdehnung materieller Freiheitsspielräume** bedeutet. Mehr Güter befreien uns von den Zwängen der materiellen Existenzsicherung und schaffen auch größere, den speziellen Konsumwünschen angepasste Wahlmöglichkeiten. Unstrittig ist auch, dass mit Wachstum eine **Umverteilung der Einkommen und Vermögen** unter dem Gerechtigkeitspostulat leichter vorgenommen werden kann, da im Zuge des Umverteilungsprozesses alle mehr, wenngleich unterschiedlich mehr, bekommen können und daher Begünstigte und Belastete nicht so offensichtlich sind. Unstrittig ist letztlich auch, dass bei einer größeren Güterversorgung die Möglichkeiten zunehmen, durch Sparen etwas beiseite zu legen, **Risikovorsorge** zu betreiben und sich dadurch sicherer zu fühlen. Strittig ist bei alledem „nur", ob die angesprochenen Finalziele durch Wachstum in ihrer Ganzheit, d. h., in ihrem materiellen und immateriellen Inhalt positiv beeinflusst werden. Die z. B. schon angesprochene Umweltproblematik lässt in diesem Punkt bereits Zweifel aufkommen. Wir werden uns bei der Behandlung der Aussagekraft der jeweiligen Messgrößen im nächsten Abschnitt damit noch einmal beschäftigen.

Wachstum dient der Freiheit, Gerechtigkeit und Sicherheit

5. Der prozesspolitische Rahmen des Unternehmens I

Situationsbezogene Antwort 3

Kraftfahrzeugmeister Benz weiß, dass fiskalpolitische Maßnahmen zur Konjunkturstabilisierung auf Stabilitätsziele gerichtet sind, die das Stabilitäts- und Wachstumsgesetz (StWG) vorgibt. Er weiß auch, dass diese Ziele als Unterziele (Modalziele) letztlich auf Endziele (Finalziele) wie z. B. Freiheit, Sicherheit und Gerechtigkeit gerichtet sein müssen, wie sie in der Verfassung (Grundgesetz) verankert sind. Was die Modalziele selbst betrifft, so sind sie § 1 StWG zu entnehmen und betreffen die Ziele Preisstabilität, Vollbeschäftigung, außenwirtschaftliches Gleichgewicht und stetiges, angemessenes Wirtschaftswachstum. Da Kraftfahrzeugmeister Benz in der konkreten Konjunktursituation unter Umsatzeinbußen und Kostensteigerungen leidet und zur Kurzarbeit gezwungen ist, vermutet er, dass die angekündigten staatlichen Maßnahmen zur Konjunkturstabilisierung durch die Stabilitätsziele Preisstabilität, Vollbeschäftigung und Wirtschaftswachstum begründet sind. Auf das Ziel des außenwirtschaftlichen Gleichgewichts würde er stoßen, wenn seine Umsatzeinbußen auch aus Auslandsgeschäften im Export und seine Kostensteigerungen auch aus verteuerten Importen herrühren sollten.

5.2 Handlungssituation (Fallbeispiel 2)

Fallbeispiel 2

Handlungssituation

Die Umsatzeinbußen, die Kraftfahrzeugmeister Benz im Reparaturbetrieb erfahren hat, sind nach Auskunft seiner Kunden vor allem darauf zurückzuführen, dass diese unter einer Teuerungswelle leiden und daher den Kauf anscheinend weniger wichtiger Dienstleistungen wie z. B. Reparaturen in die Zukunft verschieben. Auch Kraftfahrzeugmeister Benz hat die Teuerungswelle selbst zu spüren bekommen, weil sich die Preise seiner Vorlieferanten und damit auch seine Kosten empfindlich erhöht haben. Umsatzeinbußen einerseits und Kostensteigerungen andererseits haben seinen Gewinn drastisch reduziert und ihn z. B. zur Einführung von Kurzarbeit gezwungen. Es kommt hinzu, dass er große Schwierigkeiten hat, von seiner Bank einen Überbrückungskredit zu bekommen. Diese verlangt nun Sicherheiten, die sie vorher nie verlangt hat, und ist auch nur bereit, den Kredit zu relativ hohen Zinsen zu gewähren. Über die Medien hat Kraftfahrzeugmeister Benz mitbekommen, dass der Staat offensichtlich überhaupt keine Probleme hat, sich weiter zu verschulden, und dass die Staatsverschuldung mittlerweile eine erschreckende Höhe erreicht hat. Dies alles irritiert Kraftfahrzeugmeister Benz mit Blick auf seine eigene Situation und er beginnt zu zweifeln, ob die angekündigten Maßnahmen zur Konjunkturstabilisierung überhaupt seine betriebliche Situation verbessern werden.

5.2.1 Zielmessung bei der antizyklischen Fiskalpolitik

Situationsbezogene Frage 1

Kann sich Kraftfahrzeugmeister Benz sicher sein, dass seine betriebliche Konjunktursituation, wenn sie für viele Betriebe gilt, auch der Auslöser und Anknüpfungspunkt für die angekündigten staatlichen Hilfen zur Konjunkturstabilisierung ist?

5.2.1 Zielmessung bei der antizyklischen Fiskalpolitik

Ein Fiskalpolitiker, von dem über § 1 StWG gesetzlich verlangt wird, z. B. für Preisstabilität zu sorgen, dürfte zunächst ratlos sein. Ratlos ist er nicht deswegen, weil er sich zuerst fragen wird, welche Instrumente geeignet erscheinen, sondern weil der Begriff der Preisstabilität ihm vorab unklar erscheinen muss und er z. B. fragen wird: Welche Preise sollen stabil bleiben und wann sind sie stabil? Der erste Schritt zur Verwirklichung der Ziele des StWG besteht also darin, die Ziele inhaltlich so aufzufüllen, dass mit ihnen gearbeitet (operiert) werden kann. Die **Zieloperationalisierung** steht also am Beginn der Zielverwirklichung und bedeutet, dass Messgrößen entwickelt und kritische Messwerte (Grenzwerte) bestimmt werden müssen. Das StWG beinhaltet die Zieloperationalisierung allerdings nicht. Sie wäre dort auch unsinnig, weil ein Gesetz auf Dauer gelten soll, die Zieloperationalisierung aber eine politische Entscheidung ist, die immer wieder neu getroffen werden muss, um veränderten Situationen und dem „Machbaren" Rechnung tragen zu können. Der Gesetzgeber hat das Problem der Zieloperationalisierung dadurch elegant gelöst, dass er mit § 2 StWG die Bundesregierung gezwungen hat, jedes Jahr im Januar einen **Jahreswirtschaftsbericht** vorzulegen, der den Charakter eines Rechenschaftsberichtes hat und auch offenlegen soll, was die Bundesregierung zu tun gedenkt, um die Ziele des § 1 StWG künftig zu verwirklichen. Dieser Pflicht kann sie aber zwangsläufig nur genügen, wenn sie vorab die Ziele inhaltlich klar bestimmt, über die sie berichten soll. Der Jahreswirtschaftsbericht enthält also die Zieloperationalisierung.

Zieloperationalisierung anhand von Messgrößen und Grenzwerten

Als **Messgröße für Preisstabilität** gilt gegenwärtig der **Preisindex der privaten Lebenshaltung**, auch „Lebenshaltungskostenindex" oder „Verbraucherpreisindex" (VPI) genannt. Damit ist klar, dass nicht die Preise sämtlicher Güter des deutschen Bruttoinlandsprodukts (BIP) relevant sind, sondern nur die Preise der privaten Konsumgüter (vgl. die Begriffsabgrenzungen in den Abschnitten 1.1.4 und 1.2.3). Zur Ermittlung des Preisindex der privaten Lebenshaltung wird für ein Basisjahr anhand einer Verbrauchsstichprobe ein „Warenkorb" gebildet, der die (gegenwärtig ca. 750) verschiedenen Sachgüter und Dienstleistungen des privaten Konsums je nach ihrer Bedeutung in der Nachfrage der privaten Haushalte enthält und der in den Folgejahren bis zur nächsten Verbrauchsstichprobe (etwa alle 5 bis 6 Jahre) in seiner mengenmäßigen Zusammensetzung konstant gehalten wird. Es wird dann die jährliche Wertänderung des Warenkorbes gemessen, die bei konstanten Mengen nur auf

Preisstabilität wird am Preisindex der privaten Lebenshaltung gemessen

Preisänderungen beruhen kann, d. h., die Wertänderung spiegelt die durchschnittliche Preisänderung (Inflationsrate) wider. Der Index wird gebildet, indem der Wert des Warenkorbes im Basisjahr die Ziffer 100 erhält. Die Werte der Folgejahre erhalten entsprechende Ziffern. Die Ziffernfolge ist die Indexreihe. Ein Preisindex mit der Ziffer 110 würde z. B. bedeuten, dass die Preise in dem betreffenden Jahr um durchschnittlich 10 % gegenüber dem Basisjahr gestiegen sind.

Als **kritischer Grenzwert** gilt gegenwärtig eine Preissteigerungsrate von 2 %.

Gefühlte und tatsächliche Inflation unterscheiden sich

Was die **Aussagekraft der Messgröße** betrifft, so ist zunächst daran zu erinnern, dass in sie sämtliche privaten Konsumgüter eingehen, also Luxusgüter ebenso wie lebensnotwendige Güter und seltener erworbene, langlebige Güter ebenso wie häufiger erworbene Güter des Alltagsbedarfs. Ein **Unterschied zwischen tatsächlicher und gefühlter Inflation** kann die Folge sein. Außerdem wird die spezielle Situation der privaten Haushalte (z. B. Ein- oder Mehrpersonen-Haushalte, geringes oder mittleres Einkommen) nur insoweit berücksichtigt, als sie Teil der Gesamtsituation aller privaten Haushalte ist. Wenngleich dieser Einwand für jede gewichtete Durchschnittsgröße gilt, so wird durch die Vergröberung doch die Aussagekraft geschmälert. Es kommt hinzu, dass – bedingt durch die Methodik der Indexermittlung – für einige Jahre die Konsumgewohnheiten als konstant unterstellt werden müssen, was so nicht zutreffen muss und ebenfalls die Aussagekraft beeinträchtigen kann. Und letztlich können Preisänderungen Qualitätsänderungen verdecken. So

Qualitätsbereinigung durch hedonische Preise

dürfte z. B. eine Preiserhöhung ohne Qualitätsverbesserung wohl anders zu bewerten sein als eine Preiserhöhung mit Qualitätsverbesserung. Mit sog. **hedonischen Preisindizes** wird daher versucht, bei bestimmten Gütern (z. B. Computern, Autos) eine Qualitätsbereinigung vorzunehmen.

Vollbeschäftigung wird an der Arbeitslosenquote gemessen

Die **Messgröße für Vollbeschäftigung** ist die **Arbeitslosenquote**. Wie jede Quote ist sie mathematisch gesehen ein Bruch, der im Zähler die registrierten Arbeitslosen und im Nenner die Zahl der zivilen Erwerbspersonen misst. Die Arbeitslosenquote gibt also an, wieviel Prozent der zivilen Erwerbspersonen registriert arbeitslos sind. „Registriert" heißt, dass die Arbeitslosen als Arbeitssuchende bei der Arbeitsagentur gemeldet sind. „Zivile Erwerbspersonen" sind zum einen die Eigentümer des Produktionsfaktors Arbeit, die als „unselbständige Erwerbspersonen" per Arbeitsvertrag den Produzenten außerhalb des militärischen Bereichs die Nutzung ihres Produktionsfaktors gestattet haben oder gestatten könnten, zum anderen aber auch die Eigentümer von Boden und Kapital, die als „selbständige Erwerbspersonen" (einschließlich der mithelfenden Familienangehörigen) ihren Produktionsfaktor selbst in der Produktion nutzen. Die Erwerbspersonen umfassen demnach die Erwerbstätigen und auch die registrierten Arbeitslosen, denn die Arbeitslosen sind erwerbsfähig, wenn auch nicht erwerbstätig.

5.2.1 Zielmessung bei der antizyklischen Fiskalpolitik

Die Frage nach dem **kritischen Grenzwert** ist nicht einfach zu beantworten, stellt sich aber andererseits gegenwärtig nicht, denn es herrscht über alle Parteigrenzen hinweg Einigkeit darüber, dass die gegenwärtige Arbeitslosenquote in Höhe von ca. 7 % mit ca. 3 Mio. registrierten Arbeitslosen noch vom Vollbeschäftigungsziel entfernt ist, egal welcher Zielwert letztlich gewählt wird. Jedem ist lediglich klar, dass der Zielwert der „goldenen" 60er-Jahre des deutschen Wirtschaftswunders mit einem Wert von 0,8 – 1 % der unwiederbringlichen Vergangenheit angehört. Die Diskussion (z. B. zwischen den Wirtschaftsforschungsinstituten), ob ein realistischer Zielwert bei einer Arbeitslosenquote von z. B. 4 oder 5 % liegen könnte, erscheint gegenwärtig überflüssig und dürfte erst dann auch politisch interessant werden, wenn eine merkliche Annäherung an diese Werte eingetreten ist.

Die **Aussagekraft der Messgröße** ist besonders kritisch, denn allgemein ist unstrittig, dass die Arbeitslosenquote die tatsächliche Beschäftigungssituation in einem zu günstigen Licht erscheinen lässt, weil eine große Zahl von Betroffenen nicht erfasst wird. Das gilt zunächst einmal für die Kurzarbeiter, die in der Quote nicht auftauchen. Auch diejenigen, die aufgrund einer ungünstigen Beschäftigungssituation nach ihrer Ausbildung nicht in das Berufsleben eintreten können oder frühzeitig aus dem Berufsleben ausscheiden müssen, werden nicht erfasst. Das Gleiche gilt für diejenigen, die ohne Einschaltung der Arbeitsagentur einen Arbeitsplatz suchen oder zwar ihren Arbeitsplatz behalten, aber mit einer Tätigkeit vorlieb nehmen müssen, die nicht ihrer Ausbildung entspricht. Auch sog. Ein-Euro-Jobber fallen aus der Arbeitslosenstatistik heraus. In diesen und ähnlichen Fällen kann von einer **versteckten Arbeitslosigkeit** gesprochen werden, die in der Arbeitslosenquote nicht sichtbar wird. Die internationale Aussagekraft der Arbeitslosenquote wird außerdem dadurch beeinträchtigt, dass in anderen Ländern z. T. nicht die gleichen begrifflichen Abgrenzungen verwendet werden und dadurch internationale Beschäftigungsvergleiche erschwert oder gar unmöglich gemacht werden.

Versteckte Arbeitslosigkeit

Als **Messgröße des außenwirtschaftlichen Gleichgewichts** wird der **Außenbeitrag** einer Volkswirtschaft herangezogen. Er kann ebenfalls als Quote interpretiert werden und misst dann den Anteil der Differenz aus Güterexporten und -importen am Bruttoinlandsprodukt (BIP). Häufig wird auch die reine Differenz aus Güterexporten und -importen schon als Außenbeitrag bezeichnet. Als Quote gibt der deutsche Außenbeitrag an, wieviel Prozent der gesamten jährlichen, inländischen Güterproduktion netto an das Ausland verkauft worden ist.

Außenwirtschaftliches Gleichgewicht wird am Außenbeitrag gemessen

Bei der Bestimmung des **kritischen Grenzwertes** sollten wir uns an das erinnern, was wir zur Begründung dieses Ziels gesagt haben. Eigentlich sollte nämlich ein wirtschaftliches „Gleichgewicht" zumindest im Zeitablauf dann vorliegen, wenn Verkäufe und Käufe sich die Waage halten und demnach keine langfristigen Gläubiger- und

Schuldnerpositionen entstehen können. Es gibt theoretisch nur zwei Gründe, die für den Aufbau einer langfristigen Gläubigerposition sprechen: **internationale Geschenke** (Übertragungen) oder/und **Kapitalbeteiligungen**.

Wenn wir z. B. allein schon aus dem Gebot der Menschlichkeit heraus der Meinung sind, dass entwickelte Volkswirtschaften ca. 1 % ihres relativen „Reichtums" gemessen am BIP an ärmere, unterentwickelte Volkswirtschaften (z. B. in Form der Entwicklungshilfe) verschenken sollten, und wenn wir weiterhin daran denken, dass auch Beiträge zu internationalen Organisationen wie z. B. der Nettobeitrag zum EU-Haushalt sowie die Zahlungen der „Gastarbeiter" mit Hauptwohnsitz im Inland (= Inländer) an ihre Familienangehörigen im Heimatland und auch Schuldenerlasse als Geschenke zu interpretieren sind und wir diesen Gesamtbetrag mit ebenfalls ca. 1 % des BIP ansetzen, dann folgt daraus ein kritischer Grenzwert von insgesamt ca. 2 %.

Bei den internationalen Kapitalbeteiligungen, die auch durch einen Exportüberschuss finanziert werden könnten, wird langfristig von einem erwünschten Ausgleich ausgegangen, da der kapitalmäßige „Ausverkauf" eines Landes wohl nicht als ernst zu nehmendes Ziel angesehen werden kann. Zur Bestimmung des kritischen Grenzwertes beim Außenbeitrag werden sie daher nicht herangezogen. Der kritische Grenzwert von ca. 2 % wurde vom „Exportweltmeister" Deutschland in den letzten Jahren weit überschritten. Selbst der im Rahmen des Europäischen Stabilitäts- und Wachstumspaktes vereinbarte, weit höhere Grenzwert von 6 % wurde meist übertroffen. Dies wurde im Innenverhältnis vor dem Hintergrund der Binnenkonjunktur und dabei vor allem der Arbeitsplatzsicherung zwar begrüßt, rief jedoch im Außenverhältnis z. B. vor dem Hintergrund der Schuldenkrise in der Euro-Zone aus den genannten Gründen Kritik hervor. Grob gerechnet baute nämlich die Bundesrepublik Deutschland in den letzten zehn Jahren durch hohe Exportüberschüsse bei Waren und Dienstleistungen eine Gläubigerposition in Höhe von ca. 1300 Mrd. EUR auf. Davon wurden ca. 300 Mrd. EUR (z. B. in Form von Entwicklungshilfe, Beiträgen zu internationalen Organisationen etc.) verschenkt. Der Rest, nämlich ca. 1000 Mrd. (= 1 Billion) EUR, wurde angelegt (z. B. in Staatsanleihen, Unternehmensbeteiligungen, Währungsreserven etc.). Er spiegelt die gegenwärtig starke internationale Gläubigerposition Deutschlands wider, der allerdings die Schuldnerländer gegenüberstehen, mit den bekannten Problemen.

Kritik an der **Aussagekraft der Messgröße** ist nur selten zu hören. Wenn überhaupt, so betrifft sie wieder die internationale Vergleichbarkeit und z. B. die Frage, was genau der Güterexport und -import enthält bzw. nicht enthält und mit welchen Preisen bewertet wird. Wir werden im 8. Kapitel darauf näher eingehen.

5.2.1 Zielmessung bei der antizyklischen Fiskalpolitik

Als **Messgröße für ein stetiges und angemessenes wirtschaftliches Wachstum** dient die **jährliche Wachstumsrate des realen Bruttoinlandsprodukts (BIP)** (vgl. Abschnitt 1.2.7). Wachstum wird also auf die jährliche, inländische Gesamtproduktion der deutschen Volkswirtschaft bezogen und es wird gefragt, wie sie sich von Jahr zu Jahr verändert hat. Mit dem Zusatz „stetig" bei der Zielnennung wird gefordert, dass die Wachstumsrate im Zeitablauf möglichst nicht schwanken soll, so dass sich eine gleichmäßige Zunahme in der Güterversorgung ergibt.

> Wirtschaftswachstum wird am realen BIP gemessen

Mit dem **kritischen Grenzwert** wird bestimmt, was als „angemessen" erscheint. Gegenwärtig gilt eine jährliche Wachstumsrate in Höhe von 1 – 2 % als angemessen. Der kritische Grenzwert für Wirtschaftswachstum ist im Laufe der Jahrzehnte in Deutschland wie auch in allen anderen Industrieländern tendenziell immer weiter nach unten hin korrigiert worden. Das sollte eigentlich nicht erstaunen, denn ein Wachstum auf einem relativ niedrigen Niveau ist bekanntlich leichter zu bewerkstelligen als ein Wachstum auf einem relativ hohen Niveau, auf dem „die Luft immer dünner wird". Damit landen wir aber bei den kritischen Fragen nach der Aussagekraft der Messgröße.

Im Vergleich zu den anderen Messgrößen sind die kritischen Fragen zur **Aussagekraft der Messgröße** beim Wirtschaftswachstum weit grundsätzlicher und werden auch immer drängender. Grundsätzlich wird gefragt, ob das reale BIP überhaupt noch bzw. nicht immer weniger eine geeignete Messgröße für das gesellschaftliche Wohlbefinden als statischer Wohlstand oder dynamische Wohlfahrt abgibt und damit der Bezug zur Finalzielebene (vgl. Abschnitt 3.1.1) nicht immer mehr verloren geht. Da die Wachstumsrate des realen BIP eindeutig zunächst nur die materielle Seite der Wohlfahrt betrifft, ist kritisch zu fragen, ob nicht eine Konfliktbeziehung zwischen der materiellen und immateriellen Seite der Wohlfahrt bestehen kann und ein möglicher materieller Wohlfahrtsgewinn nicht durch einen immateriellen Wohlfahrtsverlust erkauft wird. Im Extremfall könnte sich dadurch „unter dem Strich" sogar ein gesellschaftlicher Wohlfahrtsverlust ergeben, zumindest aber würde die Aussagekraft des Wohlfahrtsmessers BIP erheblich beeinträchtigt. Die gleiche Frage gilt natürlich auch in die Gegenrichtung, d.h., ein materieller Wohlfahrtsverlust könnte mit einem immateriellen Wohlfahrtsgewinn verbunden sein und ebenfalls nach einer Saldierung verlangen. Konkret setzen diese grundsätzlichen Fragen aber an der Konstruktion des BIP im Rahmen des Europäischen Systems der Volkswirtschaftlichen Gesamtrechnungen (ESVG 2010) (vgl. Abschnitt 1.2.3) an. Es lässt sich nämlich anhand von Beispielen zeigen, dass mit dem BIP die gesellschaftliche Wohlfahrt sowohl unterschätzt wie auch überschätzt wird.

Das BIP unterschätzt die gesellschaftliche Wohlfahrt

Eine **Unterschätzung der gesellschaftlichen Wohlfahrt** durch das BIP ist darin zu sehen, dass das BIP nur die marktgerichtete Produktion enthält, d. h., mit den produzierten Gütern ist die Absicht verbunden, sie als Tauschobjekte gegen andere Güter einzusetzen. Die in einer Familie erbrachten Leistungen (Hausarbeit, Kindererziehung etc.) oder ehrenamtliche Tätigkeiten werden nicht als Tauschobjekte betrachtet, weil wir in der Familie oder im Ehrenamt keine marktwirtschaftlichen Geschäftsbeziehungen sehen. Sie werden daher auch nicht im BIP erfasst und sind dementsprechend auch nicht wohlfahrtssteigernd, sondern eher schädlich. Das „Heiraten der Haushälterin" verringert das BIP und setzt den Ehemann eher dem Vorwurf aus, ein „Wachstumsmuffel" zu sein. Im Umkehrschluss müssten Ehescheidungen als wachstumsfördernd bezeichnet werden. Sinkt bzw. steigt aber dadurch die gesellschaftliche Wohlfahrt? Zweifel sind angebracht.

Das BIP überschätzt die gesellschaftliche Wohlfahrt

Zweifel sind auch in denjenigen Fällen angebracht, in denen das BIP eine **Überschätzung der gesellschaftlichen Wohlfahrt** vornimmt. So steigert z. B. jeder Verkehrsunfall das BIP über die Dienstleistungen des Reparaturbetriebes bis hin zu den möglichen Dienstleistungen des Leichenbestatters. Das Gleiche gilt für zunehmende Gesundheitsleistungen zur Bekämpfung von Krankheiten. Der Lungenkrebs des Kettenrauchers ist wachstumsfördernd. Wachstumsfördernd sind grundsätzlich alle gesellschaftlichen Probleme (z. B. auch das Umweltproblem), deren Beseitigung eine Mehrproduktion (z. B. durch eine Entsorgungsindustrie) erfordert. Außerdem ist kritisch zu fragen, wie sich ein Wachstum des BIP auf dessen Verteilung auswirkt. So ist z. B. nicht auszuschließen und eher wahrscheinlich, dass sich im Wachstumsprozess die Schere zwischen Arm und Reich weiter öffnet. Lässt sich aber in diesen Fällen ernstlich von einem Wohlfahrtsgewinn sprechen? Die kritischen Fragen werden immer drängender. Die Forschung hat sich dieses Themas schon vor geraumer Zeit angenommen und versucht gegenwärtig mit Hochdruck, z. B. **Sozialindikatoren** zu entwickeln, mit denen die Güter des BIP oder in ihm nicht erfasste Güter eine gesellschaftliche Qualitätsbewertung und nicht mehr nur eine reine Marktbewertung erfahren, mit dem Ziel, eine aussagekräftigere Messgröße für Wachstum als gesellschaftliche Wohlfahrt zu gewinnen. Ein negatives Wachstum im traditionellen Sinne, also ein sinkendes BIP, dürfte dann seinen Schrecken verlieren und sich vielleicht sogar in einem positiven Licht präsentieren.

Situationsbezogene Antwort 1

Ob die betriebliche Konjunktursituation von Kraftfahrzeugmeister Benz zusammen mit der Situation in ähnlich ausgerichteten Betrieben das Interesse der Konjunkturpolitik als antizyklischer Fiskalpolitik weckt, zum Handeln anregt und damit bei den Betroffenen auf staatliche Hilfe hoffen lässt, hängt davon ab, ob sich die betrieb-

5.2.1 Zielmessung bei der antizyklischen Fiskalpolitik

lichen Gesamtsituationen in den offiziellen Messgrößen für die Ziele der antizyklischen Fiskalpolitik niederschlagen.

Bezüglich der Teuerungswelle, die auch Kraftfahrzeugmeister Benz über Kostensteigerungen zu spüren bekommen hat, sind nur die Preissteigerungen für seine Kunden (z. B. höhere Preise für Neuwagen oder Reparaturen) von Interesse, denn der Preisindex für die private Lebenshaltung (Verbraucherpreisindex) als offizielle Messgröße für Preisstabilität bezieht sich lediglich auf die privaten Konsumgüter. Die höheren Preise, die Kraftfahrzeugmeister Benz z. B. seinen Vorlieferanten zahlen muss und die daher seine Kosten erhöhen, betreffen die Vorleistungen oder auch die Investitionsgüter und beeinflussen daher nicht den Verbraucherpreisindex. Auch die Tatsache, dass Kraftfahrzeugmeister Benz Kurzarbeit einführen musste, um einen Teil der Kostensteigerungen aufzufangen, ist konjunkturpolitisch insofern uninteressant, weil dadurch die Arbeitslosenquote als offizielle Messgröße für Vollbeschäftigung unberührt bleibt. Die erlittenen Umsatzeinbußen sind dagegen insofern relevant, weil sie die Wachstumsrate des realen Bruttoinlandsprodukts (BIP), die offizielle Messgröße für ein stetiges, angemessenes Wirtschaftswachstum, berühren. Allerdings sind nur die preisbereinigten Umsatzeinbußen, also der Rückgang der abgesetzten Produktionsmenge (z. B. Neuwagenverkauf, Reparaturleistungen etc.) von Bedeutung. Da Kraftfahrzeugmeister Benz – wenn überhaupt – nur in geringem Maße über Ex- und Importe am volkswirtschaftlichen Auslandsgeschäft beteiligt ist, ergeben sich letztlich auch keine Auswirkungen auf den Außenbeitrag als offizielle Messgröße für das konjunkturpolitische Ziel des außenwirtschaftlichen Gleichgewichts.

Insgesamt ist davon auszugehen, dass die kritische betriebliche Konjunktursituation von Kraftfahrzeugmeister Benz und ähnlich gelagerter Betriebe nur in geringem Maße für eine antizyklische Fiskalpolitik von Interesse ist, weil sie die offiziellen Messgrößen der betreffenden Ziele nur wenig beeinflusst. Dies lässt aber Zweifel an der Aussagekraft der Messgrößen aufkommen, denn die Situation ist für Kraftfahrzeugmeister Benz und für Betriebe in ähnlicher Situation misslich oder gar existenzgefährdend. Die Hoffnung auf staatliche Hilfen muss sich daher auf Krisensituationen in anderen Sektoren gründen, die einen stärkeren Bezug zu den offiziellen Messgrößen haben und daher zu konjunkturpolitischen Maßnahmen führen, in deren Genuss dann z. B. auch Kraftfahrzeugmeister Benz kommen kann.

Situationsbezogene Frage 2
Auf welchem Weg erhofft sich Kraftfahrzeugmeister Benz eine Hilfe von den staatlichen Maßnahmen zur Konjunkturstabilisierung und kann er erwarten, dass der Staat sich bei seinen Maßnahmen wie jeder Bürger verhält?

5.2.2 Ansatzpunkte der antizyklischen Fiskalpolitik und Parallelpolitik

Die **antizyklische Fiskalpolitik** setzt bei den konjunkturellen Wellenbewegungen (**Konjunkturzyklen**) an und versucht diese Zyklen gegenläufig zu glätten, denn sie schaffen in ihren Auswüchsen Probleme, weil die beschriebenen Ziele nicht erreicht werden und dadurch auch gesellschaftliche Probleme entstehen können. Aus dem Zielkatalog sind das Preisstabilitätsziel und das Vollbeschäftigungsziel von besonderer Bedeutung. Wir haben schon angemerkt, dass das langfristige Wachstumsziel zwar Mitnamensgeber des Gesetzes ist und ausdrücklich in den Zielkatalog aufgenommen wurde, aber von den im StWG verankerten Instrumenten völlig übergangen wird. Ähnliches gilt für das Ziel des außenwirtschaftlichen Gleichgewichts, bei dem hinzukommt, dass im Zuge einer verstärkten Liberalisierung der internationalen Wirtschaftsbeziehungen (vgl. 8. Kapitel) staatliche Eingriffe in diese Beziehungen (Protektionismus) verpönt sind und wieder stärker dem marktwirtschaftlichen Ausgleichsmechanismus vertraut wird.

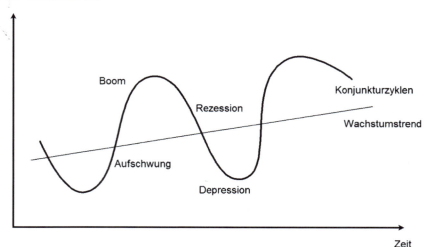

Konjunkturentwicklung

Konjunkturzyklen als Auf- und Abschwungphasen

Konjunkturzyklen spiegeln das Auf und Ab in den wirtschaftlichen Tätigkeiten (z. B. gemessen an den jährlichen Wachstumsraten des realen BIP) wider und bestehen demnach aus zwei Grundphasen: einer **Aufschwungphase** mit dem Boom als Höhepunkt und einer **Abschwungphase** (Rezession) mit der Depression als Tiefpunkt. Schon früh in der Geschichte der Volkswirtschaftslehre wurde nach den Ursachen der Konjunktur-

5.2.2 Ansatzpunkte der antizyklischen Fiskalpolitik und Parallelpolitik

zyklen geforscht. Die Theorien der Konjunkturerklärung reichen von der „Sonnenfleckentheorie" über psychologische Theorien der Verstärkereffekte bis hin zu Konjunkturtheorien, die den Investitionsentscheidungen eine zentrale Rolle zuweisen. Wir wollen diese unterschiedlichen, z. T. auch hoch mathematisch formulierten Erklärungsansätze nicht weiter betrachten, sondern uns auf das konzentrieren, was unstrittig und leicht verständlich ist, wenn wir uns wieder an die Grundlagen im 1. Kapitel und an die Ordnungsfrage im 2. Kapitel erinnern. Unstrittig ist nämlich, dass Konjunkturzyklen das Ergebnis der Tauschoperationen von Anbietern und Nachfragern als Spezialisten sind. In der kurzen und mittleren Frist dürften vor allem die sich ändernden Wünsche der Nachfrager Konjunkturzyklen auslösen, da das Angebot durch den Produktionsprozess bedingt weit schwerfälliger reagiert. Eine Aufschwungphase ist daher durch eine – im Vergleich zum Angebot – relativ hohe Nachfrage geprägt, vor allem im Boom verbunden mit der Gefahr einer Inflation. In der Abschwungphase tritt das Gegenteil ein, d. h., die Nachfrage ist im Verhältnis zum Angebot zu gering und führt insbesondere in der Depression zum Problem der konjunkturellen Arbeitslosigkeit.

Konjunkturzyklen durch Nachfrageschwankungen

Werden wir gefragt, welches fiskalpolitische Verhalten wir vom Staat in einer konjunkturellen Auf- bzw. Abschwungphase erwarten, so neigen wir wohl alle dazu, staatliches Verhalten an unserem eigenen Verhalten zu messen und die gleichen Verhaltensprinzipien einzufordern, nach dem Motto: „Wenn ich selbst solide bin oder zumindest sein will, kann ich das auch von meinem Staat verlangen". Als Zeichen wirtschaftlicher Solidität gilt immer noch, dass nur dann mehr gekauft wird, wenn auch mehr finanzielle Mittel vorhanden sind, und dann Zurückhaltung geübt wird, wenn die Mittel fehlen. Das Gegenteil zu fordern, würde jedenfalls Kopfschütteln verursachen. Übertragen wir diese Gedanken jedoch auf das staatliche Verhalten im Rahmen einer antizyklischen Fiskalpolitik, so gelangen wir zu einem völlig anderen Ergebnis. Die reine Logik hält uns dieses Ergebnis bereits vor Augen und ein **logischer Widerspruch** wird sichtbar:

Private und staatliche Verhaltensprinzipien können nicht gleich sein

> Von staatlichem Verhalten die Korrektur eines fehlgeleiteten, privaten Verhaltens zu erwarten, schließt aus, staatliches Verhalten den gleichen Prinzipien zu unterwerfen wie das zu korrigierende private Verhalten.

Ein logischer Widerspruch wird auch in der Praxis sichtbar, wenn wir einmal nach den Konsequenzen fragen, die sich aus der Gleichheit von staatlichen und privaten Verhaltensprinzipien im Konjunkturverlauf ergeben würden. Im Konjunkturaufschwung steigen die staatlichen Einnahmen an, da der Staat an allen wirtschaftlichen Aktivitäten (Umsätze, Einkommen etc.) mit den Steuern beteiligt ist. Vermutlich steigen die Staatseinnahmen sogar überproportional, wenn an die progressive Einkommensteuer gedacht wird. Würden nun angesichts gestiegener finanzieller Mittel

Parallelpolitik wirkt prozyklisch

parallel auch die Staatsausgaben erhöht, so würde der Konjunkturaufschwung verschärft, denn Staatsausgaben (Konsum- oder/und Investitionsausgaben) bedeuten Nachfrage, die die ohnehin schon hohe private Nachfrage noch verstärken würde. Das Gleiche gilt mit umgekehrtem Vorzeichen für den Konjunkturabschwung, in dem die Staatseinnahmen zurückgehen. Würden daraufhin auch die Staatsausgaben zurückgefahren, so würde die ohnehin schon geringe private Nachfrage durch den staatlichen Nachfrageausfall noch verstärkt und der Konjunkturabschwung würde sich verschärfen.

Antizyklische Fiskalpolitik als Stabilisierungspolitik

Eine Fiskalpolitik, die die Staatsausgaben den Staatseinnahmen im Konjunkturverlauf anpasst und damit einen in Einnahmen und Ausgaben ausgeglichenen Staatshaushalt (Budget) anstrebt, wird als **Parallelpolitik** bezeichnet. Wir haben gesehen, dass sie **prozyklisch** wirken würde, d.h., die Konjunkturzyklen würden verstärkt und nicht gedämpft, wie wir es von einer antizyklischen Fiskalpolitik verlangen. Eine **wirksame antizyklische Fiskalpolitik** als Stabilisierungspolitik müsste nach Verhaltensprinzipien erfolgen, die den privaten, einzelwirtschaftlichen Verhaltensprinzipien diametral entgegengesetzt sind. Konkret bedeutet dies, dass im Konjunkturaufschwung bei steigenden Staatseinnahmen die Staataugaben sinken müssten oder zumindest nicht in gleichem Maße steigen dürften. Die Folge wäre eine **Überschussbildung** (engl.: surplus saving) im Staatshaushalt. Im Konjunkturabschwung dagegen bei sinkenden Staatseinnahmen müssten die Staatsausgaben steigen oder dürften zumindest nicht in gleichem Maße sinken. Die Folge wäre ein **Defizit** (engl.: deficit spending) im Staatshaushalt. Im Idealfall könnte der im Konjunkturaufschwung gebildete Überschuss als Konjunkturausgleichsrücklage (vgl. Abschnitt 5.2.3) dazu verwendet werden, das Defizit im Konjunkturabschwung zu finanzieren. Reicht der Überschuss nicht aus, ist eine zunehmende Staatsverschuldung unabdingbar.

Situationsbezogene Antwort 2

Kraftfahrzeugmeister Benz kann darauf hoffen, dass der Staat sich fiskalpolitisch über die Staatseinnahmen oder/und Staatsausgaben um eine Stabilisierung konjunktureller Situationen bemüht, die in den Auf- und Abschwungphasen der Konjunkturentwicklung (Konjunkturzyklen) als extrem (Boom oder Depression) erscheinen. Extrem sind sie dann, wenn konjunkturpolitische Ziele des Stabilitäts- und Wachstumsgesetzes (StWG) in Gefahr sind und z. B. eine Inflation oder eine konjunkturelle Arbeitslosigkeit drohen. Maßnahmen über eine Änderung der Staatseinnahmen würden z. B. die Steuern, Maßnahmen über eine Änderung der Staatsausgaben z. B. die Staatsaufträge im Konsum- oder/und Investitionsgüterbereich betreffen. Alle diese Maßnahmen können auch die betriebliche Situation von Kraftfahrzeugmeister Benz beeinflussen.

5.2.3 Instrumente zur Bekämpfung einer Inflation

Konjunkturelle Aufschwungphasen führen über steigende Einkommen und Umsätze bzw. über deren Besteuerung (Einkommensteuer, Mehrwertsteuer etc.) in der Regel auch zu höheren Staatseinnahmen. Angesichts höherer Einnahmen neigt aber jeder einzelne Bürger und sicherlich damit auch Kraftfahrzeugmeister Benz zu höheren Ausgaben. In der entgegen gesetzten Situation des konjunkturellen Abschwungs bei sinkenden Einnahmen wäre dann eher Sparsamkeit mit sinkenden Ausgaben angesagt. Kraftfahrzeugmeister Benz weiß jedoch, dass ein solches, menschlich durchaus verständliches Parallelverhalten beim Staat als Parallelpolitik vor dem Hintergrund der Konjunkturstabilisierung in die Irre führt und den Konjunkturverlauf eher destabilisiert als stabilisiert. Staatliche Ausgaben sind nämlich Teil der gesamtwirtschaftlichen Nachfrage. Ausgabesenkungen im Konjunkturabschwung beschleunigen ihn, Ausgabeerhöhungen im Konjunkturaufschwung diesen ebenfalls. Sie wirken demnach prozyklisch, weil sie die Konjunkturzyklen noch verschärfen, statt ihnen entgegen zu wirken.

Kraftfahrzeugmeister Benz weiß daher, dass von der staatlichen Fiskalpolitik ein antizyklisches Verhalten erwartet werden muss, wenn es um die Konjunkturstabilisierung geht. Im Konjunkturaufschwung müssen demnach die Staatseinnahmen eher noch erhöht und die Staatsausgaben gesenkt und im Konjunkturabschwung die Staatseinnahmen gesenkt und die Staatsausgaben eher noch erhöht werden. Dies muss zwangsläufig im Staatshaushalt zu Finanzierungsüberschüssen im Aufschwung und zu Finanzierungsdefiziten im Abschwung führen. Reichen die Überschüsse des Aufschwungs zur Finanzierung der Defizite im Abschwung nicht aus, so kann nur eine zunehmende Staatsverschuldung helfen und ist daher ein ganz normaler Vorgang.

Situationsbezogene Frage 3
Mit welchen staatlichen Maßnahmen zur Konjunkturstabilisierung kann Kraftfahrzeugmeister Benz vor dem Hintergrund der Teuerungswelle rechnen und wie dürften sie sich auf ihn und sein Unternehmen auswirken?

5.2.3 Instrumente zur Bekämpfung einer Inflation

Die Gefahr einer **Inflation** tritt vor allem bei einer konjunkturellen „Überhitzung", d. h., in einer Boomphase auf, in der die Nachfrage stärker steigt als das Angebot. Aus Abschnitt 5.2.2 wissen wir, dass das Konzept einer antizyklischen Fiskalpolitik in einer solchen Situation letztlich nach einem staatlichen **Budgetüberschuss** (surplus saving) verlangt. Das StWG nennt dementsprechend konkrete Instrumente, die der Inflationsbekämpfung (im Juristendeutsch: „im Falle einer die volkswirtschaftliche Leistungsfähigkeit übersteigenden Nachfrageausweitung") dienen sollen und von der Bundesregierung auf dem einfachen Verordnungswege (bei Berührung von Länderinteressen allerdings nur mit Zustimmung des Bundesrates) eingesetzt werden können.

built-in flexibility

Staatliche Einnahmen sind für den privaten Sektor der Haushalte und Unternehmen insofern mit einem Entzugseffekt verbunden, als ihnen z. B. durch Steuerzahlung Kaufkraft entzogen und dadurch ihre Nachfrage gedämpft wird. Dieser Effekt tritt bereits ein, ohne dass es dazu spezieller Instrumente im Rahmen der antizyklischen Fiskalpolitik bedarf. Das bestehende Steuersystem und insbesondere dabei die Steuerprogression beinhalten bereits einen solchen Entzugseffekt im Konjunkturaufschwung. Es wird daher auch von **automatischen Stabilisatoren** (engl.: built-in flexibility) gesprochen. Sie reichen allerdings nicht aus und müssen durch eine aktive antizyklische Fiskalpolitik verstärkt werden. Bezüglich der Staatseinnahmen bedeutet dies, dass sie noch zusätzlich durch Steuererhöhungen gesteigert werden müssen. Das StWG lässt jedenfalls solche Steuererhöhungen bei der Lohn-, Einkommen- und Körperschaftssteuer zum Zwecke der Konjunkturstabilisierung ausdrücklich zu. In die gleiche Richtung wirken aber auch der Abbau von bisherigen Steuervergünstigungen (z. B. als Möglichkeit der degressiven Abschreibung) oder Erschwernisse im Steuererhebungsverfahren (z. B. bei der Bestimmung der Steuervorauszahlungsbeträge). Wie auch immer: Instrumente zur **Erhöhung der Staatseinnahmen** sind zur Inflationsbekämpfung als Erstes gefragt.

Inflationsbekämpfung mit surplus saving

Staatliche Ausgaben für Konsum- und Investitionsgüter (vgl. Abschnitt 1.2.2) sind Nachfrage und müssen daher zur Inflationsbekämpfung **reduziert** werden. Auf keinen Fall dürfen die erhöhten Staatseinnahmen zur Finanzierung zusätzlicher Ausgaben verwendet werden. Das wäre prozyklische Parallelpolitik. Die Reduzierung von Staatsausgaben ist allerdings ein schwieriges Unterfangen, wenn daran gedacht wird, dass der größte Teil der Ausgaben gebunden ist, weil vertragliche Vereinbarungen (Kaufverträge, Arbeitsverträge etc.) hinter ihnen stehen, die nicht einfach wegen einer bestimmten konjunkturellen Situation verletzt werden können. Rechtssicherheit geht hier vor. Instrumente einer Ausgabenreduktion setzen daher eher bei geplanten Ausgaben an, die z. B. bereits in den staatlichen Haushaltsplan eingebracht und beschlossen worden sind und demnach auch getätigt werden könnten, aber nun zur Konjunkturstabilisierung zurückgestellt werden. Die „Brücke in der Landschaft ohne Anschluss" könnte also durchaus als sichtbares Zeichen einer aktiven antizyklischen Fiskalpolitik gedeutet werden. Ob sie mit den anderen Funktionen der Fiskalpolitik (vgl. Abschnitt 5.1.1) in Einklang steht, ist eine andere Frage. Wir werden uns mit ihr noch kritisch befassen.

Konjunkturausgleichsrücklagen bei der Zentralbank

Zusätzliche Staatseinnahmen bei reduzierten Staatsausgaben führen zwangsläufig zu einem **Budgetüberschuss** (surplus saving). Das StWG fordert, dass ein solcher Überschuss einer **Konjunkturausgleichsrücklage** zugeführt oder zur vorzeitigen Schuldentilgung verwendet werden soll. Der Begriff „Konjunkturausgleichsrücklage" macht schon deutlich, dass der im Konjunkturaufschwung gebildete Budgetüberschuss gleichzeitig als Rücklage für „schlechte Zeiten" gedacht ist und dazu verwendet werden soll, das Budgetdefizit im Konjunkturabschwung zu finanzieren. Die eigentliche Frage ist nur, wo Überschüsse gebildet bzw. wo überschüssige finanzielle Mittel hinterlegt werden sollen. „Bei der Bank natürlich" könnte die plausible Antwort lauten. Sie wäre einzelwirtschaftlich zwar verständlich, gesamtwirtschaftlich aber vordergründig. Sie würde nämlich außer Acht lassen, dass alle Instrumente der antizyklischen Fiskalpolitik nur dann ihre volle Wirksamkeit entfalten können, wenn sie nicht zu Reaktionen im privaten Bereich führen, die die gegenteilige Wirkung haben. Genau dieses Problem könnte aber auftreten, wenn Überschüsse im Geschäftsbankensektor hinterlegt oder auch zur vorzeitigen Schuldentilgung eingesetzt werden, denn sie würden dort zu einer Geldmengenausweitung führen, die ihrerseits das Zinsniveau nach unten drücken und dadurch wiederum z. B. die private Investitionsgüternachfrage und in deren Folge auch Preiserhöhungen anregen könnte. Ein Gegeneffekt würde über den Geldsektor auftreten und die fiskalpolitisch beabsichtigte Bremswirkung schmälern. Ein sicherer Ort, an dem die hinterlegten Überschüsse oder die vorzeitige Schuldentilgung keine Gegeneffekte entwickeln könnten, wäre dagegen die Zentralbank, denn Geld in Händen der Zentralbank ist lediglich „bedrucktes Papier", dem Wirtschaftsprozess entzogen und damit auch „unschädlich". Das StWG hat diesen Zusammenhängen Rechnung getragen, indem es fordert, die Konjunkturausgleichsrücklage bzw. die vorzeitige Schuldentilgung bei der Deutschen Bundesbank zu bilden bzw. zu leisten. Den Geldsektor werden wir im nächsten Kapitel genauer betrachten.

Situationsbezogene Antwort 3
Kraftfahrzeugmeister Benz kann damit rechnen, dass die Teuerungswelle zu Maßnahmen der antizyklischen Fiskalpolitik führt. Dies dürfte dann der Fall sein, wenn der Zielwert für Preisstabilität, gemessen am Preisindex für die private Lebenshaltung (Verbraucherpreisindex), überschritten ist. Die Maßnahmen werden grundsätzlich so angelegt sein, dass sie über die private oder/und staatliche Nachfrage die gesamtwirtschaftliche Nachfrage reduzieren, um den Nachfrageüberhang als Ursache der inflationären Entwicklung zu beseitigen.

Bei den konkreten Maßnahmen ist zunächst mit einer Erhöhung der Staatseinnahmen zu rechnen. Sie könnte z. B. über eine Steuererhöhung (Lohn-, Einkommen- und Körperschaftssteuer) oder aber auch über einen Wegfall von Steuerprivilegien bzw. Subventionen (z. B. Abwrackprämie) erfolgen. Dadurch soll die private Nachfrage gedämpft werden, denn sie bedeutet Kaufkraftentzug und dürfte dementsprechend im privaten Sektor eher unbeliebt sein. Auch Kraftfahrzeugmeister Benz könnte davon betroffen sein. Betroffen sein könnte er auch von der zweiten Ebene der Maßnahmen, nämlich von einer Senkung der Staatsausgaben. Sie soll die Staatsnachfrage reduzieren und könnte z. B. über eine Zurückhaltung in der staatlichen Auftragsvergabe erreicht werden. Sofern Kraftfahrzeugmeister Benz bisher Nutznießer solcher Aufträge war (z. B. Verkauf oder Reparatur von öffentlichen Dienstfahrzeugen), könnte er dadurch Umsatzeinbußen erleiden.

Die Erhöhung der Staatseinnahmen bei gleichzeitiger Senkung der Staatsausgaben führt zu einem Überschuss im Staatshaushalt bzw. zu einem Abbau der Staatsverschuldung. Kraftfahrzeugmeister Benz wäre davon nur dann betroffen, wenn ein Abbau der Staatsverschuldung z. B. über eine vorzeitige Rückzahlung von Staatsanleihen vorgenommen würde, die er selbst gezeichnet hätte, oder wenn die staatlichen Überschüsse im Geschäftsbankensektor angelegt und dort zu Zinssenkungen führen würden, in deren Genuss auch Kraftfahrzeugmeister Benz bei der Kreditaufnahme kommen könnte. In beiden Fällen aber wäre dies gesamtwirtschaftlich kontraproduktiv, denn die gesamtwirtschaftliche Nachfrage würde eher wieder ausgeweitet statt reduziert.

Letztlich muss Kraftfahrzeugmeister Benz also damit rechnen, dass eine fiskalpolitische Inflationsbekämpfung sich dämpfend und daher eher unangenehm auf ihn und sein Unternehmen auswirken dürfte.

Situationsbezogene Frage 4
Mit welchen staatlichen Maßnahmen zur Konjunkturstabilisierung kann Kraftfahrzeugmeister Benz vor dem Hintergrund der zunehmenden Arbeitslosigkeit rechnen und wie dürften sie sich auf ihn und sein Unternehmen auswirken?

5.2.4 Instrumente zur Bekämpfung einer Arbeitslosigkeit

Arbeitslosigkeitsbekämpfung mit deficit spending

Bei der Antwort auf die Frage, mit welchen Instrumenten im Rahmen einer antizyklischen Fiskalpolitik die Bekämpfung einer **konjunkturellen Arbeitslosigkeit** erfolgen kann, können wir uns sehr kurz fassen, denn gegenüber der Inflationsbekämpfung sind meist nur die Vorzeichen zu ändern. Es beginnt damit, dass die konjunkturelle Arbeitslosigkeit nicht auf einer (im Vergleich zum Angebot) zu großen, sondern zu geringen Nachfrage beruht. Dementsprechend sollen die Instrumente der antizyklischen Fiskalpolitik darauf hinwirken, die private und die staatliche Nachfrage zu steigern, um die Nachfragelücke zu schließen und dadurch Produktion und Beschäftigung zu fördern. Die private Nachfrage kann durch eine **Senkung der Staatseinnahmen** (z. B. durch Steuersenkungen bei der Lohn-, Einkommen- und Körperschaftssteuer), die staatliche Nachfrage durch eine **Erhöhung der Staatsausgaben** (z. B. durch zusätzliche Staatsaufträge oder vorgezogene Projekte) gesteigert werden. Unterstützend wirken auch dabei wiederum **automatische Stabilisatoren** (built-in flexibility), nun in Gestalt der sozialen Sicherungssysteme, die im Konjunkturabschwung durch zunehmende Sozialleistungen (Transferzahlungen) an

5.2.4   Instrumente zur Bekämpfung einer Arbeitslosigkeit

die privaten Haushalte (z. B. durch Arbeitslosenhilfe) zur Stabilisierung des Einkommens, damit der Kaufkraft und letztlich der Nachfrage beitragen.

Einnahmensenkung und Ausgabenerhöhung führen zu einem **Budgetdefizit** (deficit spending), das im Idealfall durch die **Auflösung der Konjunkturausgleichsrücklage** bei der Zentralbank zu finanzieren ist, was zu einer Ausdehnung der Geldmenge, dadurch zu einem Druck auf das Zinsniveau nach unten und zu einem zusätzlich belebenden Effekt z. B. bei der privaten Investitionsgüternachfrage führen dürfte (vgl. 6. Kapitel). Reichen die Mittel der Konjunkturausgleichsrücklage allerdings nicht aus, so ist das Defizit durch **Kreditaufnahme** (z. B. durch Begebung von Bundesanleihen) im Geschäftsbankensektor oder außerhalb dieses Sektors (z. B. bei den privaten Haushalten) zu finanzieren. Dies könnte jedoch wiederum zur Gefahr von Gegeneffekten führen, denn eine staatliche Kreditnachfrage würde in Konkurrenz zur privaten Kreditnachfrage treten (engl.: crowding-out effect; vgl. Abschnitt 5.2.6) und dadurch das Zinsniveau nach oben ziehen, was sich negativ auf die private Nachfrage, vor allem auf die private Investitionsgüternachfrage, und in deren Folge auch negativ auf die Beschäftigungssituation auswirken dürfte.

Situationsbezogene Antwort 4

Kraftfahrzeugmeister Benz kann damit rechnen, dass die konjunkturelle Arbeitslosigkeit, die sich auch in seinem Unternehmen durch eine gestiegene Kurzarbeit zumindest angekündigt hat, zu Maßnahmen der antizyklischen Fiskalpolitik führt. Dies dürfte dann der Fall sein, wenn der Zielwert für Vollbeschäftigung, gemessen an der Arbeitslosenquote, überschritten ist und konjunkturell noch weiter überschritten wird. Die Maßnahmen werden grundsätzlich so angelegt sein, dass sie über die private oder/und staatliche Nachfrage die gesamtwirtschaftliche Nachfrage erhöhen, um den Angebotsüberhang als Ursache der Beschäftigungseinbußen zu beseitigen.

Bei den konkreten Maßnahmen ist zunächst mit einer Senkung der Staatseinnahmen zu rechnen. Sie könnte z. B. über eine Steuersenkung (Lohn-, Einkommen- und Körperschaftssteuer) oder aber auch über Steuerprivilegien bzw. Subventionen (z. B. Abwrackprämie) erfolgen. Dadurch soll die private Nachfrage angeregt werden, denn sie bedeutet eine Stärkung der Kaufkraft und dürfte dementsprechend im privaten Sektor sehr beliebt sein. Auch Kraftfahrzeugmeister Benz könnte davon profitieren. Profitieren könnte er auch von der zweiten Ebene der Maßnahmen, nämlich von einer Erhöhung der Staatsausgaben. Sie soll die Staatsnachfrage ausdehnen und könnte z. B. über zusätzliche Staatsaufträge erfolgen. Sofern Kraftfahrzeugmeister Benz bisher Nutznießer solcher Aufträge war (z. B. Verkauf oder Reparatur von öffentlichen Dienstfahrzeugen), könnte er dadurch auf eine Steigerung seines Umsatzes hoffen.

Die Senkung der Staatseinnahmen bei gleichzeitiger Erhöhung der Staatsausgaben führt zu einem Defizit im Staatshaushalt bzw. zu einer Zunahme der Staatsverschuldung. Kraftfahrzeugmeister Benz wäre davon nur dann betroffen, wenn eine Zunahme der Staatsverschuldung z. B. über eine verstärkte staatliche Kreditnachfrage im Geschäftsbankensektor oder über eine zusätzliche Begebung von Staatsanleihen mit entsprechenden Kursrückgängen zu einer Erhöhung des Zinsniveaus führen würde. Dadurch würden sich für ihn auch die Konditionen eines möglicherweise beanspruchten Überbrückungskredits verschlechtern. Die erhofften Umsatzsteigerungen würden dann wieder geschmälert und die Verbesserung der betrieblichen Beschäftigungssituation könnte sich zumindest verzögern. Auch gesamtwirtschaftlich wäre ein solcher Effekt kontraproduktiv, da die gesamtwirtschaftliche Nachfrage und damit auch der Abbau der konjunkturellen Arbeitslosigkeit beeinträchtigt würden.

Letztlich muss Kraftfahrzeugmeister Benz also damit rechnen, dass eine fiskalpolitische Bekämpfung der Arbeitslosigkeit sich anregend und daher eher angenehm auf ihn und sein Unternehmen auswirken dürfte.

Situationsbezogene Frage 5

Würde Kraftfahrzeugmeister Benz bei den staatlichen Maßnahmen zur Konjunkturstabilisierung mit Blick auf seine eigene Unternehmenssituation eher eine Veränderung der staatlichen Einnahmen oder eine Veränderung der staatlichen Ausgaben bevorzugen und was ist davon volkswirtschaftlich zu halten?

5.2.5 Staatseinnahmen- und Staatsausgabenmultiplikator

Mit Blick auf den Staatshaushalt macht es keinen Unterschied, ob z. B. im Rahmen einer antizyklischen Fiskalpolitik die Staatseinnahmen gesenkt (erhöht) oder die Staatsausgaben erhöht (gesenkt) werden, um die Konjunktur zu beleben (zu dämpfen). In jedem Fall entsteht – isoliert gesehen – ein Defizit (Überschuss). Die Frage ist allerdings, ob das Ausmaß der Wirkung einer Einnahmen- bzw. Ausgabenvariation auf den Konjunkturverlauf (gemessen an der Veränderung des Bruttoinlandsprodukts (BIP)) in beiden Fällen gleich ist. Eine nähere Betrachtung der Zusammenhänge führt zu dem Ergebnis, dass die Wirkung unterschiedlich ist.

> **Staatseinnahmen** wirken indirekt und multiplikativ auf das BIP.

Steuermultiplikator

Betrachten wir das Beispiel einer expansiven, Konjunktur anregenden Fiskalpolitik: Eine Senkung der Staatseinnahmen (z. B. durch eine Senkung der Lohn-, Einkommen- und Körperschaftssteuer) erhöht das verfügbare Einkommen der Steuerzahler und damit deren Kaufkraft. Diese neu gewonnene Kaufkraft wird zum Kauf von Kon-

5.2.5 Staatseinnahmen- und Staatsausgabenmultiplikator

sumgütern verwendet, allerdings nicht in voller Höhe, weil ein Teil gespart wird. Der Kauf der Konsumgüter erhöht das BIP, wie wir aus dem 1. Kapitel wissen. Wie hoch dieser belebende Effekt ist, hängt von der Sparneigung ab. Je weniger gespart wird, umso größer ist der Effekt. Zu diesem Effekt kommt aber noch ein zweiter Effekt hinzu. Er besteht darin, dass der Kauf der Konsumgüter zu einem höheren verfügbaren Einkommen in der Konsumgüterindustrie führt, denn Produktion und Einkommensentstehung sind zwei Seiten der gleichen „Medaille", wie wir ebenfalls aus dem 1. Kapitel wissen. Dieses höhere Einkommen wird auch wieder zum Teil in die Konsumnachfrage fließen und über die darauf folgende Konsumgüterproduktion das Einkommen erneut steigen lassen usw. Am Ende dieser Wirkungskette, die nur durch den Entzugseffekt des Sparens zum Stillstand kommt, ergibt sich in der Summe eine Steigerung des BIP, die weit über den belebenden Effekt im ersten Schritt hinausgeht. Dieser Effekt wird **Multiplikatoreffekt** genannt, da es zu einer Vervielfachung des auslösenden Effekts der staatlichen Einnahmesenkung kommt. Da es sich bei einer Veränderung der staatlichen Einnahmen in erster Linie um Steueränderungen handelt, kann auch vom **Steuermultiplikator** gesprochen werden

Die im Rahmen des Steuermultiplikators immer neu entfachte Konsumgüternachfrage legt die Frage nahe, ob die zur Nachfragedeckung notwendige Ausdehnung der Konsumgüterproduktion nicht irgendwann in der Konsumgüterindustrie an Kapazitätsgrenzen stößt, die nur durch Erweiterungsinvestitionen beseitigt werden können. Eine Erhöhung der Investitionen führt aber selbst wiederum zu einer Produktionssteigerung bzw. zu einer Erhöhung des BIP, dadurch zu einer Einkommenssteigerung, die ihrerseits wieder die Konsumgüternachfrage und -produktion erhöht usw. Der Multiplikator wird also noch verstärkt. Dieser Verstärkereffekt wird **Akzelerator** genannt.

Akzelerator

> **Staatsausgaben** wirken direkt und multiplikativ auf das BIP.

Staatliche Konsum- und Investitionsausgaben fließen direkt in das BIP ein, wie wir aus dem 1. Kapitel wissen. Eine Erhöhung dieser Ausgaben zur Konjunkturbelebung führt also bereits im ersten Schritt zu einer Erhöhung des BIP und damit zu einer Erhöhung des verfügbaren Einkommens in der Konsum- und Investitionsgüterindustrie. Die dort neu gewonnene Kaufkraft führt zu einer Erhöhung der Konsumausgaben, die ihrerseits über eine Erhöhung der Konsumgüterproduktion erneut das verfügbare Einkommen steigen lassen usw. Es tritt also die gleiche Wirkungskette wie beim Steuermultiplikator auf, wird aber nun **Staatsausgabenmultiplikator** genannt. Auch dieser Multiplikatoreffekt wird durch den Akzelerator noch weiter verstärkt.

Staatsausgabenmultiplikator

Subventionen und Transferzahlungen mit Steuermultiplikator

Subventionen und Transferzahlungen sind zwar haushaltstechnisch auch zu den Ausgaben zu zählen, von ihrer Wirkungsweise her sind sie jedoch als negative Steuern bzw. Einnahmen zu interpretieren. Sie wirken damit auch nur indirekt und multiplikativ auf das BIP ein. Einerseits für Steuerentlastungen zu plädieren und andererseits einen Subventionsabbau zu fordern, ist widersprüchlich und zeugt von ökonomischer Unkenntnis derjenigen, die solche Ansinnen aus konjunkturpolitischer Sicht stellen. Subventionen sind nichts anderes als negative Produktionsabgaben (indirekte Steuern) und umgekehrt, d. h., eine Streichung von Subventionen wirkt auf diejenigen, die mit ihr konfrontiert werden, wie eine Steuererhöhung. **Steuerentlastungen und Subventionsabbau wirken gegenläufig** auf das Verhalten im privaten Sektor ein. Wer Steuerentlastungen bei gleichzeitigem Subventionsabbau fordert, dürfte daher im Kern etwas anderes im Sinn haben, nämlich eine Strukturverschiebung in der staatlichen Einflussnahme und vor allem eine Reduktion des gesamten staatlichen Haushaltsvolumens. Das wahre politische Ziel dürfte demnach eine Beschneidung des staatlichen Sektors zugunsten des privaten, marktwirtschaftlich organisierten Sektors sein. Das sollte dann allerdings klar gesagt werden.

Staatsausgabenmultiplikator größer als Steuermultiplikator

Wir können aus dem **Vergleich des Staatsausgabenmultiplikators mit dem Steuermultiplikator** den Schluss ziehen, dass der Staatsausgabenmultiplikator wegen der direkten Wirkung der Staatsausgaben auf das BIP größer sein muss als der Steuermultiplikator mit seiner indirekten Wirkung. Bei einer angenommenen, aber durchaus realistischen Sparneigung von 0,2 bzw. 20 %, d. h., 20 % eines gestiegenen verfügbaren Einkommens werden gespart, würde der Staatsausgabenmultiplikator einen Wert von 5, der Steuermultiplikator aber nur einen Wert von 4 haben. Demnach würde z. B. der staatliche Bau einer Autobahn als staatliche Investition mit einem Auftragsvolumen von 100 Mio. EUR – ohne Berücksichtigung des Akzelerators – das BIP letztlich um 500 Mio. EUR steigen lassen, während eine Steuersenkung um den gleichen Betrag das BIP letztlich nur um 400 Mio. EUR erhöhen würde.

Haavelmo-Theorem

Dieses Ergebnis ist fiskalpolitisch von großer Bedeutung, denn bei der Wahl zwischen einer Steuersenkung und einer betragsmäßig und daher auch haushaltsmäßig gleichen Staatsausgabenerhöhung zur Konjunkturankurbelung wäre der Ausgabenerhöhung der Vorzug zu geben, obwohl vielleicht aus wahltaktischen Gründen eine Steuersenkung bevorzugt wird. In beiden Fällen würde es allerdings isoliert gesehen zu einem Haushaltsdefizit in gleicher Höhe kommen. Wäre dies unerwünscht und würde daher die Ausgabenerhöhung mit einer entsprechenden Steuererhöhung finanziert, so würden sich dadurch keineswegs beide Effekte gegenseitig neutralisieren, sondern es würde per Saldo immer noch ein expansiver Effekt auftreten, in unserem Beispiel mit einem Betrag von 100 Mio. EUR. Auch mit einem stets ausgeglichenen Staatshaushalt könnte also allein durch eine Erhöhung des Haushaltsvolumens ein expansiver Effekt erzielt werden. Diese Erkenntnis wird auch als **Haavelmo-Theorem** bezeichnet, benannt nach dem norwegischen Nationalökonom und Nobelpreisträger Trygve Haavelmo (1911–1999).

Situationsbezogene Antwort 5

Kraftfahrzeugmeister Benz wird ohne Frage grundsätzlich solche staatlichen Maßnahmen zur Konjunkturstabilisierung bevorzugen, die seinem Unternehmen in besonderem Maße zugute kommen und demnach betriebswirtschaftlich vorteilhaft sind. Ob sie auch volkswirtschaftlich vorteilhaft sind und die Konjunktur besonders wirkungsvoll stabilisieren können, ist eine andere Frage. Was betriebswirtschaftlich vorteilhaft ist, kann volkswirtschaftlich durchaus nachteilig sein und umgekehrt. Bei der Frage nach der betriebswirtschaftlichen und volkswirtschaftlichen Bedeutung von Kosten im Abschnitt 1.2.8 haben wir diese unterschiedliche Sichtweise bereits kennengelernt.

Konkret wird Kraftfahrzeugmeister Benz bei staatlichen Maßnahmen zur Inflationsbekämpfung, die im Kern alle eine Dämpfung der gesamtwirtschaftlichen Nachfrage zum Ziel haben, diejenigen Maßnahmen bevorzugen, die sich besonders wenig dämpfend auf sein Unternehmen auswirken. Bei einer Senkung der staatlichen Ausgaben bzw. bei einem Rückgang der Staatsaufträge wäre dies dann der Fall, wenn sie möglichst wenig den Kraftfahrzeughandel und Reparaturbetrieb berühren würden, eine höchst realistische Vermutung. Viel unangenehmer wäre ihm daher wohl eine Erhöhung der staatlichen Einnahmen (z. B. als Steuererhöhung), die naturgemäß eine größere Breitenwirkung hat und damit mit hoher Wahrscheinlichkeit auch sein Unternehmen direkt oder indirekt über seine Kunden treffen würde.

Mit der Bevorzugung einer staatlichen Ausgabensenkung vor einer staatlichen Einnahmenerhöhung würde Kraftfahrzeugmeister Benz auch den volkswirtschaftlich sinnvolleren Maßnahmen den Vorzug geben, denn der Staatsausgabenmultiplikator ist höher und damit bezüglich der beabsichtigten Senkung der gesamtwirtschaftlichen Nachfrage wirkungsvoller als der Staatseinnahmen- bzw. Steuermultiplikator. Staatliche Ausgaben wirken nämlich über den Staatskonsum und die staatlichen Investitionen direkt und in der Folge indirekt über das private Konsumverhalten zudem mehrfach (multiplikativ) auf das Bruttoinlandsprodukt (BIP) und damit auf die gesamtwirtschaftliche Nachfrage ein. Staatliche Einnahmen beeinflussen indirekt über das private Konsumverhalten zwar auch die gesamtwirtschaftliche Nachfrage multiplikativ, eine direkte Wirkung im ersten Schritt fehlt ihnen jedoch.

Bei den staatlichen Maßnahmen zur Bekämpfung einer konjunkturellen Arbeitslosigkeit würde Kraftfahrzeugmeister Benz einer staatlichen Einnahmensenkung, z. B. in Gestalt einer Steuersenkung, den Vorzug vor einer staatlichen Ausgabenerhöhung geben. Die Wahrscheinlichkeit, direkt oder indirekt in den Genuss einer Steuersenkung zu kommen, dürfte für ihn größer sein als die möglichen Vorteile durch eine staatliche Ausgabenerhöhung. Letztere dürfte zudem staatlicherseits sicherlich gezielt auf bestimmte Branchen bezogen eingesetzt werden, um den Beschäftigungseffekt zu erhöhen und vielleicht noch zusätzlich (z. B. über Infrastrukturinvestitionen) einen Langfristeffekt zu erzielen. Volkswirtschaftlich gesehen würde Kraftfahrzeugmeister Benz damit Maßnahmen bevorzugen, die weniger wirkungsvoll sind, denn der Staatseinnahmen- bzw. Steuermultiplikator ist aus den genannten Gründen geringer als der Ausgabenmultiplikator.

Situationsbezogene Frage 6
Wie sollte Kraftfahrzeugmeister Benz die staatliche Kreditaufnahme vor dem Hintergrund der eigenen Kreditaufnahme beurteilen?

5.2.6 Bedeutung und Beurteilung der Staatsverschuldung

Moralische Schuld und ökonomische Schuld

Wir haben gesehen, dass im Rahmen einer antizyklischen Fiskalpolitik die **staatliche Kreditaufnahme** zur Finanzierung zusätzlicher Staatsausgaben (deficit spending) im Konjunkturabschwung nicht nur völlig **normal** ist, sondern ausdrücklich gefordert werden muss, sofern die Mittel der im Aufschwung möglicherweise gebildeten Konjunkturausgleichsrücklage nicht ausreichen. Je länger ein Konjunkturabschwung dauert, umso stärker wird demnach auch die Staatsverschuldung ansteigen. Das sollte uns nicht verunsichern und an dem Konzept der antizyklischen Fiskalpolitik zweifeln lassen, denn wir haben schon im Abschnitt 5.2.2 hervorgehoben, dass einzelwirtschaftlich vielleicht richtige Verhaltensweisen keinen Maßstab für gesamtwirtschaftliches Verhalten abgeben, sondern dort eher falsch sind. Diese Aussage gilt generell für den Vergleich von privaten und staatlichen Verhaltensprinzipien, auch im Schuldenverhalten. Immer wieder wird in der politischen Diskussion das Gespenst des „Staatsbankrotts" an die Wand gemalt, besonders gern in Wahlzeiten und besonders gern durch die Opposition, unabhängig von ihrer politischen Farbe. Es werden damit menschliche Urängste, insbesondere im deutschen Sprachraum, angesprochen, die nicht klar zwischen ökonomischer und moralischer Schuld unterscheiden können und jegliche Verschuldung als moralisch verwerflich ansehen. Der „Schuldturm" wartet auf den „Schuldner", weil er sich „schuldig" gemacht hat und demnach büßen muss. Verschuldung erscheint in diesem Licht grundsätzlich als „schuldhaft". Dementsprechend wird der Abbau der Staatsverschuldung euphorisch als Zeichen deutscher Solidität und der betreffenden Regierung gefeiert. Wir haben schon betont, dass weniger Aufgeregtheit bzw. Euphorie und mehr sachliche Nüch-

5.2.6 Bedeutung und Beurteilung der Staatsverschuldung

ternheit angemessener wären. Wir wollen uns daher kurz einer allgemeinen Beurteilung der Staatsverschuldung zuwenden.

Ein Blick in die Praxis bestätigt zunächst, dass im Zeitablauf über die Jahrzehnte die deutsche **Staatsverschuldung tendenziell zugenommen** hat, trotz zeitweiliger Versuche der Finanzpolitik, diese Tendenz umzukehren. Betrug der staatliche **Schuldenstand** im Jahr 1950 noch ca. 11 Mrd. EUR, so ist er bis zum Jahr 2014 auf ca. 2.157 Mrd. EUR (≈ 74 % des BIP) angewachsen, davon ca. 1.370 Mrd. EUR beim Bund, ca. 640 Mrd. EUR bei den Ländern, ca. 145 Mrd. EUR bei den Gemeinden und der Rest bei den Sozialversicherungen und den Sondervermögen des Bundes. Pro Kopf der Bevölkerung stieg der staatliche Schuldenstand im gleichen Zeitraum von ca. 220 EUR auf ca. 27.000 EUR an. Die jährliche Zunahme des Schuldenstandes, die **Neuverschuldung** (≈ Nettokreditaufnahme = Bruttokreditaufnahme minus Tilgung), schwankte stark in der jüngeren Vergangenheit, nämlich zwischen ca. 44 Mrd. EUR (≈ 2,9 % des BIP) im Jahr 1991, in der Spitze ca. 180 Mrd. EUR (≈ 9,8 % des BIP) im Jahr 1995 und immer noch ca. 84 Mrd. EUR (≈ 3,8 % des BIP) im Jahr 2004 in Folge der deutschen Wiedervereinigung, dann sogar einer Reduktion auf einen Haushaltsüberschuss in Höhe von ca. 7 Mrd. EUR im Jahr 2007, dann wieder einem starken Anstieg auf ca. 105 Mrd. EUR (≈ 4,1 % des BIP) im Krisenjahr 2010 und dann einem kontinuierlichen Rückgang bis zu einem letztlich ausgeglichenen Haushalt im Jahr 2014. Die zulässigen Grenzwerte (Konvergenzkriterien) von 60 % des BIP für den Schuldenstand bzw. 3 % des BIP für die Neuverschuldung nach dem Maastrichter Vertrag über die Europäische Währungsunion (EWU) (vgl. Abschnitt 6.1.6) wurden damit für das Jahr 2014 beim Schuldenstand immer noch überschritten. Als Folge der zunehmenden Staatsverschuldung stieg die Zinsquote, d. h. der Anteil der Zinsausgaben an den staatlichen Gesamtausgaben (also neben den staatlichen Konsum- und Investitionsausgaben auch den Transferzahlungen und Subventionen) von ca. 1,8 % im Jahr 1950 auf ca. 3,9 % im Jahr 2014 an.

Die Staatsverschuldung ist tendenziell gestiegen

Diese wenigen Zahlen zeigen, dass die deutsche Staatsverschuldung im Zeitablauf der Nachkriegszeit deutlich zugenommen hat. Sie sind aber auch Ausdruck dafür, dass der Staat am Wirtschaftsgeschehen immer stärker teilgenommen hat, denn der Anteil der staatlichen Gesamtausgaben am BIP, die **Staatsquote**, stieg von ca. 32 % im Jahr 1950 auf ca. 48 % im Jahr 2009 und schwächte sich dann auf ca. 44 % im Jahr 2014 ab. Vereinfacht lässt sich sagen, dass mittlerweile fast jeder zweite EUR des BIP direkt (über den Staatskonsum und die staatlichen Investitionen) oder indirekt (über die Transferzahlungen und Subventionen) staatlich verwaltet wird. Angesichts dieser Zahlen drängen sich Fragen auf: Wie haben wir die zunehmende Staatsverschuldung zu beurteilen? Müssen wir einen Abbau der Staatsverschuldung verlangen? Müssen „Schwarze Nullen" das Ziel sein? Droht sonst ein „Staatsbankrott"? Gibt es überhaupt eine obere Grenze der Staatsverschuldung?

Fast die Hälfte des BIP geht durch staatliche Hände

5. Der prozesspolitische Rahmen des Unternehmens I

Unterschied zwischen Verschuldung im Innen- und Außenverhältnis

Zur **Beurteilung der Staatsverschuldung** sollten wir uns zunächst vor Augen halten, was sich hinter einer Verschuldung verbirgt. Sie ist nüchtern betrachtet nichts anderes als eine Umverteilung von Geld bzw. letztlich von Gütern. Es wird an einer Stelle Geld aufgenommen und an eine andere Stelle umgeleitet. Wichtig ist, klar zwischen einer Verschuldung im Innenverhältnis und einer Verschuldung im Außenverhältnis zu unterscheiden. So sind z. B. die Verschuldensvorgänge innerhalb einer Familie als Gemeinwesen (z. B. in Gestalt des Haushaltsgeldes oder des Taschengeldes) eine Sache, aber die Verschuldung dieser Familie im Außenverhältnis (z. B. bei einer Geschäftsbank) eine andere Sache. Letztere kann problematisch werden, wenn Schulden nicht mehr getilgt werden können und der Gerichtsvollzieher droht. Im Innenverhältnis droht schlimmstenfalls ein Familienstreit, aber doch kein „Bankrott", denn das Familieneinkommen hat sich nicht geändert, lediglich seine Verteilung. Ähnlich könnte für die Verschuldung eines Unternehmens im Innen- und Außenverhältnis argumentiert werden. Forderungen und Verbindlichkeiten im Innenverhältnis saldieren sich in der Summe zu Null.

Maximale Staatsverschuldung gleich NIP

Wenn wir diese Gedanken auf die gesellschaftliche bzw. staatliche Ebene übertragen, so wird uns bewusst, dass auch die jährliche Neuverschuldung des Staates erst einmal eine Umverteilung ist, eine Umverteilung des gesamten, gesellschaftlich verfügbaren Einkommens. Es entspricht in einer geschlossenen Volkswirtschaft und damit nur im Innenverhältnis dem Nettoinlandsprodukt (NIP) (vgl. Abschnitt 1.2.3). Von staatlicher Seite wird ein Kredit aufgenommen, indem z. B. eine Bundesanleihe begeben und diese Anleihe z. B. durch deutsche Sparer gezeichnet wird, die dadurch in eine Gläubigerrolle gegenüber ihrem Staat geraten. Die durch die Kreditaufnahme erzielten außerordentlichen Einnahmen des Staates werden von diesem im Rahmen der Fiskalpolitik an eine andere Stelle (z. B. in die Produktion öffentlicher Güter) gelenkt, in der Hoffnung, dass die Mittel dort „besser aufgehoben" sind. Unter diesem Blickwinkel ist die Höhe der staatlichen Neuverschuldung theoretisch nur durch das gesamte Verteilungsvolumen des NIP begrenzt. Die Tilgungs- und Zinszahlungen können entweder durch außerordentliche Einnahmen aus neuen Krediten oder durch ordentliche Einnahmen aus der Steuererhebung (auch bei den Anleihezeichnern selbst) geleistet werden. Die Möglichkeit, mit Steuereinnahmen Kreditverpflichtungen zu bedienen, hat nur der Staat. Er ist gegenüber seinen Bürgern der Souverän und hat das Gewaltmonopol, das sich z. B. in seiner Steuerhoheit äußert. Es macht im Kern auch den Unterschied zwischen einer staatlichen und einer privaten Verschuldung aus.

> Eine Überschuldung des Staates mit der Gefahr des Konkurses im betriebswirtschaftlichen Sinne ist im Innenverhältnis gegenüber seinen Bürgern nicht möglich.

5.2.6 Bedeutung und Beurteilung der Staatsverschuldung

Eine Überschuldung des Staates ist nur im Außenverhältnis möglich, d. h., auf der internationalen Ebene gegenüber anderen Staaten und deren Bürgern. Allerdings ist auch dort der „Bankrott" eines Staates im betriebswirtschaftlichen Sinne mit der Liquidation und damit der Auflösung des Staates selbst nur schwer vorstellbar. Dass er aber durchaus real sein kann, weil ein Staat seinen internationalen Zahlungsverpflichtungen nicht mehr nachkommen kann, hat in der jüngsten Vergangenheit z. B. die Euro-Krise mit kritischen Ländern wie z. B. Griechenland gezeigt. Ein möglicher Staatsbankrott auf dieser Ebene hat aber nicht nur eine andere Dimension wie z. B. ein Unternehmensbankrott, sondern wird international auch anders beurteilt und ist dementsprechend auch mit anderen Konsequenzen (z. B. mit Hilfsprogrammen durch andere Staaten) verbunden. Im Kern geht es um die Souveränität eines Staates, die mit einem möglichen Staatsbankrott in Gefahr geraten würde. Unternehmen können wegen Insolvenz von der Bildfläche verschwinden, Staaten wohl eher nicht.

Ein Staatsbankrott ist nur im Außenverhältnis möglich

Das Hauptproblem der Staatsverschuldung ist nach dem bisher Gesagten vor allem ein **Verteilungsproblem**. Ein Verteilungsproblem der Staatsverschuldung betrifft zum einen die **Einkommens- und Vermögensverteilung**. Sie wird durch eine zunehmende Staatsverschuldung zugunsten der höheren Einkommens- und Vermögensschichten der Gesellschaft verschoben und wirft damit die Frage der Verteilungsgerechtigkeit auf. Insbesondere die Bezieher höherer Einkommen sind in der Lage, Staatsanleihen mit entsprechenden Zinseinkünften zu erwerben, die in der Folge ihr Geldvermögen noch weiter erhöhen. Die Zinszahlungen gehen dagegen zu Lasten der Steuerzahler, die vor allem den mittleren Einkommensschichten angehören. Ein anderes Verteilungsproblem der Staatsverschuldung betrifft die **Verteilung zwischen öffentlichem und privatem Sektor**. Eine zunehmende Staatsverschuldung, die über das gesamtwirtschaftliche Wachstum hinausgeht, bedeutet nämlich, dass die Staatsquote steigt und demnach die staatlichen Eingriffe in den privatmarktwirtschaftlichen Bereich an Gewicht gewinnen. Darin könnte die grundsätzliche Gefahr von Ineffizienzen bzw. **Wachstums- und Beschäftigungsverlusten** gesehen werden, wenn das Vertrauen in einen marktwirtschaftlichen Koordinationsmechanismus zur Verwirklichung des Wachstums- und Beschäftigungszieles größer ist als das Vertrauen in eine staatlich-zentralverwaltungswirtschaftliche Koordination.

Staatsverschuldung als Verteilungsproblem

In die gleiche Richtung zielt die Warnung vor dem schon kurz erwähnten **Crowding-out Effekt**, der von einer durch die staatliche Kreditnachfrage ausgelösten Zinserhöhung ausgeht, die zu einer Verdrängung der privaten und möglicherweise effizienteren Investitionsgüternachfrage führen könnte. Dies wird insbesondere dann der Fall sein, wenn durch die Krediteinnahmen nicht so sehr staatliche Investitionen, sondern vielmehr staatliche Konsumausgaben (z. B. in Gestalt höherer Personalausgaben) finanziert werden. Die „Väter" des Grundgesetzes (GG) versuchten diesem

Crowding-out Effekt

Problem dadurch vorzubeugen, dass sie in Art. 115 GG die staatliche Kreditaufnahme grundsätzlich nur zum Zwecke der Finanzierung staatlicher Investitionen zuließen. Ausnahmen waren lediglich bei einer Störung des gesamtwirtschaftlichen Gleichgewichts zulässig. Sie verbanden damit auch die Hoffnung, dass mit staatlichen Investitionen noch am ehesten Wachstumseffekte ausgelöst werden können, die ihrerseits zu neuen Staatseinnahmen führen und die Tilgungs- und Zinszahlungen für die aufgenommenen Kredite gleichsam selbst finanzieren können. Auch die Vorstellung spielte eine Rolle, dass **Ungerechtigkeiten zwischen den Generationen** (Intergenerationengerechtigkeit) verhindert werden müssen. Sie können darin gesehen werden, dass Nutznießer der mit der staatlichen Kreditaufnahme finanzierten Staatsausgaben die gegenwärtige Generation ist, aber die Tilgungs- und Zinszahlungen von den künftigen Generationen mit ihrer Steuerzahlung zu finanzieren sind.

Intergenerationengerechtigkeit

Allerdings ist festzustellen, dass die Verschuldensgrenze des Art. 115 GG häufig von jeder Regierung überschritten wurde, ohne dass dies gleich zu einer Klage vor dem Bundesverfassungsgericht geführt hätte. Als Begründung wurde immer die Ausnahmesituation einer Störung des gesamtwirtschaftlichen Gleichgewichts angeführt. So betrug z. B. auch im Krisenjahr 2009 die Investitionsquote ca. 1,7% bei einer Neuverschuldensquote von ca. 3,0% des nominalen BIP. Im Jahr 2009 wurde dann im Zuge der Föderalismusreform – vor allem vor dem Hintergrund der hohen Staatsverschuldung und der Absicht zu deren Reduktion – die alte Verschuldensregel des Art. 115 GG geändert. Als neue Verschuldensregel und Schuldenbremse wurden mit Art. 109 Abs. 3 und Art. 115 GG eine strukturelle, eine konjunkturelle und eine außergewöhnliche Komponente für die staatliche Neuverschuldung eingeführt. Die langfristige, **strukturelle Komponente** verpflichtet zu einer im Zeitablauf gleichsam „normalen" Neuverschuldung des Bundes von nicht mehr als 0,35% des nominalen BIP, während die kurz- und mittelfristige, **konjunkturelle Komponente** ein Überschreiten des strukturellen Grenzwertes bei einer antizyklischen Fiskalpolitik (vgl. Abschnitt 5.2.2) im konjunkturellen Abschwung zwar zulässt, jedoch die Rückführung des Differenzbetrages im konjunkturellen Aufschwung fordert. Weiterhin ist mit der kurzfristigen, **außergewöhnlichen Komponente** ein Überschreiten der strukturellen Verschuldensgrenze auch in plötzlich auftretenden Notsituationen (z. B. Naturkatastrophen, aber auch Finanzkrisen) zulässig, allerdings nur mit einem klaren Tilgungsplan. Für die Bundesländer wurde die strukturelle Verschuldensgrenze insofern verschärft, als sie auf 0% vom nominalen BIP festgesetzt wurde. Regelungen bezüglich einer konjunkturellen und außergewöhnlichen Komponente wurden der jeweiligen Landesverfassung überlassen.

Verschuldensregeln im Grundgesetz

Die staatlichen Verschuldensregeln des deutschen Grundgesetzes sind im Kern auch die Regeln, zu deren Einhaltung sich die meisten Länder der Europäischen Wirtschafts- und Währungsunion (EWWU) in einem **Fiskalpakt** verpflichtet haben.

Europäischer Fiskalpakt

5.2.6 Bedeutung und Beurteilung der Staatsverschuldung

Zum **Problem der Intergenerationengerechtigkeit** ist zu sagen, dass erst einmal grundsätzlich jede Kreditaufnahme zu Einnahmen beim Kreditnehmer führt. Es ist also zu fragen, wie diese Einnahmen verwendet werden. Sie könnten z. B. dazu dienen, der jüngeren Generation mit staatlicher Unterstützung Bildungschancen zu eröffnen und zu finanzieren, die sie ohne diese Unterstützung nie hätte nutzen können und die ihr in der Zukunft ein höheres Einkommen sichern. Was spricht dann dagegen, diese geförderte Generation auch in späteren Jahren am Schuldendienst zu beteiligen? Angesichts einer staatlichen Kreditaufnahme von „Versündigung an künftigen Generationen" zu sprechen, zeugt daher eher von vordergründiger Effekthascherei. Das Problem liegt also in diesem Fall und in ähnlichen Fällen mehr an der Verwendung der Krediteinnahmen als an dem Kredit selbst.

Verwendung der Krediteinnahmen

Inflationsgefahren könnten insofern von einer zunehmenden Staatsverschuldung ausgehen, als es mit der staatlichen Kreditaufnahme zu einer Ausweitung der umlaufenden Geldmenge kommt, die nicht auf eine entsprechende Ausweitung der Gütermenge stößt. Eine Ausweitung der Geldmenge ist allerdings nur mit Zustimmung oder zumindest Duldung der Zentralbank möglich. Diese aber ist gesetzlich und vorrangig zur Inflationsbekämpfung verpflichtet und in ihren Handlungen autonom. Eine direkte Kreditvergabe an den Staat ist ihr außerdem untersagt (vgl. Abschnitte 6.1.2 und 6.17). Zu einer Ausdehnung der Geldmenge durch eine staatliche Kreditaufnahme könnte es auf indirektem Wege nur kommen, wenn die Zentralbank die entsprechend begebenen Staatsanleihen von den Anleihezeichnern (Geschäftsbanken, Unternehmen etc.) am Kapitalmarkt ankaufen oder sie zumindest als Sicherheit bei einer zusätzlichen Bargeldversorgung der Geschäftsbanken akzeptieren würde. Dies aber würde – wie gesagt – voraussetzen, dass die Zentralbank entweder keine Inflationsgefahren sieht oder diese gesetzeswidrig für nebensächlich hält. Im nächsten Kapitel werden wir uns mit dieser Sachlage näher beschäftigen.

Inflationsgefahren der Staatsverschuldung

Ein letztes Argument gegen eine zunehmende Staatsverschuldung setzt bei den vertraglichen Zinszahlungen an und verweist darauf, dass mit steigenden Zinszahlungen die **Manövriermasse** des Staatshaushaltes abnimmt, weil immer mehr Mittel von vornherein auf der Ausgabenseite vertraglich gebunden sind und nicht mehr flexibel zur Bekämpfung von wirtschaftlichen Krisensituationen eingesetzt werden können. Der schon anfangs festgestellte Anstieg der Zinsquote an den staatlichen Gesamtausgaben auf gegenwärtig mehr als 9 % könnte dafür ein alarmierendes Zeichen sein. Allerdings lässt sich auch dafür kein objektiv messbarer, kritischer Grenzwert angeben. Zudem ist wiederum zu bedenken, dass aus volkswirtschaftlicher Sicht einzelwirtschaftliche Kosten in der Summe den Erträgen gleich sind (vgl. Abschnitt 1.2.8), d. h., die staatlichen Zinsausgaben führen zu Zinseinnahmen bzw. -einkommen bei den meist privaten Kreditgebern und fließen außerdem über deren Steuerzahlung teilweise wieder an den Staat zurück.

Beschränkte Manövriermasse des Staatshaushalts

Situationsbezogene Antwort 6

Kraftfahrzeugmeister Benz sollte grundsätzlich seine eigene Verschuldung (z. B. gegenüber seiner Geschäftsbank) anders beurteilen als die Verschuldung seines Staates, dessen Bürger er ist. Es beginnt damit, dass sein Staat das Gewaltmonopol hat und ihn z. B. mit Gesetzen zu einem bestimmten Verhalten zwingen kann. Diesen Zwang darf Kraftfahrzeugmeister Benz seinen Mitbürgern gegenüber nicht ausüben. Auf die Verschuldung bezogen bedeutet dies, dass ein Staat aufgrund seiner hoheitlichen Befugnisse (z. B. in Gestalt der Steuerhoheit) zumindest theoretisch immer die Möglichkeit hat, Gläubiger-Schuldner-Verhältnisse innerhalb des Staatsgebildes zu bereinigen. Diese Möglichkeit hat Kraftfahrzeugmeister Benz nicht, wenn er vor dem Problem steht, z. B. einen aufgenommenen Bankkredit zurückzuzahlen, und letztlich die Insolvenz mit den bekannt unangenehmen Konsequenzen wie z. B. einer Zwangsversteigerung droht.

Für Kraftfahrzeugmeister Benz steht die Frage, ob er einen aufgenommenen Kredit wieder zurückzahlen und auch mit Zinsen bedienen kann, zwangsläufig im Vordergrund. Dies liegt daran, dass es um ein Gläubiger-Schuldner-Verhältnis im Außenverhältnis geht. Kraftfahrzeugmeister Benz ist z. B. als Kreditnehmer Schuldner gegenüber seiner Bank als Kreditgeber und damit Gläubiger. Ein Innenverhältnis würde bestehen, wenn er den Kredit z. B. bei Familienmitgliedern aufgenommen hätte. Für einen Staat ist das Außenverhältnis bei einem Gläubiger-Schuldner-Verhältnis die internationale Ebene, also die Beziehung zu anderen Staaten und deren Bürgern. Kraftfahrzeugmeister Benz sollte demnach bei der Beurteilung seiner eigenen Verschuldung durch Kreditaufnahme diese mit der internationalen Verschuldung seines Staates vergleichen, obwohl die tatsächlichen Konsequenzen bei einer Überschuldung andere sein dürften.

Das bei der Staatsverschuldung im Innenverhältnis vor allem auftretende Verteilungsproblem kann sich bei genauem Hinsehen auch bei der Verschuldung von Kraftfahrzeugmeister Benz ergeben. So könnte sich auch bei ihm z. B. die Frage stellen, ob seine Erben eines Tages mit der Tilgung des von ihm aufgenommenen Krediteserbelastet werden sollen, ähnlich der Frage der Intergenerationengerechtigkeit bei der Staatsverschuldung. Auch negative Wachstums- und Beschäftigungseffekte, ähnlich wie bei der Staatsverschuldung, könnten sich im Unternehmen von Kraftfahrzeugmeister Benz ergeben, wenn die Einnahmen aus der Kreditaufnahme falsch eingesetzt werden oder wenn die Mittel zur Kredittilgung und zur Zinszahlung möglicherweise zu Lasten von Unternehmensbereichen gehen, die für die Unternehmensentwicklung (z. B. durch die Erschließung neuer Geschäftsfelder) besonders wichtig gewesen wären.

5.2.7 Probleme der antizyklischen Fiskalpolitik

Insgesamt ergeben sich bei der Beurteilung einer möglichen Kreditaufnahme durch Kraftfahrzeugmeister Benz im Innenverhältnis ähnliche Probleme wie bei der Staatsverschuldung. Das bei ihm im Außenverhältnis auftretende Problem einer möglichen Überschuldung mit der Gefahr der Insolvenz stellt sich dagegen bezüglich der Folgen anders dar wie bei der Staatsverschuldung mit der Gefahr eines „Staatsbankrotts".

Situationsbezogene Frage 7
Warum könnte Kraftfahrzeugmeister Benz Zweifel an der Wirksamkeit der angekündigten Maßnahmen zur Konjunkturstabilisierung haben?

5.2.7 Probleme der antizyklischen Fiskalpolitik

Schwierigkeiten und Hemmnisse der antizyklischen Fiskalpolitik beginnen dort, wo einerseits die notwendigen Verhaltensprinzipien dieser Politik – wie geschildert – privaten Verhaltensprinzipien diametral entgegenstehen, andererseits aber die politischen Entscheidungsträger mit ihrer Wahl zu Volksvertretern ihren privaten Bereich verlassen und sich dem staatlichen, dem Gemeinwohl verpflichteten Bereich widmen müssen. Von einem Fiskalpolitiker wird zur Erfüllung der Stabilisierungsfunktion der Fiskalpolitik ein gesellschaftlich verantwortliches Verhalten verlangt, das ihm in seinem privaten Bereich häufig fremd vorkommen dürfte. Es kommt hinzu, dass ein demokratisch gewählter Fiskalpolitiker zur Sicherung seiner politischen Existenz und des daraus folgenden Einkommens in Gestalt der Abgeordnetendiät sich als „Stimmenmaximierer" verhalten und für seine Wähler unangenehme, obgleich im Rahmen einer antizyklischen Fiskalpolitik erforderliche Maßnahmen (z. B. Steuererhöhungen) aufschieben oder gar nicht erst ergreifen könnte. Im Gegenzug könnte er für seine Wähler angenehme Maßnahmen (z. B. Steuersenkungen) anstreben, obwohl sie einer antizyklischen Fiskalpolitik zuwider laufen würden.

Privates und gesellschaftlich verantwortliches Verhalten können im Widerspruch stehen

Konkret dürfte es eher unwahrscheinlich sein, dass z. B. in einem inflationsgefährlichen Konjunkturaufschwung, der kurz vor einer Wahl auftritt, die notwendigen Maßnahmen einer antizyklischen Fiskalpolitik in Gestalt von Steuererhöhungen oder/ und Staatsausgabensenkungen ergriffen werden. Angesichts gefüllter Staatskassen Zurückhaltung zu üben und nicht mit Steuergeschenken Wähler zu gewinnen versuchen, ist ein hoher Anspruch und wird vielleicht als zu hoch empfunden. Auch im Konjunkturabschwung bei drohender Arbeitslosigkeit, aber angesichts leerer Staatskassen aufgrund von Steuerausfällen dürfte es einem Fiskalpolitiker schwerfallen, die Staatsausgaben zu erhöhen und sie notfalls mit Krediten zu finanzieren. Ist ihm nicht schon selbst in seiner Kindeserziehung oder auch seinen Wählern in deren Kindeserziehung beigebracht worden, in „schlechten Zeiten" zu sparen und mög-

Antizyklische Fiskalpolitik mit hohem Anspruch

lichst keine Schulden zu machen? Das Konzept einer antizyklischen Fiskalpolitik stellt vor diesem Hintergrund eine große Hemmschwelle für diejenigen dar, die sie betreiben sollen.

Prozyklisches Verhalten von Ländern und Gemeinden

Das Gleiche gilt für das Verhalten der Länder und insbesondere der Gemeinden, die ihre gesamtwirtschaftliche Verantwortung nicht erkennen, in ihrem Verhalten häufig dem Verhalten von privaten Haushalten gleichen und zusätzliche finanzielle Mittel auch ausgeben bzw. bei fehlenden finanziellen Mitteln in ihren Ausgaben zurückhaltend sind. Die Konsequenz muss ein **prozyklisches Verhalten** in der Fiskalpolitik sein, das wir schon als destabilisierende **Parallelpolitik** charakterisiert hatten. Die Stabilisierungsfunktion der Fiskalpolitik geht dadurch verloren.

Fiskalpolitische Zielkonflikte

Wird die Stabilisierungsfunktion der Fiskalpolitik durch ein prozyklisches Verhalten nicht erfüllt, so könnte dem entgegengehalten werden, dass es noch zwei weitere Funktionen gibt, die Allokations- und Distributionsfunktion (vgl. Abschnitt 5.1.1), die stattdessen erfüllt werden könnten. In diesem Argument kommt eine weitere Schwierigkeit der antizyklischen Fiskalpolitik zum Ausdruck, nämlich mögliche Zielkonflikte. Vor allem ein **Zielkonflikt zur Allokationsfunktion** liegt nahe, denn es könnte einerseits zur Versorgung mit öffentlichen Gütern notwendig sein, z. B. eine staatliche Infrastrukturinvestition in Gestalt einer Straße zu tätigen, andererseits aber könnte diese Notwendigkeit in einem Konjunkturaufschwung auftreten, der unter dem Konzept einer antizyklischen Fiskalpolitik gerade eine Zurückhaltung bei den Staatsausgaben und daher ein Zurückstellen des Auftrages zum Straßenbau erfordern würde. Ein **Zielkonflikt zur Distributionsfunktion** würde z. B. auftreten, wenn Steuererhöhungen zur Konjunkturdämpfung vor allem die Bezieher geringer und mittlerer Einkommen treffen und damit eine ohnehin schon bestehende Ungleichheit in der Einkommens- und Vermögensverteilung noch verstärken würde.

Magisches Viereck

Aber auch **Zielkonflikte innerhalb der Stabilisierungsfunktion** der Fiskalpolitik sind denkbar, denn das StWG fordert in § 1 eine gleichzeitige Erfüllung der genannten vier Ziele. Ein klassischer Zielkonflikt innerhalb dieses Zielkataloges ist der mögliche und höchst wahrscheinliche Konflikt zwischen dem Ziel der Preisstabilität und dem Ziel der Vollbeschäftigung. Ein Blick in die Realität lässt bereits einen solchen Konflikt vermuten, denn in Zeiten der Preisstabilität herrschte meistens Arbeitslosigkeit bzw. in Zeiten der Vollbeschäftigung bestanden Inflationsgefahren. Auch theoretisch spricht einiges für eine solche Konfliktbeziehung, denn Inflationsgefahren gehen von einer im Verhältnis zum Angebot zu großen Nachfrage aus, während zumindest eine konjunkturelle Arbeitslosigkeit auf eine relative Nachfrageschwäche zurückzuführen sein dürfte, die dann aber eben keine Inflationsgefahren in sich birgt. Für eine antizyklische Fiskalpolitik ergibt sich daraus das Problem, dass wirksame Maßnahmen zur Erreichung eines Zieles in der Folge leicht wieder Maßnahmen zur

Erreichung des nächsten Zieles erforderlich machen könnten und insofern ein dauernder Handlungsdruck entsteht. Es liegt daher nahe, bei den vier Zielen des StWG von einem **Magischen Viereck** zu sprechen. Die Richter des Bundesverfassungsgerichts haben dazu trocken erklärt: „Das gesamtwirtschaftliche Gleichgewicht ist stets prekär."

Insgesamt lässt sich sagen, dass das Konzept der antizyklischen Fiskalpolitik theoretisch wenig Angriffspunkte bietet, in der praktischen Umsetzung jedoch auf Schwierigkeiten stößt, die beim Betrachter eine eher skeptische Haltung provozieren und **Zweifel an der Praktikabilität des Konzepts** aufkommen lassen.

Situationsbezogene Antwort 7

Kraftfahrzeugmeister Benz könnte grundsätzlich Zweifel an der Wirksamkeit der angekündigten Maßnahmen zur Konjunkturstabilisierung haben, weil er das gesamtwirtschaftliche bzw. gesamtgesellschaftliche Verantwortungsbewusstsein der betreffenden Fiskalpolitiker bezweifelt und ihnen eher unterstellt, dass sie „an sich selbst denken", statt sich um das Gemeinwohl zu kümmern.

Konkret könnte Kraftfahrzeugmeister Benz bezweifeln, dass es überhaupt z. B. zu Steuersenkungen oder/und zusätzlichen Staatsaufträgen kommt, die auch seinem Unternehmen nutzen würden. Da keine Wahl mit dem Wunsch der Kandidaten nach Stimmenmaximierung ansteht und allseits die hohe Staatsverschuldung als unsolide beklagt wird, hat er wenig Hoffnung, dass es tatsächlich zu den angekündigten Maßnahmen kommt. Angesichts möglicher Zielkonflikte dürften sich seine Zweifel noch verstärken. Dies gilt zum einen für Zielkonflikte innerhalb der Fiskalpolitik. Sie könnten dazu führen, dass die Maßnahmen zur Konjunkturanregung neben ihrer Stabilisierungsfunktion möglichst auch der Allokations- und Distributionsfunktion dienen sollen. Dies würde bedeuten, dass zusätzliche Staatsausgaben z. B. gezielt für Infrastruktur- oder Bildungsinvestitionen eingesetzt werden oder Steuererleichterungen z. B. vorrangig die Kaufkraft der Bezieher geringer oder mittlerer Einkommen stärken, also Maßnahmen, von denen Kraftfahrzeugmeister Benz eher weniger profitieren würde. Zum anderen könnten mögliche Zielkonflikte innerhalb der Stabilisierungsfunktion der Fiskalpolitik befürchtet werden. Das könnte zur Folge haben, dass Maßnahmen zur Konjunkturanregung unterbleiben oder zumindest nur gering dosiert ergriffen würden, weil gleichzeitig oder in der Folge auch Inflationsgefahren auftreten können.

Alles in allem wird Kraftfahrzeugmeister Benz die angekündigten Maßnahmen zur Konjunkturstabilisierung mit nüchterner Skepsis betrachten. Wenngleich er sich durchaus Hoffnungen machen kann, mit seinem Unternehmen auch zu den Nutznießern der Maßnahmen zu zählen, so wird er sich doch vor übertriebenen Hoffnungen hüten.

5. Der prozesspolitische Rahmen des Unternehmens I

Situationsbezogene Kontrollaufgabe

Kompetenzkontrolle

Handlungssituation

Versetzen Sie sich in die Lage von Kraftfahrzeugmeister Benz, der vom Vater einen Reparaturbetrieb übernommen hat. Im Laufe der Jahre haben Sie den Betrieb stark ausgebaut. Es ist Ihnen zudem gelungen, die örtliche Niederlassung eines bedeutenden Kraftfahrzeugherstellers zu übernehmen. Neben dem Verkauf der betreffenden Kraftfahrzeuge bieten Sie auch deren fachmännische Reparatur an. Zu ihren Kunden zählen vor allem private Konsumenten, aber auch private Investoren und vereinzelt auch staatliche Auftraggeber. Sie hatten den Plan, in der Zukunft noch weiter zu expandieren und neue Geschäftsfelder zu erschließen. Im vergangenen Jahr hat sich jedoch die gesamtwirtschaftliche Konjunktursituation verschlechtert und die Arbeitslosigkeit hat zugenommen. Auch Ihr Unternehmen war davon betroffen und Sie mussten empfindliche Umsatzeinbußen im Neuwagenverkauf und Reparaturbetrieb hinnehmen. Ihre Kunden begründen die Kaufzurückhaltung mit Unsicherheiten am Arbeitsmarkt und mit einer allgemeinen Teuerungswelle, die sie über Kostensteigerungen auch selbst zu spüren bekommen haben. Erstmals waren Sie gezwungen, Kurzarbeit einzuführen und sich zur Überbrückung von Finanzierungslücken um einen größeren Bankkredit zu bemühen. Sie haben allerdings große Probleme, diesen auch zu bekommen. Sie sehen nun nicht nur Ihre Expansionspläne gefährdet, sondern machen sich sogar Sorgen um den langfristigen Fortbestand Ihres Unternehmens. Sie haben bereits begonnen, sich Gedanken um eine Neuausrichtung Ihrer Unternehmensstrategie zu machen. Über die Medien haben Sie davon erfahren, dass von staatlicher Seite Maßnahmen der Fiskalpolitik zur Konjunkturstabilisierung angekündigt wurden, allerdings mit der Konsequenz einer zunehmenden Staatsverschuldung. Trotz einiger Zweifel hoffen Sie letztlich darauf, dass die angekündigten Maßnahmen auch zur Stabilisierung Ihrer betrieblichen Situation beitragen und Sie in Ihrer strategischen Ausrichtung unterstützen.

Kontrollfragen

a) Welche grundsätzlichen staatlichen Maßnahmen der Fiskalpolitik zur Konjunkturstabilisierung im Rahmen des Konzepts einer „antizyklischen Fiskalpolitik" erwarten Sie aus betriebswirtschaftlicher und volkswirtschaftlicher Sicht?

b) Welche Maßnahmen der antizyklischen Fiskalpolitik halten Sie für besonders wirksam?

5.2.7 Probleme der antizyklischen Fiskalpolitik

c) Welche Maßnahmen einer antizyklischen Fiskalpolitik erwarten Sie zur Bekämpfung der Arbeitslosigkeit?

d) Wie dürfte die Einführung von Kurzarbeit in Ihrem Betrieb und in anderen Betrieben die offizielle Messgröße für das wirtschaftspolitische Vollbeschäftigungsziel und eine daran orientierte Beschäftigungspolitik beeinflussen?

e) Welche konkreten Maßnahmen im Rahmen einer antizyklischen Fiskalpolitik würden Sie sich zur Stabilisierung Ihrer gegenwärtig schwierigen, betrieblichen Konjunktursituation wünschen und was ist davon volkswirtschaftlich zu halten?

f) Wie beurteilen Sie eine zunehmende Staatsverschuldung aus betriebswirtschaftlicher und aus volkswirtschaftlicher Sicht?

Alle Antworten sind unter Verwendung des volkswirtschaftlichen Basiswissens zu erläutern!

6. Der prozesspolitische Rahmen des Unternehmens II: Auswirkungen der Geld- und Kreditpolitik

6.1 Handlungssituation (Fallbeispiel 1)

Handlungssituation — Fallbeispiel 1

Schreinermeister Zarge beabsichtigt, bei seiner Hausbank einen Kredit aufzunehmen, um mit dem Geld zu investieren und die Kapazität seiner Schreinerei auszuweiten. Durch die zusätzliche Spezialisierung auf die Herstellung von Holzfenstern in der Altbausanierung hat er neue Kunden gewonnen und hofft dementsprechend auf eine Verbesserung seiner Absatz- und Gewinnsituation. Allerdings hat eine erste Anfrage bei seiner Hausbank ergeben, dass diese auf die restriktive Geld- und Kreditpolitik der „EZB" verweist und nur sehr ungern und zu ungünstigen Konditionen bereit ist, ihm einen Kredit zu gewähren. Dem Wirtschaftsteil einer Tageszeitung entnimmt er die Meldung: „EZB-Rat sieht Inflationsgefahren". Gleichzeitig hat er über die Medien erfahren, dass die „EZB" gegen den Widerstand Deutschlands in großem Umfang Staatsanleihen hoch verschuldeter Länder innerhalb der „Europäischen Währungsunion (EWU)" angekauft hat und noch ankauft, um sie vor der Insolvenz zu bewahren. Schreinermeister Zarge vermutet, dass der Inhalt der Meldungen auch seine eigene Situation und seine Unternehmensstrategie betreffen könnte.

Situationsbezogene Frage 1
Warum könnte die Zeitungsmeldung Schreinermeister Zarge interessieren und ihn nach den Hintergründen fragen lassen?

6.1.1 Geld- und Kreditpolitik als Teilbereich der Wirtschaftspolitik

Die Geld- und Kreditpolitik ist **Teil der Wirtschaftspolitik**, die ihrerseits **Teil der Gesellschaftspolitik** ist (vgl. Abschnitt 3.2.1). Die Geld- und Kreditpolitik zählt neben der antizyklischen Fiskalpolitik (vgl. 5. Kapitel) zu der Konjunkturpolitik, d. h., sie ist kurz- und mittelfristig ausgerichtet und soll den Konjunkturverlauf stabilisieren. Konjunkturstabilisierung bedeutet, einen zu heftigen Konjunkturaufschwung zu dämpfen und einen zu steilen Konjunkturabschwung aufzuhalten und in die Gegenrichtung zu lenken.

Geld- und Kreditpolitik als Teil der Wirtschafts- und Gesellschaftspolitik

Situationsbezogene Antwort 1
Schreinermeister Zarge ahnt, dass mit der Zeitungsmeldung auch er selbst angesprochen wird, weil er Schwierigkeiten bei der Kreditfinanzierung seiner geplanten Kapazitätsausweitung bekommen dürfte und damit auch seine positiven Absatz- und Gewinnerwartungen einen Dämpfer erfahren könnten.

Situationsbezogene Frage 2
Wen vermutet Schreinermeister Zarge hinter der „EZB", dem „EZB-Rat" und der „Europäischen Währungsunion (EWU)" und warum sollten seiner Meinung nach den „EZB-Rat" angebliche Inflationsgefahren interessieren?

6.1.2 Institutioneller Rahmen der Geld- und Kreditpolitik

Die EZB als oberste Währungsbehörde in der EWU

Die Geld- und Kreditpolitik wird in der **Europäischen Währungsunion (EWU)** auf Grund des Vertrages über die Europäische Gemeinschaft (EGV) und der ESZB/EZB-Satzung vom Europäischen System der Zentralbanken (ESZB) und dabei der **Europäischen Zentralbank (EZB)** als oberster Währungsbehörde betrieben. Die EWU als Währungsgemeinschaft mit dem **Euro (EUR)** und Cent als gemeinsamer Währung besteht seit dem 1.1.1999 und umfasst gegenwärtig 19 Länder, zu denen auch die Bundesrepublik Deutschland zählt. Die EWU ihrerseits ist Teil der Europäischen Wirtschaftsunion, die bereits seit dem 1.1.1993 besteht. Sie umfasst nach der Osterweiterung in den Jahren 2004 und 2007 gegenwärtig (ab 01.07.2013 mit Kroatien) 28 Länder und beruht als Wirtschaftsunion bzw. als **Europäischer Wirtschaftsraum (EWR)** im Kern auf einem grenzenlos freien (z.B. zollfreien) Güter- und Faktorverkehr zwischen den Mitgliedsländern (Binnenmarkt). Welche Länder Mitglied der **Europäischen Wirtschafts- und Währungsunion (EWWU)** oder kurz: der **Europäischen Union (EU)** sind, kann den Informationsplattformen im Internet (z.B. www.wikipedia.de) entnommen werden.

Supranational geht über eine Nation hinaus

Mit dem Eintritt in die letzte Phase der EWU am 1.1.1999, die am 1.1.2002 mit der Einführung des EUR als gesetzlichem Zahlungsmittel (vgl. Abschnitt 6.1.4) zum Abschluss kam, wurde auch das jeweilige Währungsverhältnis der noch bestehenden nationalen Währungen der Mitgliedsländer zum EUR unwiderruflich festgelegt. Für die DM galt damals das feste Währungsverhältnis: 1 EUR = 1,95583 DM.

Preisstabilität als vorrangiges Ziel

Vorrangiges Ziel der Geld- und Kreditpolitik der EZB ist nach Art. 105 EGV die Gewährleistung der **Preisstabilität**. Neben diesem vorrangigen Ziel hat sie die allgemeine Wirtschaftspolitik in der Gemeinschaft zu unterstützen. Andere Ziele wie vor allem das Vollbeschäftigungsziel sind also für die EZB (im Unterschied z.B. zur US-amerikanischen Zentralbank, der Federal Reserve Bank (FED)) zweitrangig.

Inflationsrate ~ 2%
unter 2% Richtung Deflation

6.1.2 Institutioneller Rahmen der Geld- und Kreditpolitik

Die EZB hat ihren Hauptsitz in Frankfurt/Main und ist nach dem föderalistischen Prinzip aufgebaut, d. h., sie verfügt über Niederlassungen in den verschiedenen Mitgliedsländern der EWU in Gestalt der nationalen Zentralbanken. In Deutschland ist dies die **Deutsche Bundesbank**. Die nationalen Zentralbanken ihrerseits verfügen in Bundesstaaten über Niederlassungen in den Bundesländern (in Deutschland z. B. in Gestalt der Landeszentralbanken) oder/und über Niederlassungen in größeren Städten (Bankplätze). Orte ohne Niederlassung der EZB bzw. der nationalen Zentralbank heißen Nebenplätze.

Deutsche Bundesbank als Niederlassung der EZB

Das oberste Verwaltungsgremium (Exekutive) der EZB ist das **Direktorium der EZB** (Präsident, Vizepräsident und 4 weitere Mitglieder), dem der EZB-Präsident vorsitzt. Deutschland ist mit einem Mitglied im Direktorium vertreten. Maßnahmen der Geld- und Kreditpolitik werden jedoch vom **EZB-Rat** mehrheitlich beschlossen, der sich aus den (z. Zt. 19, davon 18 stimmberechtigten) Präsidenten der nationalen Zentralbanken der EWU (darunter auch der Präsident der Deutschen Bundesbank) und den 6 Mitgliedern des EZB-Direktoriums (darunter auch ein deutsches Mitglied) zusammensetzt. Um die Größe des EZB-Rats bei künftig neu hinzukommenden EWU-Ländern nicht zu stark wachsen zu lassen und daher zu begrenzen, wurde beschlossen, dass bei mehr als 18 Ländern, also ab einer Länderzahl von 19 bzw. einer Gesamtmitgliederzahl von 25 im EZB-Rat, einzelne Mitgliedsländer nach einem bestimmten Rotationsverfahren zeitweilig ihr Stimmrecht verlieren. Das würde dann auch Deutschland betreffen und hat daher bereits zu kritischen Diskussionen geführt. Die grundsätzliche **Zusammensetzung des EZB-Rats** zeigt auch die Übersicht im folgenden **Schaubild**:

Der EZB-Rat trifft die Entscheidungen

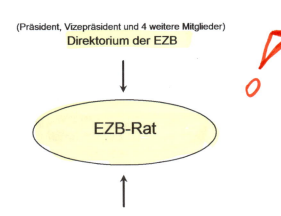

6. Der prozesspolitische Rahmen des Unternehmens II

Die EZB ist autonom

Wichtig ist, dass der EZB-Rat seine Entscheidungen über die geld- und kreditpolitischen Maßnahmen bei gleichem, ungewichtetem Stimmrecht der einzelnen Ratsmitglieder **autonom** trifft, d. h., er hat keinerlei Anweisungen durch die nationalen Regierungen der EWU oder durch andere Institutionen auf Gemeinschaftsebene zu erfahren. Mitglieder der nationalen Regierungen (z. B. der jeweilige Finanzminister) können zwar an den Sitzungen des EZB-Rates teilnehmen, haben aber kein Stimmrecht. Neben dieser institutionellen Unabhängigkeit ist auch eine personelle (Amtszeit von 8 Jahren), funktionelle (vorrangig Preisstabilität) und finanzielle (eigene Finanzmittel) Unabhängigkeit gegeben.

Aufsicht über Geschäftsbanken

Die EZB hat neben der gesamtwirtschaftlichen Bargeldversorgung, der Abwicklung des Zahlungsverkehrs mit der übrigen Welt, der Verwaltung der Währungsreserven der Mitgliedsstaaten, der **Aufsicht über die Geschäftsbanken** etc. die Funktion, durch den Einsatz geld- und kreditpolitischer Instrumente die ihr in der ESZB/EZB-Satzung zugewiesenen Aufgaben zu erfüllen, zu denen – wie gesagt – vorrangig die Sicherung der Preisstabilität zählt.

Situationsbezogene Antwort 2

Schreinermeister Zarge vermutet richtig, wenn er hinter der „EZB" die Europäische Zentralbank sieht, die als „Hüterin der Euro-Währung" in den Ländern der Europäischen Währungsunion (EWU) aufgrund ihres gesetzlichen Auftrages vor allem für Preisstabilität zu sorgen hat, d. h., Inflationsgefahren bekämpfen muss. Bei dieser Aufgabenerfüllung und demnach auch bei ihren Entscheidungen über entsprechende Maßnahmen ist sie autonom, d. h., sie hat sich von Regierungen in der EWU „nichts sagen zu lassen". Dies ist insofern auch wichtig, weil die Bekämpfung einer Inflation durch die EZB im Unternehmensbereich zu Umsatz-, Gewinn- und in der Folge auch Beschäftigungseinbußen und damit zu einer höheren Arbeitslosigkeit führen kann, die naturgemäß für alle Regierungen eine besondere Gefahr darstellt, für die EZB aber nebensächlich ist. Außerdem weiß Schreinermeister Zarge, dass innerhalb der EZB die Maßnahmen zur Inflationsbekämpfung vom EZB-Rat beschlossen werden, in dem neben einem Direktorium der EZB von 6 Mitgliedern (darunter auch ein deutsches Mitglied) vor allem die (z. Zt. 19, davon 18 stimmberechtigten) Präsidenten der nationalen Zentralbanken der EWU vertreten sind. Dazu zählt auch die Deutsche Bundesbank, die früher für die DM-Währung zuständig war. Deutschland ist demnach mit zwei Stimmen im EZB-Rat vertreten, wenn dort Entscheidungen mehrheitlich getroffen werden.

Situationsbezogene Frage 3

Warum ist für die geplante Kapazitätsausweitung im Unternehmen von Schreinermeister Zarge Geld notwendig?

6.1.3 Geld und Geldfunktionen

Die ökonomischen Aufgaben (Funktionen), die Geld zu erfüllen hat, sind alle auf Güter bezogen:

> Geld hat niemals einen ökonomischen Eigenwert, sondern erhält seinen Wert erst durch die Güter, die hinter ihm stehen.

Nur wer dies klar erkennt, handelt **frei von Geldillusion**. Wie Geld aussieht (rund, eckig, glänzend, auf Papier gedruckt etc.) ist völlig belanglos. Schon der Volksmund sagt: „Geld ist, was als Geld gilt". Was als Geld gilt oder zu gelten hat, hängt von den Zahlungssitten ab (z. B. Zigaretten als Geld) oder wird durch die Rechtsordnung (z. B. Banknoten) bestimmt. Wichtig ist nur, dass Geld seine Funktionen erfüllt. Es lassen sich drei bzw. vier Geldfunktionen unterscheiden:

Geld ist güterbezogen

Mit der **Recheneinheitsfunktion** des Geldes werden die unterschiedlichen Messgrößen der Güter (z. B. Kilo, Liter, Stück etc.) und der Produktionsfaktoren (z. B. Stunden, m^2 etc.) vereinheitlicht und auf einen Nenner gebracht, d. h., die unterschiedlichen Güter- und Faktoreinheiten werden alle in Geldeinheiten ausgedrückt (z. B. 2 EUR pro 1 Kilogramm Tomaten oder 20 EUR pro 1 Arbeitsstunde) und erhalten dadurch einen **Preis**. Ein Preis ist demnach allgemein die Anzahl der Geldeinheiten pro Güter- oder Faktoreinheit. Das Verhältnis zweier absoluter Preise, der relative Preis, gibt das Tauschverhältnis an (z. B. 6 Minuten Arbeitszeit für 1 Kilogramm Tomaten). Die Tauschprozesse werden durch die Recheneinheitsfunktion des Geldes übersichtlicher.

Recheneinheit

Die **Tauschmittelfunktion** des Geldes steht im Mittelpunkt. Sie beschleunigt die Tauschprozesse. Im Rahmen der Tauschprozesse findet heute meist nicht mehr ein Naturaltausch (Güter gegen Güter bzw. Produktionsfaktoren gegen Güter) statt, sondern Geld wird als allgemeines Tauschmittel zwischengeschaltet (Güter ↔ Geld ↔ Güter bzw. Produktionsfaktoren ↔ Geld ↔ Güter).

Tauschmittel

Die **Wertaufbewahrungsfunktion** des Geldes dient der Risikovorsorge, weil sie hilft, Güterversorgungsprobleme in der Zukunft mit der Tauschmittelfunktion zu lösen. Mit Geld, das beiseite gelegt wird (z. B. im Tresor oder auf dem Sparkonto), werden also eigentlich Güter beiseite gelegt. Sie lassen sich in Form eines Kredites auch verleihen (**Wertübertragungsfunktion**) und helfen damit denjenigen, die momentan vor Güterversorgungsproblemen stehen und sie aus eigener Kraft nicht lösen können. Allerdings wird die Wertaufbewahrungsfunktion durch Preissteigerungen beeinträchtigt, weil sich der Realwert eines nominellen Geldbetrages durch Preissteigerungen verringert (vgl. Abschnitt 5.1.3). Es ist allein schon unter diesem Blickwinkel verständlich, dass ein Staat oder eine Staatsgemeinschaft durch eine

Wertaufbewahrungs- und Wertübertragungsmittel

zentrale Währungsbehörde für Preisstabilität sorgen muss, um die Wertaufbewahrungsfunktion des Geldes zu erhalten, die ebenfalls für den Güterversorgungsprozess von großer Bedeutung ist.

Situationsbezogene Antwort 3

Eine Ausweitung der Produktionskapazität bedeutet, dass die Produktionsleistung der Produktionsfaktoren Arbeit, Boden und Kapital ausgeweitet wird. Dies kann durch den Mehreinsatz von Produktionsfaktoren (z. B. durch mehr Beschäftigte oder Maschinen) oder/und durch eine verbesserte Leistungsfähigkeit vorhandener Produktionsfaktoren (z. B. durch verbesserte Ausbildung der Beschäftigten oder durch technischen Fortschritt bei den eingesetzten Maschinen) erfolgen. In jedem Fall erfordert eine Steigerung der Produktionsleistung der Produktionsfaktoren, dass den Eigentümern der Produktionsfaktoren vorab ein Teil der erhofften Produktionssteigerung überlassen wird. Dies geschieht nicht natural in Gestalt von Gütern, um die es weiterhin letztlich geht, sondern in Gestalt von Geld, das sich in den anfallenden Kosten äußert.

Wenn wir im Fall von Schreinermeister Zarge einmal annehmen, dass er seine Kapazität z. B. durch die Anschaffung einer zusätzlichen Hobelmaschine ausweiten will, so handelt es sich dabei um den Kauf eines Investitionsgutes. Wenn wir weiterhin von einem Anschaffungspreis von 40 Tsd. EUR für die Maschine ausgehen, so wird in diesem Preis die Recheneinheitsfunktion des Geldes sichtbar. Sie bringt ein Stück Maschine – wie auch alle anderen Messgrößen für Produktionsfaktoren und Güter (Stunden, m^2, Liter, Kilogramm etc.) – auf einen gemeinsamen Nenner, nämlich 40 Tsd. Geldeinheiten (in diesem Fall EUR) pro Maschine. Die zentrale Tauschmittelfunktion des Geldes wird sichtbar, wenn Schreinermeister Zarge den Kaufpreis der angeschafften Maschine bezahlt. Er tauscht eine Maschine gegen Geld ein, das seinerseits vom Verkäufer der Maschine an anderer Stelle in Güter eingetauscht werden kann. Finanziert Schreinermeister Zarge den Kauf der Maschine durch eigene Ersparnisse oder durch Kreditaufnahme, so äußert sich darin die Wertaufbewahrungs- bzw. Wertübertragungsfunktion des Geldes. Insgesamt wird deutlich, dass Schreinermeister Zarge ohne den Einsatz von Geld wohl kaum seine Kapazität ausweiten könnte.

Situationsbezogene Frage 4

Ist der von Schreinermeister Zarge aufzunehmende Kredit überhaupt schon Geld oder muss er von ihm erst zu Geld gemacht werden?

6.1.4 Erscheinungsformen von Geld

Jedes Mittel, das die beschriebenen Geldfunktionen erfüllt, ist **Geld im weitesten Sinne**. Die Urform des Geldes ist das **Warengeld**, das schon früh in der Menschheitsgeschichte als allgemeines Tauschmittel eingesetzt wurde. Als allgemein tauschbare Waren galten z. B. das lebensnotwendige Mineral Salz oder auch Vieh. Das lateinische Wort „pecunia" für Geld stammt nämlich von dem lateinischen Begriff „pecus" für Vieh ab. Im Laufe der Jahrhunderte hat das Warengeld seinen Warencharakter (Stoffwert) jedoch immer mehr verloren. Heute tritt **Geld im engsten Sinne** (M1; vgl. Abschnitt 6.1.8) als Zentralbankgeld (Bargeld) und Buchgeld (Giralgeld) in Erscheinung.

Zentralbankgeld gilt als **gesetzliches Zahlungsmittel** („Geld als Geschöpf der Rechtsordnung"), d. h., der Gläubiger muss dieses Geld vom Schuldner zur Tilgung seiner Schuld annehmen, wenn er nicht vorab auf eine andere Zahlungsweise bestanden hat und nicht in Annahmeverzug geraten will. Das Zahlungsmittelgesetz zwingt ihn dazu. Münzen müssen nur begrenzt (in der EWU generell bis zu 50 Stück, bei Gedenkmünzen außerdem nur bis zu 100 EUR) (begrenzt gesetzliches Zahlungsmittel), Noten jedoch unbegrenzt in Zahl und Stückelung (unbegrenzt gesetzliches Zahlungsmittel) angenommen werden. Nur ca. 25 % der gesamten Geldmenge M1 ist Zentralbankgeld, das von der Zentralbank (in der EWU von der EZB) in Umlauf gebracht wird. Zentralbankgeld im Umlauf stellt eine Forderung gegen die Zentralbank dar und wird daher auf der Passivseite der Zentralbankbilanz gebucht. Bargeld in EUR und Cent gilt ab 1. Januar 2002 als allein gesetzliches Zahlungsmittel in den Ländern der EWU. Es löste damit die nationalen Währungen endgültig ab (vgl. Abschnitt 6.1.2).

Bargeld ist eine Forderung gegen die Zentralbank

Buchgeld (Giralgeld) wird von den Geschäftsbanken (auf der europäischen Ebene „Monetäre Finanzinstitute (MFIs)" genannt) geschaffen (geschöpft), ist aber **kein gesetzliches Zahlungsmittel**, d. h., der Gläubiger kann es zur Tilgung einer Schuld annehmen, muss es aber nicht. Bei dem Buchgeld handelt es sich dem Namen nach um Geld, das nur in den Büchern der Geschäftsbanken existiert, d. h., es erscheint als Guthaben auf den Konten der Bankkunden (Publikum) und stellt demnach Forderungen des Publikums gegen ihre Geschäftsbanken dar. Aber nur **Sichtguthaben** (auf dem Girokonto) gelten als Buchgeld, denn die Geschäftsbanken haben sich verpflichtet, diese und nur diese Guthaben jederzeit (= täglich fällige Einlagen) und in vollem Umfang in Zentralbankgeld zu tauschen. Dadurch erhalten Sichtguthaben selbst Geldcharakter. Mit Buchgeld wird durch Überweisung, Scheck, Scheckkarte, Kreditkarte etc. gezahlt. Guthaben bei der Zentralbank gelten als Zentralbankgeld (vgl. oben).

Buchgeld ist eine Forderung gegen eine Geschäftsbank auf dem Girokonto

Situationsbezogene Antwort 4

Der von Schreinermeister Zarge aufgenommene Kredit ist dann Geld, nämlich Buchgeld, wenn der Kreditbetrag auf seinem Girokonto gutgeschrieben wird. Seine Geschäftsbank hat sich verpflichtet, dieses Guthaben jederzeit und in vollem Umfang in Bargeld (Zentralbankgeld) als gesetzliches Zahlungsmittel umzutauschen. Hebt Schreinermeister Zarge von seinem Girokonto einen Betrag ab, so vernichtet er um diesen Betrag sein Buchgeld und erhält dafür Bargeld. Er vernichtet auch dann Buchgeld, wenn er einen Betrag von seinem Girokonto z. B. an einen Lieferanten überweist, um eine Rechnung zu bezahlen. Dann erhält dieser bzw. dessen Geschäftsbank das Buchgeld.

Situationsbezogene Frage 5

Wie würde die Hausbank von Schreinermeister Zarge mit einer Kreditvergabe an ihn Geld schaffen und wovon hängt ab, ob und in welchem Umfang sie dies könnte?

6.1.5 Buchgeldschöpfung

Aktive und passive Buchgeldschöpfung und -vernichtung

Geschäftsbanken schaffen (schöpfen) Buchgeld zum einen dann, wenn sie von ihren Bankkunden Zentralbankgeld erhalten und ihnen im Gegenzug den Betrag auf dem Girokonto als täglich fällige Einlage gutschreiben. Heben die Bankkunden dagegen von ihrem Girokonto einen Betrag bar ab, so wird Buchgeld wieder vernichtet. Da die Geschäftsbanken sich in diesem Fall in einer passiven, reaktiven Rolle befinden, wird von einer **passiven Giralgeldschöpfung bzw. -vernichtung** gesprochen. Die Bankkunden haben in diesem Fall die Geschäftsbanken gleichsam in die Pflicht genommen, nämlich entweder Zentralbankgeld annehmen und in Buchgeld tauschen oder Buchgeld in Zentralbankgeld tauschen zu müssen. Erwerben die Geschäftsbanken dagegen von ihren Kunden einen Vermögensgegenstand (z. B. Wertpapiere, Devisen, Wechsel etc.) oder räumen sie ihren Kunden einen Kredit ein und schreiben den betreffenden Betrag auf deren Girokonto gut, so liegt eine **aktive Giralgeldschöpfung** vor, weil die Geschäftsbanken zu nichts verpflichtet und daher selbst aktiv geworden sind. Die Vernichtung des aktiv geschöpften Giralgeldes erfolgt dann wieder passiv. Eine aktive Giralgeldschöpfung findet vor allem durch Kreditvergabe statt.

Buchgeld kann mehrfach geschöpft werden

Eine **natürliche Grenze der Buchgeldschöpfung** ist für den gesamten Geschäftsbankensektor dadurch gegeben, dass die Bankkunden entsprechend ihren Zahlungssitten einen Teil ihres Buchgeldes tatsächlich in Zentralbankgeld tauschen, denn in der Praxis werden nicht alle Geschäfte bargeldlos abgewickelt. Unter der (durchaus realistischen) Annahme, dass 20 % des Buchgeldes im Laufe einer Periode (z. B. des Kalenderjahres) in Zentralbankgeld getauscht werden (Bargeldquote = 20 %), kann der Geschäftsbankensektor eine Buchgeldmenge schöpfen, die das Fünffache der

6.1.5 Buchgeldschöpfung

ihr zur Verfügung gestellten Zentralbankgeldmenge (**Überschussreserve**) beträgt. Wir können uns diese erstaunliche Tatsache an einem Beispiel klarmachen: Zahlt z. B. ein Kunde 100 EUR bar auf seinem Girokonto als täglich fällige Einlage ein, so erhält er dafür im Gegenzug im Wege der passiven Giralgeldschöpfung zunächst 100 EUR auf seinem Girokonto gutgeschrieben. Von diesem Betrag wird er annahmegemäß im Laufe des Kalenderjahres 20 EUR wieder bar abheben. Über den Rest verfügt er bargeldlos innerhalb des Filialnetzes der betreffenden Geschäftsbank oder gar nicht. Der Geschäftsbank verbleibt demnach eine Überschussreserve in Höhe von 80 EUR. Mit ihr kann sie nun im Wege der Kreditvergabe aktiv 400 EUR schöpfen, denn auch hier gilt annahmegemäß, dass die Kreditnehmer (oder die von ihnen Begünstigten) 20 % des Betrages, nämlich 80 EUR, bar abheben. Die gesamte Überschussreserve ist damit ausgeschöpft und es wurden insgesamt 500 EUR Giralgeld geschöpft, 100 EUR passiv und 400 EUR aktiv. Da die Giralgeldschöpfung ein Vielfaches (in unserem Beispiel das Fünffache) der Überschussreserve ausmacht, wird auch von einer **multiplen Giralgeldschöpfung** gesprochen.

Wer genauer wissen will, wie groß die Möglichkeiten der Giralgeldschöpfung im Geschäftsbankensektor sind, hat zu bedenken, dass in der Praxis neben der Überschussreserve (ÜR) und dem Umtausch von Buchgeld in Bargeld (Bargeldquote (b)) durch das Publikum auch die sog. Mindestreservepflicht (vgl. Abschnitt 6.3.2) von Bedeutung ist. Danach zwingt die EZB die Geschäftsbanken, einen Teil (Mindestreservesatz (r)) des Buchgeldes in Form von Bargeld bei ihr zu hinterlegen. Wird dies berücksichtigt, so lässt sich allgemein ermitteln, wie viel zusätzliches Giralgeld (ΔGG) der Geschäftsbankensektor schöpfen kann, wenn ihm eine bestimmte Überschussreserve (ÜR) zufließt. Sie muss nämlich ausreichen, den Umtausch von Buchgeld in Bargeld nach der Bargeldquote (b) und außerdem die Mindestreservehaltung nach dem Mindestreservesatz (r) zu gewährleisten. Bei der Mindestreservehaltung ist allerdings zu beachten, dass sich durch den Umtausch von Buchgeld in Bargeld der Buchgeldbestand verringert und demnach auch eine entsprechend geringere Mindestreservehaltung anfällt. Formal lassen sich diese Überlegungen wie folgt zusammenfassen:

Berechnung des Giralgeldschöpfungsmultiplikators

$$\text{ÜR} = b \cdot \Delta GG + r \cdot (\Delta GG - b \cdot \Delta GG)$$

Nach einigen Umformungen erhält man:

$$\Delta GG = \left(\frac{1}{b + r - r \cdot b}\right) \cdot \text{ÜR}$$

Der Bruch $\left(\frac{1}{b + r - r \cdot b}\right)$ ist der **Giralgeldschöpfungsmultiplikator.**

Der Giralgeldschöpfungsmultiplikator gibt an, das Wievielfache der Überschussreserve der Geschäftsbankensektor als Giralgeld schöpfen kann. Wenn wir beispielhaft, aber durchaus realistisch, von einer Bargeldquote (b) in Höhe von 20 % bzw. 0,2 wie im obigen Beispiel und einem Mindestreservesatz in Höhe von 1 % bzw. 0,01 ausgehen, so ergibt sich ein Giralgeldschöpfungsmultiplikator in Höhe von ungefähr 4,7. Er besagt, dass die Geschäftsbanken das 4,7-fache ihrer Überschussreserve als Buchgeld schöpfen können.

Buchgeldschöpfung ist ohne Bargeld nicht möglich

Wir können zusammenfassend festhalten, dass eine Geschäftsbank nur dann zusätzliches Buchgeld schöpfen kann, wenn sie über Bargeld als Überschussreserve verfügt. Verfügt sie über keine Reserve, so muss sie sich das Bargeld erst beschaffen, um zusätzliches Buchgeld aktiv schöpfen zu können (z. B. durch Kreditvergabe). Die Bargeldversorgung des Geschäftsbankensektors bekommt damit eine besondere Bedeutung, denn sie entscheidet darüber, ob Geschäftsbanken ihrer Umtauschpflicht des bereits geschöpften Buchgeldes in Bargeld nachkommen und zusätzliches Buchgeld schöpfen können. Die Versorgung mit EUR-Bargeld nehmen die Geschäftsbanken neben der Versorgung durch das Publikum (passive Buchgeldschöpfung) vor allem auf zwei Wegen vor: entweder durch Kreditaufnahme bei einer anderen Geschäftsbank oder durch Kreditaufnahme bei der Europäischen Zentralbank (EZB). Die Bargeldversorgung durch die EZB ist Teil ihrer geld- und kreditpolitischen Maßnahmen und wird uns daher bei der Behandlung der betreffenden Instrumente in den Abschnitten 6.2.1 und 6.3.2 näher interessieren.

Geldmarkt als Interbankenmarkt für Bargeld

Die Bargeldversorgung durch eine andere Geschäftsbank betrifft den **Geldmarkt**, auf dem Geschäftsbanken untereinander (Interbankenmarkt) Bargeld handeln. Der Preis, zu dem gehandelt (angeboten und nachgefragt) wird, ist der Geldmarktzins, denn es geht dabei um eine Kreditaufnahme bzw. -gewährung. Wie bei Krediten üblich, hängt die Höhe des Zinses auch von der Laufzeit des Kredites (Termingeld) ab. Der zu zahlende Geldmarktzins ist ein Kostenfaktor für die Geschäftsbank als Kreditnehmer und dürfte damit wesentlich z. B. auch den Zins beeinflussen, den die Geschäftsbank als Kreditgeber (aktive Buchgeldschöpfung) von ihren Kunden verlangt. Zwei Geldmarktzinsen auf europäischen Geldmärkten sind von Bedeutung: der **EURIBOR** (Euro Interbank Offered Rate) für den Interbankenhandel in EUR-Währung und der (weltweit vielleicht noch wichtigere) **LIBOR** (London Interbank Offered Rate) für den Interbankenhandel in anderen Währungen. Diese Zinssätze werden – wie gesagt – wiederum durch die geld- und kreditpolitischen Instrumente (vgl. Abschnitt 6.2.1) der jeweiligen Zentralbank beeinflusst. Ihre tatsächliche Höhe wird dadurch täglich festgestellt, dass ausgewählte Banken auf den betreffenden Geldmärkten ihrem Bankenverband melden, zu welchen Angebotzinsen (offered rates) sie sich gegenseitig Zentralbankgeld leihen. Aus diesen gemeldeten Zinsen wird ein Durchschnittswert ermittelt, – allerdings mit der Gefahr der Manipulation durch gezielte Falschmeldungen, wie die jüngste Vergangenheit gezeigt hat.

Situationsbezogene Antwort 5

Die Kreditvergabe an Schreinermeister Zarge zählt zur aktiven Buchgeldschöpfung seiner Geschäftsbank, denn sie entscheidet, ob es zur Buchgeldschöpfung kommt. Ob aber die Geschäftsbank überhaupt in der Lage ist, diese Buchgeldschöpfung vorzunehmen, hängt davon ab, über wie viel zusätzliches Bargeld (Überschussreserve) sie verfügt. Sie hat sich nämlich verpflichtet, dieses neu geschöpfte Buchgeld jederzeit und in voller Höhe in Bargeld umzutauschen. Da sie jedoch weiß, dass ihre Kunden normalerweise auf einen bestimmten Zeitraum bezogen nur einen Teil ihres Buchgeldes in Bargeld tauschen (d.h., die Bargeldquote ist kleiner als 100%), reicht eine geringere Überschussreserve als der Kreditbetrag aus, um den Kredit vergeben zu können. Im Umkehrschluss kann also die Geschäftsbank ein Mehrfaches der Überschussreserve als Kredit vergeben (Giralgeldschöpfungsmultiplikator). Nur für die Ausnahmesituation, dass ihre Kunden und in diesem Fall Schreinermeister Zarge mehr Buchgeld als üblich in Bargeld tauschen, muss die Geschäftsbank in der Hinterhand Sicherheiten (z.B. Staatsanleihen) haben, mit denen sie sich jederzeit bei der Zentralbank das zusätzlich benötigte Bargeld beschaffen kann.

Situationsbezogene Frage 6

Welche Länder innerhalb der EWU hält Schreinermeister Zarge für hoch verschuldet, worin sieht er die Ursache und welche Probleme sieht er daraus auf sich zukommen?

6.1.6 Konvergenzkriterien der EWU

Grundsätzlich gilt, dass jede Gemeinschaft (auch Lebensgemeinschaft) nur dann von Bestand sein wird, wenn die Gemeinschaftsmitglieder in grundlegenden Zielvorstellungen übereinstimmen und in der Zielverwirklichung eng beieinander liegen. Andernfalls sind Zwistigkeiten aufgrund von Anpassungsproblemen und schlimmstenfalls das Ende der Gemeinschaft vorprogrammiert. Schon Friedrich Schiller (1759–1805) mahnt uns: „Drum prüfe, wer sich ewig bindet …" Diese Mahnung gilt natürlich auch für eine Gemeinschaft wie die Europäische Union (EU) mit ihrer Wirtschafts- und Währungsunion (EWWU). Was die Europäische Währungsunion (EWU) mit ihrer einheitlichen Währung betrifft, so wurden gleich zu Beginn klare Beitrittsbedingungen **(Konvergenzkriterien)** (wegen des zugrundeliegenden Vertrages von Maastricht von 1992 auch **Maastricht-Kriterien** genannt) aufgestellt, die jedes Land als Beitrittskandidat zu erfüllen hatte, wenn es der EWU beitreten wollte. Großbritannien, Schweden und Dänemark wollten dies von vornherein nicht. Eine besondere Vertragsklausel (Nichtteilnahmeklausel oder engl.: Opt-out-Klausel) gestand ihnen dies zu. Seit der Osterweiterung der EU ab dem Jahr 2004 muss jedes Land, das beitreten möchte, zunächst die sog. **Kopenhagener Kriterien** erfüllen. Sie sind

Konvergenzkriterien als Beitrittsbedingungen zur EWU

weniger klar gefasst als die Maastricht-Kriterien und beziehen sich auf die Achtung der Menschenwürde, Freiheit, Demokratie, Gleichheit und Rechtsstaatlichkeit und auf die Wahrung der Menschenrechte. Jedes der neuen Beitrittsländer wird dann automatisch auch in die EWU aufgenommen, sofern es zusätzlich die Konvergenzkriterien erfüllt, wie z. B. in jüngster Zeit Slowenien und Estland.

Folgende Konvergenzkriterien waren bzw. sind zu erfüllen und nach dem erfolgten Beitritt zur EWU auch weiterhin einzuhalten:

- einheitliche Preisstabilität: die Inflationsrate darf den Durchschnitt der drei preisstabilsten Länder um nicht mehr als 1,5 % überschreiten.
- einheitlicher staatlicher Schuldenstand: der staatliche Schuldenstand darf nicht mehr als 60 % des Bruttoinlandsprodukts (BIP) betragen.
- einheitliche staatliche Neuverschuldung: die staatliche Neuverschuldung darf nicht mehr als 3 % des BIP betragen.
- einheitliches Zinsniveau: der Marktzins für langfristige Staatsanleihen darf nicht mehr als 2 % über dem jeweiligen Durchschnittswert der drei preisstabilsten Länder liegen.
- fester Wechselkurs: Teilnahme am Europäischen Währungssystem fester Wechselkurse (EWS bzw. EWS II, d. h., der Wechselkurs der Währung des Beitrittslandes gegenüber dem EUR darf mindestens zwei Jahre lang vor dem Beitritt eine bestimmte Schwankungsbreite nicht überschritten haben (vgl. Abschnitt 8.3.1).

Werden die Konvergenzkriterien nach dem Beitritt zur EWU nicht mehr eingehalten, so sind abgestufte Sanktionen (z. B. in Gestalt von Strafzahlungen) gegen das betreffende Land zu ergreifen.

Konvergenzkriterien zur Staatsverschuldung sind besonders wichtig

Die **Konvergenzkriterien zur Staatsverschuldung** sind insofern von besonderer Bedeutung, als überschuldete und möglicherweise mit Insolvenz bedrohte Staaten zwangsläufig die Frage aufwerfen würden, wer ihnen zur Hilfe kommt. Das Solidaritätsprinzip in jeder Gemeinschaft würde auch in der EWU grundsätzlich bedeuten, dass stärkere Staaten schwächeren Staaten helfen und demnach auch eine drohende Insolvenz aufgrund einer zu hohen Staatsverschuldung (z. B. durch eine Haftungsübernahme) abwenden müssten. Es ist klar, dass dies insbesondere bei den Hilfe leistenden Staaten bzw. in deren Bevölkerung auf Unmut stoßen würde, wenn die Hilfe aus den jeweiligen Staatshaushalten finanziert wird und es demnach letztlich um den Einsatz von Steuergeldern geht. Es kommt hinzu, dass eine mögliche Hilfeleistung auch entsprechende Kontrollmöglichkeiten über die sinnvolle Verwendung der Hilfsgelder beinhalten müsste. Bei Hilfeleistungen an Staaten würden Kontrollen aber notwendigerweise Eingriffe in die Souveränitätsrechte des verschuldeten Staates (z. B. Kontrolle über den Staatshaushalt und damit über die staatlichen Einnahmen und Ausgaben) bedeuten, eine ebenfalls konfliktträchtige Situation. Um diesen Problemen von vornherein zu begegnen, wurden entsprechende Konvergenzkriterien eingeführt. Außerdem wurde auf Betreiben der Bundesrepublik Deutschland ausdrücklich die Übernahme von Haftungsrisiken überschuldeter Staaten durch andere Staaten der EWU vertraglich ausgeschlossen (**Nichtbeistands-Klausel** oder engl.: **No-Bail-Out-Klausel**), zumindest solange, wie noch keine Kontrollmöglichkeiten über den Haushalt des betreffenden Schuldnerstaates (z. B. in Gestalt eines Fiskalpaktes (vgl. Abschnitt 5.2.6) und letztlich einer Fiskalunion) bestehen.

Die EWU ist keine Haftungsunion

In der jüngsten Vergangenheit haben insbesondere die Konvergenzkriterien der Staatsverschuldung zu Problemen geführt. Sie wurden nämlich bei allen beteiligten Staaten grundsätzlich nicht allzu ernst genommen. In einigen Fällen unterblieben Sanktionen oder wurden abgemildert, wenn die Kriterien (z. T. drastisch) nicht erfüllt wurden. So erfüllte z. B. selbst die Bundesrepublik Deutschland zeitweise die Kriterien nicht mehr, obwohl sie vor allem auf ihr Betreiben hin eingeführt wurden. Ein besonders gravierendes Problem aber entstand dadurch, dass Griechenland sich den (zunächst verweigerten) Zutritt zur EWU durch bewusst falsche Angaben zur Erfüllung der Konvergenzkriterien erschlich. Die in den Folgejahren auftretende **Gefahr der Insolvenz des griechischen Staates** und die sich daraus zwangsläufig ergebende Frage nach Art und Umfang möglicher Hilfeleistungen anderer, vor allem stärkerer Staaten direkt an den griechischen Staat oder indirekt über Banken, die die griechischen Staatsanleihen gekauft hatten, führten zu politischen Auseinandersetzungen. Sie reichten bis zur grundsätzlichen Infragestellung der gesamten EWU, zumal neben Griechenland auch andere Staaten wie z. B. Italien, Spanien und Portugal in die Kritik einer zu hohen Staatsverschuldung gerieten.

Problemfall Griechenland

Situationsbezogene Antwort 6

Schreinermeister Zarge hält unter den Staaten der EWU vor allem Griechenland für hoch verschuldet, sogar mit der Gefahr der Insolvenz. Aber auch z. B. Italien, Spanien und Portugal machen ihm Sorgen. Die Ursache des Problems sieht er in den Konvergenzkriterien der EWU, die von den betreffenden Ländern nicht eingehalten wurden. Er befürchtet, dass Hilfeleistungen an hoch verschuldete Staaten in der EWU auch ihn persönlich als Steuerzahler treffen könnten, weil sie letztlich aus dem Staatshaushalt stärkerer Staaten finanziert werden müssen, zu denen auch die Bundesrepublik Deutschland zählt.

Situationsbezogene Frage 7

Warum könnte sich Schreinermeister Zarge auch dann betroffen fühlen, wenn hoch verschuldeten Ländern innerhalb der EWU durch die EZB finanziell geholfen wird?

6.1.7 Schuldenfinanzierung durch die EZB

Eine Alternative zur Finanzierung von Hilfeleistungen an hoch verschuldete Staaten über die Staatshaushalte stärkerer Staaten und damit über deren Steuerzahler könnte die **Schuldenfinanzierung durch die EZB** sein. Da sie eine eigenständige (autonome) staatliche Institution ist (vgl. Abschnitt 6.1.2), wären Staatshaushalte und damit auch Steuerzahler nicht direkt betroffen. Hinzu kommt der Vorteil, dass die EZB das Monopol (Notenmonopol) zur Versorgung der Wirtschaft mit Bargeld (Zentralbankgeld) als gesetzlichem Zahlungsmittel hat (vgl. Abschnitt 6.1.4). Sie könnte also Hilfeleistungen jederzeit in jeder Höhe durch Betätigen der Notenpresse finanzieren. Allerdings sind ihr direkte finanzielle Hilfeleistungen an EWU-Staaten in Gestalt einer Kreditvergabe gesetzlich verboten, wie wir schon erfahren haben. Einen (rechtlich problematischen) Ausweg könnten indirekte Hilfeleistungen der EZB durch den Ankauf von Staatsanleihen der Hilfe suchenden Staaten am Kapitalmarkt oder zumindest das Akzeptieren dieser Staatsanleihen als Sicherheit bei der Geldbeschaffung der Geschäftsbanken (vgl. Abschnitt 6.2.1) darstellen.

Schuldenfinanzierung mit dem Notenmonopol der EZB

Die **Probleme einer EZB-Schuldenfinanzierung** liegen auf zwei Ebenen: Zum einen könnten bei der EZB Verluste entstehen, wenn die angekauften Staatsanleihen im Falle einer Insolvenz nicht mehr getilgt und mit Zinsen bedient oder zumindest der Kurs der Staatsanleihen bei drohender Insolvenz sinken würden. Verluste der EZB aber müssten – wie wir noch sehen werden – nach Auflösung von Rückstellungen letztlich aus den Haushalten der EWU-Staaten gedeckt werden. Damit wäre wiederum der Steuerzahler betroffen. Betroffen wäre er zum anderen auch dann, wenn es durch die Ausweitung der umlaufenden Geldmenge im Zuge des Ankaufs von Staatsanleihen durch die EZB zu einem Inflationsprozess kommt. In den nächsten Abschnitten werden wir uns mit dieser Problematik befassen.

EZB-Schuldenfinanzierung mit Verlust- und Inflationsrisiko

Situationsbezogene Antwort 7

Schreinermeister Zarge würde sich als Steuerzahler auch dann betroffen fühlen, wenn hoch verschuldeten Ländern innerhalb der EWU durch die EZB (z. B. durch den Ankauf von Staatsanleihen) geholfen würde, weil dadurch Verluste bei der EZB entstehen könnten, die wiederum dann aus den Staatshaushalten abgedeckt werden müssten. Außerdem besteht die Gefahr der Inflation, wenn durch den Ankauf der Staatsanleihen die Geldmenge zu stark ausgedehnt wird. Diese würde ihn treffen, wenn er als Inhaber einer Geldforderung (z. B. als Sparer) bezüglich ihrer gütermäßigen Kaufkraft (real) einen Verlust erleiden würde.

Situationsbezogene Frage 8

Woran erkennt Schreinermeister Zarge Inflationsgefahren, die die EZB zum Handeln zwingen und damit möglicherweise auch ihn selbst treffen würden?

6.1.8 Zielmessung und Zielverwirklichung

Wie bei der antizyklischen Fiskalpolitik (vgl. Abschnitt 5.2.1), so muss auch bei der Geld- und Kreditpolitik ihr oberstes Ziel, die Preisstabilität, operationalisiert werden, d.h., die Messgröße und der kritische Grenzwert müssen bestimmt werden. Wir könnten vordergründig annehmen, dass die gleiche Messgröße wie bei der antizyklischen Fiskalpolitik genommen wird, würden dabei aber übersehen, dass es sich bei der Geld- und Kreditpolitik um die Politik in der EWU handelt, die für alle Mitgliedsländer Gültigkeit haben soll. Zwar wird auf der EWU-Ebene insofern die gleiche Messgröße wie in Deutschland herangezogen, als ebenfalls der Preisindex für die private Lebenshaltung (vgl. Abschnitt 5.2.1) relevant ist, aber die Konstruktion dieser Messgröße weist Abweichungen in der Zusammensetzung des Warenkorbes gegenüber den nationalen Warenkörben mit dem jeweiligen Verbraucherpreisindex (VPI) auf, um Verzerrungen durch länderspezifische Konsumgüter oder deren besondere Gewichtung im Konsumverhalten der privaten Haushalte auszuschalten und eine internationale Einheitlichkeit und Vergleichbarkeit über alle Länder der EWU zu gewährleisten. Dieser Tatsache wird dadurch Rechnung getragen, dass ein **harmonisierter Verbraucherpreisindex (HVPI)** ermittelt wird, der möglichst nur einheitliche Konsumgewohnheiten berücksichtigt und der EZB als Messgröße für das Ziel der Preisstabilität dient. Als kritischer Grenzwert wird gegenwärtig – wie bei der antizyklischen Fiskalpolitik in Deutschland – von einer Preissteigerungsrate in Höhe von 1,5 – 2% gegenüber dem Vorjahr ausgegangen.

HVPI als Messgröße für Preisstabilität

Eine Inflationsrate von 0% als kritischer Grenzwert für normale Zeiten, wie es der tägliche Sprachgebrauch von „Stabilität" nahelegen würde, wäre nicht ratsam, denn er würde negative Inflationsraten, also sinkende Preise, wahrscheinlicher machen. Eine solche **Deflation** ist aber – entgegen der landläufigen Meinung – noch kritischer zu bewerten als eine Inflation, denn die Hoffnung auf in der Zukunft sinkende Preise würde die gegenwärtige Güternachfrage sinken lassen, damit verstärkt sinkende Preise bewirken und letztlich eine gefährliche konjunkturelle Abwärtsspirale einleiten.

Auch eine Deflation ist schädlich

Die Geld- und Kreditpolitik setzt – wie schon ihr Name sagt – bei der Geldversorgung der Wirtschaft an, die nicht nur durch die Zentralbankgeldmenge, sondern vor allem durch die aktive Buchgeldschöpfung im Wege der Kreditvergabe durch die Geschäftsbanken beeinflusst wird, wie wir im Abschnitt 6.1.5 gesehen haben. Aufgabe der EZB ist es, die gesamte Geldversorgung so zu steuern, dass sie ihr oberstes

Inflationsursache ist eine zu große Geldversorgung

Ziel der Preisstabilität erreicht. Wirtschaftswissenschaftler sind sich darin einig, dass – zumindest langfristig – jedes **Inflationsproblem im Kern ein monetäres Problem** ist, d. h., die kaufkraftwirksame Geldmenge in ihrer Tauschmittelfunktion ist im Verhältnis zu der tauschbaren Gütermenge zu groß, denn der Güterpreis ist bekanntlich die Anzahl der Geldeinheiten pro Gütereinheit. Mehr Geldeinheiten pro Gütereinheit sind demnach zwangsläufig mit einer Preissteigerung verbunden. Die entscheidende Frage ist nur, welche Geldmenge kaufkraftwirksam ist und wie sie sich messen lässt.

> Umlaufge-
> schwindigkeit
> des Geldes

Die kaufkraftwirksame Geldmenge ist die umlaufende Geldmenge. Sie wird auch als **Geldvolumen** bezeichnet. „Umlaufend" heißt, dass ein bestimmter Geldbetrag (z. B. ein 100 EUR-Schein) im Laufe eines Kalenderjahres mehrfach zum Gütertausch eingesetzt werden kann. Die im Laufe eines Jahres hergestellte und getauschte Gütermenge einer Volkswirtschaft dürfte daher größer sein als die umlaufende Geldmenge, d. h., die **Umlaufgeschwindigkeit des Geldes** ist größer als 1. Eine Umlaufgeschwindigkeit von 2 würde z. B. bedeuten, dass eine bestimmte Geldmenge im Laufe des Jahres durchschnittlich 2-mal als Tauschmittel zwischen Verkäufern und Käufern eingesetzt bzw. durchschnittlich 6 Monate bei ihnen gehalten, also nicht eingesetzt wird. Damit ist allerdings noch nicht die Frage beantwortet, was zu der umlaufenden Geldmenge zu zählen ist. Von der Antwort hängt nämlich die tatsächliche Höhe der Umlaufgeschwindigkeit ab.

> Nicht nur Bar-
> und Buchgeld
> sind Tausch-
> mittel

Unstrittig dürfte sein, dass die umlaufende Geldmenge die Zentralbankgeldmenge und die Buchgeldmenge beinhalten muss, denn sie werden tagtäglich beim Güterkauf als allgemeine Tauschmittel eingesetzt. Strittig ist allerdings, ob nicht auch diejenigen Guthaben bei Geschäftsbanken zum Geldvolumen gezählt werden sollten, die relativ leicht und schnell zu Buchgeld und damit auch zu Bargeld gemacht werden können. So dürfte es z. B. einem Bankkunden, der auf einem Terminkonto (Festgeldkonto) ein Guthaben hat, nicht schwerfallen, bei seiner Geschäftsbank noch vor Fälligkeit des Guthabens im Wege eines Zwischenkredites ein sofort fälliges Guthaben zu bekommen, das er dann als Buchgeld z. B. zum Güterkauf einsetzen kann. Unter diesem Blickwinkel könnte es sinnvoll sein, auch Termineinlagen zum Geldvolumen zu zählen, da sie eine Tauschmittelfunktion erfüllen können. Ähnlich könnte bei Sparguthaben, Schuldverschreibungen, Wechseln etc. argumentiert werden.

> Geldmenge
> M1, M2 und
> M3

Die Frage nach der „richtigen" Geldmenge, die Frage nach dem geeigneten **Geldmengenkonzept**, das dann der Geld- und Kreditpolitik der EZB zugrunde liegen sollte, ist eine theoretische Frage, die sich nicht eindeutig beantworten lässt. Je nachdem, ob ein enges oder weites Geldmengenkonzept gewählt wird, lassen sich unterschiedliche Geldmengenbegriffe unterscheiden. Unter der Geldmenge **M1** fasst die EZB den Bargeldumlauf bei den Nichtbanken und die täglich fälligen Einlagen (Sichtguthaben) des Publikums zusammen. Die Geldmenge **M2** umfasst neben der Geldmenge M1 Einlagen des Publikums mit einer vereinbarten Laufzeit bis zu zwei Jahren (= Terminguthaben) und Einlagen mit einer vereinbarten Kündigungsfrist bis zu drei Monaten (= Sparguthaben). Bei der Geldmenge **M3** werden zur Geldmenge M2 noch Repogeschäfte (Wertpapiere der Bankkunden, die sie im Wege eines Pensionsgeschäfts gegen Geldzahlung von den Geschäftsbanken erhalten haben), Geldmarktfondsanteile und Geldmarktpapiere (z. B. Schatzwechsel und unverzinsliche Schatzanweisungen des Staates) sowie Schuldverschreibungen bis zu zwei Jahren in Händen des Publikums hinzugezählt. Der umfassendste Geldmengenbegriff ist also M3.

Die **aktuellen Werte** für die verschiedenen Geldmengen (Geldmengenaggregate), die sich in der Europäischen Währungsunion (EWU) in Umlauf befinden, können der folgenden **Übersicht** entnommen werden:

Geldmengenaggregate in der EWU
(Ende Dezember 2014 in Mrd. €)

M1	5.916				
M2			9.648		
M3					10.330
Bargeldumlauf	Täglich fällige Einlagen	Einlagen mit vereinbarter Laufzeit von bis zu 2 Jahren	Einlagen mit vereinbarter Kündigungsfrist von bis zu 3 Monaten	Repogeschäfte, Bankschuldverschreibungen bis zu 2 Jahren, Geldmarktfondsanteile/ Geldmarktpapiere	
967	4.949	1.602	2.130	682	

Quelle: ECB (EZB), Statistics Bulletin 3/2015

Eine ständige Aktualisierung der Werte erfolgt im Statistics Bulletin der Europäischen Zentralbank (EZB bzw. ECB), der über die Homepage der EZB (www.ecb.eu) eingelesen werden kann.

Anhand der Werte für die verschiedenen Geldmengen, die 2014 in der EWU in Umlauf waren, lässt sich auch deren Umlaufgeschwindigkeit berechnen. Da der gesamte Gütertausch eines Jahres im Wert des Bruttoinlandsprodukts (BIP) zum Ausdruck kommt und im Jahr 2014 das BIP in der EWU ca. 10.111 Mrd. EUR betrug, ergeben sich daraus folgende Umlaufgeschwindigkeiten (V) der Geldmengen M1, M2 und M3: V1 ≈ 1,7; V2 ≈ 1,1; V3 ≈ 1,0.

Umlaufgeschwindigkeit des Geldes in der EWU

Der Zusammenhang zwischen der umlaufenden Geldmenge und dem Preisniveau lässt sich anhand einer einfachen Gleichung verdeutlichen. Sie wird in Erinnerung an den US-amerikanischen Ökonom und Geldtheoretiker IRVING FISHER (1867–1947) auch als „Fisher'sche Quantitätsgleichung" bezeichnet.

Quantitätsgleichung

Die **Quantitätsgleichung** lautet:

$M \cdot V = P \cdot Y$

Sie besagt, dass die im Laufe eines Jahres umgelaufene Geldmenge (M) multipliziert mit ihrer Umlaufgeschwindigkeit (V) der gesamten getauschten Gütermenge (Y) multipliziert mit ihrem Durchschnittspreis (P) entsprechen muss. In prozentualen Wachstumsraten (W) ausgedrückt erhält die Quantitätsgleichung die Form:

$W_M + W_V = W_P + W_Y$ oder: $W_M = W_P + W_Y - W_V$

Zwei-Säulen-Strategie in der Geld- und Kreditpolitik

Anhand dieser Gleichung können wir folgende Überlegung anstellen: Wenn als Zielwert für Preisstabilität z. B. von einer 2 %igen Preissteigerungsrate ausgegangen wird, die Umlaufgeschwindigkeit um 1 % sinken und die gesamte Gütermenge um 2 % steigen könnte, so sollte die Geldmenge um 5 % steigen. In dieser Beziehung kommt zum Ausdruck, was als **potenzialorientierte Geldpolitik** bezeichnet wird. Sie ist eine erste Säule in der Geld- und Kreditpolitik der EZB. Eine zweite Säule der Geld- und Kreditpolitik setzt nicht bei einer vorausschauenden Geldmengensteuerung an, sondern fragt erst anhand von konjunkturellen Frühindikatoren (z. B. anhand des Geschäftsklimaindex des Münchner Ifo-Instituts), ob sich überhaupt Anzeichen einer Inflation ergeben (**inflationsorientierte Geldpolitik**). Ist das der Fall, werden Maßnahmen der Geld- und Kreditpolitik eingesetzt, die dann erst im nächsten Schritt auch die Geldmenge beeinflussen. Die EZB verfolgt in ihrer Geld- und Kreditpolitik beide Säulen in Kombination. Es wird daher von einer **Zwei-Säulen-Strategie** gesprochen.

Liquiditäts- und zinspolitische Maßnahmen

Die Geldmengensteuerung durch die EZB kann auf direktem Wege vorgenommen werden **(liquiditätspolitische Maßnahmen)**, indem den Geschäftsbanken Zentralbankgeld, das für sie die Basis (Überschussreserve) ihrer Buchgeldschöpfung ist, in einer bestimmten Menge und zu bestimmten Konditionen zur Verfügung gestellt wird. Die Veränderung der Buchgeldschöpfungsmöglichkeiten der Geschäftsbanken dürfte aber auch das Zinsniveau beeinflussen, das bei der aktiven Buchgeldschöpfung im Wege der Kreditvergabe eine Rolle spielt. Zu einer indirekten Geldmengensteuerung kommt es dadurch, dass die EZB zunächst direkt das Zinsniveau beeinflusst **(zinspolitische Maßnahmen)**, das seinerseits dann Einfluss auf die private Kreditnachfrage und erst in deren Folge auf die aktive Buchgeldschöpfung der Geschäftsbanken ausübt.

> Hauptansatzpunkt der zinspolitischen Maßnahmen im Rahmen der Geld- und Kreditpolitik ist die Beeinflussung der privaten Investitionsgüternachfrage über den Zins.

Die **private Investitionsgüternachfrage** dürfte zunächst deswegen durch das Zinsniveau beeinflusst werden, weil erfahrungsgemäß im Durchschnitt ca. 60% des privaten Investitionsvolumens mit Krediten finanziert wird, bei kleinen und mittleren Unternehmen sogar mehr als 80%. Der Preis für Kredite aber ist der Zins. Es liegt daher der Gedanke nahe, dass über die direkte oder indirekte Beeinflussung des allgemeinen Zinsniveaus durch geld- und kreditpolitische Maßnahmen auch Einfluss auf die private Investitionsgüternachfrage und damit auf die gesamtwirtschaftliche Nachfrage genommen werden kann, um zur Verwirklichung des Preisstabilitätszieles beizutragen. Aber auch bei der Eigenkapitalfinanzierung privater Investitionen dürfte der Zins insofern verhaltensbestimmend sein, als z. B. ein relativ hoher Zins am Kapitalmarkt den privaten Investor veranlassen könnte, die Eigenmittel zunächst am Kapitalmarkt anzulegen und nicht durch eine Investition im Unternehmen zu binden, wenn die Zinsaussichten dort als weniger günstig erscheinen. Die Beeinflussung der privaten Investitionsgüternachfrage mit geld- und kreditpolitischen Instrumenten dürfte – trotz ihres mit ca. 15% relativ geringen Anteils am gesamten Inlandsprodukt – deswegen von besonderer Bedeutung für die gesamtwirtschaftliche Nachfrage sein, weil mit Investitionen – im Gegensatz zu Konsumgütern – ein doppelter Effekt **(Dualeffekt)** verbunden ist: wie bei den Konsumgütern ein **Einkommenseffekt** bei der Produktion der Investitionsgüter durch die „Entlohnung" der Faktoreigentümer und zusätzlich noch ein **Kapazitätseffekt** durch die Schaffung zusätzlicher Produktionskapazitäten (und damit evtl. auch zusätzlicher Arbeitsplätze).

Beeinflussung der privaten Investitionsgüternachfrage über den Zins

Dualeffekt von Investitionen

Insgesamt und zusammenfassend können wir als Ergebnis festhalten, dass bei Inflationsgefahren mit einer **restriktiven Geld- und Kreditpolitik** der EZB zu rechnen ist, die mit einer Geldmengenverknappung und Zinserhöhung verbunden ist. Ist dagegen das vorrangige Preisstabilitätsziel erreicht, so wird die EZB zur Konjunkturbelebung und als Beitrag zur Schaffung von Arbeitsplätzen eine **expansive Geld- und Kreditpolitik** betreiben, die mit einer Geldmengenerhöhung und Zinssenkung einhergeht.

Situationsbezogene Antwort 8

Wenn Schreinermeister Zarge wissen möchte, ob Inflationsgefahren bestehen, die die EZB zum Handeln zwingen könnten, sollte er (z. B. über das Internet) in die Statistik schauen. Konkret sollte er danach fragen, wie sich der harmonisierte Verbraucherpreisindex (HVPI) in der EWU verändert hat. An ihm misst nämlich die EZB, ob Preisstabilität besteht oder nicht. Stellt Schreinermeister Zarge fest, dass der Index um mehr als 2% gegenüber dem Vorjahr gestiegen ist, so ist das Ziel der Preisstabilität nicht erreicht, d. h., es liegt eine Inflation vor. In diesem Fall ist davon auszugehen, dass die EZB aufgrund ihres gesetzlichen Auftrages Maßnahmen zur Inflationsbekämpfung ergreifen wird. Schreinermeister Zarge wird dann damit rechnen können, dass die EZB die Geldmenge verknappen und die Zinsen erhöhen wird. Eine Zinserhöhung würde ihn z. B. dann betreffen, wenn er gerade daran denkt, eine notwendige Betriebsanschaffung (z. B. den Ersatz einer abgeschriebenen Maschine = Ersatzinvestition) mit der Aufnahme eines Kredits bei seiner Hausbank zu finanzieren.

6.2 Handlungssituation (Fallbeispiel 2)

Fallbeispiel 2

Handlungssituation

Schreinermeister Zarge beabsichtigt, bei seiner Hausbank einen Kredit aufzunehmen, um die Kapazität seiner Schreinerei zu erweitern, da er neue Kunden gewonnen hat. Außerdem beabsichtigt er, einen Gerichtsprozess gegen ein Bauträgerunternehmen anzustrengen, dem er vor geraumer Zeit bei der Fertigstellung eines größeren Bauprojekts als Subunternehmen Fenster geliefert und eingebaut hatte, das ihm aber trotz mehrerer Mahnungen bisher die vereinbarte Auftragssumme schuldig geblieben ist. Dem Wirtschaftsteil einer Tageszeitung entnimmt er die Meldung: „EZB senkt Leitzinsen und erhöht Geldmenge".

Situationsbezogene Frage 1
Wie kann sich Schreinermeister Zarge diese Zeitungsmeldung erklären und warum könnte sie ihn erfreuen und warum nicht?

6.2.1 Leitzinsen und umlaufende Geldmenge

Die EZB legt drei Leitzinsen fest: die Einlagen-, Spitzenrefinanzierungs- und Hauptrefinanzierungsfazilität. Mit ihnen nimmt sie indirekt auch Einfluss auf die umlaufende Geldmenge. Einen direkten Einfluss nimmt sie mit der Offenmarktpolitik.

Einlagenfazilität als Zinsuntergrenze

Mit **Einlagenfazilität** wird der Zinssatz bezeichnet, zu dem Geschäftsbanken bei den nationalen Zentralbanken Guthaben (= Zentralbankgeld) in jeder Höhe anlegen können. Er wird von der EZB bzw. vom EZB-Rat festgelegt und bildet die Untergrenze für Tagegeld am kurzfristigen Geldmarkt (vgl. Abschnitt 6.1.5), denn wenn die EZB diesen Zins garantiert, wird keine Geschäftsbank bereit sein, einer anderen Geschäftsbank zu einem niedrigeren Zinssatz Zentralbankgeld zu leihen.

Spitzenrefinanzierungsfazilität als Zinsobergrenze

Mit der **Spitzenrefinanzierungsfazilität** legt die EZB bzw. der EZB-Rat dagegen den Zinssatz fest, zu dem die Geschäftsbanken sich gegen bestimmte Sicherheiten (z. B. marktfähige Staatsanleihen als festverzinsliche Wertpapiere) bei den nationalen Zentralbanken ohne Kredithöchstgrenzen Zentralbankgeld beschaffen können.

6.2.1 Leitzinsen und umlaufende Geldmenge

Dieser Zinssatz spiegelt demnach die Obergrenze des Zinssatzes für Tagegeld am kurzfristigen Geldmarkt wider, denn wenn die EZB diesen Zins garantiert, wird keine Geschäftsbank bereit sein, woanders einen höheren Zinssatz für geliehenes Zentralbankgeld zu zahlen.

Über die aktuelle Höhe der Einlagen- und Spitzenrefinanzierungsfazilität informiert die Homepage der Deutschen Bundesbank (www.bundesbank.de).

Einlage- und Spitzenrefinanzierungsfazilität zählen zu den zinspolitischen Instrumenten der EZB. Sie betreffen zwar direkt nur die Geschäftsbanken, haben jedoch für diese den Charakter von **Leitzinsen**, da sie sich im Geschäftskontakt mit ihren Kunden an ihnen orientieren, wenn z. B. Kredite nachgefragt werden. Mit einer Veränderung der Einlage- oder/und Spitzenrefinanzierungsfazilität möchte die EZB demnach zunächst Einfluss auf den Tagegeldzinssatz **EURIBOR** (vgl. Abschnitt 6.1.5) am kurzfristigen Geldmarkt und über ihn dann aber auch auf den Zinssatz am langfristigen Kapitalmarkt ausüben, um letztlich die private Kredit- und vor allem Investitionsgüternachfrage und in der Folge die aktive Buchgeldschöpfung der Geschäftsbanken und damit die umlaufende Geldmenge zu beeinflussen.

[Randnotiz: Fazilitäten sind Leitzinsen für die Geschäftsbanken]

Die **Hauptrefinanzierungsfazilität** ist Teil der Offenmarktpolitik. Die **Offenmarktpolitik** zählt zu den am häufigsten eingesetzten Instrumenten der EZB. Sie ist den liquiditäts- und zinspolitischen Instrumenten zuzuordnen. Bei der Offenmarktpolitik stellt die EZB den Geschäftsbanken gegen Verpfändung von refinanzierungsfähigen Sicherheiten (z. B. marktfähige Staatsanleihen) Zentralbankgeld zur Verfügung, das diese dann als Überschussreserve zur Buchgeldschöpfung (vor allem über die Kreditvergabe an das Publikum) nutzen können. Das Offenmarktgeschäft ist befristet, d. h., es wird von vornherein zu einem bestimmten Termin (Laufzeit von 7 Tagen, 2 Wochen oder 3 Monaten, in Ausnahmesituationen auch wesentlich länger) rückgängig gemacht. Die Geldmenge wird dann also wieder verknappt oder kann zu neuen Konditionen erneut zur Verfügung gestellt werden.

[Randnotiz: wichtig]

Die Offenmarktgeschäfte können mit zwei unterschiedlichen Ausschreibungsverfahren abgewickelt werden:

Beim **Mengentender** gibt die EZB den Zinssatz vor und fragt die Geschäftsbanken nach ihren Geldwünschen zu diesen Konditionen. Die Gebote werden aufsummiert und ins Verhältnis zu der von der EZB angestrebten Versorgung mit Zentralbankgeld gesetzt. Nach diesem prozentualen Verhältnis (Zuteilungsquote, auch „Repartierung" genannt) wird dann den einzelnen Geschäftsbanken das Zentralbankgeld zugeteilt. Ein Nachteil des Mengentenderverfahrens liegt darin, dass bei einer hohen Geldnachfrage und einer entsprechend niedrigen Zuteilungsquote (es wurden zeitweise Quoten von weniger als 1 % erreicht) kleinere Geschäftsbanken benachteiligt

[Randnotiz: Im Mengentender ist der Zinssatz vorgegeben]

sind. Eine solche Situation dürfte insbesondere dann auftreten, wenn der Zinssatz des Mengentenders deutlich unter dem aktuellen Geldmarktzins liegt. Dagegen wurde in der Ausnahmesituation der EWU-Finanzkrise den Geschäftsbanken von der EZB Zentralbankgeld im Mengentenderverfahren langfristig mit einer Zuteilungsquote von 100 % zur Verfügung gestellt. Der Grund lag darin, dass der Geldmarkt völlig zum Erliegen gekommen war, weil die Geschäftsbanken untereinander wegen drohender Insolvenzen kein Zentralbankgeld mehr handelten.

Im Zinstender nennen die Geschäftsbanken den Zinssatz

Beim **Zinstender** bittet die EZB die Geschäftsbanken, ihre Wünsche bezüglich der beanspruchten Zentralbankgeldmenge und dem zu zahlenden Zinssatz zu nennen. Die Gebote der Geschäftsbanken werden mit dem höchsten Zinssatz beginnend nach unten vollständig berücksichtigt, bis die von der EZB angestrebte Versorgung mit Zentralbankgeld in der Summe erreicht ist. Entweder ist dann bei den berücksichtigten Geboten der jeweils gebotene Zins (amerikanisches Verfahren) oder einheitlich der Zins des letzten berücksichtigten Gebotes (holländisches Verfahren) zu zahlen. Im Gegensatz zum Mengentenderverfahren mit der Zinsvorgabe durch die EZB beeinflussen im Zinstenderverfahren die Geschäftsbanken mit ihren Geboten selbst den Zins. Darin ist insofern ein Nachteil zu sehen, als der Zins eine von der EZB nicht gewünschte Höhe nach unten oder oben erreichen kann. Diesem Nachteil kann die EZB allerdings mit der Vorgabe einer Zinsuntergrenze und eventuell auch einer Zinsobergrenze („Zinstender mit Stützrädern") als Mindest- bzw. Höchstbietungssatz begegnen. Bisher gab die EZB im Zinstenderverfahren immer einen Mindestbietungssatz vor, der in der Höhe zwischen der Einlagen- und Spitzenrefinanzierungsfazilität lag.

Hauptrefinanzierungsfazilität als wichtigster Leitzins

Neben der direkten Beeinflussung der umlaufenden Geldmenge durch die Offenmarktgeschäfte beeinflussen die Zinskonditionen des Zins- und Mengentenders (z. B. ein Mindestbietungssatz beim Zinstender und der Festzins beim Mengentender) auch den Zinssatz am kurzfristigen Geldmarkt (EURIBOR) und in der Folge auch am langfristigen Kapitalmarkt. Die Zinskonditionen werden auch als **Hauptrefinanzierungsfazilität** bezeichnet. Sie haben ebenfalls die Funktion eines Leitzinses für die Geschäftsbanken, mit den schon beschriebenen Konsequenzen für die private Kredit- und vor allem Investitionsgüternachfrage. Die Hauptrefinanzierungsfazilität ist der **wichtigste Leitzins**, weil er die ständige Versorgung des Geschäftsbankensektors mit Zentralbankgeld durch die EZB betrifft. Häufig wird er daher in den Medien nur allein genannt, obwohl es neben ihm auch noch die Einlagen- und Spitzenrefinanzierungsfazilität als Leitzinsen gibt, die meist ebenfalls geändert werden, wenn die Hauptrefinanzierungsfazilität durch den EZB-Rat geändert wird.

Basiszins zur Berechnung von Verzugszinsen

Ob die EZB gegenwärtig im Rahmen ihrer Offenmarktpolitik das Mengentender- oder Zinstenderverfahren bevorzugt und welche Konditionen und welche Hauptrefinanzierungsfazilität sie dabei festgesetzt hat, kann ebenfalls dem Wirtschaftsteil einer Tageszeitung oder den Informationen der Deutschen Bundesbank (www.bundesbank.de) entnommen werden. Dort ist auch von einem **Basiszins** zu lesen, der nicht mit den beschriebenen Fazilitäten verwechselt werden darf und auch negativ sein kann. Er wird nach einem bestimmten Verfahren, in das auch die Höhe der Fazilitäten bzw. das Zinsniveau am Geldmarkt (EURIBOR) einfließen, von der Deutschen Bundesbank zwei Mal pro Jahr festgesetzt und stellt die bewegliche Komponente bei der Berechnung von Verzugszinsen aus Schuldverhältnissen dar. Die unbewegliche Komponente (5 % für Verbrauchergeschäfte bzw. 8 % für Handelsgeschäfte) ergibt sich aus § 288 BGB. Ist der Zinssatz am Kapitalmarkt sehr niedrig, kann der Basiszins auch einen negativen Wert haben.

Situationsbezogene Antwort 1

Schreinermeister Zarge entnimmt der Zeitungsmeldung, dass die Europäische Zentralbank (EZB) drei Zinsen (Fazilitäten) gesenkt hat: die Einlagen-, Spitzenrefinanzierungs- und Hauptrefinanzierungsfazilität. Mit der Einlagen- und Spitzenrefinanzierungsfazilität wird das unterste und oberste Zinsniveau am Geldmarkt beeinflusst, an dem die Geschäftsbanken untereinander Bargeld (Zentralbankgeld) handeln. Sie benötigen es, wenn sie aktiv Buchgeld schöpfen wollen, z. B. bei der Kreditvergabe an ihre Kunden (Publikum). Mit der Hauptrefinanzierungsfazilität wird das Zinsniveau zwischen dem untersten und obersten Zinsniveau am Geldmarkt beeinflusst, dass sich bei den täglichen Bargeldgeschäften zwischen den Geschäftsbanken einpendelt (EURIBOR). Eine Senkung der Fazilitäten durch die EZB bedeutet für die Geschäftsbanken, dass es für sie kostengünstiger wird, sich Bargeld zu beschaffen. Sie können diese Kostensenkung dann an ihre Kunden z. B. durch niedrigere Kreditzinsen weitergeben. Insofern stellen die Fazilitäten für die Geschäftsbanken eine Orientierung bei der Kosten- und Zinskalkulation dar. Sie sind daher Leitzinsen.

Die Hauptrefinanzierungsfazilität ist Teil der Offenmarktpolitik, mit der die EZB den Geschäftsbanken direkt Bargeld zuteilt. Die Zuteilung erfolgt mit dem Zinstender- oder Mengentenderverfahren. Beim Zinstenderverfahren wird mit dem höchsten gebotenen Zins beginnend zugeteilt, während im Mengentenderverfahren jede Geschäftsbank einen bestimmten Prozentsatz (Zuteilungsquote) der gewünschten Geldmenge zum vorgegebenen Zins bekommt. Die Hauptrefinanzierungsfazilität ist der von den Geschäftsbanken mindestens zu bietende Zinssatz beim Zinstenderverfahren oder der vorgegebene, von den Geschäftsbanken zu zahlende Zinssatz beim Mengentenderverfahren. Stellt die EZB den Geschäftsbanken im Rahmen der Offenmarktpolitik mehr Bargeld zur Verfügung, so wirkt dies genauso wie eine Senkung der Leitzinsen, d. h., es dürfte letztlich z. B. zu einer Senkung der Kreditzinsen kommen.

Die Zeitungsmeldung dürfte Schreinermeister Zarge insofern erfreuen, als er aufgrund der Senkung der Leitzinsen und der Ausweitung der Geldmenge durch die EZB auf eine Senkung der Kreditzinsen hoffen kann. Dies würde es ihm erleichtern, Investitionen zu tätigen (z. B. den Kauf einer neuen Hobelmaschine), zu denen er eine Kreditfinanzierung seiner Hausbank benötigt. Seine Freude könnte allerdings dadurch ein wenig getrübt werden, dass mit den sinkenden Leitzinsen auch der Basiszins sinken dürfte. Die noch ausstehende Auftragssumme würde demnach mit geringeren Verzugszinsen zu seinen Gunsten belegt, wenn er mit einer Klage gegen das Bauträgerunternehmen als Schuldner bei Gericht Erfolg hätte.

Situationsbezogene Frage 2
Wodurch könnte die anfängliche Freude von Schreinermeister Zarge über die Zeitungsmeldung noch getrübt werden?

6.2.2 Schwachstellen der Geld- und Kreditpolitik

Die Schwachstellen der Geld- und Kreditpolitik liegen auf drei Ebenen:

Steuerung des Geldvolumens kann misslingen

Die erste Schwachstelle liegt bei der **Beeinflussung des Geldvolumens**, insbesondere bei einer möglicherweise angestrebten Verknappung. Eine Verknappung dürfte dann misslingen oder zumindest verzögert werden, wenn der Geschäftsbankensektor sehr liquide ist und ihm aus anderen Quellen (z. B. durch die Sparer oder die übrige Welt) Zentralbankgeld zur Verfügung gestellt wird. Ein ähnliches Problem könnte bei einer angestrebten Ausweitung des Geldvolumens auftreten, wenn dem Geschäftsbankensektor auf anderen Wegen (z. B. durch Kapitalanlagen in der übrigen Welt) Zentralbankgeld entzogen wird.

Zinsfestlegung der Geschäftsbanken ist frei

Eine weitere Schwachstelle betrifft die angestrebte **Beeinflussung des allgemeinen Zinsniveaus** durch die geld- und kreditpolitischen Maßnahmen der EZB. Die Geschäftsbanken sind bei ihren Zinsvereinbarungen gegenüber dem Publikum grundsätzlich frei. Sie orientieren sich lediglich mehr oder weniger stark an den EZB-Daten, die im Übrigen nur den kurzfristigen Geldmarkt direkt beeinflussen. Dies kann einen zumindest verzögerten Einfluss der EZB-Politik auf das allgemeine Zinsniveau unter Einbeziehung des langfristigen Kapitalmarktes bedeuten, wobei wiederum die (möglicherweise aus anderen Quellen gespeiste) Liquiditätssituation der Geschäftsbanken, höher verzinste Anlagemöglichkeiten im Ausland oder das Risiko eines Kreditausfalls bei schlechter Konjunktursituation eine Rolle spielen dürften. Eine unterschiedliche Verschuldungs- und Konjunktursituation in den verschiedenen Ländern der EWU („Nord-Süd-Gefälle") ist dabei mit dem Problem verbunden, dass auch die Zinsen auf den betreffenden Kapitalmärkten teilweise drastisch auseinanderklaffen können und sich nicht an den Leitzinsen der EZB orientieren. Die

Situation, in der eine geld- und kreditpolitische Beeinflussung des Zinsniveaus fehlschlägt, wird auch als **Liquiditätsfalle** bezeichnet.

Die dritte Schwachstelle liegt bei der sog. **Zinsreagibilität der Investitionen**, d. h., bei der Bedeutung des Zinses für die Investitionsentscheidungen. Die Höhe des Zinsniveaus muss keineswegs immer die Entscheidungen der Investoren beeinflussen. Das gilt insbesondere in wirtschaftlichen Krisensituationen bei einer pessimistischen Grundstimmung im Unternehmensbereich. Ist die bestehende Produktionskapazität nicht ausgelastet oder/und wird für die mit einer Investition verbundene Ausweitung der Produktionskapazität keine ausreichende Auslastung in der Zukunft erwartet, so dürfte auch ein sehr niedriges Zinsniveau nicht zu einer Anregung der Investitionsgüternachfrage führen. Bei einer sehr optimistischen Grundstimmung und hohen Absatzerwartungen können andererseits Möglichkeiten der Preisüberwälzung von Zinsen gegeben sein. Wenn eine mangelhafte Zinsreagibilität der Investitionen die Geld- und Kreditpolitik unwirksam werden lässt, wird auch von einer **Investitionsfalle** gesprochen.

Investitionsentscheidungen hängen nicht nur vom Zins ab

Insgesamt ist davon auszugehen, dass die **Wirksamkeit der Geld- und Kreditpolitik vor allem in einer Depression beeinträchtigt** ist. Mit einer Niedrigzinspolitik allein ist eine Konjunkturkrise, verbunden mit Arbeitslosigkeit, nicht zu bekämpfen. Erst wenn die gesamtwirtschaftliche Nachfrage (z. B. mit fiskalpolitischen Maßnahmen) angekurbelt worden ist und sich die unternehmerischen Absatzerwartungen verbessert haben, können niedrige Zinsen diese Entwicklung begleitend unterstützen. Dagegen lässt sich eine zu optimistische Wirtschaftsentwicklung im Konjunkturboom, die Inflationsgefahren beinhaltet, mit einer Hochzinspolitik viel leichter dämpfen. Dies wundert uns wiederum insofern nicht, als wir wissen, dass das vorrangige Ziel der EZB die Preisstabilität ist, die insbesondere im Konjunkturboom gefährdet ist.

In Konjunkturkrisen kann die Geld- und Kreditpolitik versagen

Situationsbezogene Antwort 2

Die anfängliche Freude von Schreinermeister Zarge über die Leitzinssenkung und Geldmengenausweitung durch die EZB in der Hoffnung, dadurch auch in den Genuss von niedrigen Zinsen für die Kreditfinanzierung von Investitionen (z. B. für den Kauf einer neuen Hobelmaschine) zu kommen, könnte neben den sinkenden Verzugszinsen zunächst noch dadurch getrübt werden, dass die erhoffte Wirkung ausbleibt und die Kreditzinsen von den Geschäftsbanken und damit auch von seiner Hausbank nicht gesenkt werden.

Dies könnte zum einen daran liegen, dass die Geldmenge von der EZB zwar ausgeweitet wurde, indem sie den Geschäftsbanken mehr Bargeld mit der Möglichkeit einer verstärkten Buchgeldschöpfung (z. B. durch Kreditvergabe) zur Verfügung stellte, dass diese aber den neuen Geldzufluss ins Ausland transferierten (z. B. durch den Kauf von hoch verzinsten ausländischen Staatsanleihen). Inländische Kreditnehmer wie z. B. Schreinermeister Zarge sind in diesem Fall als Kunden für Geschäftsbanken weniger interessant. Zum anderen sind Geschäftsbanken in der Zinskalkulation für Kreditnehmer grundsätzlich frei und müssen sich nicht an die Leitzinsen der EZB halten. Sinkende Leitzinsen werden sie z. B. dann nicht an ihre Kunden weitergeben, wenn ihnen im Ausland höhere Zinsen (z. B. beim Kauf von Staatsanleihen) winken, wenn ihnen das Risiko eines Kreditausfalls (z. B. bei schlechter Auftragslage der Kreditnehmer) zu hoch erscheint oder wenn sie ohnehin schon über hohe Liquiditätsreserven (z. B. durch Kundeneinzahlungen) verfügen. Schreinermeister Zarge würde in diesem Fall durch die Auswirkungen der sog. Liquiditätsfalle in seiner Hoffnung auf sinkende Kreditzinsen enttäuscht.

Eine Enttäuschung ganz anderer Art ergibt sich für Schreinermeister Zarge aufgrund der sog. Investitionsfalle. Sie hat ihren Ursprung in einer möglicherweise schlechten Auftragslage. Wenn Schreinermeister Zarge nämlich seine Kapazitäten nicht voll ausgelastet hat, weil wegen der schlechten konjunkturellen Situation Kundenaufträge fehlen, so werden ihn selbst sinkende Kreditzinsen nicht interessieren und z. B. zum Kauf einer neuen Hobelmaschine veranlassen. Sinkende Kreditzinsen werden für ihn erst dann wieder interessant und ihn zur Investition anregen, wenn sich die konjunkturelle Situation und seine Auftragslage verbessern.

6.3 Handlungssituation (Fallbeispiel 3)

Fallbeispiel 3

Handlungssituation

Schreinermeister Zarge ist beunruhigt, weil er über die Medien erfahren hat, dass die EZB verstärkt Anleihen hoch verschuldeter Staaten ankauft und die Deutsche Bundesbank dies kritisiert. Er fragt sich, ob die EZB überhaupt Staatsanleihen ankaufen darf. Aus dem Geschichtsunterricht in seiner Schulzeit weiß er, dass die Hyperinflation in den 20-er Jahren des vorigen Jahrhunderts in Deutschland wesentlich darauf beruhte, dass die damalige Regierung die Möglichkeit hatte, zur Finanzierung von Kriegsfolgelasten die „Notenpresse" zu bedienen. Dem Wirtschaftsteil einer Tageszeitung entnimmt er die Meldung: „EZB erinnert Kritiker an Mindestreserve".

Situationsbezogene Frage 1
Warum könnte der gemeldete Ankauf von Staatsanleihen durch die EZB Schreinermeister Zarge mit Recht beunruhigen?

6.3.1 Ankauf von Staatsanleihen durch die EZB

Grundsätzlich gilt nach dem bisher Gesagten, dass die EZB allein berechtigt ist, den Wirtschaftskreislauf mit Zentralbankgeld (Bargeld) als gesetzlichem Zahlungsmittel zu versorgen. Da auch die Buchgeldschöpfung der Geschäftsbanken an die Bargeldversorgung gekoppelt ist (vgl. Abschnitt 6.1.5), beeinflusst die EZB mit ihrer Entscheidung über die Höhe der Bargeldversorgung die gesamte umlaufende Geldmenge. Der Ankauf von Staatsanleihen durch die EZB führt demnach zu einer **Ausweitung der umlaufenden Geldmenge**.

Ausweitung der umlaufenden Geldmenge

Wie wir wissen (vgl. Abschnitt 6.1.8), ist die umlaufende Geldmenge ein entscheidender Bestimmungsfaktor für allgemeine Preisänderungen, denn Preise sind als Anzahl der Geldeinheiten pro Güter- oder Faktoreinheit definiert. Eine zu große umlaufende Geldmenge im Verhältnis zur getauschten Gütermenge ist mit **Inflationsgefahren** verbunden. Der Ankauf von Staatsanleihen durch die EZB verschärft demnach diese Gefahren.

Inflationsgefahren

Der Ankauf von Staatsanleihen durch die EZB kann über eine Ausweitung der umlaufenden Geldmenge zu einer Senkung der Zinsen auf den Kapitalmärkten führen (vgl. Abschnitt 6.2.1). Zu einer Zinssenkung dürfte es außerdem dadurch kommen, dass der Ankauf der Anleihen ihren Kurs steigen und damit ihre Effektivverzinsung sinken lässt. Dieser **Zinssenkungseffekt** wirkt belebend auf die gesamtwirtschaftliche Nachfrage und kann daher auch mit positiven Beschäftigungseffekten verbunden sein. Bei bereits ausgelasteten Kapazitäten kann er aber auch wiederum zu Inflationsgefahren führen oder sie verschärfen.

Sinkende Zinsen

Die EZB kann sich aufgrund ihrer autonomen Stellung (vgl. Abschnitt 6.1.2) dem Wunsch nach einer staatlichen Kreditfinanzierung nicht nur widersetzen, sondern sie ist dazu auch gesetzlich verpflichtet. Eine **Kreditvergabe an Staaten der EWU ist der EZB ausdrücklich untersagt**. Der Ankauf von Staatsanleihen durch die EZB am Kapitalmarkt ist zwar keine direkte staatliche Kreditvergabe, dient ihr jedoch auf indirektem Wege, denn die EZB wird dadurch zum Gläubiger der betreffenden Staaten. Insofern bewegt sich der Ankauf von Staatsanleihen durch die EZB zumindest in einer rechtlichen Grauzone. Kritiker wie z. B. die Deutsche Bundesbank sehen jedoch in ihm einen klaren Rechtsverstoß und verweisen auf die damit verbundenen Inflationsgefahren.

Verbot einer direkten Kreditvergabe

Kauft die EZB trotz der Bedenken Anleihen hoch verschuldeter Staaten an, um ein Auseinanderfallen der EWU zu verhindern, so taucht zusätzlich das Problem auf, dass bei einer möglichen Insolvenz dieser Staaten auch der Wert der betreffenden Anleihen sinken oder gar gänzlich verloren gehen könnte. Dies würde zu erhöhten Abschreibungen und damit möglicherweise zu einem **Verlust bei der EZB** führen,

Drohende Verluste

der (nach Auflösung von Rückstellungen) von den nationalen Zentralbanken bzw. dann den Staatshaushalten entsprechend ihrem Kapitalanteil an der EZB (z. Zt. ca. 26 % für Deutschland) und letztlich von den jeweiligen Steuerzahlern zu tragen wäre (vgl. Abschnitt 6.4.1). Darüber hinaus könnten hoch verschuldete Staaten durch den Ankauf ihrer Anleihen und den damit verbundenen Zinssenkungseffekt dazu verleitet werden, die zum Abbau der Staatsverschuldung dringend notwendigen **Strukturreformen** ihrer Volkswirtschaft zu verzögern oder gar gänzlich zu unterlassen.

Situationsbezogene Antwort 1
Schreinermeister Zarge könnte durch den Ankauf von Staatsanleihen durch die EZB mit Recht beunruhigt werden, weil dadurch die umlaufende Geldmenge erhöht wird und Inflationsgefahren auftreten können. Sie werden dann auftreten, wenn die erhöhte Geldmenge in einem Missverhältnis zur getauschten Gütermenge steht. Preissteigerungen wären Schreinermeister Zarge als Nachfrager nach Vorleistungen und nach Investitionsgütern unangenehm, weil sie für ihn mit Kostensteigerungen verbunden wären, und würden auch die Kaufkraft (Realwert) seines Einkommens als Konsument und seines Geldkapitals (z. B. seiner Ersparnisse zur Altersvorsorge) schrumpfen lassen. Beunruhigend ist für Schreinermeister Zarge auch die Tatsache, dass der Ankauf von Staatsanleihen durch die EZB als Kreditvergabe an die betreffenden Staaten gesehen werden kann und damit gegen gesetzliche Bestimmungen verstößt. Bestärkt wird er in seiner Meinung dadurch, dass auch Kritiker, wie z. B. die Deutsche Bundesbank, der gleichen Meinung sind.

Situationsbezogene Frage 2
Warum könnte Schreinermeister Zarge durch die Zeitungsmeldung zur Mindestreserve wieder beruhigt werden und warum nicht?

6.3.2 Mindestreservepolitik

Mindestreserve als Zwangsguthaben bei der EZB

Die **Mindestreservepolitik** bezeichnet die Festsetzung des sog. Mindestreservesatzes durch den EZB-Rat. Unter **Mindestreservesatz** wird der Prozentsatz der Mindestreservebasis (vor allem des Buchgeldes) bei den Geschäftsbanken verstanden, der von ihnen in Form eines verzinslichen Guthabens bei der EZB bzw. bei den nationalen Zentralbanken, also in Form von Zentralbankgeld, gehalten werden muss. Die Mindestreserve ist demnach ein **Zwangsguthaben**, das die Geschäftsbanken bei der EZB auf einem Mindestreservekonto halten müssen. Der Mindestreservesatz beträgt gegenwärtig nur 1 %. Die Mindestreserve ist im Monatsdurchschnitt zu halten und wird mit dem Zinssatz der Hauptrefinanzierungsfazilität (vgl. Abschnitt 6.2.1) verzinst.

6.3.2 Mindestreservepolitik

Die Mindestreservepolitik zielte ursprünglich auf eine **Gläubigerschutzfunktion**, d. h., sie sollte die Geschäftsbanken jederzeit in die Lage versetzen, den normalen Tausch von Buchgeld in Zentralbankgeld durch das Publikum abwickeln zu können. Über diese Gläubigerschutzfunktion hinaus hat sich die Mindestreservepolitik aber zu einem der schärfsten geld- und kreditpolitischen Instrumente entwickelt und ist für den „Notfall" gedacht, da mit ihr die Zentralbankgeldmenge und über die Buchgeldschöpfungsmöglichkeiten der Geschäftsbanken das gesamte Geldvolumen sehr schnell und direkt beeinflusst werden können. Da die Mindestreserve lediglich im Monatsdurchschnitt zu halten ist, kommt ihr außerdem eine **Liquiditätspufferfunktion** zu, d. h., die Geschäftsbanken können sich im Laufe eines Monats durch kurzfristiges Unterschreiten des Monatsdurchschnitts und entsprechendes Überschreiten im weiteren Monatsverlauf schnell Zentralbankgeld (Liquidität) besorgen, um einen eventuell plötzlich auftretenden Spitzenbedarf zu decken. Die Mindestreservepolitik zählt daher zu den **liquiditätspolitischen Instrumenten**. Eine Senkung (Erhöhung) des Mindestreservesatzes führt zu einer Ausweitung (Verknappung) des Geldvolumens, dadurch wahrscheinlich zur Senkung (Erhöhung) des allgemeinen Zinsniveaus und dadurch wiederum zu einer Anregung (Drosselung) der gesamtwirtschaftlichen Nachfrage, insbesondere der privaten Investitionsgüternachfrage. Vor allem den Inflationsgefahren eines zu großen Geldvolumens könnte mit einer Heraufsetzung des Mindestreservesatzes sehr schnell und wirkungsvoll begegnet werden.

Mindestreservepolitik als schärfstes Instrument für den „Notfall"

Situationsbezogene Antwort 2

Schreinermeister Zarge könnte angesichts des Ankaufs von Staatsanleihen durch die EZB trotz der damit verbundenen Inflationsgefahren wieder beruhigt werden, weil die EZB mit dem Hinweis auf die Mindestreserve ihre Kritiker an die Mindestreservepolitik erinnert. Mit ihr hat sie die Möglichkeit, die umlaufende Geldmenge notfalls rasch und auch drastisch zu verändern bzw. in diesem Fall zu reduzieren. Sie könnte dies tun, wenn sie das Ziel der Preisstabilität, das ihr vom Gesetz als vorrangiges Ziel vorgeschrieben ist, in Gefahr und keine andere Möglichkeit der Gefahrenabwehr mehr sieht, weil die üblichen zins- und liquiditätspolitischen Instrumente versagen.

Mit einer Erhöhung des Mindestreservesatzes auf weit mehr als 1 % würden die Geschäftsbanken verpflichtet, in Abhängigkeit von ihrem Buchgeldbestand sofort mehr Bargeld bei der EZB auf ihrem Mindestreservekonto einzuzahlen. Mit der Verknappung des Bargeldes würden sich auch ihre Buchgeldschöpfungsmöglichkeiten (z. B. durch Kreditvergabe) drastisch reduzieren und es würde in der Folge zu höheren Zinsen an den Kapitalmärkten kommen. Die dadurch ausgelöste Dämpfung der gesamtwirtschaftlichen Nachfrage würde anfängliche Preissteigerungen dämpfen oder sie gar nicht erst entstehen lassen. Der Ankauf von Staatsanleihen durch die EZB weitet also zwar zunächst die umlaufende Geldmenge aus, kann jedoch in ihrem Geldmengeneffekt durch die Mindestreservepolitik und dabei mit einer Erhöhung des Mindestreservesatzes notfalls wieder korrigiert werden, um Inflationsgefahren zu begegnen.

Allerdings würde in Folge einer solchen Maßnahme der Geldmengenverknappung das Zinsniveau am Kapitalmarkt ansteigen und sich damit die Kreditaufnahme verteuern. Auch Schreinermeister Zarge könnte davon betroffen sein.

6.4 Handlungssituation (Fallbeispiel 4)

Fallbeispiel 4

Handlungssituation

Schreinermeister Zarge hat dem Wirtschaftsteil einer Tageszeitung die Meldung entnommen: „EZB weist höheren Gewinn aus". Zur Beurteilung der Meldung vergleicht er die Gewinnsituation der EZB mit der Gewinnsituation seines eigenen Unternehmens.

Situationsbezogene Frage 1
Warum könnte sich Schreinermeister Zarge über die Zeitungsmeldung erfreut zeigen?

6.4.1 Unternehmensgewinn und Gewinn der EZB

Unternehmensgewinne sind positiv

Ein **Unternehmensgewinn** ergibt sich als positive Differenz aus Umsatz und Kosten. Er stellt ein Einkommen dar, das entweder im Unternehmen verbleibt oder an die Eigentümer des Unternehmens ausgeschüttet wird. Nach Steuerzahlung erhöht er das verfügbare Einkommen der Einkommensbezieher und ermöglicht es ihnen damit, zusätzliche Konsum- und Investitionswünsche zu finanzieren oder die Ersparnis aufzustocken. Insofern ist ein Gewinn aus Unternehmenssicht grundsätzlich als positiv zu beurteilen. Beim Verlust übersteigen die Kosten den Umsatz. Es tritt demnach ein negativer Gewinn auf, der aus Unternehmenssicht auch negativ zu beurteilen ist. Aus Sicht der EZB stellt sich die Situation allerdings anders oder zumindest differenziert dar.

Die EZB hat eine gesamtwirtschaftliche Aufgabe

Vordergründig könnte die Vorstellung herrschen, dass eine Institution wie die EZB, die das gesetzliche Zahlungsmittel in Umlauf setzt und das Notenmonopol besitzt, niemals einen Verlust und immer nur einen Gewinn machen kann, da sie das notwendige Geld jederzeit drucken lassen kann. Eine solche Vorstellung würde jedoch die klare **Trennung zwischen privaten und staatlichen Aufgaben** vermissen lassen, auf die bereits bei der Behandlung der antizyklischen Fiskalpolitik im 5. Kapitel hingewiesen wurde. Die EZB soll - wie jede staatliche Institution - aus gesellschaftlicher Verantwortung heraus privates, marktwirtschaftliches Verhalten korrigieren

6.4.1 Unternehmensgewinn und Gewinn der EZB

oder verhindern, sofern es mit gesellschaftlichen Zielen (Finalzielen) und deren Unterzielen (Modalzielen), wie z. B. mit dem Ziel der Preisstabilität, nicht in Einklang steht. Zu ihrer gesellschaftlichen bzw. gesamtwirtschaftlichen und entsprechend gesetzlichen Aufgabenerfüllung stellt die EZB die notwendige Zentralbankgeldmenge zur Verfügung, aber nicht etwa, um ihren eigenen Verlust zu verhindern und einen Gewinn zu machen.

Ein **Gewinn der EZB** kann durch den Einsatz ihrer geld- und kreditpolitischen Instrumente entstehen. Sie führen nämlich zu Einnahmen bzw. Umsätzen und Ausgaben bzw. Kosten, deren Differenz nicht nur in der privaten Unternehmensbuchführung, sondern auch in der Buchführung der EZB als Gewinn oder Verlust bezeichnet wird. Einnahmen fallen z. B. durch die Zinseinnahmen bei der Offenmarktpolitik an, während Ausgaben z. B. durch Personalkosten entstehen, aber auch z. B. durch Abschreibungen auf angekaufte Staatsanleihen (vgl. Abschnitt 6.3.1) auftreten können, die wegen Zahlungsunfähigkeit des betreffenden Staates nicht mehr bedient werden. Auch Buchgewinne oder -verluste durch die Bewertung der Währungsreserven bei Wechselkursänderungen sind normal. Gewinne und Verluste der EZB sind jedoch gesamtwirtschaftlich und nicht einzelwirtschaftlich zu beurteilen, denn:

> Es ist nicht das Ziel der EZB, einen Gewinn zu machen oder einen Verlust zu verhindern.

Gewinne oder Verluste fallen bei der EZB „nebenbei" an, wenn sie ihre Instrumente einsetzt, wobei Gewinne überwiegen, vor allem in den 90er Jahren, in den 70er Jahren allerdings auch Verluste. Die EZB ist gesetzlich verpflichtet, Gewinne letztlich (nach Bildung von Rückstellungen) über die nationalen Zentralbanken an die Staatshaushalte aller Länder der Europäischen Wirtschafts- und Währungsunion (EWWU) abzuführen, während mögliche Verluste (nach Auflösung von Rückstellungen) aus diesen Haushalten entsprechend abgedeckt werden müssen. Gewinne würden daher zu fiskalpolitischen Einnahmen führen und damit letztlich den Steuerzahlern zugute kommen, während Verluste zu fiskalpolitischen Ausgaben und damit letztlich zu Lasten der Steuerzahler gehen würden.

Gewinne oder Verluste als Nebeneffekt

Über die Bildung und Auflösung von Rückstellungen und damit über die restliche Gewinnverteilung bzw. Verlustzuweisung wird im – im Gegensatz zu den Entscheidungen über den Einsatz der geld- und kreditpolitischen Instrumente – mit (jeweils am Kapitalanteil) gewichtetem Stimmrecht im EZB-Rat (ohne Beteiligung des EZB-Direktoriums) mit Dreiviertelmehrheit abgestimmt. Das Stimmgewicht ergibt sich dabei aus dem **Kapitalanteil** der jeweiligen nationalen Zentralbank am potentiellen Gesamtkapital (ca. 11 Mrd. EUR für alle Länder der EWWU) bzw. am eingezahlten Gesamtkapital (ca. 6 Mrd. EUR für die Länder der EWU) der EZB. Der Kapitalanteil

Gewinnverteilung bzw. Verlustzuweisung nach dem Kapitalanteil

wird je zur Hälfte aus dem Bevölkerungsanteil und dem BIP-Anteil des betreffenden Landes bezogen auf alle Länder der EWWU berechnet. Die Deutsche Bundesbank hat mit einem z. Zt. ca. 26%igen Anteil am eingezahlten Gesamtkapital der EWU-Länder das größte Stimmengewicht. Sie bzw. der deutsche Staatshaushalt käme damit einerseits auch in den Genuss des größten Anteils bei einer möglichen Gewinnverteilung, hätte aber andererseits auch den größten Anteil einer möglichen Verlustzuweisung zu tragen.

Situationsbezogene Antwort 1
Schreinermeister Zarge könnte sich über einen Gewinn der EZB zunächst erfreut zeigen, weil er ihn grundsätzlich aus der Sicht seines Unternehmens beurteilt. Ein Gewinn erhöht das Einkommen seines Unternehmens und schafft als unverteilter Gewinn zusätzliche Finanzierungsspielräume z. B. für Investitionspläne oder als verteilter Gewinn zusätzliche Finanzierungsspielräume z. B. für Konsumwünsche. Insofern wäre ein Gewinn grundsätzlich erfreulich. Diese Sichtweise wäre allerdings vordergründig, denn die EZB soll mit ihrer Geld- und Kreditpolitik Einfluss auf die gesamtwirtschaftliche Entwicklung nehmen, aus der sich erst auch einzelwirtschaftliche Wirkungen ergeben. Eine einzelwirtschaftliche Wirkung, die auch Schreinermeister Zarge erfreuen würde, könnte darin bestehen, dass die Ausschüttung des EZB-Gewinns an die Staatshaushalte dazu führen könnte, dass es wegen der höheren Staatseinnahmen zu Steuersenkungen kommt oder zusätzliche Staatsaufträge vergeben werden, die auch Schreinermeister Zarge zugute kommen. Außerdem würde durch die Gewinnausschüttung die umlaufende Geldmenge erhöht und es könnte zu Zinssenkungen am Kapitalmarkt kommen, über die sich Schreinermeister Zarge ebenfalls freuen würde, wenn er z. B. auf eine Kreditfinanzierung geplanter Investitionen angewiesen ist.

Situationsbezogene Frage 2
Wodurch kann die Freude von Schreinermeister Zarge über den höheren Gewinn der EZB getrübt werden?

6.4.2 Beurteilung eines EZB-Gewinns

Ein EZB-Gewinn kann unangenehm sein

Gewinne oder Verluste der EZB sind nach dem bisher Gesagten nicht mit dem üblichen betriebswirtschaftlichen Blick als gut oder schlecht zu beurteilen. Ihre **Beurteilung** hat konsequent unter gesamtwirtschaftlichem Blickwinkel zu erfolgen. So könnte der EZB z. B. ein erzielter Gewinn durchaus unangenehm bzw. ein Verlust durchaus angenehm sein und müsste gesamtwirtschaftlich negativ bzw. positiv bewertet werden, wenn die EZB angesichts einer Inflationsgefahr gleichzeitig eine Politik des knappen Geldes verfolgt. Durch eine Gewinnausschüttung an die Staatshaus-

6.4.2 Beurteilung eines EZB-Gewinns

halte würde nämlich genau der gegenteilige Effekt eintreten, der erst wieder durch eine weitere Geldmengenverknappung korrigiert werden müsste. Ein Verlust würde dagegen die Politik des knappen Geldes unterstützen, da er aus den Staatshaushalten gedeckt werden müsste und demnach die Geldmenge verknappen würde. Die Beurteilung würde sich allerdings umkehren, wenn die EZB keine Inflationsgefahren erkennen und daher die Geldmenge ausdehnen würde, um die Konjunktur anzuregen und mit ihr die Beschäftigungssituation zu verbessern.

Situationsbezogene Antwort 2

Die Freude von Schreinermeister Zarge über den Gewinn der EZB kann dadurch getrübt werden, dass der Gewinn mit einer Inflationsgefahr verbunden ist. Eine Ausschüttung des Gewinns an die Staatshaushalte würde nämlich die umlaufende Geldmenge und dadurch die Kaufkraft der Nachfrager erhöhen. Sie können im Konjunkturaufschwung bei ausgelasteten Kapazitäten zu Preissteigerungen führen. Preissteigerungen aber wären Schreinermeister Zarge als Nachfrager nach Vorleistungen und nach Investitionsgütern unangenehm, weil sie für ihn mit Kostensteigerungen verbunden wären, und würden auch die Kaufkraft (Realwert) seines Einkommens als Konsument und seines Geldkapitals (z. B. seiner Ersparnisse zur Altersvorsorge) schrumpfen lassen. Wenn die EZB auf die Inflationsgefahr bereits mit einer Politik des knappen Geldes reagiert hat, so würde eine Gewinnausschüttung einen Gegeneffekt auslösen.

Situationsbezogene Kontrollaufgabe

Handlungssituation

Versetzen Sie sich in die Lage von Schreinermeister Zarge, der sich mit seinem mittelständischen Unternehmen auf die Möbelschreinerei nach Maßanfertigung und neuerdings auch auf die Herstellung von Holzfenstern in der Altbausanierung spezialisiert hat. Aufgrund Ihrer guten Auftragslage planen Sie, Ihren Betrieb zu erweitern und durch Kauf einiger Spezialmaschinen künftig noch besser auf die unterschiedlichen Kundenwünsche eingehen zu können. Allerdings würden Sie zur Finanzierung der Erweiterungsinvestitionen einen Kredit Ihrer Hausbank benötigen. Die gute Auftragslage und die damit verbundene Gewinnsituation haben es Ihnen aber auch ermöglicht, Ihre Ersparnisse zur Altersvorsorge aufzustocken. Über die Medien haben Sie erfahren, dass die Europäische Zentralbank (EZB) gegen den Widerstand Deutschlands beschlossen hat, die Leitzinsen zu erhöhen und Staatsanleihen von hoch verschuldeten Staaten in der EWU anzukaufen. Sie sind wegen dieser Meldungen beunruhigt und machen sich Sorgen, ob sich Ihre Zukunftspläne bzw. Ihre Unternehmensstrategie verwirklichen lassen. Ihre Sorgen werden inhaltlich

Kompetenzkontrolle

> dadurch gestützt, dass Sie vor kurzer Zeit durch die erfolgreiche Teilnahme an einem Fortbildungskurs Ihrer Handwerkskammer zum Betriebswirt nach der Handwerksordnung auch volkswirtschaftliche Einblicke in die Geld- und Kreditpolitik der EZB gewonnen haben.

Kontrollfragen

a) Was verbinden Sie mit der EZB?

b) Wie sehen Sie die deutsche Beteiligung an den Entscheidungen der EZB?

c) Warum würde der Kredit, den Sie zur Investitionsfinanzierung aufnehmen möchten, die umlaufende Geldmenge erhöhen?

d) Was verbinden Sie mit den Leitzinsen der EZB?

e) Warum könnte Ihre Sorge berechtigt und warum unberechtigt sein, dass eine Leitzinserhöhung Ihre geplante Investitionsfinanzierung und damit Ihre Investitionspläne beeinträchtigt?

f) Warum ist Ihre Sorge berechtigt, dass der Ankauf von Staatsanleihen hoch verschuldeter Staaten durch die EZ ihre Ersparnisse zur Altersvorsorge beeinträchtigen könnte und Sie auch als Steuerzahler betroffen sind?

g) Wie könnte die EZB Ihrer Sorge und der Sorge anderer Bürger bezüglich des Ankaufs von Staatsanleihen hoch verschuldeter Staaten mit der Mindestreservepolitik begegnen?

h) Warum könnten Sie sich über eine Gewinnsteigerung bei der EZB, zu der es möglicherweise durch die Leitzinserhöhung kommen dürfte, unabhängig von Ihrer geplanten Kreditaufnahme noch zusätzlich wenig erfreut zeigen?

Alle Antworten sind unter Verwendung des volkswirtschaftlichen Basiswissens zu erläutern!

7. Der strukturpolitische Rahmen des Unternehmens

7.1 Handlungssituation (Fallbeispiel 1)

Handlungssituation — Fallbeispiel 1

Landwirtschaftsmeister Egge betreibt einen von den Eltern übernommenen Bauernhof im Allgäu und hat sich auf Milchwirtschaft spezialisiert. Der ständig gesunkene Milchpreis hat dazu geführt, dass die Existenz seines Unternehmens und damit auch das Einkommen seiner jungen Familie ernsthaft gefährdet sind. Landwirtschaftsmeister Egge erwägt bereits, seinen Betrieb aufzugeben und als Angestellter in einen landwirtschaftlichen Großbetrieb oder gar seinen Beruf zu wechseln, hofft aber noch auf die Hilfe der Politik.

Situationsbezogene Frage 1
Warum ist die Hoffnung von Landwirtschaftsmeister Egge, mit staatlicher Hilfe die Existenzbedrohung für sein Unternehmen noch abwenden zu können, grundsätzlich berechtigt?

7.1.1 Strukturpolitik in einer Marktwirtschaft

Im 3. Kapitel haben wir bereits die Strukturpolitik von ihrer Grundidee her kennen gelernt und sie als staatliche, d. h., planwirtschaftliche Maßnahmen zur Beeinflussung von Teilbereichen einer Gesamtwirtschaft (Wirtschaftsstruktur) verstanden, wobei die Teilbereiche Branchen (Sektoren) oder Regionen sein können. Aus dem 2. Kapitel wissen wir darüber hinaus, dass in einer Sozialen Marktwirtschaft staatliche und damit planwirtschaftliche (zentralverwaltungswirtschaftliche) Eingriffe in den marktwirtschaftlichen Koordinationsmechanismus immer unter dem Sozialgedanken erfolgen, um **unsoziale Marktergebnisse** zu verhindern oder zu korrigieren.

Übertragen wir diese Überlegungen auf die Strukturpolitik, so ist klar, dass auch strukturpolitische Eingriffe in einer Marktwirtschaft letztlich unter dem Sozialgedanken erfolgen, d. h., bestimmte, im Zuge von marktwirtschaftlichen Anpassungsprozessen immer auftretende strukturelle Veränderungen oder Wirkungen werden als unsozial empfunden, weil sie mit gesellschaftlichen Endzielen nicht vereinbar sind. Als unsozial könnten z. B. die Einkommensentwicklung in einem Sektor, die hinter der allgemeinen Einkommensentwicklung drastisch zurückbleibt (z. B. im Mittelstand), die relativ ungünstige Einkommensentwicklung in einer wirtschaftlich un-

Strukturprobleme als soziale Probleme

günstig gelegenen Region (z. B. im Bayerischen Wald), das sektorale Erbringen gesellschaftlicher Leistungen, die aber preislich nicht belohnt werden (z. B. die Schutz- und Erholungsfunktion des Waldes), oder die relativ hohe Arbeitslosigkeit in einem Sektor (z. B. im Schiffbau) oder in einer Region (z. B. in den neuen Bundesländern) gelten.

Situationsbezogene Antwort 1

Landwirtschaftsmeister Egge kann sich grundsätzlich berechtigte Hoffnungen auf staatliche Hilfe machen, weil die Gefährdung seiner betrieblichen Existenz aufgrund sinkender Milchpreise sicherlich nicht nur ihn allein, sondern eine Vielzahl von landwirtschaftlichen Betrieben treffen dürfte, die sich in einer ähnlichen Situation befinden. Damit ist das auftretende Problem ein strukturelles Problem der Landwirtschaft, das aus der marktwirtschaftlichen Entwicklung eines sinkenden Preises, hier des Milchpreises, heraus entstanden ist. In einer Sozialen Marktwirtschaft aber hat jedes Unternehmen grundsätzlich zwei Möglichkeiten der Existenzsicherung: entweder es behauptet sich marktwirtschaftlich durch seine Konkurrenzfähigkeit und entsprechende Gewinnmöglichkeiten am Markt, hier am Rohmilchmarkt, oder es bekommt seine Existenz durch staatliche Hilfen gesichert, weil der Markt versagt und dadurch ein soziales Problem entsteht. Die gesellschaftliche Verantwortung des Staates verpflichtet ihn dazu, soziale Probleme mit Hilfe der Gemeinschaft zu lösen, z. B. mit Hilfe seiner Steuerhoheit und entsprechenden Steuereinnahmen als Finanzierungsmittel. Landwirtschaftsmeister Egge kann also grundsätzlich auf die staatliche Hilfe einer sektoralen Strukturpolitik hoffen, wenn sein Problem ein soziales Problem ist. Damit sein eigenes Problem auch ein soziales Problem ist, bedarf es mehrerer landwirtschaftlicher Betriebe in einer ähnlichen Situation und vor allem aber auch des staatlichen Gehörs. Dafür hat eine Interessenorganisation zu sorgen, in diesem Fall der Bauernverband.

Situationsbezogene Frage 2

Wie kann Landwirtschaftsmeister Egge die Existenzbedrohung seines Betriebes über seine Interessenorganisation an die Ziele der Strukturpolitik knüpfen und kann er auf Gehör hoffen?

7.1.2 Ziele der Strukturpolitik

Es werden **drei grundsätzliche strukturpolitische Ziele** unterschieden:

Strukturerhaltung

Mit der strukturpolitischen **Erhaltung** wird ein Sektor oder eine Region langfristig und auf Dauer staatlich aus der marktwirtschaftlichen Koordination herausgenommen und in diesem Sinne künstlich am Leben erhalten, weil keine Möglichkeit gesehen wird, dass es jemals zu einer marktwirtschaftlichen Selbsterhaltung und Konkurrenzfähigkeit kommt. Das Erhaltungsziel wird als besonders problematisch beurteilt, weil zum einen Produktionsfaktoren zu lange in einem Bereich gebunden werden, die unter dem Wachstumsziel in anderen Bereichen produktiver eingesetzt werden könnten, und weil zum anderen die Leistungs- und Konkurrenzfähigkeit in dem betreffenden Bereich im Vertrauen auf die staatliche Dauerhilfe eher noch weiter gelähmt, statt angeregt wird. Eine strukturpolitische Erhaltung sollte daher zu den großen Ausnahmen zählen und nur in den gesellschaftlich besonders bedeutenden Bereichen (z. B. bei der Landwirtschaft insgesamt) betrieben werden.

In der strukturpolitischen **Anpassung** wird eine staatliche „Hilfe zur Selbsthilfe" gesehen, d. h., es geht um eine vorübergehende Hilfestellung im Vertrauen darauf, dass der Sektor oder die Region sich letztlich im marktwirtschaftlichen Prozess selbst behaupten können, sich momentan aber in einer Phase der Um- und Neustrukturierung befinden, die sie aus eigener Kraft nicht bewältigen können. Strukturpolitische Anpassungshilfen werden als vereinbar mit den Grundprinzipien einer Sozialen Marktwirtschaft und daher als nicht problematisch angesehen, sofern sie nicht in eine Erhaltung einmünden.

Strukturanpassung

Als unproblematisch gilt auch die strukturpolitische **Gestaltung**, d. h., die zukunftsorientierte Unterstützung eines Sektors oder einer Region, bei denen zwar erst in der sehr langen Frist die Hoffnung auf eine Selbsterhaltung besteht, die jedoch als richtungweisend für künftige Generationen eingestuft werden. Das gilt z. B. für die Grundlagenforschung im Bereich der Weltraumforschung, für die Hochtechnologieforschung und -anwendung, für den Bildungsbereich und auch für den Umweltbereich. Solche Bereiche würden aus eigener Kraft im marktwirtschaftlichen Prozess erst gar nicht entstehen oder sich in eine gesellschaftlich unerwünschte Richtung entwickeln.

Strukturgestaltung

Situationsbezogene Antwort 2

Landwirtschaftsmeister Egge könnte zunächst seine Forderung nach staatlicher Unterstützung bei der Existenzsicherung seines Betriebes über seine Interessenorganisation an das Erhaltungsziel der Strukturpolitik knüpfen. Dies würde dauerhaft seine Existenz sichern und er müsste sich auch künftig keine Existenzsorgen mehr machen. Voraussetzung dafür wäre allerdings, dass die gesellschaftliche Bedeutung der Milchwirtschaft politisch als so hoch eingestuft wird, dass ihr jegliche marktwirtschaftlichen Risiken abgenommen werden und sie bei auftretenden Problemen immer mit staatlicher Hilfe rechnen kann. Bei der Landwirtschaft insgesamt dürfte dies unstrittig sein und hat zu einer Agrarpolitik als sektoraler Strukturpolitik mit einem Erhaltungsziel geführt. Für einzelne Teilbereiche der Landwirtschaft wie z. B. die Milchwirtschaft gilt dies aber nicht unbedingt. Zwar zählt die Milchversorgung zur wichtigen Versorgung mit Grundnahrungsmitteln, aber die Frage, ob sie auf Dauer auch konkurrenzfähigeren und damit billigeren Anbietern aus dem Ausland überlassen werden kann, dürfte bei den politischen Entscheidungsträgern eher auf Zustimmung stoßen. Insofern ist das Erhaltungsziel der Strukturpolitik ein wenig geeigneter Anknüpfungspunkt für die Forderung von Landwirtschaftsmeister Egge nach staatlicher Existenzsicherung.

Größeren Erfolg dürfte Landwirtschaftsmeister Egge haben, wenn er seine Forderung nach staatlicher Existenzsicherung an das Anpassungsziel der Strukturpolitik knüpft. Es würde zwar die Existenz seines Milchbetriebes nicht dauerhaft sichern, würde ihm aber als „Hilfe zur Selbsthilfe" die zeitliche Möglichkeit schaffen, sich an die marktwirtschaftlichen Verhältnisse anzupassen und seine Produktion auf andere, weniger risikoreiche Produkte (z. B. Bioprodukte) umzustellen. Da staatliche Anpassungshilfen im Gegensatz zu Erhaltungshilfen als am ehesten vereinbar mit der Sozialen Marktwirtschaft gelten, sind sie leichter zu begründen und dürften eher auf Gehör im politischen Entscheidungsprozess stoßen.

Das Gestaltungsziel der Strukturpolitik kommt für Landwirtschaftsmeister Egge als Anknüpfungspunkt für die Forderung nach staatlicher Existenzsicherung nicht in Betracht. Die Milchwirtschaft auf die gleiche Bedeutungsstufe zu stellen wie z. B. die Grundlagen- und Hochtechnologieforschung oder den Bildungs- und Umweltbereich wäre vermessen und würde politisch auf kein Gehör stoßen.

7.2 Handlungssituation (Fallbeispiel 2)

Fallbeispiel 2

Handlungssituation

Landwirtschaftsmeister Egge sieht die Existenz seines auf Milchwirtschaft spezialisierten Betriebes vor allem aufgrund des gesunkenen Milchpreises gefährdet. Er hat dazu geführt, dass die Betriebskosten der Milchproduktion den Umsatz durch den Milchverkauf übersteigen und daher Verluste auftreten. Landwirtschaftsmeister Egge hofft auf die Hilfe der Strukturpolitik, weiß aber nicht, welche Hilfsmaßnahmen dabei grundsätzlich in Betracht kommen und ob er damit überhaupt rechnen kann.

Situationsbezogene Frage 1
Mit welchen strukturpolitischen Maßnahmen könnte Landwirtschaftsmeister Egge geholfen werden, dass Verluste bei seiner Milchproduktion vermieden werden und er letztlich in seiner Existenz nicht mehr gefährdet ist?

7.2.1 Instrumente der Strukturpolitik

Beim Einsatz strukturpolitischer Instrumente kommt die gesamte Palette der Fiskalpolitik in Betracht. Auf der fiskalpolitischen Einnahmenseite sind es z. B. Steuererleichterungen durch besonders niedrige Steuersätze, Zugeständnisse in der Berechnung der Steuerschuld (z. B. durch besondere Abschreibungsmodalitäten) oder zinsgünstige Kredite. Auf der fiskalpolitischen Ausgabenseite sind es z. B. Subventionen, direkte Einkommenszahlungen, gezielte Staatsaufträge, Preisgarantien oder in Anspruch genommene Bürgschaften. Außerdem kann unterschieden werden zwischen Instrumenten, die den betreffenden Bereich gegen Konkurrenz aus dem Inland schützen sollen (z. B. durch Mittelstandsförderung) **(Binnenprotektion)** und Instrumenten, die einen Schutz gegen ausländische Konkurrenten (z. B. durch Exportsubventionen oder Importzölle) **(Außenprotektion)** zum Ziel haben. Die strukturpolitischen Instrumente zielen insgesamt darauf, die betrieblichen Einnahmen zu erhöhen oder/und die betrieblichen Ausgaben zu senken, um Existenz gefährdende Verluste der betroffenen Unternehmen zu verhindern.

Strukturpolitik durch Fiskalpolitik und Protektion

Situationsbezogene Antwort 1
Landwirtschaftsmeister Egge könnte strukturpolitisch durch fiskalpolitische Maßnahmen auf der staatlichen Einnahmen- oder/und Ausgabenseite geholfen werden, die seine eigenen Betriebseinnahmen erhöhen oder/und seine Betriebsausgaben senken, damit ein Verlust vermieden wird. Bei den Maßnahmen zur Verbesserung der betrieblichen Einnahmen könnte z. B. an einen Mindestpreis mit Abnahmegarantie für Rohmilch, an Prämien für besondere Produktionsweisen bei der Grünlandbewirtschaftung und Viehhaltung oder auch an Importbeschränkungen oder Exporterleichterungen bei Rohmilch gedacht werden. Zu einer Senkung der Betriebsausgaben würden z. B. geringere Mehrwertsteuersätze, direkte Subventionen oder zinsgünstige Kredite bei der Finanzierung von Investitionen (z. B. bei der Anschaffung landwirtschaftlicher Maschinen), Lohnkostenzuschüsse oder geringere Sozialbeiträge führen.

Situationsbezogene Frage 2
Warum kann Landwirtschaftsmeister Egge darauf hoffen, dass ihm mit strukturpolitischen Maßnahmen tatsächlich geholfen wird, und warum nicht?

7.2.2 Agrarpolitik als sektorale Strukturpolitik

Die Begründung einer strukturpolitischen Förderung der Landwirtschaft als Agrarpolitik ist in einer Sozialen Marktwirtschaft wie jede Politik an dem Sozialgedanken auszurichten, d. h., es muss begründet werden, warum die Landwirtschaft von besonderer gesellschaftlicher Bedeutung (von „öffentlichem Interesse" oder „Systemrelevanz"; vgl. Abschnitt 2.3.3) ist, die eine Übernahme von Marktrisiken (z. B. eine Existenzbedrohung durch mangelhafte internationale Konkurrenzfähigkeit am Weltmarkt) durch den Staat rechtfertigt.

Gesellschaftliche Bedeutung der Landwirtschaft als Begründung für Agrarpolitik

Eine besondere **gesellschaftliche Bedeutung der Landwirtschaft** könnte darin gesehen werden, dass sie durch die Nahrungsmittelproduktion einen wichtigen, weil existenziellen Beitrag zur gesellschaftlichen Güterversorgung liefert und daher die **Versorgungssicherheit** bei diesen Gütern auch in Krisensituationen gegeben sein muss, ohne in eine Abhängigkeit von anderen Volkswirtschaften zu geraten. Als gesellschaftlich bedeutend könnte auch angesehen werden, dass die Landwirtschaft bei ihrer Produktion nebenbei positive Wirkungen wie die **Landschaftserhaltung und Landschaftspflege** mitliefert (= positive externe Effekte), die ihr vom Markt preislich nicht honoriert werden und daher eine staatliche Honorierung erfordern. Auch ein positiver Beitrag zur **Umwelterhaltung** könnte unter diesem Blickwinkel angeführt werden. Ein Bauernstand könnte außerdem als Teil einer gesellschaftlichen **Kultur** gelten, den es zu erhalten gilt. Und letztlich könnte wie in jedem Teilbereich argumentiert werden, dass die marktwirtschaftliche Existenzbedrohung landwirtschaftlicher Betriebe das **Arbeitslosigkeitsproblem** verschärfen könnte, das in jedem Fall ein gesellschaftliches Problem ist. Alles in allem lässt sich eine Reihe von Gründen anführen und wird von der Interessenvertretung in der politischen Diskussion auch immer wieder angeführt, die eine Rechtfertigung der Agrarpolitik als Strukturpolitik zum Ziel hat und entsprechende Forderungen nach staatlicher Unterstützung daraus ableitet.

Kritik am Ausmaß der Agrarförderung

Gleichwohl ist nicht zu übersehen, dass auch kritische **Gegenargumente** gegen eine Agrarpolitik vorgebracht werden. Sie betreffen zunächst grundsätzlich den Gesamtumfang der staatlichen Förderung, der sich z. B. auf der europäischen Ebene auf knapp die Hälfte der Gesamtausgaben der Europäischen Union beläuft und die Frage aufkommen lässt, ob dadurch nicht die gesellschaftliche Bedeutung der Landwirtschaft im Vergleich zu anderen wirtschaftlichen Bereichen überzeichnet wird. Gegen das Argument der Versorgungssicherheit wird eingewendet, dass in einer Welt der fortschreitenden technischen Entwicklung, einer zunehmenden internationalen Spezialisierung durch Freihandel und einer immer wichtigeren Rohstoffversorgung für jede Volkswirtschaft eine Selbstversorgung ohnehin nicht mehr denkbar ist, so dass die Abhängigkeit bei Nahrungsmitteln auch nicht mehr groß ins Gewicht fällt. Zur landwirtschaftlichen Landschaftserhaltung und Landschaftspflege sowie zur Umwelterhaltung wird kritisch angemerkt, dass zunehmend das Gegenteil eintritt, weil durch eine immer intensivere landwirtschaftliche Produktion zum Zwecke der Einkommensmaximierung dank staatlicher Preis- und Abnahmegarantien Landschaft eher zerstört als erhalten und eher sorglos behandelt als gepflegt wird und Umweltprobleme eher verschärft als gelöst werden. Kulturelle Leistungen werden auch in anderen Bereichen (z. B. im Handwerk) gesehen, ohne dass sie durch eine massive, der Landwirtschaft vergleichbare staatliche Förderung gestützt werden. Und letztlich wird daran gezweifelt, dass ein mögliches Arbeitslosigkeitsproblem in der Landwirtschaft im Vergleich zu anderen Bereichen besonders gravierend sein soll. Insgesamt wird also nicht die Agrarpolitik an sich in Frage gestellt, sondern das Ausmaß der staatlichen Unterstützung im Vergleich zu anderen strukturpolitisch relevanten Bereichen.

Situationsbezogene Antwort 2
Landwirtschaftsmeister Egge kann zunächst ganz allgemein auf staatliche Hilfe hoffen, weil er mit seinem milchwirtschaftlichen Betrieb Teil des Agrarsektors ist. Der Agrarsektor gilt nämlich als „systemrelevant" und es wurde ihm daher schon immer in Gestalt der Agrarpolitik als besonderer Form der sektoralen Strukturpolitik geholfen, wenn er rein marktwirtschaftlich wegen einer zu geringen Konkurrenzfähigkeit (z. B. auf den Weltmärkten) Existenzprobleme bekam. Das gilt auch für Landwirtschaftsmeister Egge. Allerdings kann nicht allen Teilbereichen der Landwirtschaft überhaupt oder in gleichem Maße geholfen werden, zumal die staatlichen Hilfsmittel beschränkt sind und in der öffentlichen Diskussion ohnehin Kritik am Umfang und an der Zielrichtung der Agrarförderung zu hören ist und auch lauter wird. Für Landwirtschaftsmeister Egge käme es also darauf an, die ganz besondere gesellschaftliche Bedeutung seiner Milchwirtschaft bzw. der Milchwirtschaft aller Milchproduzenten zu begründen.

Ein agrarpolitisches Ziel, das bei der Milchwirtschaft von besonderer Bedeutung sein könnte, ist die Versorgungssicherheit bei Grundnahrungsmitteln. Sie soll die Versorgung der heimischen Bevölkerung auch in möglichen Krisensituationen, unabhängig von ausländischen Produzenten gewährleisten. Zweifellos dürfte auch Milch zu den Grundnahrungsmitteln zählen. Kritiker bezweifeln jedoch die besondere Bedeutung, da in Krisensituationen durch den Ausfall ausländischer Produzenten in vielen und vielleicht noch bedeutenderen Bereichen (z. B. bei der Rohstoffversorgung im Energiebereich) die gesellschaftliche Existenz gefährdet sein dürfte. Mit dem Argument der Versorgungssicherheit könnte sich Landwirtschaftsmeister Egge daher wohl wenig Hoffnung auf staatliche Unterstützung machen.

Auch mit dem Argument, durch die Aufgabe seines Milchbetriebes würde er arbeitslos werden, könnte Landwirtschaftsmeister Egge wohl auf wenig Gehör hoffen. Zwar ist das Arbeitslosigkeitsproblem unstrittig ein schwerwiegendes gesellschaftliches Problem und hat immer staatliche Hilfen zur Problemlösung erfordert, aber auch dabei gilt, dass der Umfang eines Einzelproblems und seine Bedeutung im Gesamtge-

7. Der strukturpolitische Rahmen des Unternehmens

füge darüber entscheiden, ob der betroffene Teilbereich mit einer besonderen staatlichen Hilfe neben der allgemeinen Arbeitslosenhilfe rechnen kann. In diesem Punkt könnte sich Landwirtschaftsmeister Egge wohl ebenfalls wenig Hoffnung machen.

Erfolgversprechender dürften für Landwirtschaftsmeister Egge die Argumente der Landschaftserhaltung und -pflege, der Umwelterhaltung und des Kulturbeitrages durch die Milchwirtschaft sein, wenn er auf staatliche Unterstützung bei der Existenzsicherung seines Milchbetriebes hofft. Die Bewirtschaftung von Äckern und Wiesen kann neben der reinen landwirtschaftlichen Produktion auch der Landschaftserhaltung und -pflege und der Umwelterhaltung dienen. Das gilt in besonderem Maße auch für die Milchwirtschaft bzw. für die entsprechende Viehhaltung. Wenn Landwirtschaftsmeister Egge seinen Betrieb aufgeben müsste, könnte er diese wichtigen Nebeneffekte seiner Produktion der Gesellschaft nicht mehr liefern. Und letztlich würde eine Betriebsstilllegung einer Entwicklung Vorschub leisten, bei der mit einem voranschreitenden „Höfesterben" vor allem kleinere und mittlere landwirtschaftliche Betriebe zugunsten von Großbetrieben zu Betriebsstilllegungen gezwungen sind. Damit würde der Bauernstand insgesamt schrumpfen und letztlich ein wichtiges gesellschaftliches Kulturgut verloren gehen.

Insgesamt kann Landwirtschaftsmeister Egge also durchaus auf eine strukturpolitische Hilfe bei seiner Existenzsicherung hoffen. Allerdings wird von ihm auch ein hohes Maß an Selbsthilfe erwartet. Er sollte sich also Gedanken machen, wie er selbst seinen Betrieb an geänderte marktwirtschaftliche Verhältnisse anpassen kann und durch eine veränderte Produktionsweise und Vermarktung (z.B. Bioproduktion oder/und Regional- bzw. Selbstvermarktung) einen neuen Absatzmarkt gewinnen und damit zu seiner Existenzsicherung beitragen kann, begleitet und unterstützt von einer sektoralen Strukturpolitik.

7.2.2 Agrarpolitik als sektorale Strukturpolitik

Situationsbezogene Kontrollaufgabe

Handlungssituation

Versetzen Sie sich in die Lage von Landwirtschaftsmeister Egge, der sich in seinem von den Eltern übernommenen landwirtschaftlichen Betrieb auf Milchwirtschaft spezialisiert hat. Der seit einiger Zeit ständig gesunkene Milchpreis hat dazu geführt, dass Sie schon im zweiten Jahr einen Betriebsverlust gemacht haben. Sie konnten ihn zwar noch aus Rückstellungen ausgleichen, kommen aber nun an die Grenze Ihrer finanziellen Möglichkeiten, denken bereits an eine Betriebsstilllegung und machen sich ernste Sorgen um Ihre Existenz und die Existenz Ihrer Familie. Da Sie im vergangenen Jahr mit Erfolg an einem Fortbildungskurs zum Geprüften Betriebswirt nach der Handwerksordnung teilgenommen haben, wissen Sie, dass Sie im Rahmen der Agrarpolitik auf staatliche Hilfe hoffen können. Sie wissen auch, dass Sie diese Hilfe nicht allein fordern können, sondern dass die Forderung über Ihre Interessenorganisation, den Bauernverband, an die Politik gerichtet werden sollte.

Kompetenzkontrolle

Kontrollfragen

a) Warum können Sie oder für Sie Ihr Bauernverband sich grundsätzlich Hoffnungen machen, dass Ihnen wie auch allen anderen Landwirten politisch geholfen wird?

b) Wie können Sie das Ziel Ihrer Existenzsicherung mit den Zielen der Strukturpolitik verknüpfen?

c) Mit welchen konkreten strukturpolitischen Maßnahmen könnte Ihnen bei Ihrer Existenzsicherung geholfen werden?

d) Wie sind die von Ihnen unter c) beschriebenen strukturpolitischen Maßnahmen fiskalpolitisch einzuordnen?

e) Mit welchem Widerstand müssen Sie rechnen, wenn Sie strukturpolitische Maßnahmen zur Existenzsicherung fordern?

Alle Antworten sind unter Verwendung des volkswirtschaftlichen Basiswissens zu erläutern!

8. Der internationale Rahmen des Unternehmens

8.1 Handlungssituation (Fallbeispiel 1)

Handlungssituation — Fallbeispiel 1

Elektrotechnikmeister Litze war nach seiner Meisterausbildung zunächst in einem größeren Unternehmen des Heizungsbaus beschäftigt und war dort mit der Einrichtung und Wartung von Heizungsanlagen betraut. Vor einigen Jahren machte er sich in Stuttgart selbständig und spezialisierte sich auf die Konstruktion, die Produktion und den Vertrieb eines speziellen Heizungsreglers für Kraft-Wärme-Anlagen, der die ökonomische und ökologische Effizienz der betreffenden Anlagen wesentlich erhöhen kann. Die hohe Qualität seines Produktes ist zunehmend auch auf das Interesse internationaler Kunden gestoßen. Die Hälfte seiner Produktion setzt Elektrotechnikmeister Litze mittlerweile international ab. Von besonderer Bedeutung ist dabei der US-amerikanische Markt, den er zusammen mit einem Kooperationspartner beliefert. Im Jahr 2014 erreichte sein Unternehmen bei einem Gesamtumsatz von 600 Tsd. EUR auf dem US-amerikanischen Markt ein Umsatzvolumen von 100 Tsd. USD und auf Märkten in Ländern der EWU ein Umsatzvolumen von 150 Tsd. EUR, darunter ein größerer Auftrag aus Italien mit einem Umsatzvolumen von 50 Tsd. EUR. Von einem italienischen Zulieferer bezog Elektrotechnikmeister Litze im gleichen Jahr Vorleistungen im Wert von 10 Tsd. EUR. Die Differenz aus dem italienischen Verkaufserlös und den Vorleistungskosten legte er in italienischen Staatsanleihen mit einem Zins von 5 % an.

Situationsbezogene Frage 1
Was ist der Grund dafür, dass Elektrotechnikmeister Litze die Hälfte seiner Produktion international absetzt? Hat dies auch Nachteile?

8.1.1 Ursache internationaler Wirtschaftsbeziehungen

Internationale Wirtschaftsbeziehungen sind Ausdruck und Folge der **internationalen Arbeitsteilung**.

Internationale Wirtschaftsbeziehungen durch Spezialisierung

Länder spezialisieren sich entsprechend ihren Fähigkeiten (z. B. Rohstoffvorräte, Klima etc.) und den sich daraus ergebenden relativen Kostenvorteilen auf die Produktion bestimmter Güter, werden dadurch aber abhängig von den Volkswirtschaften anderer Länder als Tauschpartner. Wie wir aus Abschnitt 1.1.2 wissen, führt Spezialisierung zu Produktivitätsvorteilen, d. h., zu einer insgesamt höheren Güterversorgung bei gegebenem Faktoreinsatz als ohne Spezialisierung. Die Nachteile liegen in der wechselseitigen Abhängigkeit und Krisenanfälligkeit der spezialisierten Tauschpartner als Anbieter und Nachfrager und in den möglichen Schwierigkeiten einer Koordination ihrer Tauschbeziehungen, weil Ungleichgewichte (Überangebot und Übernachfrage) entstehen können.

Globalisierung

Die Nachkriegszeit ist geprägt durch eine rasante Zunahme der internationalen Wirtschaftsbeziehungen, die vor allem auch durch den technologischen Wandel (z. B. in Gestalt einer verbesserten Transport-, Informations- und Kommunikationstechnik etc.) begünstigt wurden und auch weiterhin werden (vgl. Abschnitt 9.2.1). Sie äußern sich auf der europäischen Ebene z. B. in der Schaffung der Europäischen Wirtschafts- und Währungsunion (EWWU) und weltweit in einer **Globalisierung der Märkte**. Sie führen neben den unstrittigen Produktivitätsvorteilen zu dem Problem, immer mehr spezialisierte, internationale Tauschpartner mit unterschiedlichen nationalen Zielvorstellungen in ihren wechselseitigen Abhängigkeiten koordinieren und auf ein gemeinschaftliches Ziel ausrichten zu müssen.

Situationsbezogene Antwort 1

Der Grund für den internationalen Absatz des Unternehmens von Elektrotechnikmeister Litze liegt in seiner Spezialisierung auf die Produktion und dementsprechend auf das Angebot eines speziellen Heizungsreglers für Kraft-Wärme-Anlagen. Offensichtlich ist dieses Angebot auch auf eine internationale Nachfrage gestoßen, weil ausländische Interessenten z. B. von der Qualität des Produktes überzeugt sind und im Kauf einen Vorteil sehen. Für Elektrotechnikmeister Litze ergibt sich daraus im Gegenzug der Vorteil, die Produktivität seiner eingesetzten Produktionsfaktoren steigern und z. B. über einen höheren Gewinn seine eigene Güternachfrage ausweiten zu können. Nachteile könnten sich für ihn dadurch ergeben, dass er von seinen internationalen Kunden abhängig wird und bei deren Ausfall (z. B. in internationalen Krisensituationen) Produktions- und z. B. auch Gewinneinbußen hinnehmen müsste.

Situationsbezogene Frage 2

Wie haben sich die internationalen Geschäftsbeziehungen von Elektrotechnikmeister Litze im Jahr 2014 auf die Außenwirtschaftbeziehungen der BRD und der EWU ausgewirkt, die in der jeweiligen Zahlungsbilanz erfasst werden?

8.1.2 Die Zahlungsbilanz

> Die **Zahlungsbilanz** einer Volkswirtschaft erfasst sämtliche ökonomischen Transaktionen zwischen Inländern und der übrigen Welt während einer Zeitperiode (z. B. während eines Kalenderjahres).

Die übrige Welt sind nach dem Inländerkonzept die Ausländer (vgl. Abschnitt 1.2.4). Die Zahlungsbilanz enthält als Transaktionsrechnung **Strömungsgrößen** und nicht – wie vielleicht aufgrund des betriebswirtschaftlichen Bilanzbegriffs vermutet werden könnte – Bestandsgrößen. Außerdem enthält sie nicht nur Zahlungen.

Die in der Zahlungsbilanz erfassten Transaktionen beziehen sich auf Sachgüter und Dienstleistungen **(Leistungstransaktionen)** oder/und auf Änderungen von Vermögenstiteln, d. h., auf Forderungen- und Verbindlichkeitenänderungen **(Kapitaltransaktionen)**. Es kann sich um reine Leistungstransaktionen als Naturaltausch (Kompensationsgeschäfte) wie z. B. den Export von Röhren gegen den Import von Erdgas, um gemischte Leistungs- und Kapitaltransaktionen wie z. B. den Import von Waren auf Kredit oder um reine Kapitaltransaktionen wie z. B. den Kauf von ausländischen Wertpapieren gegen Fremdwährung in Form von Buch- oder Bargeld handeln.

Leistungs- und Kapitaltransaktionen als Strömungsgrößen

Die deutsche Zahlungsbilanz wird von der Deutschen Bundesbank, die Zahlungsbilanz der Europäischen Währungsunion (EWU) von der Europäischen Zentralbank (EZB) erstellt.

> Die Zahlungsbilanz ist je nach Art der ökonomischen Transaktionen in **Teilbilanzen** unterteilt, die buchungstechnisch in Form von T-Konten geführt werden.

Da die Zahlungsbilanz nach dem **Prinzip der Buchung und Gegenbuchung** aufgebaut ist, d. h., jede Transaktion führt als wechselseitige Tauschoperation zu mindestens zwei Buchungsvorgängen auf der rechten und linken Seite der betreffenden Konten, muss sie immer ausgeglichen sein. Jeder Buchung auf der rechten (linken) Seite muss eine Gegenbuchung in der gleichen Gesamthöhe auf der linken (rechten) Seite entsprechen. Aktive oder passive Zahlungsbilanzen gibt es also eigentlich nicht. Nur Teilbilanzen können unausgeglichen sein, d. h., sie weisen einen Saldo auf, wenn die Werte der rechten und linken Seite voneinander abweichen. Die betriebswirtschaftlich üblichen Begriffe „Habenseite" für die rechte Seite und „Sollseite" für die linke Seite des jeweiligen T-Kontos der Teilbilanz sollten besser vermieden werden, um der Gefahr einer stillschweigend positiven bzw. negativen Bewertung zu entgehen.

Die Zahlungsbilanz ist immer ausgeglichen

8. Der internationale Rahmen des Unternehmens

Das **Grundschema der Zahlungsbilanz der BRD und der Europäischen Währungsunion (EWU)** hat folgenden Aufbau:

Grundschema der Zahlungsbilanz*	
1. Warenexport (einschl. Ergänzungen)	1. Warenimport (einschl. Ergänzungen) + 230 (+ 242)
2. Dienstleistungsexport − 42	2. Dienstleistungsimport (+ 78)
3. Erwerbs- und Vermögenseinkommen (Primäreinkommen) von der übrigen Welt	3. Erwerbs- und Vermögenseinkommen (Primäreinkommen) an die übrige Welt + 68 (+ 60)
4. Laufende Übertragungen (Sekundäreinkommen) von der übrigen Welt − 41 (− 144)	4. Laufende Übertragungen (Sekundäreinkommen) an die übrige Welt
5. Vermögensübertragungen von der übrigen Welt	5. Vermögensübertragungen an die übrige Welt + 2 (+ 21)
6. Forderungsabnahme bzw. Verbindlichkeitszunahme − 282 (− 348) darunter: Abfluss an Fremdwährungen und Eigenwährung (− 5)	6. Forderungszunahme bzw. Verbindlichkeitsabnahme darunter: Zufluss an Fremdwährungen und Eigenwährung + 2
7. Statistischer Rest − 65	7. Statistischer Rest (+ 91)

* Gerundete Saldenwerte der BRD und (EWU) für das Jahr 2014 in Mrd. €
 Quelle: Deutsche Bundesbank, Monatsbericht 2/2015 und ECB (EZB), Statistics Bulletin 3/2015

Die 1. Teilbilanz wird als **Waren- oder Handelsbilanz**, die 2. Teilbilanz als **Dienstleistungsbilanz** bezeichnet. Man hat sich darauf geeinigt, die Exporte als Güterlieferung an Ausländer auf der linken und dementsprechend die Importe als Güterbezug von Ausländern auf der rechten Seite zu buchen. Aus dieser Grundentscheidung folgen aufgrund des Prinzips der Buchung und Gegenbuchung zwangsläufig alle anderen Positionen. Ein internationales Kompensationsgeschäft von Waren würde also z. B. eine Verlängerung der Handelsbilanz bedeuten. Als „Ergänzungen" in der Handelsbilanz gelten der Lagerverkehr auf eigene Rechnung und die Absetzung der Rückwaren. Die Werte in der Handelsbilanz werden in der deutschen Zahlungsbilanz bei den Exporten ohne Transport- und Versicherungskosten (engl.: free on board (fob)) und bei den Importen einschließlich dieser Kosten (engl.: cost, insurance, freight (cif)), in der Zahlungsbilanz der EWU bei Ex- und Importen einheitlich als fob-Werte angesetzt.

Die 3. Teilbilanz der **Erwerbs- und Vermögenseinkommen (Primäreinkommen)** transformiert ein noch verbliebenes Inlandskonzept der Handels- und Dienstleistungsbilanz in das Inländerkonzept. Sie war früher selbst ein Teil der Dienstleistungsbilanz und wurde vor einigen Jahren ausgegliedert, um vor allem die stark zugenommene Bedeutung internationaler Finanzdienstleistungen in Gestalt von Geldkapitalgeschäften und entsprechenden Kapitaleinkünften sichtbar zu machen. So ist z. B. die Beteiligung an einer Aktiengesellschaft in der übrigen Welt mit dem Export einer Kapitaldienstleistung verbunden, die mit der Dividende entgolten wird. Ähnliches gilt für Kreditgeschäfte, bei denen z. B. ein an Ausländer vergebener Kredit einer inländischen Geschäftsbank bei ihr zu Zinseinnahmen führt, die als Entgelt für den Export einer Finanzdienstleistung anzusehen sind. Dividenden- und Zinseinnahmen fallen aber unter die von Ausländern empfangenen Erwerbs- und Vermögenseinkommen, die dementsprechend – wie der Export in der Dienstleistungsbilanz – auf der linken Seite der betreffenden Teilbilanz zu buchen sind. Für den Import von Finanzdienstleistungen (z. B. als Kreditaufnahme bei einer ausländischen Geschäftsbank) gilt entsprechendes. Aber auch der Ex- und Import von Arbeitsleistungen werden in dieser Teilbilanz erfasst. Sie werden von Inländern als Eigentümer des Produktionsfaktors Arbeit den Ausländern zur Verfügung gestellt oder Inländer beziehen sie von Ausländern. Sie führen dann zu entsprechenden Zahlungen von Faktoreinkommen (Primäreinkommen).

Erwerbs- und Vermögenseinkommen (Primäreinkommen)

Die 4. Teilbilanz ist die **Übertragungsbilanz (Sekundäreinkommen)**, die gelegentlich auch als Schenkungsbilanz bezeichnet wird. Der letztgenannte Begriff ist insofern klarer, als er zeigt, worum es geht, nämlich um Geschenke, die an die übrige Welt gegeben bzw. von der übrigen Welt empfangen werden. In der Übertragungsbilanz werden also alle diejenigen Transaktionen gegengebucht, die eigentlich einseitig sind, weil ein Tauschpartner auf die an sich übliche Gegenleistung verzichtet. Verschenkt z. B. ein deutscher Produzent von Lastwagen einen Teil seiner Produktion als Entwicklungshilfe an ein Entwicklungsland, so wäre zunächst ein Export auf der linken Seite der Handelsbilanz zu buchen, die Gegenbuchung müsste dann aber auf der rechten Seite der Übertragungsbilanz als ein Geschenk an die übrige Welt erfolgen.

Laufende Übertragungen (Sekundäreinkommen)

Von besonderer Bedeutung sind jedoch die in der Übertragungsbilanz gegengebuchten staatlichen Zahlungen im Rahmen der Entwicklungshilfe und der Beiträge an internationale Organisationen (z. B. an die Europäische Gemeinschaft, UNO etc.) und die Zahlungen der „Gastarbeiter", die bei einem Hauptwohnsitz im Inland als Inländer gelten und deren Zahlungen an Familienangehörige in den Heimatländern dementsprechend als Geschenke zu betrachten sind. Als „laufend" gelten Übertragungen, die nicht einmalig, sondern jährlich immer wiederkehrend auftreten.

Die Zusammenfassung der 1. bis 4. Teilbilanz wird als **Leistungsbilanz** bezeichnet. Sie umfasst demnach den gesamten Gütertausch zwischen Inländern und Ausländern und die laufenden Güter- und Kapitalgeschenke, die gleichsam Leistungen ohne Gegenleistung sind.

Einmalige Vermögens- übertragungen

In der 5. Teilbilanz der **Vermögensübertragungen** werden – im Gegensatz zur 4. Teilbilanz der laufenden Übertragungen – die einmaligen Geschenke an die übrige Welt bzw. von der übrigen Welt gegengebucht. Darunter fallen z. B. Erbschaften und vor allem internationale Schuldenerlasse.

Änderungen der Forde- rungen und Verbindlich- keiten

Die 6. Teilbilanz ist die **Kapitalbilanz** (besser: „Kapitalverkehrsbilanz"). In ihr werden **Änderungen in den Forderungen und Verbindlichkeiten** zwischen Inländern und Ausländern, also die Kapitaltransaktionen, gebucht. So wird z. B. der Import von Waren auf Kredit zunächst auf der rechten Seite der Handelsbilanz gebucht, während die Gegenbuchung als Verbindlichkeitszunahme auf der linken Seite der Kapitalbilanz erfolgen muss. Ebenso ist z. B. ein internationaler Schuldenerlass als Geschenk an die übrige Welt auf der rechten Seite der 5. Teilbilanz der Vermögensübertragungen zu buchen, während die Gegenbuchung als Forderungsabnahme auf der linken Seite der Kapitalbilanz erscheint. Als weitere Beispiele für Kapitaltransaktionen ist an Wertpapierkäufe und -verkäufe und Direktinvestitionen (Beteiligungen mit unternehmerischem Ziel) zu denken.

Veränderung der Wäh- rungs- reserven

Eine besondere Form von Kapitaltransaktionen ist die **Veränderung der Währungsreserven**, d. h., der Zu- und Abfluss von Fremdwährungen und Eigenwährung. Dies ist verständlich, wenn wir bedenken, dass grundsätzlich auch Zentralbankgeld (Bargeld) und Buchgeld (Giralgeld) für die Bankkunden (Publikum) Forderungen gegen die jeweilige Bank (Zentralbank bzw. Geschäftsbank) bzw. für die jeweilige Bank Verbindlichkeiten gegenüber dem Publikum darstellen (vgl. Abschnitt 6.1.4). Ist diese Bank eine inländische Bank, so handelt es sich bei diesem Geld um Eigenwährung, während Geldforderungen an Banken in der übrigen Welt als Fremdwährungen (Devisen (= Buchgeld) und Sorten (= Bargeld)) gelten. Befindet sich Eigenwährung in den Händen von Ausländern, so stellt es aus Sicht der Banken als Inländer und damit aus Sicht der heimischen Zahlungsbilanz eine Verbindlichkeit dar.

8.1.2 Die Zahlungsbilanz

In der 7. Teilbilanz wird der **statistische Rest** gebucht. Er tritt dadurch auf, dass in der Praxis internationale Transaktionen isoliert und nicht buchführungstechnisch sauber nach dem Prinzip der Buchung und Gegenbuchung erfasst werden und in den meisten Fällen auch gar nicht erfasst werden können. Die Konsequenz ist dann aber eine häufig nicht unbeträchtliche Differenz zwischen der Summe der linken und rechten Seiten der Teilbilanzen und demnach eine unausgeglichene Zahlungsbilanz. Aufgrund der Buchführungssystematik darf sie aber eigentlich nicht auftreten. Mit dem statistischen Restposten wird diese Ungenauigkeit („statistisch nicht aufgliederbare Transaktionen") wieder beseitigt, indem der Differenzbetrag einfach gegengebucht wird, so dass dann die Zahlungsbilanz insgesamt über alle Teilbilanzen doch ausgeglichen ist.

Statistischer Rest

Mit einigen zusätzlichen und abschließenden **Buchungsbeispielen** können wir uns die Zusammenhänge innerhalb der Zahlungsbilanz noch einmal klarmachen:

(1) Der Kauf ausländischer Wertpapiere und die Zahlung des Kaufbetrages durch Überweisung von einem Girokonto bei einer ausländischen Geschäftsbank ist eine reine Kapitaltransaktion, die in der 6. Teilbilanz des Kapitalverkehrs auf der rechten Seite als Forderungszunahme und auf der linken Seite als Forderungsabnahme bzw. Abfluss an Fremdwährung erscheint.

(2) Eine Urlaubsreise ins Ausland und die Bezahlung von Dienstleistungen (z. B. als Hotelunterkunft) im Urlaubsland mit einem Scheck in Eigenwährung führt zu einem Dienstleistungsimport auf der rechten Seite der Dienstleistungsbilanz (2. Teilbilanz) und zu einer Verbindlichkeitszunahme bzw. zu einem Abfluss an Eigenwährung auf der linken Seite der Kapitalbilanz (6. Teilbilanz).

(3) Eine Urlaubsreise ins Ausland mit vorheriger Beschaffung von Fremdwährung als Sorten bei einer inländischen Geschäftsbank und der anschließende Kauf und die Bezahlung einer Dienstleistung am Urlaubsort (z. B. als Hotelunterkunft) mit diesen Sorten berührt im ersten Schritt der Sortenbeschaffung die Zahlungsbilanz nicht, da es sich um eine Transaktion zwischen Inländern (hier zwischen Urlaubsreisenden und ihrer Geschäftsbank) ohne Außenwirkung handelt. Erst wenn sich die Geschäftsbank ihrerseits die Sorten z. B. bei einer ausländischen Geschäftsbank besorgt, kommt es in der 6. Teilbilanz zu einem Zufluss an Fremdwährung in Gestalt der Sorten auf der rechten Seite und zu einem Abfluss an Eigenwährung auf der linken Seite durch Bezahlung des Sortenkaufs. Bezahlt der Urlaubsreisende nun den Dienstleistungskauf am Urlaubsort, so kommt es zu einem Dienstleistungsimport auf der rechten Seite der 2. Teilbilanz und zu einer Forderungsabnahme bzw. zu einem Abfluss an Fremdwährung auf der linken Seite der 6. Teilbilanz.

(4) Die Aufnahme eines Krediteѕ in Fremdwährung bei einer ausländischen Geschäftsbank und der anschließende Kauf einer ausländischen Immobilie mit diesem Kreditbetrag ist im ersten Schritt mit einer Verbindlichkeitszunahme auf der linken Seite der Kapitalbilanz (6. Teilbilanz) und einer Forderungszunahme als Buch- oder Bargeld bzw. als Zufluss an Fremdwährung auf deren rechter Seite verbunden. Der Kauf und die Bezahlung der Immobilie führen im zweiten Schritt zu einer Forderungszunahme als Direktinvestition auf der rechten Seite der Kapitalbilanz (6. Teilbilanz) und zu einer Forderungsabnahme als Abfluss von Fremdwährung auf deren linker Seite.

Positive Salden stehen auf der rechten, negative Salden auf der linken Seite der Teilbilanzen

Unausgeglichene Teilbilanzen innerhalb der immer ausgeglichenen Zahlungsbilanz am Ende einer Periode, wenn die Konten saldiert werden, dürften der Regelfall sein. Salden auf der rechten Seite von Teilbilanzen erhalten buchungstechnisch ein positives (+) Vorzeichen, Salden auf der linken Seite entsprechend ein negatives (–) Vorzeichen. Die Summe der Teilbilanzsalden ergibt demnach ± 0, d. h., die Zahlungsbilanz ist ausgeglichen. Eine positive oder aktive Handelsbilanz, auch **Handelsbilanzüberschuss** genannt, bedeutet also beispielsweise, dass in dem betrachteten Zeitraum der Warenexport größer als der Warenimport war und der Exportüberschuss als Saldo und Kontoabschluss auf der rechten Seite der Handelsbilanz erscheint. Eine negative oder passive Handelsbilanz, auch **Handelsbilanzdefizit** genannt, zeigt entsprechend einen Importüberschuss im Warenverkehr an. Ein positiver (negativer) **Saldo in der Teilbilanz der Erwerbs- und Vermögenseinkommen (Primäreinkommen)** entspricht einem positiven (negativen) Nettoprimäreinkommen aus der übrigen Welt, das als Korrekturfaktor für den Übergang vom Inlands- zum Inländerkonzept bei der Ermittlung der gesamtwirtschaftlichen Leistungsgrößen von Bedeutung ist (vgl. Abschnitt 1.2.4). Der **Saldo der Übertragungsbilanz (Sekundäreinkommen)** dürfte in entwickelten Ländern normalerweise negativ sein, denn diese Länder geben z. B. vor allem in Form der Entwicklungshilfe mehr Geschenke an unterentwickelte Länder als sie Geschenke von Ländern erhalten. Der **Saldo der Leistungsbilanz** entspricht dem Saldo des gesamtwirtschaftlichen Vermögensänderungskontos in der Volkswirtschaftlichen Gesamtrechnung (VGR) (vgl. Abschnitt 1.2.5). Er dürfte normalerweise uneinheitlich positiv oder negativ sein, denn er hängt von dem Gewicht der einzelnen Salden in den vier Teilbilanzen der Leistungsbilanz ab. Liegt eine negative Kapitalbilanz vor, so wird von einem **Kapitalexport**, bei einer positiven Kapitalbilanz von einem **Kapitalimport** gesprochen, d. h., Export und Import beziehen sich in der Kapitalbilanz auf den Saldo und nicht – wie z. B. in der Handelsbilanz – auf nur eine Seite des Kontos. Ein Kapitalexport bedeutet, dass es zu einer **Nettozunahme an Auslandsvermögen** gekommen ist, d. h. Inländer haben sich mit ihrem Kapital mehr bei Ausländern als Ausländer bei Inländern beteiligt. Für einen Kapitalimport gilt Entsprechendes, obwohl die buchungstechnischen Vorzeichen der betreffenden Salden das Gegenteil vermuten lassen. Die Deutsche Bundesbank und auch die EZB kehren daher in der veröffentlichten Kapitalbilanz die buchungstechnisch exakten Vorzeichen der Salden zum besseren Verständnis in ihr Gegenteil um. Auch in der Teilbilanz der Veränderung der Währungsreserven ist zu beachten, dass eine **Nettozunahme an Währungsreserven** als Saldo auf der linken Seite des Kontos erscheint und demnach buchungstechnisch ein negatives Vorzeichen erhalten muss, obwohl der tägliche Sprachgebrauch ein positives Vorzeichen nahelegen würde.

Über die **aktuelle Situation** der Außenwirtschaftsbeziehungen der BRD und EWU informieren die Saldenwerte im Grundschema der jeweiligen Zahlungsbilanz. Eine ständige Aktualisierung der Werte erfolgt im Monatsbericht der Deutschen Bundesbank (www.bundesbank.de) und im Statistics Bulletin der Europäischen Zentralbank (EZB bzw. ECB) (www.ecb.eu).

Situationsbezogene Antwort 2

Das Unternehmen von Elektrotechnikmeister Litze ist in Stuttgart ansässig und damit als Inländer der BRD und auch der EWU anzusehen. Seine Geschäftsbeziehungen zu Ausländern werden demnach in der Zahlungsbilanz der BRD und auch der EWU erfasst.

Im Jahr 2014 ist ein Umsatzvolumen von 300 Tsd. EUR (= Hälfte des Gesamtumsatzes von 600 Tsd. Euro) als Sachgüterexport auf der linken Seite der Handelsbilanz in die **Zahlungsbilanz der BRD** eingegangen und ist damit an dem sehr hohen Exportüberschuss („Exportweltmeister") der BRD in diesem Jahr beteiligt gewesen. Die Gegenbuchung zum Umsatzvolumen ist zunächst als Forderungszunahme (z. B. durch Rechnungen dokumentiert) auf der rechten Seite der Kapitalbilanz erschienen und hat damit zum Kapitalexport der BRD in diesem Jahr beigetragen. Es handelt sich also um eine Mischung aus Leistungs- und Kapitaltransaktion. Sind Rechnungen noch im gleichen Jahr mit Bargeld oder Buchgeld beglichen worden, so hat die Rechnungsforderung auf der linken Seite der Kapitalbilanz abgenommen, aber gleichzeitig ist es auf der rechten Seite zu einer Forderungszunahme bzw. Verbindlichkeitsabnahme in Gestalt eines Fremd- oder Eigenwährungszuflusses gekommen. Die Begleichung von Rechnungen hat demnach zu reinen Kapitaltransaktionen geführt.

Das gleiche gilt für die von einem italienischen Zulieferer bezogenen Vorleistungen. Sie werden mit einem Volumen von 10 Tsd. EUR als Sachgüterimport auf der rechten Seite der Handelsbilanz erfasst. Die Gegenbuchung ist zunächst als Verbindlichkeitszunahme (z. B. durch Rechnungen dokumentiert) auf der linken Seite der Kapitalbilanz erschienen. Es handelt sich also wiederum um eine Mischung aus Leistungs- und Kapitaltransaktion. Ist die Rechnung des italienischen Zulieferers noch im gleichen Jahr mit Bargeld oder Buchgeld beglichen worden, so hat die Rechnungsverbindlichkeit auf der rechten Seite der Kapitalbilanz abgenommen, aber gleichzeitig ist es auf der linken Seite zu einem Eigenwährungsabfluss gekommen, also wiederum eine reine Kapitaltransaktion.

Eine reine Kapitaltransaktion ist auch der Erwerb der italienischen Staatsanleihen in Höhe von 40 Tsd. EUR (= 50 Tsd. EUR Export − 10 Tsd. EUR Import) gewesen. Die erworbenen Anleihen selbst haben zwar zu einer entsprechenden Forderungszunahme geführt, ihr stand jedoch durch die Bezahlung der Anleihen ein Eigenwährungsabfluss in gleicher Höhe gegenüber. Zu einer Mischung aus Leistungs- und Kapitaltransaktion ist es dagegen durch die Zinszahlungen auf die erworbenen Anleihen gekommen. Unter der Annahme, dass die Zinszahlungen bereits für das gesamte Jahr des Erwerbs erfolgt sind, sind diese in Höhe von 2 Tsd. EUR (= 5 % von 40 Tsd. EUR) als Erwerbs- und Vermögenseinkommen (Primäreinkommen) aus der übrigen Welt auf der linken Seite der entsprechenden Teilbilanz zu buchen, während die Gegenbuchung als Eigenwährungszufluss auf der rechten Seite der Kapitalbilanz erfolgt und dadurch den Kapitalexport noch weiter erhöht.

In der **Zahlungsbilanz der EWU** sind zwangsläufig alle Transaktionen von Elektrotechnikmeister Litze ohne Belang, die er mit Ländern der EWU bzw. mit deren Bewohnern (z. B. auch mit Italien) vorgenommen hat. Sie betreffen das Innenverhältnis, nicht aber das Außenverhältnis, das allein für die Zahlungsbilanz relevant ist. Im Außenverhältnis erscheinen nur die Transaktionen, die Elektrotechnikmeister Litze mit den USA oder anderen Ländern außerhalb der EWU getätigt hat. Diese Transaktionen haben einen Wert von 150 Tsd. EUR (= 300 Tsd. EUR Gesamtumsatz international − 150 Tsd. EUR Umsatz in der EWU). Sie werden als Mischung aus Leistungs- und Kapitaltransaktionen in der Zahlungsbilanz gebucht und gegengebucht. Als Export von Waren erscheinen sie auf der linken Seite der Handelsbilanz. Die Gegenbuchung erfolgt als Forderungszunahme (z. B. als Rechnungsforderung) auf der rechten Seite der Kapitalbilanz, mit möglichen weiteren Buchungen als reine Kapitaltransaktionen (z. B. bei Rechnungsbegleichung) wie in der Zahlungsbilanz der BRD.

Situationsbezogene Frage 3
Mit welchem EUR-Betrag und wo ist das in den USA erzielte Umsatzvolumen von Elektrotechnikmeister Litze im Jahr 2014 in die Zahlungsbilanz der BRD und EWU eingegangen?

8.1.3 Wechsel-, Devisen- und Sortenkurs

Wie wir aus Abschnitt 6.1.3 wissen, hat Geld bei ökonomischen Transaktionen neben einer Recheneinheitsfunktion vor allem eine Tauschmittel- und eine Wertaufbewahrungs- und Wertübertragungsfunktion zu erfüllen. Das gilt natürlich auch bei ökonomischen Transaktionen auf der internationalen Ebene zwischen nationalen Volkswirtschaften als Folge der internationalen Arbeitsteilung. Die Tauschmittel- und die Wertaufbewahrungs- und Wertübertragungsfunktion des Geldes äußern sich dabei in den Leistungs- und Kapitaltransaktionen, wie wir sie bei der Behandlung der Zahlungsbilanz im Abschnitt 8.1.2 kennen gelernt haben. Was allerdings die Recheneinheitsfunktion des Geldes betrifft, so stehen wir international vor dem Problem, dass in den verschiedenen nationalen Volkswirtschaften die Recheneinheit des Geldes in dem jeweiligen Zahlungsmittelgesetz unterschiedlich benannt wird. Was in der einen Volkswirtschaft z. B. Euro (EUR) heißt, heißt in einer anderen z. B. US-Dollar (USD) oder Yen (JPY). Daraus folgt zwangsläufig, dass bei der Abwicklung internationaler Leistungs- und Kapitaltransaktionen unter Einsatz des Mediums Geld die Geldeinheiten (Währungseinheiten) selbst getauscht werden müssen, z. B. bei zwei Ländern A und B nach dem Muster: Gut A ↔ Geld A ↔ Geld B ↔ Gut B. Werden aber Währungen getauscht, so führt uns das zum Tauschverhältnis, dem Wechselkurs.

Unterschiedliche Geldeinheiten bei internationalen Transaktionen

> Der **Wechselkurs** gibt an, in welchem Verhältnis die Währung eines Landes oder einer Ländergemeinschaft wie z. B. der Europäischen Währungsunion (EWU) in die Währung eines anderen Landes getauscht werden kann.

Der Wechselkurs ist als Tauschverhältnis ein Preis, allerdings nicht ein Güter- oder Faktorpreis, sondern ein **Währungspreis**. Der Preis einer heimischen Währungseinheit (z. B. 1 EUR) gemessen in ausländischen Währungseinheiten (z. B. 1,30 USD für 1 EUR) wird auch als Mengenwechselkurs oder **Mengennotierung** bezeichnet. Er gibt an, welche Menge an ausländischen Währungseinheiten wir für eine heimische Währungseinheit bekommen. Der Kehrwert (engl.: Cross Rate) dieses Wechselkurses, der Preis einer ausländischen Währungseinheit gemessen in heimischen Währungseinheiten (z. B. 0,77 EUR für 1 USD), wird als Preiswechselkurs oder **Preisnotierung** bezeichnet. Er gibt an, welchen Preis in inländischen Währungseinheiten wir für eine ausländische Währungseinheit bezahlen müssen. In der EWU wird die Mengennotierung verwendet.

Wechselkurs als Währungspreis

Vom **Devisenkurs** ist dann die Rede, wenn der Wechselkurs beim Tausch von Eigen- und Fremdwährung in Form von Buchgeld (z. B. bei Kartenzahlung) gemeint ist. Dagegen bezieht sich der **Sortenkurs** auf den Wechselkurs beim Währungstausch von Zentralbankgeld (Bargeld).

Devisen- und Sortenkurs

Bildung von Wechselkursen durch Währungsangebot und -nachfrage

Wenn es sich beim Wechselkurs bzw. beim Devisen- oder Sortenkurs um einen Preis als Tauschverhältnis zwischen Eigen- und Fremdwährung handelt, dann wird dieser Preis – wie wir aus Abschnitt 2.1.7 wissen – bei **marktwirtschaftlicher Koordination** durch das Verhältnis von Angebot und Nachfrage bestimmt. Er bildet sich am Markt frei durch die Konkurrenz unter den Anbietern und Nachfragern. Ein Überangebot wird durch Preissenkung, eine Übernachfrage durch Preiserhöhung abgebaut. Eine marktwirtschaftlich freie Wechselkursbildung wird als **Floating** (engl.: „Fließen") bezeichnet. Der Markt der freien Wechselkursbildung ist die **Devisenbörse**, an der die Devisenmakler als Vermittler der Anbieter und Nachfrager an bzw. nach einer bestimmten Währung aufeinander treffen. Jeder Makler ist gleichzeitig Anbieter und Nachfrager, denn das Angebot an bzw. die Nachfrage nach einer bestimmten Währung ist mit der Nachfrage nach bzw. dem Angebot an jeweils einer anderen Währung verbunden. Bei den gehandelten Währungen handelt es sich um Buchgeld (vgl. Abschnitt 6.1.4), über das telefonisch bzw. online per Internet verfügt wird. In jedem Land befindet sich eine Devisenbörse (z. B. Frankfurt, London, New York, Tokio etc.). Zu unterschiedlichen Wechselkursen an diesen Devisenbörsen kann es nur durch die Zeitverschiebung kommen. Ohne Zeitverschiebung und bei perfekter Kommunikation wäre theoretisch eine einzige Devisenbörse als Punktmarkt ausreichend.

8.1.3 Wechsel-, Devisen- und Sortenkurs

Tragen Sie unter Zuhilfenahme des Wirtschaftsteils einer Tageszeitung die **aktuellen Devisenkurse aus Sicht der EWU** in die folgende Tabelle ein:

	Mengennotierung	Preisnotierung
USD		
JPY		
CHF		
GBP		
CAD		
SEK		
NOK		
DKK		
PLN		
RUB		
CNY		

Situationsbezogene Antwort 3

Da alle Werte in der Zahlungsbilanz der BRD und EWU in EUR angegeben werden, viele der gebuchten Transaktionen aber in Fremdwährungen erfolgt sind, müssen diese mit dem Wechselkurs der Fremdwährung gegenüber dem EUR umgerechnet werden. Dabei wird der jeweilige Devisenkurs und nicht der Sortenkurs angesetzt, da die Begleichung von Rechnungen im Auslandsgeschäft meist mit Buchgeld (z. B. durch Überweisung) und nicht mit Zentralbankgeld (Bargeld) erfolgt. Wenn für das Jahr, in dem Elektromeister Litze in den USA ein Umsatzvolumen von 100 Tsd. USD erzielte, ein durchschnittlicher Wechselkurs des EUR gegenüber dem USD von 1,25 USD/1 EUR in der üblichen Mengennotierung unterstellt wird, so ergibt sich daraus in der Preisnotierung der „Cross Rate" ein Wechselkurs des USD gegenüber dem EUR von 0,8 EUR/1 USD. Das Umsatzvolumen von Elektromeister Litze in den

USA ist daher mit einem Wert von 80 Tsd. EUR als Export auf der linken Seite der Handelsbilanz in der Zahlungsbilanz der BRD und EWU gebucht worden. Die Gegenbuchung erscheint bei Rechnungsstellung als Forderungszunahme auf der rechten Seite und bei Rechungsbegleichung als Forderungsabnahme auf der linken und gleichzeitig als Fremdwährungszufluss auf der rechten Seite der Kapitalbilanz.

8.2 Handlungssituation (Fallbeispiel 2)

Fallbeispiel 2

Handlungssituation

Elektrotechnikmeister Litze hat im Wirtschaftsteil einer Tageszeitung folgende Schlagzeilen gelesen: „US-Handelsbilanzdefizit und EWU-Zinsphantasien treiben Euro auf Dollarhöchstkurs" und „Währungsspekulation beschleunigt Euro-Anstieg". Aufgrund seiner Fortbildung zum Geprüften Betriebswirt nach der Handwerksordnung kennt er die Zusammenhänge und weiß, dass dadurch auch sein Auslandsgeschäft in den USA beeinflusst werden könnte.

Situationsbezogene Frage 1

Welchen Zusammenhang sieht Elektrotechnikmeister Litze zwischen dem US-Handelsbilanzdefizit und dem gestiegenen Wechselkurs des EUR gegenüber dem USD?

8.2.1 Wechselkurs und Leistungstransaktionen

Da es sich bei dem Wechselkurs als Tauschverhältnis um einen Preis handelt, der durch das Verhältnis von Angebot und Nachfrage an bzw. nach der jeweiligen Währung bestimmt wird, muss die Frage nach den Ursachen von Wechselkursänderungen bei dem Währungsangebot und der Währungsnachfrage ansetzen und nach Gründen für dieses Angebot und diese Nachfrage suchen. Die Gründe für einen Währungstausch liegen grundsätzlich in den internationalen Leistungs- und Kapitaltransaktionen, die unter Einsatz von Geld und dabei unterschiedlich benannten Geldeinheiten (EUR, USD etc.) abgewickelt werden. Sie sind es daher letztlich, die für Wechselkursänderungen verantwortlich sind. Wir wollen zunächst die Leistungstransaktionen betrachten.

Leistungstransaktionen führen über den Währungstausch zu Wechselkursänderungen

Leistungstransaktionen werden in der Leistungsbilanz der Zahlungsbilanz erfasst (vgl. Abschnitt 8.1.2). Der Export von Waren und Dienstleistungen führt in der Regel zu einer Nachfrage nach und der Import in der Regel zu einem Angebot an der Währung des exportierenden bzw. importierenden Landes, sofern kein Naturaltausch (Kompensationsgeschäft) betrieben wird. Der Export führt zu einer Nachfrage nach der Währung des exportierenden Landes, wenn der Exporteur den erhaltenen ausländischen Währungsbetrag (z. B. als Buchgeld bei einer ausländischen Geschäftsbank)

8.2.1 Wechselkurs und Leistungstransaktionen

in heimische Währung umtauscht oder der ausländische Käufer für seine Währung die Währung des Verkäufers erwirbt. Entsprechendes gilt für den Import. An die übrige Welt geleistete Erwerbs- und Vermögenseinkommen (Primäreinkommen) und Geldübertragungen (Sekundäreinkommen) führen in der Regel bei Währungstausch zu einem Angebot an Eigenwährung bzw. zu einer Nachfrage nach Fremdwährung. Dieser Fall tritt z. B. ein, wenn die von „Gastarbeitern" als Inländer an Familienangehörige im Heimatland überwiesenen EUR-Beträge (= Geldübertragungen; vgl. Abschnitt 8.1.2) von diesen in ihre Heimatwährung umgetauscht werden. Dagegen werden empfangene Erwerbs- und Vermögenseinkommen (Primäreinkommen) und Geldübertragungen (Sekundäreinkommen) in der Regel bei Währungstausch zu einer Nachfrage nach Eigenwährung bzw. zu einem Angebot an Fremdwährung führen. Als Beispiel kann an Dividenden gedacht werden, die ein Inländer bei einer US-amerikanischen Aktiengesellschaft für seinen Aktienbesitz erhält und dann in seine Währung umtauscht.

Das folgende Schema fasst den **Zusammenhang zwischen Leistungstransaktionen und Wechselkursänderungen** zusammen:

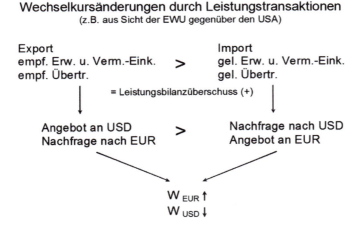

Diese Überlegungen und unsere Kenntnis der Zahlungsbilanz aus Abschnitt 8.1.2 führen uns zu der allgemeinen **Schlussfolgerung**:

> Unter dem isolierten Blickwinkel der **Leistungstransaktionen** dürfte ein Leistungsbilanzüberschuss eines Landes oder einer Ländergemeinschaft ein Ansteigen des Wechselkurses der heimischen Währung bewirken, während ein Leistungsbilanzdefizit den gegenteiligen Effekt erwarten lässt.

Situationsbezogene Antwort 1

Elektrotechnikmeister Litze weiß aufgrund seiner Fortbildung zunächst einmal, was ein US-Handelsbilanzdefizit bedeutet. Es bedeutet nämlich, dass die USA mehr Waren importiert als exportiert haben und demnach ein negativer Saldo in der US-Handelsbilanz aufgetreten ist. Elektrotechnikmeister Litze weiß auch, dass der Export eines Landes zu einer Nachfrage nach und der Import zu einem Angebot an der Währung des betreffenden Landes führt. Ein Importüberschuss wie bei einem Handelsbilanzdefizit führt demnach isoliert betrachtet zu einem Überangebot an der Währung des betreffenden Landes und bei den marktwirtschaftlichen Verhältnissen an den Devisenbörsen zu einem sinkenden Wechselkurs der Währung des betreffenden Landes gegenüber Fremdwährungen. Der Wechselkurs des USD wird also sinken, auch gegenüber dem EUR. Entsprechend wird der Kehrwert (Cross Rate), der Wechselkurs des EUR gegenüber dem USD, steigen. Das US-Handelsbilanzdefizit ist also an dem gemeldeten „Dollarhöchstkurs für den Euro" beteiligt.

Situationsbezogene Frage 2

Welchen Zusammenhang sieht Elektrotechnikmeister Litze zwischen den EWU-Zinsphantasien und dem gestiegenen Wechselkurs des EUR gegenüber dem USD?

8.2.2 Wechselkurs und Kapitaltransaktionen

Kapitaltransaktionen werden in der Kapitalbilanz der Zahlungsbilanz erfasst (vgl. Abschnitt 8.1.2). Eine Forderungszunahme bzw. Verbindlichkeitsabnahme (z. B. der Kauf von Wertpapieren in den USA durch Inländer der EWU bzw. z. B. die Tilgung von Krediten bei US-amerikanischen Geschäftsbanken durch Inländer der EWU) führt in der Regel, d. h., bei Währungstausch und daher ohne Berücksichtigung der Veränderung der Währungsreserven in der Kapitalbilanz, zu einer Nachfrage nach Fremdwährung (in diesem Beispiel nach USD) und dadurch zu einem Angebot an heimischer Währung (in diesem Beispiel an EUR). Die Forderungsabnahme bzw. Verbindlichkeitszunahme (z. B. die Tilgung von US-Staatsanleihen in Händen von Inländern der EWU bzw. z. B. die Aufnahme von Krediten bei US-amerikanischen Geschäftsbanken durch Inländer der EWU) dürfte entsprechend mit einem Angebot an Fremdwährung und einer Nachfrage nach Eigenwährung verbunden sein. Bei der Kreditaufnahme ist allerdings zu bedenken, dass die erhaltenen Fremdwährungsmittel auch zur Finanzierung von Leistungs- oder/und Kapitaltransaktionen eingesetzt werden können und dann naturgemäß nicht zum Währungstausch führen.

Das folgende Schema vermittelt wiederum einen zusammenfassenden Überblick über den **Zusammenhang zwischen Kapitaltransaktionen und Wechselkursänderungen**:

Kapitaltransaktionen führen über den Währungstausch zu Wechselkursänderungen

8.2.2 Wechselkurs und Kapitaltransaktionen

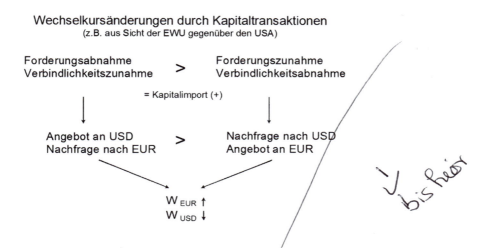

Wir können aus dem bisher Gesagten unter Einbeziehung der Zahlungsbilanzsituation die allgemeine **Schlussfolgerung** ziehen:

> Bei isolierter Betrachtung der **Kapitaltransaktionen** dürfte eine positive Kapitalbilanz (= Kapitalimport) eines Landes oder einer Ländergemeinschaft ein Ansteigen des Wechselkurses der heimischen Währung bewirken, während eine negative Kapitalbilanz (= Kapitalexport) den gegenteiligen Effekt erwarten lässt.

Situationsbezogene Antwort 2

Elektrotechnikmeister Litze weiß aufgrund seiner Fortbildung zunächst einmal, dass Zinsphantasien die Zinserwartungen betreffen und international die Kapitaltransaktionen zwischen Volkswirtschaften beeinflussen können. Auf den Kapitalmärkten werden Kapitalanleger, die sich neben anderen Einflussgrößen (z. B. Konjunkturentwicklung, Wechselkursrisiko, Besteuerung etc.) vor allem am Zins orientieren, ihr Kapital bevorzugt in denjenigen Ländern anlegen, in denen das Zinsniveau schon relativ hoch ist oder zumindest in der Zukunft sein dürfte. Wird Kapital in anderen Ländern angelegt, so führt es in der Zahlungsbilanz des Anlegerlandes zu einer Forderungszunahme und damit bei sonst gleichen Rahmendaten zu einem Kapitalexport. In der Zahlungsbilanz des Anlagelandes kommt es entsprechend zu einem Kapitalimport. Bei den gemeldeten „EWU-Zinsphantasien" geht Elektrotechnikmeister Litze davon aus, dass internationale Kapitalanleger höhere Zinsen in der EWU erwarten. Der Grund könnte z. B. darin liegen, dass in der EWU Inflationsgefahren bestehen und daher von der EZB erwartet wird, dass sie mit einer Erhöhung der Leitzinsen reagiert. Legen ausländische Kapitalanleger wegen der erwarteten höheren Zinsen in der EWU ihr Kapital verstärkt in der EWU an, so werden sie auch verstärkt die EUR-Währung

8. Der internationale Rahmen des Unternehmens

nachfragen bzw. im Währungstausch ihre eigene Währung (z. B. USD) anbieten. Dies führt unter sonst gleichen Bedingungen zu einem Anstieg des Wechselkurses des EUR gegenüber dem USD. Auch die EWU-Zinsphantasien sind also an dem gemeldeten „Dollarhöchstkurs für den Euro" beteiligt.

Situationsbezogene Frage 3
Welchen Zusammenhang sieht Elektrotechnikmeister Litze zwischen der Währungsspekulation und dem gestiegenen Wechselkurs des EUR gegenüber dem USD?

8.2.3 Währungsspekulation

Spekulation: Gewinner und Verlierer

Spekulatives Verhalten in der Gegenwart geht grundsätzlich von Erwartungen bezüglich einer bestimmten Entwicklung in der Zukunft aus und hofft auf einen **Spekulationsgewinn** für den Fall, dass diese Erwartungen sich als richtig und vernünftig (rational) erweisen. Als ökonomische **Spekulationsobjekte** können sowohl Güter (z. B. Rohstoffe) als auch Forderungen (z. B. Währungen oder Aktien) dienen. Ein Spekulationsgewinn wird erzielt, wenn das Spekulationsobjekt zu einem gegenwärtigen Preis gekauft wird, der unter dem zukünftigen Preis liegt, zu dem es wieder verkauft werden kann. Oder das Spekulationsobjekt wird zu einem gegenwärtigen Preis verkauft, der über dem zukünftigen Preis liegt, zu dem es gekauft werden kann, um die Verkaufsvereinbarung zu erfüllen. Da Käufe und Verkäufe zeitlich auseinander liegen, handelt es sich um **Termingeschäfte**. Sie können sich auf die Spekulationsobjekte selbst beziehen, können aber auch Rechte (Optionen) auf Käufe oder Verkäufe beinhalten. Bei einer **Kaufoption** (engl.: Call) handelt es sich um das Recht, zu einem schon heute festgelegten Preis morgen ein Spekulationsobjekt in einer bestimmten Menge kaufen zu können. Eine **Verkaufsoption** (engl.: Put) ist entsprechend das Recht, zu einem schon heute festgelegten Preis morgen ein Spekulationsobjekt in einer bestimmten Menge verkaufen zu können. Auch diese Rechte ihrerseits können gehandelt, also gekauft und verkauft werden und haben damit einen Rechtepreis (Optionspreis), der seinerseits spekulativ genutzt werden kann. Er unterliegt wegen der Hebelwirkung der größeren Handelsmenge starken Schwankungen und ist dementsprechend risikoreich. Höheren Gewinnaussichten stehen auf der anderen Seite höhere Verlustaussichten gegenüber.

Währungsspekulation auf die künftige Wechselkursentwicklung

Eine **Währungsspekulation** geht von Erwartungen bezüglich der künftigen Wechselkursentwicklung als Preisentwicklung aus. Konkret wird aufgrund von Informationen (z. B. aufgrund von Informationen über die beschriebenen Leistungs- und Kapitaltransaktionen) erwartet, dass der Wechselkurs der Währung eines Landes steigen wird. Wenn diese Erwartung richtig ist, so lohnt sich der Kauf der betreffenden Währung heute, um sie morgen zu einem höheren Kurs mit einem Spekulationsgewinn

8.2.3 Währungsspekulation

wieder zu verkaufen. Absicht zum Kauf einer Währung bedeutet jedoch Nachfrage nach dieser Währung, d. h., je mehr die Erwartung eines steigenden Wechselkurses unter den Spekulanten um sich greift, umso stärker steigt die Nachfrage nach der betreffenden Währung. Die Nachfrage wird allerdings nur befriedigt, wenn auf der Gegenseite ein entsprechendes Angebot vorhanden ist, d. h., die Anbieter der betreffenden Währung müssen kein oder ein genau entgegen gesetztes Spekulationsverhalten an den Tag legen. Würden sie selbst auch mit einem steigenden Wechselkurs rechnen, dann würden sie nicht verkaufen wollen. Sie werden umso weniger damit rechnen und eher einen fallenden Wechselkurs erwarten, je höher er ist. Man spricht daher auch von „Marktsymmetrie" und meint damit die unterschiedlichen, nämlich entgegen gesetzten Vorstellungen auf der Nachfrager- und Anbieterseite des Marktes, die für einen wirksamen Markt- und Preismechanismus unabdingbar sind. Das Ergebnis einer Spekulation auf einen steigenden Wechselkurs könnte also sein, dass der Wechselkurs tatsächlich steigt. Man spricht in diesem Fall auch von einer „sich selbst erfüllenden Prophezeiung". Eine Währung, die erst einmal im Aufwertungsverdacht steht, wird aufgrund der Währungsspekulation sehr häufig auch tatsächlich aufgewertet werden.

An einer **Währungsspekulation ist unangenehm**, dass es zu starken Kursausschlägen kommen kann, die Unsicherheiten in den internationalen Wirtschaftsbeziehungen schaffen und auch Auswirkungen auf diese Beziehungen in den Leistungs- und Kapitaltransaktionen selbst haben können (z. B. Verteuerung der Exporte bei steigendem Wechselkurs der Währung des exportierenden Landes), obwohl die tatsächliche Situation dieser Beziehungen (z. B. ein möglicher Leistungsbilanzüberschuss) bei nüchterner Betrachtung (z. B. unter Berücksichtigung der Kapitalbilanz) gar nicht der Auslöser für die Wechselkursentwicklung gewesen sein dürfte. Um die Währungsspekulation eindämmen zu können, wird die Einführung einer Steuer auf die entsprechenden Spekulationsgewinne diskutiert. Sie wird nach ihrem „Erfinder", dem amerikanischen Nationalökonom und Nobelpreisträger JAMES TOBIN (1918–2002), auch **Tobin-Steuer** genannt. Eine in der EU diskutierte **Finanztransaktionssteuer**, die sämtliche und nicht nur die spekulativen Finanztransaktionen betreffen würde, hätte die gleiche Wirkung.

Währungsspekulation führt zu Unsicherheiten

Situationsbezogene Antwort 3
Elektrotechnikmeister Litze weiß zunächst einmal, dass ein US-Handelsbilanzdefizit und die Erwartung höherer Zinsen in der EWU aufgrund des Währungstausches bei den dadurch ausgelösten Leistungs- und Kapitaltransaktionen den Wechselkurs des EUR gegenüber dem USD steigen lassen dürfte. Er weiß aber auch, dass sein Wissen auch andere besitzen. Unter diesen befinden sich Spekulanten, die aus dem erwarteten höheren EUR-Wechselkurs einen Spekulationsgewinn erzielen

wollen. Sie können ihn auf zwei Wegen erzielen, wenn ihre Erwartung eintrifft. Zum einen können sie als Ausländer der EWU die EUR-Währung zu einem noch heute günstigen Wechselkurs kaufen, um sie dann morgen zu dem höheren Wechselkurs zu verkaufen. Dabei kann der Kauf der EUR-Währung durch den tatsächlichen Kauf heute oder durch den Kauf eines Rechts zum Kauf morgen, eine Kaufoption (Call), erfolgen. Als Inländer der EWU, die ja bereits die EUR-Währung besitzen, würden die Spekulanten auf den im Gegenzug sinkenden Wechselkurs des USD gegenüber dem EUR setzen und einen Spekulationsgewinn erzielen, wenn sie heute mit dem Kauf einer Verkaufsoption (Put) das Recht zum Verkauf der USD-Währung morgen erwerben. Der Preis der Verkaufsoption würde steigen, wenn der Wechselkurs des USD tatsächlich sinkt. Die Veräußerung der heute erworbenen Verkaufsoption würde dann zu einem Spekulationsgewinn führen. Tritt die erwartete Entwicklung des Wechselkurses nicht ein, entsteht in allen Fällen ein Spekulationsverlust.

Elektrotechnikmeister Litze könnte sich natürlich auch selbst an der Spekulation beteiligen, wenn er sich seiner Sache sicher ist. Entscheidend aber ist, dass durch eine massiv auftretende Spekulation die erwartete Wechselkursentwicklung tatsächlich eintreten bzw. eine bereits eingetretene Wechselkursentwicklung noch beschleunigt werden kann. Elektrotechnikmeister Litze rechnet also damit, dass der Wechselkurs des EUR gegenüber dem USD, der aufgrund des US-Handelsbilanzdefizits und der EWU-Zinserwartungen bereits gestiegen ist oder wahrscheinlich steigen wird, durch die Währungsspekulation noch weiter oder tatsächlich steigen wird. Dadurch ergeben sich möglicherweise Rückwirkungen auf die Leistungs- und Kapitaltransaktionen, die unangenehm sein können.

Situationsbezogene Frage 4
Wie könnte das Auslandsgeschäft von Elektrotechnikmeister Litze durch den gestiegenen Wechselkurs des EUR gegenüber dem USD beeinflusst werden und wie könnte er darauf reagieren?

8.2.4 Rückwirkungen des EUR-Wechselkurses

Wechselkurse haben eine Ausgleichsfunktion

Wechselkurse haben wie alle Preise in einem marktwirtschaftlichen Koordinationsmechanismus die Aufgabe, Ungleichgewichte (Überangebot und Übernachfrage) zu beseitigen, indem durch Preisänderungen das Verhalten der Anbieter und Nachfrager in Richtung auf einen Interessenausgleich und damit auf ein Marktgleichgewicht beeinflusst wird. In den Abschnitten 8.2.1 und 8.2.2 haben wir gesehen, dass Wechselkursänderungen marktwirtschaftlich über den Währungstausch durch Ungleichgewichte in der Leistungs- oder/und Kapitalbilanz der Zahlungsbilanz ausgelöst werden. Sie haben als Preise aber auch die Aufgabe, diese Ungleichgewichte zu

8.2.4 Rückwirkungen des EUR-Wechselkurses

beseitigen, indem es zu ausgleichenden Rückwirkungen auf die Leistungs- oder/und Kapitaltransaktionen als Auslöser kommt. In der **Ausgleichsfunktion der Wechselkurse** liegt also ihre Rückwirkung.

Ein **steigender EUR-Wechselkurs** bewirkt vor allem bei den **Leistungstransaktionen** – Erwerbs- und Vermögenseinkommen (Primäreinkommen) und laufende Übertragungen (Sekundäreinkommen) lassen wir außer Acht – eine Verteuerung der Waren- und Dienstleistungsexporte der EWU für die übrige Welt und eine Verbilligung der Waren- und Dienstleistungsimporte der EWU aus der übrigen Welt. Die Betonung liegt auf „für die übrige Welt" bzw. „aus der übrigen Welt", d.h., die Preise bleiben für die jeweilig exportierenden Inländer in ihrer Währung zwar gleich, bekommen aber über den Wechselkurs für die jeweilig importierenden Ausländer in ihrer Währung ein anderes Gewicht.

Wir können uns diesen Zusammenhang an folgendem Beispiel klarmachen: Ein Pkw einer bestimmten Marke, eines bestimmten Typs und einer bestimmten Ausstattung möge sowohl in der EWU als auch in den USA zur Verfügung stehen. Da es sich folglich um das gleiche Gut handelt, wird auch von einem homogenen Gut gesprochen, im Unterschied zu heterogenen Gütern unterschiedlicher Art. Der Pkw möge in der EWU 10.000 EUR und in den USA 15.000 USD kosten und könne aus Sicht der EWU sowohl in die USA exportiert als auch von den USA importiert werden, und zwar zum Exportpreis von 10.000 EUR (P^{Ex}_{EUR} = 10.000 EUR) bzw. zum Importpreis von 15.000 USD (P^{Im}_{USD} = 15.000 USD). Unter Berücksichtigung eines angenommenen EUR-Wechselkurses gegenüber dem USD (W_{EUR}) in Höhe von W_{EUR} = 1,20 USD/1 EUR würde demnach das **reale Austauschverhältnis**, das auch **Terms of Trade** (T.o.T.) genannt wird, betragen:

Steigende Terms of Trade durch steigenden Wechselkurs

T.o.T. = $(W_{EUR} \cdot P^{Ex}_{EUR}) / P^{Im}_{USD}$ = 0,8

Dieser Wert bedeutet, dass für die Importausgaben eines Pkws über die Exporterträge nur wieder 0,8 Pkws zurückfließen würden, d.h., der Import wäre für die Inländer der EWU relativ teuer und im Gegenzug der Export der EWU für die Ausländer relativ billig. Steigt nun W_{EUR} (z.B. auf W_{EUR} = 1,35 USD/1 EUR), so steigen auch die T.o.T. (im Beispiel auf T.o.T. = 0,9), d.h., die Importe sind für die Inländer der EWU nicht mehr so teuer und werden demnach billiger, während die Exporte für die Ausländer der EWU nicht mehr so billig sind und demnach teurer werden. Daraus können wir letztendlich den Schluss ziehen: Hängt die Entscheidung zum Kauf von Ex- und Importgütern relativ stark von ihrem Preis und weniger von eventuell gegenläufigen Einflussgrößen (z.B. Qualitätsnachteile, ungünstige Güterzusammensetzung bei Exportgütern oder/und Abhängigkeiten bei Importgütern) ab, so ist bei einem steigenden EUR-Wechselkurs mit einem **Rückgang der EWU-Exporte** und einer **Zunahme der EWU-Importe** zu rechnen, was sich negativ auf das Bruttoinlandsprodukt (BIP) (vgl. Abschnitt 1.2.3) und damit auch auf die Binnenwirtschaft der EWU auswirkt. Negative Wachstums- und Beschäftigungseffekte sind nicht auszuschließen, Preissteigerungen aber eher nicht zu befürchten.

Konjunkturdämpfung durch steigenden Wechselkurs

Bei den **Kapitaltransaktionen** führt ein steigender EUR-Wechselkurs für Kapitalanleger der EWU zu einer Verbilligung der Kapitalanlagen (z. B. Wertpapierkäufe) in der übrigen Welt, und für die Kapitalanleger der übrigen Welt zu einer Verteuerung der Kapitalanlagen in der EWU. Der in der Folge – bei Abwesenheit gegenläufiger Einflussgrößen wie z. B. Risikoüberlegungen – auftretende Nettokapitalabfluss (= Kapitalexport) könnte die aktiven Buchgeldschöpfungsmöglichkeiten der Geschäftsbanken (vgl. Abschnitt 6.1.5) in der EWU erschweren und dadurch zu einer **Zinserhöhungstendenz** am Geld- und Kapitalmarkt führen, die sich ihrerseits wiederum negativ vor allem auf die private Investitionsgüternachfrage und damit ebenfalls negativ auf die Binnenwirtschaft der EWU auswirken dürfte. Insgesamt ist also von einem steigenden EUR-Wechselkurs eine **dämpfende Wirkung auf die Binnenwirtschaft der EWU** zu erwarten.

Konjunkturbelebung durch sinkenden Wechselkurs

Nach dem bisher Gesagten lässt ein **sinkender EUR-Wechselkurs** von vornherein einen gegenteiligen Effekt, also eine belebende (expansive) Wirkung, auf die Binnenwirtschaft der EWU vermuten. Er lässt sich damit begründen, dass bei den **Leistungstransaktionen** die Terms of Trade sinken und damit die Exportgüter der EWU für die übrige Welt billiger und die Importgüter der übrigen Welt für die EWU teurer werden, so dass die **EWU-Exporte steigen** und die **EWU-Importe sinken** dürften, was über das Bruttoinlandsprodukt (BIP) einen expansiven Effekt auf die Binnenwirtschaft zur Folge hat. Er wird noch über die **Kapitaltransaktionen** unterstützt, denn der zu erwartende Nettokapitalzufluss (= Kapitalimport) durch die relative Verbilligung der Kapitalanlagen der übrigen Welt in der EWU verschafft den Geschäftsbanken zusätzliche Buchgeldschöpfungsmöglichkeiten durch Kreditvergabe, mit der Folge einer **Zinssenkungstendenz**. Positive Wachstums- und Beschäftigungseffekte sind zu erwarten, allerdings bei zunehmender Auslastung der Produktionskapazitäten auch Preiserhöhungstendenzen, die bei Importabhängigkeit (z. B. bei Rohstoffen) durch die entsprechenden Kostensteigerungen noch verstärkt werden können. Insgesamt dürfte also von einem sinkenden EUR-Wechselkurs eine **belebende Wirkung auf die Binnenwirtschaft der EWU** ausgehen. Dieses Ergebnis macht darüber hinaus deutlich, dass die vielfach in der Bevölkerung geäußerte Befürchtung einer allgemeinen Wirtschaftsschwäche angesichts eines schwachen Wechselkurses der heimischen Währung meist übertrieben und eher emotional geprägt ist und weniger von einer Kenntnis der Zusammenhänge zeugt.

Situationsbezogene Antwort 4

Der gestiegene Wechselkurs des EUR gegenüber dem USD wird für Elektrotechnikmeister Litze den Absatz seines Qualitätsproduktes auf dem US-amerikanischen Markt nicht beeinträchtigen, da er seine Preise in USD fakturiert hat. Der Preis seines Produktes in USD wird sich durch die Wechselkursänderung nicht ändern und seine US-amerikanischen Kunden haben damit keine Veranlassung, sein Produkt weniger nachzufragen. Allerdings wird sein Exporterlös in EUR zurückgehen und er muss demnach mit Gewinneinbußen rechnen. Um den möglichen Wechselkursverlust zu kompensieren, könnte er versuchen, den Produktpreis in USD anzuheben. Allerdings müsste er dann damit rechnen, dass seine US-amerikanischen Kunden weniger nachfragen. Diese Wirkung dürfte umso weniger auftreten, je konkurrenzfähiger er mit seinem Produkt auf dem US-amerikanischen Markt ist. Je höher die Qualität seines Produktes von seinen US-amerikanischen Kunden bewertet wird, umso eher werden sie auch bereit sein, einen höheren Preis zu zahlen. Insgesamt aber hat Elektrotechnikmeister Litze aufgrund des gestiegenen Wechselkurses des EUR gegenüber dem USD wohl mit einer Verschlechterung seines Exportgeschäftes zu rechnen.

8.3 Handlungssituation (Fallbeispiel 3)

Handlungssituation — Fallbeispiel 3

> Elektrotechnikmeister Litze hat über die Medien erfahren, dass ein Land in der EWU, zu dem er selbst auch in Handelsbeziehungen steht, wegen einer zu hohen Staatsverschuldung Gefahr läuft, insolvent zu werden. Die übrigen Länder der EWU wollen dies verhindern und haben dem Land Unterstützung zugesagt. Diese Unterstützung muss letztlich aus den Staatshaushalten getragen werden und belastet damit letztlich auch die jeweiligen Steuerzahler. Elektromeister Litze ist wie viele seiner Kollegen der Meinung, dass die bereits gewährten Unterstützungszahlungen an das Land ausreichen und keine weiteren Hilfen mehr geleistet werden sollten. Das betreffende Land sollte besser die EWU verlassen und seine alte Währung wieder einführen.

Situationsbezogene Frage 1
Welche Vor- und Nachteile verbindet Elektrotechnikmeister Litze mit der einheitlichen EUR-Währung in der EWU?

Exportüberschuß – Import bleibt

8.3.1 Freie und feste Wechselkurse im Vergleich

Freie Wechselkurse beseitigen Ungleichgewichte

In einem **System freier Wechselkurse** bilden sich die Kurse **marktwirtschaftlich** frei an den Devisenbörsen, wie wir schon aus den vorherigen Abschnitten wissen. Die Wechselkurse als Preise werden durch das Verhältnis von Angebot und Nachfrage im Währungstausch bestimmt und sie haben die Aufgabe und darin liegt ihr **Vorteil**, Ungleichgewichte in den internationalen Leistungs- und Kapitaltransaktionen auszugleichen. Bleibt ein Land z. B. in der internationalen Konkurrenzfähigkeit auf den Gütermärkten zurück, so wird sich dies über kurz oder lang in einem Importüberschuss bemerkbar machen, der seinerseits zu einem sinkenden Wechselkurs der heimischen Währung führen dürfte und dadurch die Konkurrenzfähigkeit wieder steigert.

Freie Wechselkurse schaffen Unsicherheiten

In dem genannten Vorteil ist jedoch insofern gleichzeitig ein **Nachteil** zu sehen, als Länder angesichts ausgleichender Wechselkurse geneigt sein könnten, keine Anstrengungen zu machen, dem wahren Grund ihrer mangelhaften Konkurrenzfähigkeit (z. B. falsche Güterzusammensetzung, geringe Qualitäten etc.) nachzugehen, und stattdessen auf die Wechselkursanpassung zu hoffen. Außerdem hatten wir gesehen, dass in einem System freier Wechselkurse starke Kursschwankungen (z. B. durch Währungsspekulation) auftreten können, die zu Unsicherheiten in den internationalen Wirtschaftsbeziehungen führen und diese dadurch stören. Zentralbanken haben in solchen Fällen zwar die Möglichkeit, durch freiwillige Interventionen (siehe unten) an den Devisenbörsen beruhigend auf die Kursbildung einzuwirken, aber solche Interventionen sind ihrerseits mit dem Nachteil verbunden, dass sie die umlaufende Geldmenge und das Zinsniveau beeinflussen und dadurch zu unerwünschten Nebenwirkungen auf die Binnenwirtschaft führen können.

Feste Wechselkurse durch staatliche Eingriffe

In einem **System fester Wechselkurse** wird die marktwirtschaftliche Kurs- bzw. Preisbildung staatlich, also **zentralverwaltungswirtschaftlich**, dadurch unterbunden, dass marktwirtschaftliche Kursschwankungen z. B. nur in einer bestimmten Bandbreite (z. B. ± 2,25 %) um einen Leitkurs zugelassen werden. Bei Gefahr des Überschreitens bzw. Unterschreitens des oberen bzw. unteren Bandes **(obere und untere Interventionspunkte)** hat die jeweilige Zentralbank eine **Interventionspflicht**, d. h., sie muss durch Währungsangebot und Währungsnachfrage den Wechselkurs innerhalb der Bandbreite halten. Nur in Ausnahmesituationen (z. B. bei fundamentalen Ungleichgewichten; siehe unten) können der feste Wechselkurs auf- oder abgewertet und die Interventionspunkte entsprechend verschoben werden. Es geht also beim festen Wechselkurs im Kern um einen staatlichen Eingriff in den Markt- und Preismechanismus und die Festlegung von Höchst- und Mindestpreisen (vgl. Abschnitt 2.3.2). Eine solche Situation bestand z. B. seit September 2011 bis Januar 2015 in der Schweiz, wo die Schweizerische Nationalbank durch ein Angebot an

Schweizer Franken (CHF) bzw. eine Nachfrage nach EUR am Devisenmarkt dafür zu sorgen hatte, dass ein Ansteigen des heimischen Wechselkurses (W_{CHF}) und eine damit verbundene Belastung der heimischen Exportindustrie verhindert (vgl. Abschnitt 8.2.4) und ein Höchstkurs von W_{CHF} = 0,83 EUR/1 CHF nicht überschritten bzw. ein Mindestkurs von W_{EUR} = 1,20 CHF/1 EUR nicht unterschritten wurden.

Ein System fester Wechselkurse in extremer Form, nämlich ohne die letzte Möglichkeit einer Auf- oder Abwertung, liegt dann vor, wenn Wechselkurse und damit auch jegliche Wechselkursschwankungen vollständig abgeschafft und durch eine einheitliche Währung ersetzt worden sind. Insofern kann auch die **Europäische Währungsunion (EWU) als ein System fester Wechselkurse** im weitesten Sinne bezeichnet werden und ist demnach auch dessen Vor- und Nachteilen ausgesetzt.

Der **Vorteil fester Wechselkurse** wird vor allem in der Kalkulationssicherheit für die internationalen Leistungs- und Kapitaltransaktionen gesehen, die durch starke Wechselkursschwankungen gestört werden können und dadurch die **internationale Arbeitsteilung** mit ihren Produktivitätsvorteilen behindern. Diese Überlegung lag bereits dem sog. **Bretton-Woods-System** fester Wechselkurse (benannt nach einem Ort im US-Staat New Hampshire, wo das System 1944 entwickelt wurde) zugrunde, mit dem unmittelbar nach Ende des 2. Weltkrieges die internationalen Wirtschaftsbeziehungen gefördert werden sollten. Im **Europäischen Währungssystem (EWS)** vor dem Übergang in die Europäische Währungsunion (EWU) wurden feste Wechselkurse zwischen den europäischen Währungen zudem als vorteilhafte Vorstufe zu einem möglichst reibungslosen Übergang in die einheitliche EUR-Währung in der EWU installiert (vgl. Abschnitt 6.1.2). Die Teilnahme am EWS war eine der Bedingungen (Konvergenzkriterien), die diejenigen der ursprünglich 15 Länder der Europäischen Wirtschaftsunion zu erfüllen hatten, die auch der Europäischen Währungsunion beitreten wollten (vgl. Abschnitt 6.1.6). Diese Konvergenzkriterien hatten und haben im Zuge der Osterweiterung der Europäischen Union auch die neuen Beitrittsländer zur EWU (wie z. B. Estland) zu erfüllen. Unstrittig hat die einheitliche EUR-Währung in der EWU die Wirtschaftsbeziehungen zwischen den beteiligten Ländern stark gefördert und dadurch zu Produktivitätsvorteilen bzw. Wohlstandssteigerungen geführt. Dies geschah nicht nur durch die **größere Kalkulationssicherheit** wie in jedem System fester Wechselkurse, sondern auch durch den **Wegfall von Transaktionskosten**. Sie treten bei unterschiedlichen Währungen dadurch auf, dass bei der Abwicklung internationaler Leistungs- oder/und Kapitaltransaktionen unter Einsatz des Tauschmittels Geld auch Währungen in andere Währungen getauscht werden müssen und durch diesen Tausch Kosten (z. B. in Gestalt von Provisionszahlungen an die Geschäftsbanken) entstehen.

Feste Wechselkurse können die internationale Arbeitsteilung fördern

8. Der internationale Rahmen des Unternehmens

Feste Wechselkurse behindern den Ausgleich und die Geld- und Kreditpolitik

Als **Nachteile fester Wechselkurse** gelten die **mangelhafte Ausgleichsfunktion** und die Interventionspflicht. Feste Wechselkurse verhindern die Beseitigung von Ungleichgewichten innerhalb der Zahlungsbilanz (z. B. hohe Export- oder Importüberschüsse) durch Wechselkursanpassungen und verfestigen daher diese Ungleichgewichte bzw. fördern weitere staatliche Eingriffe in die internationalen Wirtschaftsbeziehungen (z. B. durch Zölle oder Kontingente). Die Interventionspflicht der Zentralbanken erhöht zudem die Gefahr unangenehmer **Nebenwirkungen** durch den Geldmengeneffekt des erzwungenen Währungstausches zur Kursstabilisierung (siehe oben) und beschneidet die Zentralbanken dadurch in ihrer autonomen Entscheidung über den Einsatz geld- und kreditpolitischer Instrumente zur vorrangigen Sicherung der Preisstabilität (vgl. Abschnitt 6.1.2). Auch die EWU ist mit den Nachteilen fester Wechselkurse konfrontiert.

Feste Wechselkurse verfestigen Gläubiger- und Schuldnerpositionen

Durch den vollständigen Wegfall der Ausgleichsfunktion freier Wechselkurse bei unterschiedlichen Währungen (ehemals D-Mark, Lire, Pesete, Drachme etc.) konnten Zahlungsbilanzungleichgewichte (z. B. Export- oder Importüberschüsse aufgrund unterschiedlicher Konkurrenzfähigkeit) zwischen den beteiligten Ländern der EWU nicht mehr abgebaut werden. Sie verstärkten sich vielmehr im Zeitablauf und führten dementsprechend zu **Gläubiger- bzw. Schuldnerpositionen**. Länder mit Exportüberschüssen wurden zu Gläubigern und auf der Gegenseite die Länder mit entsprechenden Importüberschüssen zu Schuldnern. Gläubiger- und Schuldnerverhältnisse werden unangenehm, wenn sie ein Normalmaß überschreiten und Schuldner ihren Verpflichtungen aus dem Schuldendienst (Tilgung und Zinsen) nicht mehr nachkommen können und demnach ihre Insolvenz droht. Vor dieser Problemsituation steht auch die EWU.

Unterschiedliche Gewichtung der Vor- und Nachteile

Insgesamt werden gegenwärtig in der EWU die Vorteile eines Systems fester Wechselkurse durch die einheitliche EUR-Währung (noch) höher gewichtet als dessen Nachteile. Gegenüber anderen Währungen (USD, GBP, JPY etc.) wird dagegen eher ein System freier Wechselkurse bevorzugt, weil es in einer Welt der fortschreitenden Globalisierung, Deregulierung und marktwirtschaftlichen Öffnung der internationalen Märkte durch Freihandel als die angemessene Währungsordnung betrachtet wird.

Situationsbezogene Antwort 1

Elektrotechnikmeister Litze verbindet mit der EWU zunächst den Vorteil, dass es keine Wechselkurse mehr gibt, wenn es zu Wirtschaftsbeziehungen zwischen den beteiligten Ländern kommt. Für ihn selbst ist es demnach von Vorteil, dass er z. B. bei seinen Geschäftsbeziehungen mit italienischen Kunden nicht mehr die alte DM-Währung in die alte Lire-Währung tauschen muss und umgekehrt. Er spart sich damit Kosten (Transaktionskosten) und kann sich daher stärker auf seine eigentlichen Geschäfte konzentrieren. Vorteilhaft ist für ihn auch, dass er keinem Wechselkursrisiko mehr ausgesetzt ist. Ein z. B. sinkender Wechselkurs der alten Lire-Währung gegenüber der alten DM-Währung hätte zwar den Import seiner aus Italien bezogenen Vorleistungen verbilligt, aber gleichzeitig den Export seiner nach Italien gelieferten Produkte verteuert, mit der Ungewissheit, wie sich dies letztlich auf seine Gewinnsituation ausgewirkt hätte. Eine einheitliche EUR-Währung beseitigt diese Ungewissheit, hat jedoch den Nachteil, dass Ungleichgewichtssituationen zwischen den Ländern der EWU nicht mehr abgebaut werden und sich dadurch Gläubiger- und Schuldnerpositionen verfestigen können. Elektrotechnikmeister Litze würde dies als Steuerzahler betreffen, weil er zur Finanzierung bzw. zur Übernahme von Schuldenlasten hoch verschuldeter Länder in der EWU herangezogen werden könnte.

Situationsbezogene Frage 2
Liegt Elektrotechnikmeister Litze mit seiner Forderung nach dem Austritt eines hoch verschuldeten Landes aus der EWU unter dem Blickwinkel des dann wieder bestehenden Wechselkurses und der daraus folgenden Auswirkungen auf seine eigene Situation richtig?

8.3.2 Vor- und Nachteile eines EWU-Austritts

Der Austritt eines Landes aus der EWU würde bedeuten, dass für dieses Land von einem System fester bzw. nicht existierender Wechselkurse zu einem System wieder frei schwankender Wechselkurse übergegangen wird. Die **Vorteile** eines solchen Übergangs bestehen darin, dass Ungleichgewichte in der Zahlungsbilanz (z. B. in Gestalt von Export- oder Importüberschüssen) durch den Preismechanismus tendenziell wieder abgebaut werden. Dadurch wird das Entstehen neuer Gläubiger- und Schuldnerpositionen erschwert, die beim Überschreiten von Verschuldensgrenzen wegen der dann drohenden Insolvenz für alle Beteiligten unangenehm sind. Der Abbau von Ungleichgewichten in der Zahlungsbilanz durch einen frei schwankenden Wechselkurs bedeutet im Kern, dass die unterschiedliche Konkurrenzfähigkeit der Handelspartner „künstlich" angeglichen wird. Für ein Land mit relativ geringer internationaler Konkurrenzfähigkeit (z. B. aufgrund einer falschen Produktpalette oder einer zu geringen Produktqualität) ist dies von Vorteil, weil es durch den zu erwartenden absinkenden Wechselkurs der heimischen Währung seine Konkurrenzsituation verbessern, wieder stärker exportieren und dadurch auch wieder heimische Arbeitsplätze schaffen kann. Zumindest gewinnt es Zeit, durch eine Reform der Produktionsstruktur seine Konkurrenzfähigkeit nicht nur künstlich, sondern auch tatsächlich wieder zu verbessern.

Die **Nachteile** eines Übergangs zu einem System freier Wechselkurse bzw. des Austritts eines Landes aus der EWU bestehen darin, dass es wieder zu Wechselkursschwankungen und dadurch ausgelöste Unsicherheiten und Risiken in den Han-

Vor- und Nachteile eines EWU-Austritts

delsbeziehungen zwischen dem Austrittsland und seinen Handelspartnern in der EWU kommt. Sie könnten die Handelsbeziehungen und damit die Vorteile der Spezialisierung beeinträchtigen. Es kommt hinzu, dass der zu erwartende absinkende Wechselkurs der Währung des Austrittslandes zwar dessen Export- und Importsituation durch steigende Exporte und sinkende Importe in ihrer Wirkung auf die Binnenkonjunktur verbessern, im Gegenzug aber die Export- und Importsituation seiner Handelspartner in der EWU verschlechtern würde. Der sinkende Wechselkurs der Währung des Austrittslandes bzw. der damit steigende Wechselkurs des EUR hätte außerdem den nachteiligen Effekt, dass es für das Austrittsland noch schwerer wird, seine in EUR-Währung eingegangenen Schulden der Vergangenheit zurückzuzahlen und dadurch eine ohnehin schon drohende Insolvenz noch beschleunigt wird. Sie würde (z. B. bei notwendigen Schuldenerlassen) letztlich auch die Steuerzahler in den Gläubigerländern betreffen.

Situationsbezogene Antwort 2
Elektrotechnikmeister Litze hätte mit seiner Forderung nach dem Austritt eines hoch verschuldeten Landes aus der EWU zu bedenken, dass möglicherweise bestehende Handelsbeziehungen zu dem betreffenden Land und damit die Gewinnaussichten seiner gesamten Geschäftstätigkeit über die Transaktionskosten und Exporterlöse negativ und über die Importkosten positiv beeinflusst würden. Die Unsicherheit in seiner Unternehmensstrategie würde dann also zunehmen, wie schon in der Antwort auf die vorhergehende situationsbezogene Frage deutlich wurde. Eine zunehmende Unsicherheit wäre nur dann gegenstandslos, wenn er keine Handelsbeziehungen zu dem betreffenden Land unterhalten würde. Als Steuerzahler hätte Elektrotechnikmeister Litze zwar die Hoffnung, dass er mit dem EWU-Austritt des betreffenden Landes nicht mehr an der möglichen Haftung für weitere Schulden beteiligt wird, müsste aber verstärkt mit einer Haftung für noch bestehende Schulden rechnen. Als möglicher Zeichner von Staatsanleihen des betreffenden Landes hätte er damit zu rechnen, dass die ordnungsgemäße Bedienung der Anleihen durch die vereinbarten Zins- und Tilgungszahlungen nach dem EWU-Austritt noch unwahrscheinlicher wird. Insgesamt entscheiden also die konkrete Handlungssituation von Elektrotechnikmeister Litze und die sich daraus ergebende Abwägung der Vor- und Nachteile eines EWU-Austritts darüber, ob er mit seiner Forderung richtig liegt oder nicht.

8.3.2 Vor- und Nachteile eines EWU-Austritts

Situationsbezogene Kontrollaufgabe

Handlungssituation

Versetzen Sie sich in die Lage von Elektrotechnikmeister Litze, der ein Unternehmen in München besitzt und sich mit diesem auf die Konstruktion, die Produktion und den Vertrieb eines speziellen Heizungsreglers für Kraft-Wärme-Anlagen spezialisiert hat. Mit dem Regler ist es möglich, die ökonomische und ökologische Effizienz der betreffenden Anlagen wesentlich zu erhöhen. Die hohe Qualität Ihres Produktes ist zunehmend auch auf das Interesse internationaler Kunden gestoßen. Die Hälfte Ihrer Produktion setzen Sie mittlerweile international ab. Einen besonderen Stellenwert nimmt dabei der englische Markt ein, den Sie zusammen mit einem Kooperationspartner beliefern. Im Jahr 2014 erreichte Ihr Unternehmen bei einem Gesamtumsatz von 600 Tsd. EUR auf dem Markt in Großbritannien ein Umsatzvolumen von 100 Tsd. GBP und auf Märkten in Ländern der EWU ein Umsatzvolumen von 150 Tsd. EUR, darunter ein größerer Auftrag aus Finnland mit einem Umsatzvolumen von 50 Tsd. EUR. Von einem spanischen Zulieferer haben Sie im gleichen Jahr Vorleistungen im Wert von 10 Tsd. EUR bezogen. Sie erwirtschafteten im Jahr 2014 einen Unternehmensgewinn in Höhe von 80 Tsd. EUR. Einen Teilbetrag in Höhe von 20 Tsd. EUR des ausgeschütteten Gewinns verwendeten Sie zum Kauf von spanischen Staatsanleihen mit einem Nominalzins von 5 %.

Kompetenzkontrolle

Kontrollfragen

a) Wie hat Ihr Gesamtumsatz bei einem Wechselkurs von $W_{EUR} = 0{,}8$ GBP/1 EUR die Zahlungsbilanzen der BRD und EWU beeinflusst?

b) Wie hat Ihr Kauf der spanischen Vorleistungen allein und zusammen mit Ihren ausländischen Verkäufen unter a) die Zahlungsbilanzen der BRD und EWU beeinflusst?

c) Wie hat Ihr Kauf der spanischen Staatsanleihen und deren Verzinsung die Zahlungsbilanzen der BRD und EWU beeinflusst?

d) Wie könnte sich ein Exportüberschuss in der englischen Handelsbilanz auf Ihren Gesamtumsatz und damit auf Ihren Gewinn auswirken?

e) Wie könnte sich eine Erhöhung der Leitzinsen durch die englische Zentralbank (Bank of England) auf Ihren Gesamtumsatz und damit auf Ihren Gewinn auswirken?

f) Wie könnten Sie aufgrund einer Erhöhung der Leitzinsen durch die englische Zentralbank (Bank of England) einen Gewinn durch Währungsspekulation erzielen?

g) Wie könnten Ihr Kauf spanischer Vorleistungen und Ihre spanische Kapitalanlage beeinflusst werden, wenn Spanien die EWU verlassen würde?

Alle Antworten sind unter Verwendung des volkswirtschaftlichen Basiswissens zu erläutern!

9.1.1 Demografischer Wandel

9. Gesellschaftlich bedeutsame Entwicklungen und Trends

9.1 Handlungssituation (Fallbeispiel 1)

Handlungssituation — Fallbeispiel 1

Schreinermeister Zarge ist Eigentümer einer Schreinerei, die er vor einigen Jahren von seinem Vater übernommen hat und mit der er sich auf die Maßanfertigung von Möbeln und auf die Herstellung von Holzfenstern in der Altbausanierung spezialisiert hat. Die hohen Qualitätsanforderungen an seine Produkte sind nur mit einem entsprechenden Fachpersonal zu erfüllen. Es besteht aus insgesamt sieben Mitarbeitern und einer Mitarbeiterin, von denen drei ältere, über 55-jährige Mitarbeiter ebenfalls den Meistertitel tragen und schon dem väterlichen Unternehmen angehörten. Zum Stammpersonal zählen außerdem zwei Gesellen mittleren Alters, die ebenfalls bereits im väterlichen Unternehmen als Auszubildende tätig waren und eine Sekretärin, die als allein erziehende Mutter auf einer Halbtagsstelle die Bücher führt und den Schriftverkehr erledigt. Zwei jüngere, unter 20-jährige Mitarbeiter sind Auszubildende, die erst vor zwei Jahren eingestellt wurden. Einer dieser Auszubildenden ist polnischer Herkunft. Die Einstellung eines weiteren Auszubildenden ist bisher gescheitert, weil sich keine geeigneten Stellenbewerber fanden. Über die Medien hat Schreinermeister Zarge erfahren, dass die deutsche Gesellschaft vor einem gravierenden demografischen Wandel steht. Er ist sich nicht sicher, ob davon auch sein handwerklicher Betrieb betroffen ist.

Situationsbezogene Frage 1
Welche gesellschaftlich bedeutsame Entwicklung zeigt sich auch im Handwerksbetrieb von Schreinermeister Zarge?

9.1.1 Demografischer Wandel

Der **demografische Wandel** bezeichnet die Veränderung in der Zahl und Altersstruktur der Bevölkerung eines Landes.

Beim demografischen Wandel handelt sich um eine zeitlich schleichende Entwicklung in Vergangenheit und Zukunft, die erst über einen längeren Zeitraum deutlich

9. Gesellschaftlich bedeutsame Entwicklungen und Trends

Messgrößen für den demografischen Wandel

sichtbar bzw. vorhersehbar ist. Die **Altersstruktur** ist die altersmäßige Verteilung der Gesamtbevölkerung zu einem vergangenen, gegenwärtigen oder zukünftigen Zeitpunkt. Sie gibt die Anzahl der Menschen (getrennt nach Frauen und Männern) in jeder Altersgruppe (z. B. 0–10, 11–20, 21–30 ... > 80 Jahre) an. Sind die Altersgruppen unterschiedlich und im Normalfall die jüngeren Altersgruppen stärker besetzt, so nimmt die Altersverteilung die Gestalt einer **Alterspyramide** an. Von besonderer volkswirtschaftlicher Bedeutung ist die **erwerbsfähige Bevölkerung (Erwerbsbevölkerung)** und deren Altersstruktur. Als erwerbsfähig gilt, wer seine Arbeitskraft (Produktionsfaktor Arbeit; vgl. Abschnitt 1.1.5) in den Produktionsprozess zur Erstellung des BIP einbringen kann. **Erwerbstätig** sind diejenigen, die dies auch tatsächlich tun, also nicht die Arbeitslosen. Das erwerbsfähige Alter hängt vom Berufseintrittsalter und vom Renteneintrittsalter ab. Normalerweise wird von einem Berufseintrittsalter von 20 Jahren und einem Renteneintrittsalter von 65 Jahren ausgegangen. Der **Altenquotient** gibt den prozentualen Anteil der über 65-Jährigen im Rentenalter an der Erwerbsbevölkerung an. Er lässt darauf schließen, wie stark die Erwerbsfähigen bzw. -tätigen im gegenwärtigen Rentensystem mit ihren Rentenbeiträgen für den Unterhalt der Älteren aufzukommen haben. Der **Jugendquotient** misst entsprechend den prozentualen Anteil der unter 20-Jährigen, also noch nicht Erwerbsfähigen, an der Erwerbsbevölkerung. Er lässt auf den zukünftigen Zugang an Erwerbsfähigen schließen. Alten- und Jugendquotient ergeben in der Summe den **Gesamtquotient**. Er zeigt an, wie stark die Erwerbsbevölkerung mit ihrem Erwerbseinkommen für den Unterhalt der Bevölkerung sorgen muss, die noch nicht oder nicht mehr im Erwerbsleben steht.

Das Statistische Bundesamt liefert regelmäßig Daten zum **demografischen Wandel in Deutschland**, so z. B. in einer Broschüre zur Bevölkerungsentwicklung (Bevölkerung Deutschlands bis 2060. 12. koordinierte Bevölkerungsvorausberechnung. Wiesbaden 2009). Die wichtigsten Daten zum demografischen Wandel in Deutschland lassen sich mit den folgenden **Schaubildern** veranschaulichen:

9.1.1 Demografischer Wandel

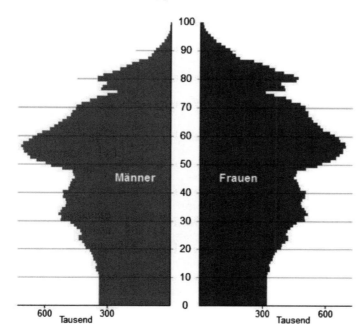

Quelle: Statistisches Bundesamt

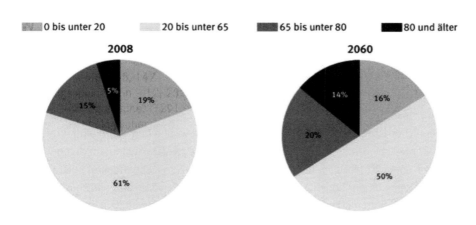

Quelle: Statistisches Bundesamt

9. Gesellschaftlich bedeutsame Entwicklungen und Trends

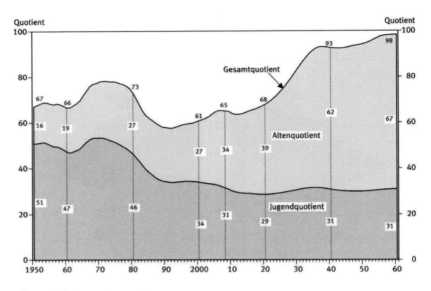

Quelle: Statistisches Bundesamt

Abnahme und Überalterung der deutschen Bevölkerung

Die Schaubilder zeigen zunächst einmal, dass sich insofern über den langen Zeitraum ein gravierender **Wandel in der Altersstruktur** der deutschen Bevölkerung von gegenwärtig ca. 82 Mio. Menschen ergibt, als der Anteil der über 65-Jährigen an der Bevölkerung drastisch zunehmen und im Gegenzug der Anteil der unter 20-Jährigen drastisch abnehmen wird. Man könnte von einer „Überalterung" der deutschen Bevölkerung sprechen. Die Alterspyramide scheint damit auf dem Kopf zu stehen. Der Grund für diese Entwicklung liegt in den sinkenden Geburtenzahlen bei gleichzeitig ansteigender Lebenserwartung. Besonders der Anteil der hochbetagten über 80-Jährigen an der Bevölkerung wird in der langen Vorausschau bis zum Jahr 2060 bei einer Bevölkerung von dann voraussichtlich (abhängig von den Annahmen zur künftigen Geburten- und Sterblichkeitsrate, Nettozuwanderung etc.) ca. 70 Mio. Menschen auf das nahezu Dreifache ansteigen.

Zunehmende Unterhaltsverpflichtungen der Erwerbsbevölkerung

Der **Anteil der Erwerbsbevölkerung an der Gesamtbevölkerung** wird sinken und zwar ebenfalls zugunsten des Anteils der über 65-Jährigen, die nicht mehr an der volkswirtschaftlichen Leistungserstellung teilnehmen. Der Altenquotient ist bereits in den 90-er Jahren kontinuierlich angestiegen und wird in den künftigen Jahren und Jahrzehnten noch weiter ansteigen. Bei gleichzeitig relativ konstantem Jugendquotient der unter 20-Jährigen, die noch nicht an der volkswirtschaftlichen Leistungserstellung teilnehmen, bedeutet dies, dass die Erwerbsbevölkerung der über 20- und unter 65-Jährigen mit ihrer volkswirtschaftlichen Leistungserstellung im gegenwärtigen Rentensystem der Beitragsdeckung (im Unterschied zur Kapitaldeckung) über

9.1.1 Demografischer Wandel

ihre Beitragszahlungen in die Rentenversicherung auch zur Finanzierung der zunehmenden Rentenleistungen an die über 65-Jährigen verstärkt herangezogen werden müssen. Wird auch noch der Jugendquotient berücksichtigt, so wird deutlich, dass auf die Erwerbsbevölkerung steigende Unterhaltsverpflichtungen gegenüber der jüngeren und älteren Bevölkerung, die noch nicht oder nicht mehr im Erwerbsleben stehen, zukommen werden.

Der zitierten Veröffentlichung des Statistischen Bundesamtes ist außerdem zu entnehmen, dass die **absolute Höhe der Erwerbsbevölkerung** nach dem Jahr 2020 drastisch zurückgehen wird, nämlich von heute ca. 50 Mio. Menschen auf ca. 42 Mio. im Jahr 2030 und auf ca. 36 Mio. im Jahr 2060. Dabei wird eine jährliche Nettozuwanderung von 200 Tsd. Personen unterstellt, bei der die Außenwanderung, d. h., die Nettozuwanderung von Personen mit ausländischer Staatsangehörigkeit, den größten Anteil hat. Aber auch die steigende Erwerbsbeteiligung der Frauen ist dabei von Bedeutung. Eine Erhöhung des Rentenalters auf 67 Jahre würde für das Jahr 2060 die Erwerbsbevölkerung um 1 bis 2 Mio. Menschen ansteigen lassen. Die **Altersstruktur der Erwerbsbevölkerung** wird sich dahingehend verschieben, dass der Anteil der über 50-Jährigen an der Erwerbsbevölkerung zunehmen wird. Die künftige volkswirtschaftliche Leistungserstellung wird also verstärkt auf den Schultern der Älteren liegen.

Rückgang und Alterung der Erwerbsbevölkerung

Situationsbezogene Antwort 1

Im handwerklichen Betrieb von Schreinermeister Zarge wird der demografische Wandel sichtbar, weil sich ganz offensichtlich auch dort eine Veränderung in der Altersstruktur der Mitarbeiter abzeichnet. Konkret hat sich das Gewicht zugunsten der älteren, über 50-Jährigen und zu Lasten der jüngeren Mitarbeiter verschoben. Als Zeichen bzw. schon als Folge eines demografischen Wandels ist auch zu deuten, dass einer der Auszubildenden polnischer Herkunft ist. Anscheinend war die Aufstockung der Mitarbeiter nur durch Ausnutzung der demografischen Außenwanderung der Erwerbsbevölkerung zu bewerkstelligen. Auch die Schwierigkeiten bei der Einstellung eines weiteren Auszubildenden könnten auf den demografischen Wandel zurückgeführt werden. Und letztlich drückt auch die Beschäftigung einer Sekretärin als Halbtageskraft die steigende Erwerbsbeteiligung von Frauen im demografischen Wandel aus.

Situationsbezogene Frage 2

Wie dürfte sich der demografische Wandel auf die Unternehmensstrategie von Schreinermeister Zarge auswirken?

9.1.2 Auswirkungen des demografischen Wandels

Die Auswirkungen des demografischen Wandels auf die volkswirtschaftliche Leistungserstellung machen sich auf der Input- und Outputseite im volkswirtschaftlichen Produktionsprozess (vgl. Abschnitte 1.1.2 und 1.2.1) bemerkbar. Betriebswirtschaftlich sind entsprechend die Kosten- und Ertragsseite betroffen.

Kostenerhöhungen

Auf der **Inputseite** beim Faktoreinsatz beeinflusst der demografische Wandel vor allem den Einsatz des Produktionsfaktors Arbeit. Der Rückgang der Erwerbsbevölkerung wird dazu führen, dass künftig immer weniger Arbeitskräfte und dabei insbesondere Fachkräfte zur Verfügung stehen. Das geringere Arbeitsangebot wird sicherlich teilweise durch den gleichzeitig stattfindenden technologischen Wandel (vgl. Abschnitte 9.2.1 und 9.2.2) und dabei den Ersatz von Arbeit durch Kapital kompensiert werden können, bleibt jedoch ein Problem. Insbesondere die arbeitsintensiven Wirtschaftsbereiche, zu denen z. B. auch das Handwerk zählt, werden zunehmend Schwierigkeiten bekommen, neue Mitarbeiter zu gewinnen bzw. ausscheidende Mitarbeiter zu ersetzen. Der zunehmende Wettbewerb der Arbeitgeber als Arbeitsnachfrager um Arbeitnehmer als Arbeitsanbieter wird über steigende Löhne und eine stärkere Lohndifferenzierung die Lohnkosten erhöhen und auch kostenintensive Maßnahmen zur Mitarbeitergewinnung und -bindung erfordern. Dazu zählen z. B. außertarifliche Anreize und auch die möglichst lange Bindung von Mitarbeitern an das Unternehmen bis hin zur Überschreitung des Pensionsalters, unterstützt durch Maßnahmen zur Erhaltung ihrer Leistungskraft. Wirtschaftsbereiche mit körperlich anstrengenden Tätigkeiten (z. B. im Bausektor) dürften dabei vor besonderen Herausforderungen stehen. Als Kostenfaktor mit zunehmendem Gewicht ist letztlich auch an steigende Lohnnebenkosten durch steigende Sozialbeiträge (z. B. Renten- oder Krankenversicherungsbeiträge) zur Finanzierung alterungsbedingter Leistungen (z. B. Renten- oder Gesundheitsleistungen) zu denken.

Absatzverlagerungen

Auf der **Outputseite** des volkswirtschaftlichen Produktionsprozesses beeinflusst der demografische Wandel insbesondere das Volumen und die Struktur der privaten Konsumgüter bzw. Konsumausgaben. Der vorhergesagte Bevölkerungsrückgang wird auch zu weniger privaten Konsumenten führen, während die Veränderung der Altersstruktur hin zur älteren Bevölkerung auch Auswirkungen auf die Bedürfnisstruktur der Konsumenten haben dürfte. Auf der Unternehmensebene dürfte es dadurch zu Absatzverlagerungen kommen. Die Absatz- und damit auch Gewinnaussichten von Unternehmen mit stark konsumorientiertem Absatz und vorrangig jüngeren Kunden dürften durch den demografischen Wandel eingetrübt werden. Eine stärkere Orientierung an den Bedürfnissen älterer Kunden und die verstärkte Hinwendung zu einer Produktion von Vorleistungen und Investitionsgütern (vgl. Abschnitt 1.1.4) für gewerbliche Kunden könnten Teil einer am demografischen Wandel orientierten Unternehmensstrategie sein.

Situationsbezogene Antwort 2

Schreinermeister Zarge muss aufgrund des demografischen Wandels auf der Kostenseite (Inputseite) seines Betriebes damit rechnen, dass es für ihn zunehmend schwieriger werden dürfte, geeignete neue Fachkräfte als Auszubildende zu gewinnen und nach ihrer Ausbildung im Betrieb zu halten. Kosten dürften anfallen, um entsprechende Anreize zu schaffen. Das gilt auch für die Strategie, ältere, erfahrene Mitarbeiter möglichst lange im Betrieb zu halten, vielleicht sogar über ihre Pensionierungsgrenze hinaus. Dies sollte zumindest für einen kürzeren Zeitraum erwogen werden, bis sich aufgrund des technologischen Wandels vielleicht Möglichkeiten ergeben, Personal durch verbesserte Produktionstechnologien einsparen zu können.

Auf der Ertragsseite (Outputseite) seines Betriebes dürfte Schreinermeister Zarge durch den demografischen Wandel gezwungen sein, sich bei den Konsumenten unter seinen Kunden auf eine künftig sinkende Zahl an Kunden im mittleren Alter einzustellen und auf die Bedürfnisse zunehmend älterer Kunden einzugehen. Die Maßanfertigung von Möbeln, aber auch die Herstellung von Holzfenstern in der Altbausanierung erscheinen unter diesem Blickwinkel als wenig zukunftsträchtig. Eine allmähliche Neuausrichtung bzw. Erweiterung der Produktpalette unter Hinzuziehung von Marketingexperten sollte erwogen werden. Anders verhält sich die Situation bei den gewerblichen Kunden von Schreinermeister Zarge, die von ihm Vorleistungen oder/und Investitionsgüter erwerben, zu denen auch z. B. die Reparatur oder die Anfertigung von Holzeinrichtungen in Unternehmen zählen. Sie dürften durch den demografischen Wandel weniger betroffen sein, sodass eine stärkere Ausrichtung der Produktion bzw. des Absatzes auf gewerbliche Kunden sinnvoll erscheint.

9.2 Handlungssituation (Fallbeispiel 2)

Handlungssituation — Fallbeispiel 2

Der mittelständische Installationsbetrieb von Installationsmeister Röhrl hat sich auf die Installation von Gas- und Pelletheizungen und die Montage von Solaranlagen und Anlagen zur Wasseraufbereitung spezialisiert. Durch Teilnahme an Schulungskursen der örtlichen Handwerkskammer und durch Selbststudium hat er sich und seine Mitarbeiter mit den neuesten Techniken bei der elektronischen Heizungsregelung, der lasergestützten Verlegung von Rohrleitungen und der Nutzung der Solarenergie vertraut gemacht. Er hat dadurch neue Kunden vor allem bei Neubauprojekten gewonnen, die den hohen Stand seines technischen Wissens zu schätzen wissen. Zur Ausweitung seines Kundenstammes hat auch beigetragen, dass er seine Leistungen seit einiger Zeit im Internet mit einer professionell gestalteten Homepage anbietet

> und im Kundendienst durch Nutzung der neuesten Kommunikationstechnologien ständig präsent und verlässlich ist. Durch Anschaffung eines neuen Computers und multifunktionellen Druckers und durch Installation einer neuen Software zur Textverarbeitung, Kalkulation und Buchführung konnte er die bisherige Sekretärin in Vollzeit durch eine Sekretärin in Teilzeit ersetzen.

Situationsbezogene Frage 1
Welche gesellschaftlich bedeutsame Entwicklung zeigt sich auch im handwerklichen Betrieb von Installationsmeister Röhrl?

9.2.1 Technologischer Wandel

Technologie und Technik

Bei der Darstellung der wettbewerbspolitischen Leitbilder im Abschnitt 4.1.4 wurde bereits deutlich, dass am Anfang des technischen Fortschritts eine Erfindung (Invention) steht, die dann möglicherweise im Unternehmen (z. B. durch den „Schumpeter'schen Pionierunternehmer") als Neuerung (Innovation) umgesetzt wird. Es geht also um den Produktionsprozess und dabei die Kombination der Produktionsfaktoren Arbeit, Boden und Kapital, die eine Neuerung erfahren. Unter **Technologie** wird das Wissen über mögliche Neuerungen im Produktionsprozess verstanden, während die praktische Umsetzung dieses Wissens in die **Technik** einmündet.

> Von **technologischem Wandel** wird gesprochen, wenn es um Fortschritte im technologischen Wissen geht. Der **technische Fortschritt** setzt dieses neue Wissen in angewandte Techniken um.

Schlüsseltechnologien

Der technologische Wandel bzw. der daraus folgende technische Fortschritt weist unterschiedliche **Merkmale** auf. Zunächst einmal sind im historischen Ablauf große Entwicklungsschübe zu beobachten, die zu großen Umbrüchen im Produktionsprozess und auch allgemein in der gesellschaftlichen Entwicklung geführt haben und insofern als **Schlüsseltechnologien** bezeichnet werden können. Dazu zählen im 19. Jahrhundert z. B. die Erfindung der Dampfmaschine und der Eisenbahn und zu Beginn des 20. Jahrhunderts Erdöl, Auto und Elektrizität. In der jüngsten Vergangenheit sind es z. B. die Energie-, Bio-, Nano-, Produktions- und optischen Technologien, die Mikrosystemtechnik sowie die Informations-, Kommunikations-, Luft- und Raumfahrttechnologien. Insbesondere die Neuerungen in der Informations- und Kommunikationstechnologie (Internet, E-Mail, Handy etc.) haben breiten Bevölkerungsschichten den technologischen Wandel bewusst gemacht und auch zu völlig neuen Lebensformen geführt. Außerdem haben sie die

9.2.1 Technologischer Wandel

Globalisierung (vgl. Kapitel 8) mit einer enormen Zunahme der internationalen Wirtschaftsbeziehungen über eng vernetzte Märkte erst ermöglicht.

Zu den Merkmalen des technologischen Wandels und seiner technischen Umsetzung gehört aber auch, dass er sich in immer größerer **Geschwindigkeit** vollzieht. Was heute noch Stand der Technik ist, kann morgen schon veraltet sein. Eine hohe technische Anpassungsflexibilität in der beruflichen Aus- und Weiterbildung wird immer wichtiger. Ein beschleunigter technologischer Wandel ist aber nicht nur mit Vorteilen durch verbesserte, effizientere Produktionsverfahren und das Eröffnen neuer Marktchancen verbunden, sondern schafft auch neue **Risiken**. Die Gefahr von Fehlinvestitionen hat zugenommen. Das Übersehen technologischer Entwicklungen und Trends kann schnell die Konkurrenzfähigkeit schmälern oder gar zum Marktaustritt führen. Auf der Ebene der **Beschäftigung** macht sich der technologische Wandel dadurch bemerkbar, dass durch Rationalisierung Arbeitsplätze verloren gehen und gleichzeitig ganz neue Berufsfelder und Qualifikationsanforderungen entstehen.

Technologischer Wandel ist schnell und risikoreich

Situationsbezogene Antwort 1

Auch im handwerklichen Betrieb von Installationsmeister Röhrl wird der technologische Wandel sichtbar. Die Tatsache, dass in seinem Betrieb die neuesten Techniken bei der elektronischen Heizungsregelung, der lasergestützten Verlegung von Rohrleitungen und der Nutzung der Solarenergie zur Anwendung kommen, macht deutlich, dass dort der technologische Wandel in Gestalt von Schlüsseltechnologien Eingang gefunden hat. Das gilt auch für die Nutzung neuerer, aber mittlerweile gängiger Formen der Informations- und Kommunikationstechnologie im kundenbezogenen und innerbetrieblichen Kontakt durch Internetpräsentation, E-Mail, Handy etc. Durch Teilnahme an Schulungskursen der örtlichen Handwerkskammer für sich und seine Mitarbeiter und durch Selbststudium hat Installationsmeister Röhrl gezeigt, dass ihm bewusst ist, mit welcher Geschwindigkeit der technologische Wandel um sich greift und mit welchen Chancen, aber auch Risiken er verbunden sein kann. Allerdings ist der technologische Wandel in seinem Betrieb auch dadurch sichtbar geworden, dass es durch die verstärkte Computerunterstützung im Betriebsablauf zu einer Personaleinsparung (Rationalisierung) bei der Tätigkeit einer Sekretärin gekommen ist.

Situationsbezogene Frage 2

Wie dürfte sich der technologische Wandel auf die Unternehmensstrategie von Installationsmeister Röhrl auswirken?

9.2.2 Auswirkungen des technologischen Wandels

Die Auswirkungen des technologischen Wandels auf die volkswirtschaftliche Leistungserstellung machen sich auf der Input- und Outputseite im volkswirtschaftlichen Produktionsprozess (vgl. Abschnitte 1.1.2 und 1.2.1) bemerkbar. Betriebswirtschaftlich sind entsprechend die Kosten- und Ertragsseite betroffen.

Kosteneinsparungen und Arbeitsplatzverluste

Auf der **Inputseite** beim Faktoreinsatz beeinflusst der technologische Wandel den Einsatz der Produktionsfaktoren Arbeit und Kapital (vgl. Abschnitt 1.1.5). Beeinflusst werden die Quantität und Qualität dieser Faktoren. Was die Arbeitskraft betrifft so wird es durch den technologischen Wandel und dessen technische Umsetzung zu Substitutionsprozessen kommen, d. h., menschliche Arbeitskraft wird zunehmend durch leistungsfähigeres Sachkapital in Gestalt von Investitionsgütern (z. B. als technisch ausgereifte Maschinen) ersetzt **(Rationalisierung)** (vgl. Abschnitt 1.1.2). Diese vermehrten Investitionsgüter werden zwar die Abschreibungen als Kostenfaktor ansteigen lassen, werden jedoch durch die eingesparten Faktorkosten bei der Arbeitskraft in Gestalt der Arbeitnehmerentgelte mehr als ausgeglichen. Das gilt auch für die zunehmenden Bildungsanforderungen an die Arbeitskraft, um deren Qualität mit Blick auf die neuen technischen Herausforderungen zu erhöhen. Das Erwerben überfachlicher- und außerfachlicher Kompetenzen (auch z. B. volkswirtschaftlicher Kompetenzen) muss daher fester Bestandteil in der beruflichen Aus- und Weiterbildung von Fachkräften werden. Aber auch gänzlich neue Berufsbilder werden entstehen und im Gegenzug eine Reihe von alten, traditionellen Berufsbildern (z. B. im Handwerk) verschwinden. Zu Kostensteigerungen aufgrund des technologischen Wandels kann es zudem bei dem vermehrten Einsatz von Vorleistungen kommen, weil die Nutzung neuer Techniken meist auch den Zukauf zusätzlicher Dienstleistungen (vgl. Abschnitte 9.3.1 und 9.3.2) erfordert. Das trifft insbesondere auf die neuen Informations- und Kommunikationstechnologien (z. B. Internetpräsenz, E-Mail, E-Commerce etc. unter dem Oberbegriff E-Business) zu. Abgesehen davon, dass diese Kosten aber aufgrund des technischen Fortschritts tendenziell sinken, werden sie durch neue Chancen auf der Ertragsseite mehr als ausgeglichen. Insgesamt ist also davon auszugehen, dass die technische Umsetzung des technologischen Wandels auf der Inputseite des gesamtwirtschaftlichen Produktionsprozesses zu Kosteneinsparungen bzw. zu steigenden Einkommen des Produktionsfaktors Kapital („Gewinne") führt, allerdings wohl eher zu Lasten der Arbeitnehmerentgelte bzw. der Lohnquote (vgl. Abschnitt 1.2.4).

Verbesserte Absatzchancen

Auf der **Outputseite** des volkswirtschaftlichen Produktionsprozesses beeinflusst der technologische Wandel die Quantität und Qualität der Produktionsleistung. Durch den Einsatz verbesserter und effizienterer Produktionstechniken und die sich daraus ergebenden Kosteneinsparungen auf der Inputseite lassen sich herkömmliche Pro-

9.2.2 Auswirkungen des technologischen Wandels

dukte preisgünstiger anbieten, neue Produkte in die Angebotspalette aufnehmen, die Produktvermarktung verbessern und insgesamt die Produktqualität erhöhen. Für Unternehmen, die über eine entsprechende Gestaltung des Produktsortiments neue Technologien verbreiten und sich an neue Technologien anpassen können, werden sich zusätzliche Absatzchancen ergeben. Allerdings wird dabei auch die Betriebsgröße eine Rolle spielen. Durch die Möglichkeit, dass eine individualisierte, kundenspezifische Produktion als Einzelanfertigung im weitesten Sinne, die bisher insbesondere den kleinen und mittleren Unternehmen (z. B. im Handwerk) vorbehalten war, durch neue Techniken (z. B. Lasertechnik) zunehmend auch industriell in großen Unternehmen erfolgen kann, wird es zu Verdrängungsprozessen kommen. Die betroffen Unternehmen werden gezwungen sein, sich neue Marktnischen zu suchen oder durch Kooperationen den Größennachteil zu kompensieren, um ihre Absatzchancen zu erhalten und auch auszudehnen. Insgesamt ist unstrittig, dass der technologische Wandel in seiner technischen Umsetzung die Hauptantriebskraft für den volkswirtschaftlichen Wachstumsprozess ist, der jedoch – wie üblich – mit Strukturverschiebungen verbunden sein wird. Unternehmen, die in sich an der Technologieverbreitung und -anpassung wie auch immer beteiligen, werden die Nutznießer des technologisch bedingten Strukturwandels sein.

Situationsbezogene Antwort 2

Installationsmeister Röhrl kann aufgrund des technologischen Wandels und dessen technischer Umsetzung auf der Kostenseite (Inputseite) seines Betriebes damit rechnen, dass es zu Änderungen in der Quantität und Qualität der eingesetzten Produktionsfaktoren Arbeit und Kapital und dadurch zu Kostensenkungen und auch zu Kostenerhöhungen, in der Summe aber eher zu Kosteneinsparungen kommen dürfte. Der bereits erfolgte Rückgang in der eingesetzten Arbeitsmenge durch den Personalabbau bei der Tätigkeit einer Sekretärin dürfte sich in Zukunft weiter fortsetzen und auch die anderen Mitarbeiter betreffen. Der Anteil der handwerklichen Tätigkeit an der erbrachten Produktionsleistung dürfte sich zugunsten des Einsatzes von Sachkapital in Gestalt von Maschinen im weitesten Sinne (also auch z. B. von Computern) verschieben. Auch die Qualifikationsanforderungen an künftige Mitarbeiter dürften sich ändern, da sie sich an den technologischen Wandel anpassen und demnach über ein neues Wissen verfügen müssen. Die Aus- und Weiterbildung im Installationshandwerk über die Handwerkskammern wird dem sicherlich Rechnung tragen, aber es wird auch eine größere Eigeninitiative erforderlich sein, um mit der hohen Geschwindigkeit des technologischen Wandels mithalten und auf die sich kurzfristig ändernden technischen Rahmenbedingungen reagieren zu können. Zweifellos wird die Anpassung an den technologischen Wandel zunächst über vermehrte Abschreibungen, verstärkten Zukauf technischer Vorleistungen und höhere Qualifikationsanforderungen zu Kostenerhöhungen führen. Sie dürften aber durch eingesparte Personalkosten und verbesserte Ertragsaussichten mehr als ausgeglichen werden und letztlich die Gewinn- bzw. Einkommenssituation von Installationsmeister Röhrl verbessern. Eine Nichtbeachtung des technologischen Wandels und das Festhalten an – in der Vergangenheit sicherlich erfolgreichen – Produktionstechniken dürften allerdings das Gegenteil bewirken.

Die beschriebenen, technologisch bedingten Verschiebungen auf der Kostenseite (Inputseite) des Installationsbetriebes von Installationsmeister Röhrl werden zwangsläufig auch durch technologisch bedingte Verschiebungen auf der Ertragsseite (Outputseite) ausgelöst bzw. werden diese beeinflussen. Der technologische Wandel wird jedenfalls auch seine Produktpalette in Quantität und Qualität verändern. Technische Neuerungen in der Heizungsregelung und in der Solarenergienutzung zur Steigerung der Energieeffizienz werden auch die Kundenansprüche entsprechend verändern, auf die Installationsmeister Röhrl reagieren muss. Dies erfordert nicht nur eine Anpassung an den Stand der Technik in der Leistungserstellung und -vermarktung (z. B. durch eine verstärkte Internetnutzung), sondern ermöglicht auch Zusatzangebote (z. B. in Gestalt einer zertifizierten Energiefachberatung). Die Tatsache, dass ihm der Konkurrenzvorteil einer individuellen Kundenbetreuung durch seinen mittelständischen Betrieb zunehmend von Großbetrieben wie z. B. den Produzenten der Heizungsanlagen oder Solarmodule streitig gemacht wird, sollte ihn dazu anregen, über die Möglichkeit einer Kooperation mit anderen Betrieben seiner Größenordnung nachzudenken und auch neue Marktnischen zu entdecken. Dadurch dürfte es ihm nicht nur gelingen, seinen Kundenstamm zu erhalten, sondern auch neue Kunden zu gewinnen.

9.3 Handlungssituation (Fallbeispiel 3)

Fallbeispiel 3

Handlungssituation

Fleischermeister Kutter betreibt seinen mittelständischen Fleischerfachbetrieb nun schon in der dritten Generation. Produktion und Vermarktung seiner Fleischspezialitäten sind regionalisiert, d. h., seine Vorlieferanten und auch seine Kunden stammen wie schon zu Zeiten seiner Vorfahren aus dem regionalen Umfeld seines Betriebes. Gleichwohl haben sich im Laufe der Zeit gravierende Änderungen in der Produktion und Vermarktung ergeben. Dies betrifft insbesondere den Stellenwert von Dienstleistungen im Betriebsablauf. So wurde z. B. die bisherige innerbetriebliche Schlachtung schon vor geraumer Zeit als Vorleistung an einen Zulieferbetrieb ausgelagert (Outsourcing) und die Vermarktung der Fleischprodukte wurde mit einem Partyservice kom-

9.3.1 Tertiarisierung

> biniert. Außerdem wurde bereits eine Werbeagentur damit beauftragt, den Internetauftritt des Betriebes mit einer professionell gestalteten Homepage vorzubereiten.

Situationsbezogene Frage 1
Welche gesellschaftlich bedeutsame Entwicklung zeigt sich auch im Fleischerfachbetrieb von Fleischermeister Kutter?

9.3.1 Tertiarisierung

Bei der Frage, welche Sektoren zur volkswirtschaftlichen Leistungserstellung beigetragen haben, lassen sich diese Sektoren nicht nur danach unterteilen, ob es sich um private oder öffentliche Sektoren handelt, ob sie zur Güterproduktion direkt oder nur indirekt und mit einer direkten Produktion zu einer erneuten Produktion beitragen oder nicht (Investitions- oder Konsumgüter bzw. Unternehmen oder Haushalte) oder ob an der Güterproduktion nur das Inland bzw. die Inländer oder auch die übrige Welt beteiligt ist (vgl. Abschnitt 1.1.6). Eine Unterteilung kann auch danach erfolgen, ob Sachgüter oder Dienstleistungen und wie sie produziert werden. Eine solche Unterteilung führt zur Unterscheidung zwischen einem **primären, sekundären und tertiären Wirtschaftssektor**, die auf den französischen Ökonom JEAN FOURASTIÉ (1907–1990) zurückgeht. Die Nummerierung in der Bezeichnung gibt gleichzeitig den Stellenwert dieser Sektoren im historischen Ablauf an. In der jüngsten Entwicklung wird auch bereits von einem **quartären Sektor** und sogar **quintären Sektor** gesprochen.

Primärer, sekundärer, tertiärer und quartärer Wirtschaftssektor

Der **Primärsektor** betrifft die Urproduktion, die am Anfang der Wirtschaftsentwicklung stand und heute Rohstoffe für die weitere Produktion liefert. Der Primärsektor umfasst die Land- und Forstwirtschaft und die Fischerei. Seine Bedeutung hat im Zeitablauf zugunsten des **Sekundärsektors** abgenommen, der die Verarbeitung von Rohstoffen beinhaltet und dessen Bedeutung insbesondere mit der industriellen Revolution in der Mitte des 19. Jahrhunderts zugenommen hat. Er wird daher auch als industrieller Sektor bezeichnet. Durch den verstärkten Einsatz des Produktionsfaktors Kapital (vgl. Abschnitt 1.1.5) in Gestalt von Investitionsgütern (z. B. Maschinen) ist dieser Sektor besonders kapitalintensiv. Er umfasst heute das produzierende und verarbeitende Gewerbe, das Baugewerbe, das Handwerk und die Energie- und Wasserversorgung.

Primär- und Sekundärsektor als Ur- und Industrieproduktion

Der Sekundärsektor wurde im historischen Ablauf zunehmend durch den **Tertiärsektor** verdrängt, der im Unterschied zum Sekundärsektor in der Güterproduktion nicht auf die Produktion von kurz- und langlebigen Sachgütern (Waren), sondern auf die Produktion von kurzlebigen Dienstleistungen (vgl. Abschnitt 1.1.4) konzentriert

Tertiarisierung als zunehmende Bedeutung des Dienstleistungssektors

ist und daher auch als Dienstleistungssektor bezeichnet wird. Er ist durch den verstärkten Einsatz des Produktionsfaktors Arbeit besonders arbeitsintensiv. Er umfasst die private Dienstleistungsproduktion z. B. im Handel, Verkehr und Logistik, Kommunikation, Finanz-, Versicherungs- und Hotel- und Gaststättengewerbe, Gesundheits- und Wohnungswesen etc. und die staatliche Dienstleistungsproduktion, insbesondere die Produktion der öffentlichen Güter z. B. in der Nutzung der Rechts-, Sicherheits-, Bildungs-, Sozialleistungs- und Verkehrsinfrastruktur etc. (vgl. Abschnitt 1.1.4).

> Die trendmäßige Ausweitung des Tertiärsektors (Dienstleistungssektors) wird auch als **Tertiarisierung** der Wirtschaftsgesellschaft bezeichnet.

Quartärsektor als IT-Produktion und Quintärsektor als Entsorgungswirtschaft

Unter den Dienstleistungen sind die mit Informations- und Kommunikationstechnologie (IT) (Telefonie, Internet etc.) geschaffenen Dienstleistungen von besonderer Bedeutung, denn sie haben sich in der jüngsten Vergangenheit besonders schnell ausgedehnt und durchziehen mittlerweile alle Lebensbereiche. Sie werden daher einem eigenen Sektor innerhalb des Tertiärsektors, dem **Quartärsektor**, zugeordnet. Ein zusätzlicher **Quintärsektor** umfasst die in der Entsorgungswirtschaft erbrachten Dienstleistungen.

Erwerbstätige im Tertiärsektor

Das Gewicht der verschiedenen Sektoren im volkswirtschaftlichen Produktionsprozess gemessen an ihrem Erwerbstätigenanteil beträgt gegenwärtig in Deutschland ca. 2 % für den Primärsektor, ca. 24 % für den Sekundärsektor und ca. 74 % für den Tertiärsektor. Die Anteile am Bruttoinlandsprodukt bewegen sich etwa in den gleichen Größenordnungen. Im Jahr 1970 betrugen diese Anteile noch ca. 3 %, 48 % und 49 %. Es ist davon auszugehen, dass die Tertiarisierung den Anteil des Tertiärsektors zu Lasten der beiden anderen Sektoren zukünftig noch weiter erhöhen wird.

Situationsbezogene Antwort 1

Auch im Fleischerfachbetrieb von Fleischermeister Kutter zeigt sich eine bedeutsame gesellschaftliche Entwicklung, die als Tertiarisierung bezeichnet wird. Darunter wird die Ausdehnung des Dienstleistungssektors (tertiärer Sektor) zu Lasten der Urproduktion im primären Sektor der Land-, Forst- und Fischereiwirtschaft und der industriellen Produktion im sekundären Sektor verstanden. Dienstleistungen sind im Unterschied zu den Sachgütern nur kurzlebig und werden mit ihrer Produktion auch gleichzeitig genutzt, entweder als Vorleistungen zu einer erneuten Produktion oder als Konsumgüter nicht wieder zur Produktion (vgl. Abschnitt 1.1.4).

Konkret wird die Tertiarisierung im Fleischerfachbetrieb von Fleischermeister Kutter darin sichtbar, dass insgesamt die Bedeutung von Dienstleistungen im betrieblichen Produktionsprozess im Laufe der Zeit zugenommen hat. Das betrifft zum einen die Dienstleistungen bei den Vorleistungen, die z. B. durch die Auslagerung der bisheri-

9.3.2 Auswirkungen der Tertiarisierung

gen innerbetrieblichen Schlachtung und auch durch die Gestaltung der Homepage durch eine Werbeagentur ausgeweitet wurden. Zum anderen lässt sich auch die Vermarktung der Fleischprodukte in Kombination mit den Dienstleistungen eines Partyservice als Zeichen einer innerbetrieblichen Tertiarisierung deuten.

Situationsbezogene Frage 2
Wie dürfte sich der beschleunigte Übergang zu einer Dienstleistungsgesellschaft (Tertiarisierung) auf den Fleischerfachbetrieb von Fleischermeister Kutter auswirken und seine Unternehmensstrategie beeinflussen?

9.3.2 Auswirkungen der Tertiarisierung

Die Auswirkungen der Tertiarisierung auf die volkswirtschaftliche Leistungserstellung machen sich auf der Input- und Outputseite im volkswirtschaftlichen Produktionsprozess (vgl. Abschnitte 1.1.2 und 1.2.1) bemerkbar. Betriebswirtschaftlich sind entsprechend die Kosten- und Ertragsseite betroffen.

Auf der **Inputseite** beeinflusst die Tertiarisierung insbesondere den Einsatz von Vorleistungen im Produktionsprozess. Vorleistungen sind kurzlebig, weil sie noch im gleichen Jahr ihrer Produktion wieder vollständig in einem anderen Produktionsprozess genutzt werden. Sie beinhalten neben den Sachgütern der Zulieferindustrie insbesondere die zugelieferten Dienstleistungen. Werden Dienstleistungen als Folge der Tertiarisierung aus dem innerbetrieblichen Produktionsprozess ausgelagert **(Outsourcing)** und dadurch erst sichtbar, so erhöhen sie die Vorleistungen im volkswirtschaftlichen Produktionsprozess. So würde z. B. die Vergabe von Wartungs- oder Reinigungsarbeiten, die bisher vom Betriebspersonal übernommen wurden, an eine außerbetriebliche Wartungs- oder Reinigungsfirma zu einer **Erhöhung der Vorleistungen** führen. Der gleiche Effekt tritt ein, wenn die langfristige Geld- und Sachkapitalbindung im betrieblichen Anlagevermögen verringert und z. B. durch die Anmietung (Leasing) von Maschinen oder auch Berufskleidung ersetzt wird. Auch z. B. die Übertragung des betrieblichen Einkaufs an außerbetriebliche Einkaufsgemeinschaften würde die Vorleistungen erhöhen. Eine mit Outsourcing beabsichtigte Kosteneinsparung im betrieblichen Produktionsprozess wird dann eintreten, wenn die Kostenzunahme aufgrund der ausgelagerten Vorleistungen durch die Kosteneinsparung bei anderen Inputfaktoren (z. B. durch eingesparte Personalkosten, Zinskosten, Beschaffungskosten, Abschreibungen etc.) überkompensiert wird.

Erhöhung der Vorleistungen

Allerdings kann die Tertiarisierung auch die Vorleistungen und damit die betrieblichen Kosten erhöhen, ohne dass es zu einer Kostenkompensation durch Outsourcing kommt. Dies wird dann der Fall sein, wenn zusätzliche Dienstleistungen z. B. als Folge des technologischen Wandels (vgl. Abschnitte 9.2.1 und 9.2.2.) wegen ihrer

Kostenerhöhungen und -einsparungen

zunehmenden Bedeutung im Produktionsprozess als Vorleistungen genutzt werden. Eine Kostensteigerung wird sich auch dadurch ergeben, dass eine zusätzliche Dienstleistungsproduktion zwangsläufig einen Mehreinsatz von Produktionsfaktoren (insbesondere einen Mehreinsatz von Arbeitskraft) erfordert, der zu zusätzlichen Faktorkosten (insbesondere Personalkosten) führen wird. Eine Kostenkompensation muss dann über die Ertrags- bzw. Outputseite erfolgen.

Höherer Dienstleistungsanteil im Produktionsertrag

Auf der **Outputseite** beeinflusst die Tertiarisierung die Produktion und Vermarktung von Dienstleistungen. Ihr Anteil an der gesamten Güterproduktion wird zu Lasten der Sachgüterproduktion im sekundären Sektor weiter zunehmen. Es entstehen neue Unternehmen, die sich auf die Dienstleistungsproduktion spezialisieren, weil diese entweder als Vorleistungen z. B. durch Outsourcing (siehe oben), technologischen Wandel etc. in der Sachgüterproduktion oder als Konsumgüter z. B. durch Änderungen in der Bedürfnisstruktur verstärkt nachgefragt werden und neue Marktchancen für Anbieter eröffnen. Aber auch in Wirtschaftsbereichen, die traditionell schon durch eine Ganzheitlichkeit in der Sachgüter- und Dienstleistungsproduktion geprägt sind wie z. B. im Handwerksbereich, wird sich die Produktions- bzw. Ertragsstruktur weiter zu Gunsten der Dienstleistungen verschieben. So wird z. B. eine stärkere Kundenorientierung in der Sachgüterproduktion durch deren Vermarktung in Kombination mit einem Beratungs-, Liefer- oder Wartungsdienst den Dienstleistungsanteil erhöhen.

Situationsbezogene Antwort 2

Die Tertiarisierung wird im Fleischerfachbetrieb von Fleischermeister Kutter auf der Kostenseite (Inputseite) zu Kostenerhöhungen und -einsparungen führen. In der strategischen Ausrichtung seines Unternehmens wird er darauf zu achten haben, dass die Kosteneinsparungen die Kostenerhöhungen überwiegen oder dass die Kostenerhöhungen durch eine Ertragsausweitung mehr als ausgeglichen werden. Dies erfordert eine ständige Suche nach Informationen über Möglichkeiten und Chancen einer innerbetrieblichen Tertiarisierung, verbunden mit einer sorgfältigen Kostenkalkulation. So wäre z. B. daran zu denken, neben der schon erfolgten Auslagerung (Outsourcing) der Schlachtung auch andere Produktionsbestandteile wie z. B. die Nutzung von Maschinen oder auch Berufskleidung, die Buchhaltung, die Reinigung etc. auszulagern. Die Auslagerung würde einerseits zu Kosteneinsparungen bei den Abschreibungen, Zins- und Personalausgaben, andererseits aber auch zu Kostenerhöhungen durch Zukauf entsprechender Vorleistungen führen. Auf der Ertragsseite (Outputseite) bietet die Tertiarisierung Möglichkeiten der Ertragsausweitung, indem an den Verkauf der Fleischprodukte zusätzliche Dienstleistungen geknüpft werden. So wäre z. B. an eine verstärkte Kundenorientierung durch die Produktion von Fertiggerichten, durch einen Lieferservice, durch eine Internetvermarktung spezieller Fleischprodukte etc. zu denken. Der zu erwartenden Ertragsausweitung stünden allerdings Kostenerhöhungen

9.3.2 Auswirkungen der Tertiarisierung

bei den Abschreibungen, Zins- und Personalausgaben gegenüber. Insgesamt aber ist davon auszugehen, dass sich durch die Tertiarisierung auch im Fleischerfachbetrieb von Fleischermeister Kutter zusätzliche Möglichkeiten ergeben, die Gewinnsituation zu verbessern.

Situationsbezogene Kontrollaufgabe

Handlungssituation

Versetzen Sie sich in die Lage von Kraftfahrzeugmeister Benz, der vom Vater einen Reparaturbetrieb übernommen hat. Im Laufe der Jahre haben Sie den Betrieb stark ausgebaut. Es ist Ihnen außerdem gelungen, die örtliche Niederlassung eines bedeutenden deutschen, aber auch eines US-amerikanischen Kraftfahrzeugherstellers zu übernehmen. Neben dem Verkauf der betreffenden Kraftfahrzeuge bieten Sie zunehmend auch deren fachmännische Reparatur an. Ihren Personalbestand haben Sie auf zwanzig Mitarbeiter erhöht, wobei Ihnen das Stammpersonal des väterlichen Betriebes wegen der guten Betriebsatmosphäre weitgehend erhalten geblieben ist. Zusätzlich haben Sie aber z. B. zwei Kfz-Mechatroniker polnischer Herkunft, einen Verkaufsassistenten, einen speziellen Kundenbetreuer und eine EDV-Sekretärin in Teilzeit fest eingestellt. Es war allerdings schwierig, diese Fachkräfte über den Arbeitsmarkt zu bekommen, und Sie mussten daher entsprechend hohe Lohnzugeständnisse machen.

Kompetenzkontrolle

Kontrollfragen

a) Macht sich der demografische Wandel auch bereits in Ihrem Betrieb bemerkbar und wie könnte er sich anhand von zwei Beispielen auf Ihre Unternehmensstrategie bzw. auf Ihre künftige Gewinnsituation auswirken?

b) Macht sich der technologische Wandel auch bereits in Ihrem Betrieb bemerkbar und wie könnte er sich anhand von zwei Beispielen auf Ihre Unternehmensstrategie bzw. auf Ihre künftige Gewinnsituation auswirken?

c) Macht sich die sog. Tertiarisierung auch bereits in Ihrem Betrieb bemerkbar und wie könnte sie sich anhand von zwei Beispielen auf Ihre Unternehmensstrategie bzw. auf Ihre künftige Gewinnsituation auswirken?

Alle Antworten sind unter Verwendung des volkswirtschaftlichen Basiswissens zu erläutern!

Beispiele von Prüfungsaufgaben mit Lösungsvorschlägen

Vorbemerkung

Die nachfolgenden Beispiele von Prüfungsaufgaben mit Lösungsvorschlägen sollen nur Anhaltspunkte und Anregungen liefern, wie in der Prüfungspraxis die vermittelten volkswirtschaftlichen Lehrinhalte daraufhin geprüft werden können, ob sie auch erlernt wurden. Eine flexible Handhabung der Vorschläge durch mögliche Kürzungen oder Erweiterungen erscheint sinnvoll, weil auch die Prüfungsverordnung zum/r Geprüften Betriebswirt/in nach der HwO und der entsprechende Rahmenlehrplan Flexibilisierungen bei der Prüfungsdauer und der Zahl der Unterrichtsstunden vorsehen. Weitere Prüfungsaufgaben mit Lösungsvorschlägen lassen sich aus den situationsbezogenen Fragen und Antworten im Text zusammenstellen. In jedem Fall sollten Prüfungsaufgaben als Situationsaufgaben jeweils mehrere Lehr- und Lerninhalte kapitelübergreifend abdecken. Inwieweit Wahlmöglichkeiten geboten werden, ist fallweise zu entscheiden.

Die Prüfungsverordnung (§ 8, (1)) zum/r Geprüften Betriebswirt/in nach der HwO schreibt vor, dass im volkswirtschaftlichen Handlungsbereich mindestens zwei Situationsaufgaben als schriftliche Prüfungsaufgaben mit einer Mindestbearbeitungszeit von insgesamt 90 Minuten zu stellen sind. Bei den nachfolgenden Prüfungsaufgaben wurde von dieser Mindestregelung ausgegangen, d. h., zwei gleichgewichtige Prüfungsaufgaben mit jeweils 45 Minuten Bearbeitungszeit decken die gesamte Mindestbearbeitungszeit ab. Für die Festlegung des Notenschemas wurde von einer maximal erreichbaren Gesamtpunktzahl von 100 Punkten ausgegangen. Als Minimalpunktzahl zum Bestehen der Prüfung wurden 50 Punkte angenommen.

Situationsbezogene Prüfungsaufgabe 1:

Situationsbeschreibung

Versetzen Sie sich in die Lage von Installationsmeister Röhrl, der sich auf die Installation von Gasheizungen spezialisiert hat und mit seinem Installationsbetrieb als Unternehmen ohne eigene Rechtspersönlichkeit in München gemeldet ist. Im Jahr 2014 erwirtschafteten Sie zusammen mit einem Mitarbeiterstamm von 10 Beschäftigten und mit einem zu Beginn des Jahres noch vorhandenen Maschinen- und Gebäudeanschaffungswert in Höhe von 300 Tsd. Euro (EUR) einen Umsatz in Höhe von 600 Tsd. EUR. Der Umsatz entstand allein durch einen Großauftrag eines bayerischen Unternehmens in Höhe von 400 Tsd. EUR und durch einen Auftrag der Stadt München in Höhe von 200 Tsd. EUR. Investitionen haben Sie in Höhe von 100 Tsd. EUR getätigt. Die von Ihnen eingesetzten Maschinen und Gebäude und die von Ihnen installierten Gasheizungen haben in allen Bereichen eine durchschnittliche Nutzungsdauer von 10 Jahren und werden linear vom Anschaffungswert abgeschrieben. Im Auslandsgeschäft waren Sie dadurch tätig, dass Sie Heizungsthermostate wegen ihrer Qualität und ihres niedrigen Preises für 10 Tsd. EUR von einem Lieferanten in den USA bezogen. Sie hielten außerdem ein kleines Depot mit US-Aktien, das Ihnen im Jahr 2014 Dividendenzahlungen in Höhe von 2 Tsd. EUR einbrachte.

Anlagen:	keine
Hilfsmittel:	keine
Bearbeitungszeit:	schriftlich 45 Minuten
Punktzahl insgesamt:	50

Fragen	max. Punkte
1. Welche ökonomischen Gründe haben Sie dazu veranlasst, sich auf die Installation von Gasheizungen zu spezialisieren, und auf welchen Produktionsstufen hat diese Spezialisierung stattgefunden?	15
2. Welchen volkswirtschaftlichen Sektoren ist Ihre Wirtschaftstätigkeit zuzuordnen?	10
3. Wie und in welcher Höhe wurde durch Ihre Wirtschaftstätigkeit im Jahr 2014 das deutsche Nettoinlandsprodukt beeinflusst?	15
4. Wie hat sich Ihre Wirtschaftstätigkeit im Jahr 2014 auf die deutsche Zahlungsbilanz ausgewirkt?	10
Alle Antworten sind unter Verwendung des volkswirtschaftlichen Basiswissens zu erläutern!	

Beispiele von Prüfungsaufgaben mit Lösungsvorschlägen

Betriebliche Situationsaufgabe

Prüfungsteil:	§ 3, (1), 1. (Unternehmensstrategie)
Handlungs-bereich:	§ 4, (1) (Volkswirtschaftliche und gesellschaftliche Rahmenbedingungen bewerten)
Titel:	Installationsmeister Röhrl
Thema:	Das Unternehmen in der volkswirtschaftlichen Leistungserstellung und der internationale Rahmen des Unternehmens
Branche:	Beispiel aus dem Installationshandwerk (auswechselbar)

Lösungsvorschläge (Antworten)

Zu Frage 1 (Zeit ca. 14 Minuten – inkl. Zeit für Lesen der Situation)

Spezialisierung ist eine Form der Rationalisierung. Sie setzt bei den drei Produktionsfaktoren Arbeit, Boden und Kapital an. Ihr Vorteil liegt in der höheren Leistung eines gezielten und konzentrierten Faktoreinsatzes, also letztlich in einer besseren Güterversorgung (Effizienz). Installationsmeister Röhrl hat sich zunächst mit seinem Produktionsfaktor Arbeit spezialisiert, indem er den Beruf des Installationsmeisters erlernt hat. Weiterhin hat er sich dadurch spezialisiert, dass er sein erspartes Kapital gezielt in die Gründung des eigenen Installationsbetriebes eingesetzt und zudem aus dem gesamten Installationsprogramm seiner meisterlichen Befähigung die Installation von Gasheizungen ausgewählt hat. Er hofft, dadurch seine Fähigkeiten als Faktoreigentümer besonders gut verwerten zu können. Die Hoffnung auf ein möglichst hohes Einkommen und damit letztlich eine möglichst hohe Güterversorgung dürfte also sein ökonomisches Motiv für seine Spezialisierung gewesen sein.

Zu Frage 2 (Zeit ca. 9 Minuten)

Installationsmeister Röhrl ist mit seiner Wirtschaftstätigkeit vor allem dem **privaten Haushaltssektor** zuzuordnen. Das gilt zunächst einmal für die Wirtschaftstätigkeit in seinem Unternehmen (z. B. als Investor), das als Unternehmen ohne eigene Rechtspersönlichkeit volkswirtschaftlich dem privaten Haushaltssektor angehört. Diesem Sektor gehört Installationsmeister Röhrl aber auch außerhalb seines Unternehmensbereichs (z. B. als Konsument) an. Durch den getätigten Umsatz ist Installationsmeister Röhrl zudem mit dem **öffentlichen Sektor** (Staat) und mit dem **privaten Unternehmenssektor** verbunden, wenn das belieferte Unternehmen eine eigene Rechtspersönlichkeit (z. B. als GmbH) hat. Mit dem volkswirtschaftlichen **Sektor der übrigen Welt** ist Installationsmeister Röhrl insofern verbunden, als sein Unternehmen aus den USA importiert und er Dividendenzahlungen aus US-Aktien erhält.

Zu Frage 3 (Zeit ca. 13 Minuten)

Zur Bestimmung des Nettoinlandsprodukts (NIP) ist vom Bruttoinlandsprodukt (BIP) auszugehen.

Das **Bruttoinlandsprodukt (BIP)** ist die Inlandsproduktion der privaten und staatlichen Konsumgüter ($C_{pr} + C_{st}$), der privaten und staatlichen Bruttoinvestitionen ($I^b_{pr} + I^b_{st}$) und der Differenz aus Exportgütern und Importgütern (Ex − Im). Installationsmeister Röhrl hat mit seinem Umsatz in Höhe von insgesamt 600 Tsd. EUR die I^b_{pr} um 400 Tsd. EUR und die I^b_{st} um 200 Tsd. EUR gesteigert. Seine eigenen I^b_{pr} schlagen mit 100 Tsd. EUR zu Buche. Sein Im hat das BIP um 10 Tsd. EUR reduziert. Sein direkter Einfluss auf das BIP ergibt sich demnach mit insgesamt **690 Tsd. EUR**.

Das **Nettoinlandsprodukt (NIP)** ist das BIP abzüglich der notwendigen Ersatzinvestitionen, um den Produktionsverschleiß des Sachkapitals (Abschreibungen) auszugleichen. Die Abschreibungen auf die in den Vorjahren angeschafften Maschinen und Gebäude im Betrieb von Installationsmeister Röhrl betragen 10% von 300 Tsd. EUR = 30 Tsd. EUR. Hinzu kommen die Abschreibungen auf die im laufenden Jahr getätigten I^b_{pr}, also 10 Tsd. EUR, und die Abschreibungen bei den Kunden auf die gelieferten I^b_{pr} und I^b_{st}, also 60 Tsd. EUR. Insgesamt sind demnach durch die Wirtschaftstätigkeit von Installationsmeister Röhrl Abschreibungen in Höhe von 100 Tsd. EUR angefallen. Die Abschreibungen auf die I^b_{st} in Höhe von 20 Tsd. EUR sind allerdings Herstellungskosten bei der Produktion öffentlicher Güter und zählen damit zum Staatskonsum (C_{st}). Sie werden daher in ihrer Wirkung auf das NIP neutralisiert, denn der C_{st} wirkt sich positiv auf das NIP aus. Der direkte und indirekte Einfluss von Installationsmeister Röhrl auf das NIP betrug damit insgesamt **610 Tsd. EUR**.

Zu Frage 4 (Zeit ca. 9 Minuten)

Die **Zahlungsbilanz** erfasst auf verschiedenen T-Konten (Teilbilanzen) nach dem Prinzip der Buchung und Gegenbuchung sämtliche ökonomischen Transaktionen zwischen Inländern und Ausländern. Installationsmeister Röhrl zählt mit seinem Münchner Hauptwohnsitz zu den Inländern. Zunächst geht sein Unternehmen mit dem Import der Thermostate aus den USA in die deutsche Zahlungsbilanz ein. Konkret erfolgt die entsprechende Buchung in Höhe von 10 Tsd. EUR als Import von Sachgütern auf der rechten Seite der Handelsbilanz und die Gegenbuchung als Verbindlichkeitszunahme auf der linken Seite der Kapitalbilanz. Aber auch seine Dividenden aus US-Aktien in Höhe von 2 Tsd. EUR sind Gegenstand der Zahlungsbilanz. Sie sind als erhaltenes Erwerbs- und Vermögenseinkommen auf der linken Seite der gleichnamigen Teilbilanz zu buchen und werden auf der rechten Seite der Kapitalbilanz als Zufluss an Fremdwährung (US-Dollar) bzw. Forderungszunahme oder als Zufluss an Eigenwährung (EUR) bzw. Verbindlichkeitsabnahme gegengebucht.

Situationsbezogene Prüfungsaufgabe 2:

Situationsbeschreibung

Versetzen Sie sich in die Lage von Installationsmeister Röhrl, der sich auf die Installation von Gasheizungen spezialisiert hat und mit seinem Installationsbetrieb als Unternehmen ohne eigene Rechtspersönlichkeit in München gemeldet ist. Im Jahr 2014 erwirtschafteten Sie zusammen mit einem Mitarbeiterstamm von 10 Beschäftigten und mit einem zu Beginn des Jahres noch vorhandenen Maschinen- und Gebäudeanschaffungswert in Höhe von 300 Tsd. Euro (EUR) einen Umsatz in Höhe von 600 Tsd. EUR und ein Selbständigeneinkommen („Gewinn") vor Steuer in Höhe von 120 Tsd. EUR. Der Umsatz entstand allein durch einen Großauftrag eines bayerischen Unternehmens in Höhe von 400 Tsd. EUR und durch einen Auftrag der Stadt München in Höhe von 200 Tsd. EUR. Investitionen haben Sie in Höhe von 100 Tsd. EUR getätigt. Die von Ihnen eingesetzten Maschinen und Gebäude und die von ihm installierten Gasheizungen haben in allen Bereichen eine durchschnittliche Nutzungsdauer von 10 Jahren und werden linear vom Anschaffungswert abgeschrieben. Die Personalkosten Ihres Installationsbetriebes betrugen in dem betreffenden Jahr 300 Tsd. EUR. Im Auslandsgeschäft haben Sie Thermostate wegen ihrer Qualität und ihres niedrigen Preises für 10 Tsd. EUR von einem Lieferanten in den USA bezogen. Der US-Lieferant fakturierte in US-Dollar (USD). Sie hielten außerdem ein kleines Depot mit US-Aktien, das Ihnen im Jahr 2014 Dividendenzahlungen vor Steuer in Höhe von 2 Tsd. EUR einbrachte.

Anlagen:	keine
Hilfsmittel:	keine
Bearbeitungszeit:	schriftlich 45 Minuten
Punktzahl insgesamt:	50

Fragen	max. Punkte
1. Wie und in welcher Höhe wurden durch Ihre Wirtschaftstätigkeit im Jahr 2014 das deutsche Bruttoinlandsprodukt und das Volkseinkommen beeinflusst?	15
2. Wie und in welcher Höhe haben Sie im Jahr 2014 zum Staatskonsum bzw. zur Produktion öffentlicher Güter in Deutschland beigetragen?	15
3. Wie haben die von Ihnen im Jahr 2014 getätigten Investitionen den Sachkapitalbestand Ihres Unternehmens und damit der deutschen Volkswirtschaft verändert?	10
4. Wie hätte sich durch Ihre Wirtschaftstätigkeit im Jahr 2014 unter sonst gleichen Verhältnissen das deutsche Bruttoinlandsprodukt verändert, wenn der Wechselkurs des EUR gegenüber dem USD im Jahresdurchschnitt um 25 % gestiegen wäre?	10
Alle Antworten sind unter Verwendung des volkswirtschaftlichen Basiswissens zu erläutern!	

Betriebliche Situationsaufgabe

Prüfungsteil:	§ 3, (1), 1. (Unternehmensstrategie)
Handlungs-bereich:	§ 4, (1) (Volkswirtschaftliche und gesellschaftliche Rahmenbedingungen bewerten)
Titel:	Installationsmeister Röhrl
Thema:	Das Unternehmen in der volkswirtschaftlichen Leistungserstellung und der internationale Rahmen des Unternehmens
Branche:	Beispiel aus dem Installationshandwerk (auswechselbar)

Lösungsvorschläge (Antworten)

Zu Frage 1 (Zeit ca. 14 Minuten – inkl. Zeit für Lesen der Situation)

Das **Bruttoinlandsprodukt (BIP)** ist die Inlandsproduktion der privaten und staatlichen Konsumgüter ($C_{pr} + C_{st}$), der privaten und staatlichen Bruttoinvestitionen ($I^b_{pr} + I^b_{st}$) und der Differenz aus Exportgütern und Importgütern (Ex – Im). Installationsmeister Röhrl hat mit seinem Umsatz in Höhe von insgesamt 600 Tsd. EUR die I^b_{pr} um 400 Tsd. EUR und die I^b_{st} um 200 Tsd. EUR gesteigert. Seine eigenen I^b_{pr} schlagen mit 100 Tsd. EUR zu Buche. Sein Im hat das BIP um 10 Tsd. EUR reduziert. Sein Einfluss auf das BIP ergibt sich demnach mit insgesamt **690 Tsd. EUR**.

Das **Volkseinkommen (VE)** ist das von Inländern (Hauptwohnsitz im Inland) im In- und Ausland erzielte Faktoreinkommen vor Steuer. Dazu zählen das gesamte Selbständigeneinkommen („Gewinn") von Installationsmeister Röhrl in Höhe von 120 Tsd. EUR und die von ihm gezahlten Personalkosten, die für seine Mitarbeiter Einkommen darstellen, in Höhe von 300 Tsd. EUR (Nettowertschöpfung). Hinzuzuzählen sind aber auch seine Dividenden aus US-Aktien in Höhe von 2 Tsd. EUR. Insgesamt hat Installationsmeister Röhrl damit in Höhe von **422 Tsd. EUR** direkt zum VE beigetragen.

Zu Frage 2 (Zeit ca. 13 Minuten)

Der **Staatskonsum (C_{st})** entspricht der Produktion öffentlicher Güter, die vom Staat allen Bürgern ohne Ausschlussprinzip, d. h., ohne direkte Preiszahlung, zur Nutzung überlassen wird. Da der Staat aber die Gesamtheit der Bürger ist, handelt es sich gleichsam um einen Eigenverbrauch. Die Bewertung des C_{st} bzw. der öffentlichen Güter kann nur mit Herstellungskosten erfolgen, da keine Preise von den Nutzern gezahlt werden. Zu den Herstellungskosten zählen auch die Abschreibungen auf das zur Produktion eingesetzte Sachkapital. Da Installationsmeister Röhrl I^b_{st} in Höhe von 200 Tsd. EUR an die Stadt München geliefert hat, sind für diese Investitionen im Jahr 2014 Abschreibungen in Höhe von 10 % von 200 Tsd. EUR = **20 Tsd. EUR** anzusetzen. Dies ist der indirekte Beitrag von Installationsmeister Röhrl zum C_{st} bzw. zur Produktion öffentlicher Güter.

Zu Frage 3 (Zeit ca. 9 Minuten)

Die Veränderung des Sachkapitalbestandes spiegelt sich in den Nettoinvestitionen wider. Die **Nettoinvestitionen (I^n)** sind die **Bruttoinvestitionen (I^b) abzüglich der Abschreibungen**. Installationsmeister Röhrl hat private Bruttoinvestitionen (I^b_{pr}) in Höhe von 100 Tsd. EUR getätigt. Abschreibungen sind in Höhe von 40 Tsd. EUR angefallen, davon 30 Tsd. EUR Abschreibungen auf den Maschinen- und Gebäudeanschaffungswert der Vorjahre und 10 Tsd. EUR Abschreibungen auf die I^b_{pr} des laufenden Jahres. Die I^n betrugen demnach + 60 Tsd. EUR, d.h., um diesen Betrag hat der Sachkapitalbestand des Unternehmens und damit auch der Volkswirtschaft zugenommen.

Zu Frage 4 (Zeit ca. 9 Minuten)

Ein steigender **Wechselkurs** des EUR gegenüber dem USD um 25 % entspricht einem sinkenden Wechselkurs des USD gegenüber dem EUR um 20 %. Da der US-Lieferant der Thermostate in USD fakturierte, würde durch die Wechselkursänderung der EUR-Wert der Importe von Installationsmeister Röhrl im Jahr 2014 um 20 %, also um 2 Tsd. EUR, abnehmen. Da die Importe mit einem negativen Vorzeichen in das NIP eingehen, würde sich entsprechend das NIP durch die Wechselkursänderung um 2 Tsd. EUR erhöhen.

Situationsbezogene Prüfungsaufgabe 3:

Situationsbeschreibung

Versetzen Sie sich in die Lage von Kraftfahrzeugmeister Benz, der vom Vater einen Reparaturbetrieb übernommen hat. Im Laufe der Jahre haben Sie den Betrieb stark ausgebaut. Es ist Ihnen zudem gelungen, die örtliche Niederlassung eines bedeutenden deutschen Kraftfahrzeugherstellers zu übernehmen. Neben dem Verkauf der betreffenden Kraftfahrzeuge bieten Sie auch deren fachmännische Reparatur an. Zu Ihren Kunden zählen vor allem private Konsumenten, aber auch private Investoren und vereinzelt auch staatliche Auftraggeber. Sie hatten den Plan, in der Zukunft noch weiter zu expandieren und neue Geschäftsfelder zu erschließen. Im vergangenen Jahr hat sich jedoch die gesamtwirtschaftliche Konjunktursituation verschlechtert und die Arbeitslosigkeit hat zugenommen. Auch Unternehmen Ihrer Branche und Ihr eigenes Unternehmen waren davon betroffen und Sie mussten empfindliche Umsatzeinbußen im Neuwagenverkauf und Reparaturbetrieb hinnehmen. Erstmals waren Sie gezwungen, Kurzarbeit einzuführen und zur Überbrückung von Finanzierungslücken einen größeren Bankkredit aufzunehmen. Sie sehen nun nicht nur Ihre Expansionspläne gefährdet, sondern machen sich sogar Sorgen um den langfristigen Fortbestand Ihres Unternehmens. Sie haben bereits begonnen, sich Gedanken um eine Neuausrichtung Ihrer Unternehmensstrategie zu machen. Über die Medien haben Sie davon erfahren, dass von der Bundesregierung fiskalpolitische Maßnahmen zur Konjunkturstabilisierung angekündigt wurden. Sie hoffen darauf, dass diese Maßnahmen auch zur Stabilisierung Ihrer betrieblichen Situation beitragen und Sie in Ihrer strategischen Ausrichtung unterstützen.

Anlagen:	keine
Hilfsmittel:	keine
Bearbeitungszeit:	schriftlich 45 Minuten
Punktzahl insgesamt:	50

Fragen	max. Punkte
1. Wie hat die Einführung von Kurzarbeit in Ihrem Betrieb und in ähnlichen Betrieben die offizielle Messgröße für das wirtschaftspolitische Vollbeschäftigungsziel und eine daran orientierte Beschäftigungspolitik beeinflusst?	10
2. Wie beurteilen Sie die grundsätzlichen Maßnahmen einer „antizyklischen Fiskalpolitik" aus volkswirtschaftlicher Sicht?	15
3. Welche konkreten Maßnahmen im Rahmen einer antizyklischen Fiskalpolitik würden Sie sich zur Stabilisierung Ihrer gegenwärtig betrieblichen Konjunktursituation wünschen?	15
4. Wie ist der von Ihnen aufgenommene Bankkredit in den Prozess der „Giralgeldschöpfung" des Geschäftsbankensektors einzuordnen?	10
Alle Antworten sind unter Verwendung des volkswirtschaftlichen Basiswissens zu erläutern!	

Beispiele von Prüfungsaufgaben mit Lösungsvorschlägen

Betriebliche Situationsaufgabe

Prüfungsteil:	§ 3, (1), 1. (Unternehmensstrategie)
Handlungsbereich:	§ 4, (1) (Volkswirtschaftliche und gesellschaftliche Rahmenbedingungen bewerten)
Titel:	Kraftfahrzeugmeister Benz
Thema:	Der prozesspolitische Rahmen des Unternehmens
Branche:	Beispiel aus dem Kraftfahrzeughandwerk (auswechselbar)

Lösungsvorschläge (Antworten)

Zu Frage 1 (Zeit ca. 10 Minuten – inkl. Zeit für Lesen der Situation)

Die offizielle Messgröße für das wirtschaftspolitische Vollbeschäftigungsziel ist die **Arbeitslosenquote**, d. h., der Anteil der (bei der Arbeitsagentur) registrierten Arbeitslosen an den zivilen Erwerbspersonen. Die Kurzarbeit geht nicht in die Arbeitslosenquote ein. Die Einführung von Kurzarbeit im Betrieb von Kraftfahrzeugmeister Benz und in ähnlichen Betrieben hat damit das wirtschaftspolitische Vollbeschäftigungsziel nicht negativ beeinflusst. Eine an der offiziellen Messgröße orientierte Beschäftigungspolitik würde demnach trotz zunehmender Kurzarbeit noch keinen Handlungsbedarf sehen.

Zu Frage 2 (Zeit ca. 13 Minuten)

Unter **Fiskalpolitik** wird die Variation der Einnahmen (z. B. Steuern) und Ausgaben (z. B. Infrastrukturinvestitionen) im Staatshaushalt verstanden. **Antizyklisch** kann sie eingesetzt werden, um den Konjunkturzyklen (Aufschwung, Boom, Rezession, Depression …) entgegenzuwirken, sie zu dämpfen (Stabilisierungspolitik) und so z. B. der Gefahr einer Inflation bzw. Arbeitslosigkeit zu begegnen. Im Boom mit einem gesamtwirtschaftlichen Nachfrageüberhang und der Gefahr einer Inflation sollte die private Nachfrage durch eine Einnahmeerhöhung (z. B. Steuererhöhung) und die staatliche Nachfrage durch eine Ausgabesenkung (z. B. Senkung der Infrastrukturinvestitionen) gedrosselt werden. Der dadurch entstehende Finanzierungsüberschuss (engl.: surplus saving) sollte als Konjunkturausgleichsrücklage für die „schlechten Zeiten" einer Rezession zurückgelegt werden. In der Rezession mit einem gesamtwirtschaftlichen Angebotsüberhang und der Gefahr einer konjunkturellen Arbeitslosigkeit sollte entsprechend die private Nachfrage durch eine Einnahmensenkung (z. B. Steuersenkung) und die staatliche Nachfrage durch eine Ausgabenerhöhung (z. B. Erhöhung der Infrastrukturinvestitionen) angeregt werden. Das dadurch entstehende Finanzierungsdefizit (engl.: deficit spending) sollte durch Auflösung der Konjunkturausgleichsrücklage oder – wenn sie nicht ausreicht – durch Kreditaufnahme abgedeckt werden.

Zu Frage 3 (Zeit ca. 13 Minuten)

Kraftfahrzeugmeister Benz würde sich aus dem grundsätzlichen Maßnahmenkatalog der antizyklischen Fiskalpolitik zur Behebung seiner gegenwärtig schlechten betrieblichen Konjunktursituation vor allem Maßnahmen wünschen, die seinen Umsatzeinbußen entgegenwirken oder/und seine Kostensituation verbessern. Sein Umsatz könnte dadurch gefördert werden, dass die Einkommenssituation und damit die Kaufkraft seiner Kunden durch Steuersenkungen verbessert würden und sie sich dadurch auch eher zum Neuwagenkauf entschließen könnten. Noch besser wäre aber eine gezielte Förderung des Neuwagenkaufs, z. B. durch eine Abwrackprämie. Eine Verbesserung seiner Kostensituation könnte z. B. durch eine Senkung der Mehrwertsteuer oder durch verbesserte Abschreibungsmöglichkeiten auf das eingesetzte Sachkapital eingeleitet werden. Alle diese Maßnahmen würden die Einnahmenseite oder/und Ausgabenseite der antizyklischen Fiskalpolitik betreffen und auf eine Anregung der privaten Nachfrage abzielen. Von einer höheren staatlichen Nachfrage nach Konsum- und Investitionsgütern auf der Ausgabenseite würde Kraftfahrzeugmeister Benz eher weniger profitieren. Sie würde nur dann seinen Umsatz positiv beeinflussen, wenn seine ohnehin wenigen staatlichen Auftraggeber sich z. B. zu einem verstärkten Dienstwagenkauf entschließen würden.

Zu Frage 4 (Zeit ca. 9 Minuten)

Beim **Giralgeld** handelt es sich um Sichtguthaben auf dem Girokonto der Kunden einer Geschäftsbank (Publikum). Die Geschäftsbank hat sich verpflichtet, diese Guthaben jederzeit und in voller Höhe in Zentralbankgeld als gesetzliches Zahlungsmittel (Bargeld) umzutauschen. Dadurch bekommen solche Guthaben selbst Geldcharakter. Der von Kraftfahrzeugmeister Benz aufgenommene Bankkredit fällt unter die **aktive Giralgeldschöpfung** des Geschäftsbankensektors. Die Geschäftsbank befand sich in einer aktiven Rolle, denn sie allein hatte zu entscheiden, ob sie Kraftfahrzeugmeister Benz auf seinem Girokonto unter bestimmten Bedingungen (z. B. Sicherheiten etc.) ein Guthaben als Kredit zur Verfügung stellt oder nicht. In einer passiven Rolle wäre sie nur dann gewesen, wenn Kraftfahrzeugmeister Benz Bargeld zur Gutschrift auf seinem Girokonto eingezahlt hätte oder wenn er Bargeld von seinem Girokonto abgehoben und damit Giralgeld vernichtet hätte.

Beispiele von Prüfungsaufgaben mit Lösungsvorschlägen

Situationsbezogene Prüfungsaufgabe 4:

Situationsbeschreibung

Versetzen Sie sich in die Lage von Kraftfahrzeugmeister Benz, der vom Vater einen Reparaturbetrieb übernommen hat. Im Laufe der Jahre haben Sie den Betrieb stark ausgebaut. Es ist Ihnen zudem gelungen, die örtliche Niederlassung eines bedeutenden deutschen, aber auch eines US-amerikanischen Kraftfahrzeugherstellers zu übernehmen. Neben dem Verkauf der betreffenden Kraftfahrzeuge bieten Sie auch deren fachmännische Reparatur an. Sie hatten den Plan, in der Zukunft noch weiter zu expandieren und neue Geschäftsfelder zu erschließen. Im vergangenen Jahr hat sich jedoch die gesamtwirtschaftliche Konjunktursituation drastisch verschlechtert und ist in eine Depression eingemündet. Auch Ihr Unternehmen war davon betroffen und Sie mussten empfindliche Umsatzeinbußen im Neuwagenverkauf und Reparaturbetrieb hinnehmen. Erstmals waren Sie gezwungen, zur Überbrückung von Finanzierungslücken einen größeren Bankkredit aufzunehmen. Sie sehen nun nicht nur Ihre Expansionspläne gefährdet, sondern machen sich sogar Sorgen um den langfristigen Fortbestand Ihres Unternehmens. Sie haben bereits begonnen, sich Gedanken um eine Neuausrichtung Ihrer Unternehmensstrategie zu machen. Über die Medien haben Sie davon erfahren, dass von der Bundesregierung fiskalpolitische Maßnahmen zur Konjunkturstabilisierung angekündigt wurden, obwohl Kritiker vor der Gefahr einer zunehmenden Staatsverschuldung warnen und zum „Sparen" drängen. Außerdem haben Sie erfahren, dass die Europäische Zentralbank (EZB) mit den Leitzinsen auch den „wichtigsten Leitzins" gesenkt hat, um ebenfalls die Konjunktur zu stabilisieren. Sie hoffen darauf, dass diese Maßnahmen auch zur Stabilisierung Ihrer betrieblichen Situation beitragen und Sie in Ihrer strategischen Ausrichtung unterstützen.

Anlagen:	keine
Hilfsmittel:	keine
Bearbeitungszeit:	schriftlich 45 Minuten
Punktzahl insgesamt:	50

Fragen	**max. Punkte**
1. Wie beurteilen Sie eine zunehmende Staatsverschuldung vor dem Hintergrund einer fiskalpolitischen Konjunkturstabilisierung zur Bekämpfung einer Depression?	15
2. Wie verstehen und beurteilen Sie mit Blick auf Ihren Bankkredit die Meldung, dass die Europäische Zentralbank (EZB) als Reaktion auf die konjunkturelle Situation auch den „wichtigsten Leitzins" gesenkt hat?	15
3. Wie verstehen und beurteilen Sie mit Blick auf Ihren Umsatz und den Wechselkurs des Euro (EUR) gegenüber dem US-Dollar (USD) die Meldung, dass die Europäische Zentralbank (EZB) als Reaktion auf die konjunkturelle Situation die Leitzinsen gesenkt hat?	20
Alle Antworten sind unter Verwendung des volkswirtschaftlichen Basiswissens zu erläutern!	

Betriebliche Situationsaufgabe

Prüfungsteil:	§ 3, (1), 1. (Unternehmensstrategie)
Handlungs-bereich:	§ 4, (1) (Volkswirtschaftliche und gesellschaftliche Rahmenbedingungen bewerten)
Titel:	Kraftfahrzeugmeister Benz
Thema:	Der prozesspolitische und internationale Rahmen des Unternehmens
Branche:	Beispiel aus dem Kraftfahrzeughandwerk (auswechselbar)

Lösungsvorschläge (Antworten)

Zu Frage 1 (Zeit ca. 14 Minuten – inkl. Zeit für Lesen der Situation)

Eine fiskalpolitische Konjunkturstabilisierung erfolgt mit dem **Konzept der antizyklischen Fiskalpolitik**. Dabei geht es darum, mit einer Veränderung der staatlichen Einnahmen und Ausgaben die Konjunkturzyklen zu dämpfen. Ein Konjunkturzyklus besteht aus einem Aufschwung, Boom, Rezession und Depression. Problematisch sind die Extremsituationen mit Boom und Depression, weil dort die Gefahr einer Inflation bzw. konjunkturellen Arbeitslosigkeit besteht. Die Zyklen werden durch gesamtwirtschaftliche Nachfrageschwankungen bei relativ konstantem Angebot ausgelöst, denen mit fiskalpolitischen Maßnahmen entgegengewirkt werden soll. Die Nachfrage soll im Boom gedrosselt und in der Depression angeregt werden.

Nach dem Konzept der antizyklischen Fiskalpolitik sind zur **Bekämpfung einer Depression** bei der Gefahr einer konjunkturellen Arbeitslosigkeit die staatlichen Einnahmen zu senken (z. B. durch Steuersenkung), um die private Kaufkraft stärken und damit die private Nachfrage anzuregen. Außerdem sind die staatlichen Ausgaben (z. B. Konsum- oder Investitionsausgaben) zu erhöhen, um auch die eigene Nachfrage des Staates zu steigern. Beide Maßnahmen führen dazu, dass es zu einem **Finanzierungsdefizit** kommt (engl.: deficit spending), das entweder und bestenfalls durch eine Auflösung der im Boom gebildeten Konjunkturausgleichsrücklage oder – wenn diese nicht ausreicht – durch Kreditaufnahme und folglich mit einer zunehmenden Staatsverschuldung abzudecken ist. Bei der Kreditaufnahme kann es jedoch zu **Gegeneffekten** kommen, weil die dadurch gestiegene Kreditnachfrage den Kreditzins erhöhen und dadurch insbesondere die private Investitionsgüternachfrage dämpfen könnte, die eigentlich angeregt werden sollte (Crowding-out Effekt). Insgesamt aber wäre es kontraproduktiv (prozyklisch) und würde die Depression eher noch verschärfen, wenn in einer solchen Situation die Staatsverschuldung abgebaut und gespart würde. Eine **zunehmende Staatsverschuldung** ist also in einer Depression mit dem Konzept einer antizyklischen Fiskalpolitik **vereinbar**.

Zu Frage 2 (Zeit ca. 13 Minuten)

Als **wichtigster Leitzins** unter den drei Leitzinsen, die von der EZB festgelegt werden, gilt die **Hauptrefinanzierungsfazilität**. Die Hauptrefinanzierungsfazilität ist Teil der Offenmarktpolitik im geld- und kreditpolitischen Instrumentarium der Europäischen Zentralbank (EZB). Sie gibt den Zins an, zu dem sich Geschäftsbanken sehr kurzfristig Bargeld bei der EZB (gegen Sicherheiten) beschaffen können, wenn sie Giralgeld aktiv schöpfen bzw. Kredite vergeben wollen. Sie benötigen dazu Bargeld, da sie sich verpflichtet haben, Giralgeld jederzeit und in voller Höhe in Bargeld umzutauschen, wenn der Bankkunde dies wünscht. Sie können allerdings davon ausgehen, dass der Bankkunde normalerweise nur einen Bruchteil (z. B. realistischerweise 20 %) umtauschen wird. Gleichwohl benötigen sie zur Kreditvergabe Bargeld. Wird diese Bargeldbeschaffung nun durch eine gesunkene Hauptrefinanzierungsfazilität billiger, so dürften sie diese Kostensenkung wohl meist an ihre Kunden durch sinkende Kreditzinsen, aber auch durch sinkende Guthabenzinsen weitergeben. Kraftfahrzeugmeister Benz kann also auf **geringere Zinskosten** für seinen Bankkredit hoffen, sofern er bei Kreditabschluss einen variablen Zins vereinbart hat. Zumindest aber kann er auf niedrigere Zinsen bei Neukrediten hoffen.

Zu Frage 3 (Zeit ca. 18 Minuten)

Eine **Senkung der Leitzinsen** durch die Europäische Zentralbank (EZB) betrifft die Einlagen-, Spitzenrefinanzierungs- und Hauptrefinanzierungsfazilität. Sie dürfte auch zu einer Zinssenkung am Europäischen Kapitalmarkt führen. Europäische Kapitalanleger dürften daher verstärkt nach höher verzinsten Kapitalanlagen in außereuropäischen Ländern wie z. B. den USA suchen. Ein Kapitalabfluss aus der Eurozone in die USA ist mit einem Währungstausch verbunden. Es wird die EUR-Währung angeboten und die USD-Währung nachgefragt. Daraus folgt unter den marktwirtschaftlichen Bedingungen eines frei schwankenden Wechselkurses ein **sinkender Wechselkurs des EUR gegenüber dem USD** bzw. ein steigender Wechselkurs des USD gegenüber dem EUR.

Diese Entwicklung könnte Einfluss auf das Verkaufsgeschäft von Kraftfahrzeugmeister Benz mit US-amerikanischen Kraftfahrzeugen haben. Die Kraftfahrzeughersteller dürften zwar für den Absatzmarkt in der Eurozone Listenpreise und eventuell auch Zulieferpreise in der EUR-Währung gesetzt haben, gehen in der eigenen Kalkulation aber von der USD-Währung aus. Ein sinkender Wechselkurs des EUR gegenüber dem USD würde ihnen demnach geringere Verkaufserlöse in USD bescheren. Um diese Einbußen zu kompensieren, müssten die EUR-Preise heraufgesetzt werden. Der gleiche Effekt würde auftreten, wenn die Abnehmer der Kraftfahrzeuge in USD-Währung zu zahlen hätten und die Kostensteigerung in EUR-Währung auf die Preise überwälzen. Dies würde auch Kraftfahrzeugmeister Benz treffen, der einen **Rückgang im Neuwagenverkauf der US-amerikanischen Kraftfahrzeuge** befürchten müsste. Ob bei steigenden Preisen und sinkenden Absatzzahlen auch der Umsatz sinken würde, hängt von der direkten Preiselastizität der Nachfrage nach den betreffenden Kraftfahrzeugen ab. Ist sie größer (kleiner) als |1|, so sinkt (steigt) der Umsatz. Ein sinkender (steigender) Umsatz würde auch zu einem sinkenden (steigenden) Importwert und damit bei vielen gleich gelagerten Situationen zu einem positiven (negativen) Einfluss auf das Bruttoinlandsprodukt (BIP) führen.

Situationsbezogene Prüfungsaufgabe 5:

Situationsbeschreibung

Versetzen Sie sich in die Lage von Fleischermeister Kutter, der mit seinem Fleischerfachbetrieb durch die Herstellung von Wildspezialitäten und auch durch einen Partyservice neue Kunden gewonnen hat. In der von Ihnen belieferten Region zählen Sie mittlerweile zu einem der größten Betriebe, zu denen Sie aber in harter Konkurrenz stehen. Der kräftige Umsatzanstieg hat zu einer Verbesserung der Gewinnsituation geführt. Allerdings drohen nun Gewinneinbußen durch Kostensteigerungen wie z. B. durch steigende Energiepreise oder auch durch den Mindestlohn in der Fleischbranche. Durch die Eintrübung der konjunkturellen Situation in der Volkswirtschaft sind Ihre Kunden außerdem preisbewusster und im Kauf zurückhaltender geworden. Erstmalig mussten Sie daher im letzten Quartal Umsatz- und auch Gewinneinbußen hinnehmen. Sie beginnen nun, sich Sorgen um den Fortbestand Ihres Unternehmens zu machen. Mit Änderungen in Ihrer Unternehmensstrategie wollen Sie versuchen, auf die Bedrohung zu reagieren. So wollen Sie z. B. den Umsatz bei den Wildspezialitäten mit einer Preissenkung und mit einer Internetvermarktung erhöhen. Eine Umsatzsteigerung bzw. Kostensenkung erhoffen Sie sich auch z. B. durch eine Kooperation mit einem Konkurrenten beim angebotenen Partyservice oder durch ein Outsourcing von Teilen des betrieblichen Produktionsprozesses (Reinigung, Leasing von Berufskleidung, Maschinen etc.).

Anlagen:	keine
Hilfsmittel:	keine
Bearbeitungszeit:	schriftlich 45 Minuten
Punktzahl insgesamt:	50

Fragen	**max. Punkte**
1. Wie beurteilen Sie den Mindestlohn in der Fleischbranche unter dem Blickwinkel der Sozialen Marktwirtschaft, in der sich Ihr Unternehmen befindet?	15
2. Welchen Wert muss die direkte Preiselastizität der Nachfrage nach Wildspezialitäten aufweisen, damit sich Ihre Hoffnung auf eine Umsatzsteigerung durch Preissenkung erfüllt, und ist damit zu rechnen?	15
3. Welchen Tatbestand im Rahmen des Gesetzes gegen Wettbewerbsbeschränkungen (GWB) sollten Sie beachten, wenn Sie die Kooperation mit einem Konkurrenten bei der Vermarktung des Partyservice planen?	10
4. Wie können Sie anhand von jeweils zwei Beispielen verdeutlichen, dass sich die gesellschaftliche Tertiarisierung auch in Ihrem Unternehmen auf der Kosten- und Ertragsseite zeigt oder noch zeigen wird?	10
Alle Antworten sind unter Verwendung des volkswirtschaftlichen Basiswissens zu erläutern!	

Betriebliche Situationsaufgabe

Prüfungsteil:	§ 3, (1), 1. (Unternehmensstrategie)
Handlungs-bereich:	§ 4, (1) (Volkswirtschaftliche und gesellschaftliche Rahmenbedingungen bewerten)
Titel:	Fleischermeister Kutter
Thema:	Das Unternehmen in der Sozialen Marktwirtschaft, der ordnungspolitische Rahmen des Unternehmens und gesellschaftlich bedeutsame Entwicklungen und Trends
Branche:	Beispiel aus dem Fleischerhandwerk (auswechselbar)

Lösungsvorschläge (Antworten)

Zu Frage 1 (Zeit ca. 14 Minuten – inkl. Zeit für Lesen der Situation)

Die Wirtschaftsordnung der **Sozialen Marktwirtschaft** bedeutet, dass der Marktwirtschaft, d. h., dem Markt- und Preismechanismus bei der Abstimmung (Koordination) von Angebot und Nachfrage der Vorzug gegeben wird. Der Abstimmungsmechanismus beruht auf der freien und auch egoistischen Verhaltensweise der Marktpartner, ohne dass es zu staatlichen Eingriffen kommt. Sie werden erst durch die Sozialbindung der Marktwirtschaft notwendig, wenn das marktwirtschaftliche Ergebnis nicht mehr als sozial, sondern als unsozial empfunden wird, weil es mit gesellschaftlichen Zielen, wie sie z. B. im Grundgesetz verankert sind, nicht im Einklang steht. Die gesellschaftliche Verantwortung des Staates zwingt ihn dann, einzugreifen und individuelle Freiheitsrechte zu beschränken (Gewaltmonopol des Staates). Ob dies der Fall ist, wird politisch entschieden, in einer Demokratie durch das Parlament.

Die **marktwirtschaftliche Abstimmung** (Koordination) zwischen Angebot und Nachfrage erfolgt über den Preis. Ungleichgewichte werden durch Preisänderungen beseitigt. Ein Überangebot wird durch Preissenkung, eine Übernachfrage durch Preiserhöhung abgebaut. Preissenkungen gehen zu Lasten der Anbieter, Preiserhöhungen zu Lasten der Nachfrager. Diese Lasten können möglicherweise als unsozial empfunden werden, sodass es dann zu staatlichen Eingriffen kommt. Sie können z. B. dadurch erfolgen, dass Mindestpreise zum Schutz der Anbieter bzw. Höchstpreise zum Schutz der Nachfrager gesetzt werden.

Der **Lohn ist der Preis für Arbeitskraft**. Die Arbeitsanbieter sind die Arbeitnehmer als Lohnempfänger, die Arbeitsnachfrager die Arbeitgeber als Lohnzahler. Besteht ein Überangebot an Arbeitskraft, so herrscht Arbeitslosigkeit, weil zum bestehenden Lohn die Arbeitgeber nicht bereit sind, alle Arbeitsuchenden einzustellen.

Der Markt- und Preismechanismus würde die Arbeitslosigkeit dadurch beseitigen, dass es zu Lohnsenkungen kommt, bis die Vollbeschäftigung im Marktgleichgewicht erreicht ist. Der Lohn ist das Einkommen der Arbeitnehmer und dient ihrem Lebensunterhalt. Sinkt der Lohn durch den Markt- und Preismechanismus auf ein sehr niedriges Niveau, so stellt sich die Frage, ob er den Betroffenen noch zu einem menschenwürdigen Lebensunterhalt ausreicht. Ist dies nicht der Fall, so ist er unsozial und erfordert daher staatliche Eingriffe. Ein solcher Eingriff kann z. B. der Mindestlohn sein. Er schützt das Einkommen der Arbeitsanbieter, belastet aber auf der Gegenseite die Arbeitsnachfrager mit Kosten.

Zu Frage 2 (Zeit ca. 13 Minuten)

Die **direkte Preiselastizität** der Nachfrage gibt an, wie die Nachfrage z. B. nach einem bestimmten Gut mit einer prozentualen Änderung auf eine prozentuale Änderung des Preises für dieses Gut reagiert. Als Messgröße ist die Elastizität grundsätzlich immer ein Bruch (Quotient), der im Zähler die prozentuale Änderung der Wirkung (in diesem Fall der Nachfrage) und im Nenner die prozentuale Änderung der Ursache (in diesem Fall des Preises) verzeichnet. Im Normalfall hat die direkte Preiselastizität der Nachfrage ein negatives Vorzeichen, weil davon auszugehen ist, dass bei steigenden Preisen die Nachfrage sinkt und umgekehrt.

Der **Umsatz** ist eine Wertgröße, die sich multiplikativ aus dem Güterpreis und der abgesetzten Gütermenge zusammensetzt. Da im Normalfall Preisänderung und Absatzänderung gegenläufig sind, kann zunächst nicht entschieden werden, ob eine Preiserhöhung bei gleichzeitigem Absatzrückgang und umgekehrt den Umsatz steigen, sinken oder gleichbleiben lässt. Die Wirkung auf den Umsatz hängt vom Wert der direkten Preiselastizität der Nachfrage ab. Ist er (ohne Berücksichtigung des Vorzeichens) >|1| wird von einer preiselastischen Nachfrage gesprochen. Der Mengeneffekt der Absatzänderung ist in diesem Fall größer als der Preiseffekt. Bei einer normalerweise negativen direkten Preiselastizität der Nachfrage führt dann eine Preissenkung zu einer Umsatzerhöhung und umgekehrt. Bei einer preisunelastischen Nachfrage mit einem Wert von <|1| gehen Preisänderung und Umsatzänderung in die gleiche Richtung. Bei einem Wert von =|1| bleibt der Umsatz bei einer Preisänderung unverändert.

Die Hoffnung auf eine **Umsatzsteigerung durch Preissenkung** bei den angebotenen Wildspezialitäten wird sich für Fleischermeister Kutter nur dann erfüllen, wenn die Nachfrage nach Wildspezialitäten auf Preisänderungen normal reagiert, d. h., Preisänderung und Absatzänderung sind gegenläufig, und wenn gleichzeitig die **direkte Preiselastizität der Nachfrage nach Wildspezialitäten einen Wert von >|1|** aufweist.

Die Vermutung, dass es sich bei Nachfragern nach eher höherpreisigen Wildspezialitäten um Käufer mit einer besonderen, stabilen Geschmacksausrichtung und wohl auch mit einem höherem Einkommen handelt, lässt den Schluss zu, dass sie diesbezüglich ein eher preisunelastisches Nachfrageverhalten mit einem Elastizitätswert von <|1|aufweisen dürften. Fleischermeister Kutter hätte demnach wohl damit zu rechnen, dass der Umsatz bei einer Preissenkung ebenfalls sinken dürfte. Eine **Preiserhöhung wäre dann die bessere Strategie**.

Zu Frage 3 (Zeit ca. 9 Minuten)

Eine **Kooperation** zwischen Wettbewerbern berührt dann das Gesetz gegen Wettbewerbsbeschränkungen (GWB), wenn dadurch der Wettbewerb beschränkt wird. Bei einer Kooperation bleiben die Kooperationspartner grundsätzlich wirtschaftlich und rechtlich selbständig, d. h., es kommt zu keinen Beteiligungen oder gar Aufkäufen. Eine Kooperation zum Zweck der Wettbewerbsbeschränkung kann vertraglich erfolgen und wird dann Kartell genannt. Erfolgt sie formlos, so wird von abgestimmtem Verhalten gesprochen. Beides ist nach dem GWB verboten.

Fleischermeister Kutter sollte bei der geplanten Kooperation mit einem Konkurrenten bei der Vermarktung seines Partyservice darauf achten, dass er nicht in Konflikt zum GWB gerät. Dies wäre z. B. dann der Fall, wenn er sich bei der Ausschreibung eines Partyservice durch einen Großveranstalter mit seinem Konkurrenten darüber abspricht, wer von beiden das höhere und wer das niedrige Gebot und in welcher Höhe abgibt, um damit von vornherein den Zuschlag zu beeinflussen. Auch z. B. eine Preisabsprache beim Angebot des Partyservice oder eine Absprache über eine regionale Abgrenzung könnte nach dem GWB als Wettbewerbsbeschränkung ausgelegt werden und die zuständigen Behörden (das Bundeskartellamt bzw. die Landeskartellämter) einschreiten und möglicherweise ein empfindliches Bußgeld verhängen lassen.

Zu Frage 4 (Zeit ca. 9 Minuten)

Unter **Tertiarisierung** wird eine gesellschaftlich-volkswirtschaftliche Entwicklung verstanden, in der sich das Gewicht der volkswirtschaftliche Güterproduktion im historischen Ablauf vom primären Sektor der Urproduktion (Land- und Forstwirtschaft, Fischerei) über den sekundären Sektor der industriellen Produktion (produzierendes und verarbeitendes Gewerbe, Baugewerbe, Handwerk, Energie- und Wasserversorgung) immer stärker hin zum tertiären Sektor der Dienstleistungsproduktion (Handel, Verkehr und Logistik, Kommunikation, Finanz-, Versicherungs- und Wohnungswesen etc.) verlagert hat. Kurz gesagt hat sich der Anteil der kurzlebigen Dienstleistungen an der gesamten Güterproduktion zu Lasten des Anteils der kurz- und langlebigen Sachgüter schon in der Vergangenheit verschoben und wird sich in der Zukunft noch weiter verschieben. Besonders bedeutend haben sich dabei diejenigen Dienstleistungen gezeigt, die mit dem Einsatz der Informations- und Kommunikationstechnologie (IT) verbunden sind.

Im Unternehmen von Fleischermeister Kutter zeigt sich die Tertiarisierung auf der **Kostenseite** (Inputseite) z. B. in der Auslagerung (Outsourcing) von Teilen des betrieblichen Produktionsprozesses (Reinigung, Leasing etc.). Es handelt sich dabei um Dienstleistungen, die von anderen Unternehmen erworben werden und damit die Vorleistungen in der Produktion erhöhen. Die entsprechende Kostensteigerung soll durch Kosteneinsparung (z. B. bei den Personalkosten, Abschreibungen etc.) mehr als ausgeglichen werden.

Auf der **Ertragsseite** (Outputseite) im Unternehmen von Fleischermeister Kutter zeigt sich die Tertiarisierung z. B. in der Vermarktung der Fleischprodukte in Kombination mit einem Partyservice, einem Internetverkauf oder vielleicht auch einem Stehimbiss. Auch sie sind mit zusätzlichen Dienstleistungen verbunden, die an die Fleischprodukte angeknüpft werden. Die dadurch ausgelöste Kostensteigerung soll durch eine Umsatzsteigerung mehr als ausgeglichen werden. Letztlich erwartet Fleischermeister Kutter also durch die Tertiarisierung eine Gewinnsteigerung.

Situationsbezogene Prüfungsaufgabe 6:

Situationsbeschreibung
Versetzen Sie sich in die Lage von Elektrotechnikmeister Litze, der nach seiner Meisterausbildung zunächst in einem größeren Unternehmen des Heizungsbaus beschäftigt und dort mit der Einrichtung und Wartung von Heizungsanlagen betraut war. Vor einigen Jahren haben Sie sich in Stuttgart selbständig gemacht und auf die Konstruktion, die Produktion und den Vertrieb eines speziellen Heizungsreglers für Kraft-Wärme-Anlagen spezialisiert, der die ökonomische und ökologische Effizienz der betreffenden Anlagen wesentlich erhöhen kann. Auf dem heimischen Markt für dieses Produkt nehmen Sie mittlerweile eine Monopolstellung ein. Die hohe Qualität Ihres Produktes ist aber zunehmend auch auf Interesse ausländischer Kunden in der EWU gestoßen. Von besonderer Bedeutung ist dabei der italienische Markt. Sie haben dort im Jahr 2014 ein Umsatzvolumen von 50 Tsd. EUR erzielt, von einem italienischen Zulieferer aber auch Vorleistungen im Wert von 10 Tsd. EUR bezogen. Die Differenz aus dem italienischen Verkaufserlös und den Vorleistungskosten legten Sie zu einem Zins von 5 % in italienischen Staatsanleihen an, um Ihre Altersvorsorge aufzubessern. Über die Medien haben Sie davon erfahren, dass auch die EZB italienische Staatsanleihen in großem Umfang angekauft hat, um einen Austritt Italiens aus der EWU wegen seiner hohen Staatsverschuldung und der drohenden Insolvenz zu verhindern.

Anlagen:	keine
Hilfsmittel:	keine
Bearbeitungszeit:	schriftlich 45 Minuten
Punktzahl insgesamt:	50

Fragen	max. Punkte
1. Welches Verhalten aufgrund Ihrer Monopolstellung sollten Sie tunlichst vermeiden, um nicht gegen das Gesetz gegen Wettbewerbsbeschränkungen (GWB) zu verstoßen?	10
2. Wie und mit welchen Werten hat sich Ihre Wirtschaftstätigkeit mit Italien im Jahr 2014 auf die Zahlungsbilanz der EWU und BRD ausgewirkt?	15
3. Wie würde sich ein Austritt Italiens aus der EWU auf Ihre wirtschaftliche Situation auswirken?	15
4. Wie könnte sich der Ankauf italienischer Staatsanleihen durch die EZB auf die deutsche Volkswirtschaft und damit auch auf Sie auswirken?	10
Alle Antworten sind unter Verwendung des volkswirtschaftlichen Basiswissens zu erläutern!	

Betriebliche Situationsaufgabe

Prüfungsteil:	§ 3, (1), 1. (Unternehmensstrategie)
Handlungsbereich:	§ 4, (1) (Volkswirtschaftliche und gesellschaftliche Rahmenbedingungen bewerten)
Titel:	Elektrotechnikmeister Litze
Thema:	Der ordnungspolitische, prozesspolitische und internationale Rahmen des Unternehmens
Branche:	Beispiel aus dem Elektrohandwerk (auswechselbar)

Lösungsvorschläge (Antworten)

Zu Frage 1 (Zeit ca. 10 Minuten – inkl. Zeit für Lesen der Situation)

Das Gesetz gegen Wettbewerbsbeschränkungen (GWB) ahndet unter anderem den **Missbrauch einer marktbeherrschenden Position**. Unternehmen, die aus eigener Kraft (internes Wachstum) oder aufgrund natürlicher Gegebenheiten den Markt beherrschen und dadurch zum Monopolist geworden sind, nutzen ihre starke Marktstellung dann missbräuchlich, wenn sie andere mögliche Konkurrenten am Marktzutritt hindern (**Behinderungsmissbrauch**) oder/und wenn sie überhöhte Preise verlangen (**Ausbeutungsmissbrauch**).

Elektrotechnikmeister Litze würde bei der Vermarktung seines Produktes auch unter diese Regelungen fallen. Er sollte es also unterlassen, z. B. durch Koppelungsgeschäfte mit dem speziellen Heizungsregler, der ihm wegen seiner hohen Qualität die Monopolstellung verschafft hat, andere Konkurrenten vom heimischen Markt fernzuhalten. Ein solches Koppelungsgeschäft könnte z. B. darin bestehen, die Belieferung mit dem Heizungsregler davon abhängig zu machen, dass auch die Wartung der gesamten Heizungsanlage mit bezogen wird, obwohl diese durchaus auch von anderen Anbietern geleistet werden könnte. Elektrotechnikmeister Litze sollte ebenfalls unterlassen, einen überhöhten Preis für den Heizungsregler auf dem heimischen Markt zu verlangen. Eine Überhöhung und damit Ausbeutung könnte vermutet werden, wenn z. B. auf ausländischen Vergleichsmärkten wie dem italienischen Markt ein wesentlich geringerer Preis verlangt wird oder wenn marktübliche Gewinnmargen bei der Preiskalkulation wesentlich überschritten wurden.

Zu Frage 2 (Zeit ca. 13 Minuten)

Die Wirtschaftstätigkeit von Elektrotechnikmeister Litze im Jahr 2014 mit Italien hat **keinen Einfluss auf die Zahlungsbilanz der EWU** gehabt, da diese nur Wirtschaftstätigkeiten mit Handelspartnern außerhalb der EWU erfasst, Italien aber Mitglied der EWU ist.

In der **Zahlungsbilanz der BRD** sind die Umsatzerlöse in Italien in Höhe von 50 Tsd. EUR als Export auf der linken Seite der **Handelsbilanz** zu buchen. Heizungsregler sind Sachgüter (Waren), die damit die Handelsbilanz und nicht die Dienstleistungsbilanz betreffen. Die Gegenbuchung zum Export erfolgt als Forderungszunahme (z. B. als Rechnungsforderung) auf der rechten Seite der **Kapitalbilanz**. Der Import der Vorleistungen in Höhe von 10 Tsd. EUR ist ebenfalls in der Handelsbilanz zu buchen und zwar auf der rechten Seite. Die Gegenbuchung erscheint als Verbindlichkeitszunahme (z. B. als Rechnungsverbindlichkeit) auf der linken Seite der Kapitalbilanz. In beiden Fällen liegt also eine Mischung aus Leistungs- und Kapitaltransaktion vor. Wurden z. B. die Rechnungen im gleichen Jahr beglichen, so handelt es sich um eine reine Kapitaltransaktion in der Kapitalbilanz, nämlich beim Export um eine Forderungsabnahme auf der linken und einen Eigenwährungszufluss auf der rechten Seite bzw. beim Import um eine Verbindlichkeitsabnahme auf der rechten und einen Eigenwährungsabfluss auf der linken Seite. Die Anlage der Differenz aus Exporterlösen und Importkosten in Höhe von 40 Tsd. EUR in italienischen Staatsanleihen ist ebenfalls eine reine Kapitaltransaktion, nämlich eine Forderungszunahme (gegenüber dem italienischen Staat) auf der rechten und ein Eigenwährungsabfluss auf der linken Seite der Kapitalbilanz. Unter der Annahme, dass der Zins auf die Anleihen für das gesamte Jahr gezahlt wurde (andernfalls anteilig), hat Elektrotechnikmeister Litze ein **Erwerbs- und Vermögenseinkommen (Primäreinkommen)** von der übrigen Welt, nämlich von Italien, in Höhe von 2 Tsd. EUR erhalten, dass auf der linken Seite der gleichnamigen Teilbilanz zu buchen ist, während die Gegenbuchung wiederum als Eigenwährungszufluss auf der rechten Seite der Kapitalbilanz erscheint.

Insgesamt und isoliert betrachtet hat sich durch die Wirtschaftstätigkeit von Elektrotechnikmeister Litze mit Italien in der Zahlungsbilanz der BRD ein **Leistungsbilanzüberschuss** in Höhe von 42 Tsd. EUR als Saldo auf der rechten Seite der Leistungsbilanz ergeben, dem eine **Zunahme an Nettoauslandsvermögen (Kapitalexport)** in gleicher Höhe als Saldo auf der linken Seite der Kapitalbilanz gegenübersteht.

Zu Frage 3 (Zeit ca. 13 Minuten)

Ein Austritt Italiens aus der EWU hätte zunächst zur Folge, dass die ursprüngliche italienische Währung Lira (ITL) wieder eingeführt würde. Damit ergibt sich auch wieder ein **Wechselkurs der ITL gegenüber dem EUR** und anderen Fremdwährungen (z. B. US-Dollar). Es liegt die Vermutung nahe, dass dieser Wechselkurs gegenüber dem Wechselkurs vor dem EWU-Beitritt Italiens **stark sinkt**. Daraus folgt, dass Leistungs- und Kapitaltransaktionen in italienischer Währung für andere Länder in deren Währung sehr viel billiger und im Gegenzug Leistungs- und Kapitaltransaktionen im Preis der Fremdwährung für Italien in dessen Währung sehr viel teurer würden. Bei den Leistungstransaktionen wären insbesondere Export- und Importgeschäfte davon betroffen. Italienische Exportgüter würden für andere Länder sehr viel billiger, während italienische Importgüter für Italien sehr viel teurer würden. Orientieren sich die Handelspartner am Preis, so würde der italienische Export steigen und der Import zurückgehen. Für Elektrotechnikmeister Litze folgt daraus, dass er mit einer **Umsatzeinbuße beim Export nach Italien** und mit einer **Kostensenkung beim Import aus Italien** rechnen kann. Da sein Export den Import weit übertraf, dürfte eine **Gewinneinbuße** in seinem Italiengeschäft sehr wahrscheinlich sein.

Bezüglich der von Elektrotechnikmeister Litze erworbenen **italienischen Staatsanleihen** könnte sich durch den möglichen EWU-Austritt Italiens das Problem ergeben, dass diese Anleihen in EUR lauten. Italien als Schuldner müsste die Tilgungs- und Zinszahlungen weiter in EUR leisten, hätte aber durch den wieder eingeführten und stark gesunkenen Wechselkurs der ITL gegenüber dem EUR bzw. den **stark gestiegenen Wechselkurs des EUR gegenüber der ITL** entsprechend höhere Zahlungen beim Schuldendienst zu leisten. Kann es diese Zahlungen aus eigener Kraft nicht leisten, so ist nicht auszuschließen, dass sie ausgesetzt, reduziert oder gar gänzlich gestrichen werden. Auch Elektrotechnikmeister Litze hätte dann als Gläubiger des italienischen Staates mit einem **Verlust** zu rechnen.

Zu Frage 4 (Zeit ca. 9 Minuten)

Ein Ankauf italienischer Staatsanleihen durch die EZB führt – abgesehen von der rechtlichen Problematik einer solchen Transaktion – zu einer **Ausweitung der umlaufenden Geldmenge**. Dadurch dürfte es auch zu einer Ausweitung der gesamtwirtschaftlichen Güternachfrage kommen. Kann diese nicht durch ein entsprechend ausgeweitetes Güterangebot bedient werden, weil z. B. Kapazitätsgrenzen erreicht sind, so drohen Preissteigerungen und es entsteht damit eine **Inflationsgefahr**. Auch Elektrotechnikmeister Litze wäre davon betroffen, z. B. bei seinen Ersparnissen zur Altersvorsorge, die ihre Kaufkraft (Realwert) verlieren würden.

Eine Ausweitung der umlaufenden Geldmenge führt normalerweise zu einem sinkenden Zinsniveau am Kapitalmarkt. Dementsprechend **zinsgünstige Kredite** können die gesamtwirtschaftliche Investitionsgüternachfrage anregen und damit positive Wachstums- und Beschäftigungseffekte bewirken, wenn Kapazitätsgrenzen noch nicht erreicht sind (siehe oben). Auch Elektrotechnikmeister Litze könnte davon in seiner Unternehmensstrategie profitieren, wenn er z. B. eine Kapazitätsausweitung seines Unternehmens mit entsprechenden Investitionen planen sollte, aber bisher wegen relativ hoher Zinskosten seinen Plan nicht umsetzen konnte.

Situationsbezogene Prüfungsaufgabe 7:

Situationsbeschreibung

Versetzen Sie sich in die Lage von Schreinermeister Zarge, der sich mit seinem mittelständischen Unternehmen auf die Maßanfertigung von Wohnmöbeln spezialisiert hat. Aufgrund Ihrer guten Auftragslage planen Sie, Ihren Betrieb zu erweitern und durch Kauf einiger Spezialmaschinen künftig noch besser auf die unterschiedlichen Kundenwünsche eingehen zu können. Allerdings würden Sie zur Finanzierung der Erweiterungsinvestitionen einen Kredit Ihrer Hausbank benötigen. Über die Medien haben Sie erfahren, dass die Europäische Zentralbank (EZB) wegen einer drohenden Inflation gegen den Widerstand Deutschlands die Leitzinsen erhöht hat, der deutsche Finanzminister einen Abbau der Staatsverschuldung ankündigt und sich ein demografischer Wandel in der Gesellschaft vollzieht. Sie sind wegen dieser Meldungen beunruhigt und machen sich Sorgen, ob sich Ihre Zukunftspläne bzw. Ihre Unternehmensstrategie verwirklichen lassen.

Anlagen:	keine
Hilfsmittel:	keine
Bearbeitungszeit:	schriftlich 45 Minuten
Punktzahl insgesamt:	50

Fragen	max. Punkte
1. Wo und mit welchem Gewicht hat sich nach Ihrem Wissen der Widerstand Deutschlands gegen die Leitzinserhöhung der EZB gezeigt?	10
2. Auf welchem Weg könnte die Erhöhung der Leitzinsen durch die EZB Ihre geplanten Erweiterungsinvestitionen beeinflussen?	15
3. Wie beurteilen Sie einen Abbau der Staatsverschuldung vor dem Hintergrund einer drohenden Inflation und unter dem Blickwinkel Ihrer Unternehmensstrategie?	15
4. Wie können Sie anhand von jeweils einem Beispiel verdeutlichen, welche Auswirkungen der demografische Wandel auch in Ihrem Unternehmen auf der Kosten- und Ertragsseite bereits hat oder noch haben könnte?	10
Alle Antworten sind unter Verwendung des volkswirtschaftlichen Basiswissens zu erläutern!	

Betriebliche Situationsaufgabe

Prüfungsteil:	§ 3, (1), 1. (Unternehmensstrategie)
Handlungs-bereich:	§ 4, (1) (Volkswirtschaftliche und gesellschaftliche Rahmenbedingungen bewerten)
Titel:	Schreinermeister Zarge
Thema:	Der prozesspolitische Rahmen des Unternehmens und gesellschaftlich bedeutsame Entwicklungen und Trends
Branche:	Beispiel aus dem Schreinerhandwerk (auswechselbar)

Lösungsvorschläge (Antworten)

Zu Frage 1 (Zeit ca. 10 Minuten – inkl. Zeit für Lesen der Situation)

Über eine Erhöhung der Leitzinsen wird in der EZB im **EZB-Rat** beschlossen. Er setzt sich aus den 6 Mitgliedern des EZB-Direktoriums (Präsident, Vizepräsident und vier weitere Mitglieder) und den z. Zt. 19 (davon 18 stimmberechtigten) Präsidenten der nationalen Zentralbanken in der EWU zusammen. Die Entscheidungen des EZB-Rates erfolgen durch Mehrheitsbeschluss, wobei jedes Mitglied des EZB-Rates eine ungewichtete Stimme hat. Nur bei Beschlüssen über die Gewinnverteilung wird (mit dem Kapitalanteil) gewichteten Stimmen entschieden. Da Deutschland auch mit einem Direktoriumsmitglied im EZB-Rat vertreten ist, hat es insgesamt meist zwei Stimmen im EZB-Rat. Bei insgesamt 24 stimmberechtigten Mitgliedern hat es damit keine Möglichkeit, seinen Widerstand gegen eine Entscheidung, wie z. B. gegen eine Erhöhung des Leitzinses, allein durchzusetzen.

Zu Frage 2 (Zeit ca. 13 Minuten)

Mit einer Erhöhung der Leitzinsen hat die Europäische Zentralbank (EZB) drei Zinsen (Fazilitäten) erhöht: die Einlagen-, Spitzenrefinanzierungs- und Hauptrefinanzierungsfazilität. Mit der **Einlagen- und Spitzenrefinanzierungsfazilität** wird das unterste und oberste Zinsniveau am Geldmarkt beeinflusst, auf dem die Geschäftsbanken untereinander Bargeld (Zentralbankgeld) handeln. Sie benötigen es, wenn sie aktiv Buchgeld schöpfen wollen, z. B. bei der Kreditvergabe an ihre Kunden (Publikum).

Mit der **Hauptrefinanzierungsfazilität** wird das Zinsniveau (EURIBOR) zwischen dem untersten und obersten Zinsniveau am Geldmarkt beeinflusst, dass sich bei den täglichen Bargeldgeschäften zwischen den Geschäftsbanken einpendelt. Eine Erhöhung der Fazilitäten bzw. Leitzinsen durch die EZB bedeutet für die Geschäftsbanken, dass es für sie teurer wird, sich Bargeld zu beschaffen. Sie werden sich davon in ihrer Kalkulation leiten lassen und die Kostenerhöhung normalerweise an ihre Kunden z. B. durch höhere Kreditzinsen weitergeben. Höhere Kreditzinsen könnten auch die geplanten Erweiterungsinvestitionen von Schreinermeister Zarge wegen der höheren Kostenbelastung behindern oder gar verhindern.

Zu Frage 3 (Zeit ca. 13 Minuten)

Eine **Inflation** droht dadurch, dass die gesamtwirtschaftliche Nachfrage größer als das gesamtwirtschaftliche Angebot ist und die Produktionskapazitäten voll ausgelastet sind (z. B. bei Vollbeschäftigung). Nach dem Konzept der **antizyklischen Fiskalpolitik** sind bei der Gefahr einer Inflation die staatlichen Einnahmen zu erhöhen (z. B. durch Steuererhöhung), um private Kaufkraft abzuschöpfen und damit die private Nachfrage zu dämpfen. Außerdem sind die staatlichen Ausgaben (z. B. Konsum- oder Investitionsausgaben) zu senken, um die eigene Nachfrage des Staates zu drosseln. Beide Maßnahmen führen dazu, dass es zu einem **Finanzierungsüberschuss** kommt und in diesem Sinne gespart wird (engl.: surplus saving). Die Überschüsse sollen einer Konjunkturausgleichsrücklage „für schlechte Zeiten", nämlich zur Finanzierung eines Defizits in der Depression, zugeführt oder zum Abbau der Staatsverschuldung eingesetzt werden. Bei der Schuldentilgung kann es jedoch zu **Gegeneffekten** kommen, weil private Gläubiger die Tilgungszahlungen zum Güterkauf verwenden und damit die gesamtwirtschaftliche Nachfrage wieder anregen könnten, die eigentlich gedämpft werden sollte. Insgesamt aber ist vor dem Hintergrund einer drohenden Inflation und dem Einsatz der antizyklischen Fiskalpolitik zur Gefahrenabwehr ein **Abbau der Staatsverschuldung zu befürworten**.

Auch wenn Schreinermeister Zarge wegen seiner Kenntnis der antizyklischen Fiskalpolitik einen Abbau der Staatsverschuldung bei der Bekämpfung einer drohenden Inflation befürworten sollte, so könnte er doch mit Blick auf seine Unternehmensstrategie zu einer anderen Bewertung kommen. Ein Abbau der Staatsverschuldung mit Finanzierungsüberschüssen, die durch eine Erhöhung der Staatseinnahmen oder/und durch eine Senkung der Staatsausgaben entstanden sind, könnten seinen **Unternehmensgewinn negativ beeinflussen** und damit seine geplanten Erweiterungsinvestitionen wegen sinkender Eigenmittel behindern. Ein solcher Einfluss könnte insbesondere von einer möglichen Steuererhöhung zur Erhöhung der Staatseinnahmen ausgehen. Sie könnte ihn entweder direkt bei seinen eigenen Steuern oder indirekt bei den Steuern seiner Kunden und deren Nachfrage treffen. Eine Senkung der Staatsausgaben würde ihn nur dann treffen, wenn Staatsaufträge (auch z. B. im kommunalen Bereich) gekürzt werden, von denen er bisher entweder direkt als Auftragnehmer oder indirekt als Zulieferer profitiert hat. Bei der Produktion von Wohnmöbeln dürfte das eher nicht der Fall sein.

Zu Frage 4 (Zeit ca. 9 Minuten)

Der **demografische Wandel** bezeichnet eine gesellschaftlich-volkswirtschaftliche Entwicklung in Vergangenheit, Gegenwart und Zukunft, in der sich die Zahl und Altersstruktur der Bevölkerung eines Landes ändert. Für die deutsche Bevölkerung zeigt der demografische Wandel einen **Rückgang** und eine **Überalterung**. Das gilt sowohl für die Gesamtbevölkerung als auch für die Erwerbsbevölkerung, deren Anteil an der Gesamtbevölkerung außerdem sinkt und noch weiter sinken wird.

Auf der **Kostenseite** (Inputseite) im Unternehmen von Schreinermeister Zarge kann der demografische Wandel in der Erwerbsbevölkerung dazu führen, dass z. B. finanzielle Anreize geschaffen werden müssen, jüngere Mitarbeiter (insbesondere Fachkräfte) neu zu gewinnen und ältere Mitarbeiter länger im Unternehmen zu halten. Auch mit einer Erhöhung der Sozialversicherungsbeiträge (z. B. zur Rentenversicherung) ist zu rechnen. Dadurch dürften die Personalkosten steigen. Wird versucht, die Personalkosten durch Rationalisierung mit dem Mehreinsatz von Maschinen zu reduzieren, so dürften im Gegenzug die Abschreibungskosten zunehmen. Insgesamt ist also mit Kostensteigerungen aufgrund des demografischen Wandels zu rechnen, die auf der Ertragsseite kompensiert werden müssen.

Auf der **Ertragsseite** (Outputseite) seines Unternehmens hat Schreinermeister Zarge aufgrund des demografischen Wandels damit zu rechnen, dass sich seine Kundenstruktur und damit auch die Nachfrage nach seinen Produkten ändern dürften. Die Verschiebung in der Altersstruktur der Gesamtbevölkerung wird es z. B. notwendig machen, bei der Herstellung von Wohnmöbeln stärker auf die Bedürfnisse älterer Kunden („altersgerechtes Wohnen") einzugehen. Zudem dürfte die Nachfrage nach Wohnmöbeln, die als Konsumgüter von privaten Haushalten nachgefragt werden, durch den Rückgang der Gesamtbevölkerung ebenfalls abnehmen. Eine Strategie zur Vermeidung von Ertragsausfällen könnte z. B. die verstärkte Produktion von staatlichen oder/und privaten Investitionsgütern (z. B. in Gestalt von Büromöbeln oder Ladeneinrichtungen) sein.

Stichwortverzeichnis

A

Ablaufpolitik   106
Abschreibungen   34, 43, 201, 258
Abschwungphase   150, 151
Aggregation   33
Agrarförderung   214, 215
Agrarpolitik   12, 107, 211, 217
Aktienbörse   86
Akzelerator   159
Allokation   117
Allokationsfunktion   134, 136, 170
Altenquotient   250, 252
Alterspyramide   250, 252
Altersstruktur   249
Anbieter   19, 20, 31, 61, 111, 220
Angebot   19, 62, 111, 220, 230
Angebotsverhalten   76, 78, 82, 94
Anpassung   67, 117, 139, 211, 259
Anpassungsfunktion   117
Anreiz   117
Arbeit   25, 68, 180, 223, 250
Arbeitgeberverbände   109
Arbeitnehmerentgelte   28, 36, 258
Arbeitnehmerverbände   109
Arbeitslosenquote   144, 157, 275
Arbeitslosigkeit   11, 22, 72, 133, 199
Arbeitsteilung   19, 61, 219, 229, 243
Aufschwungphase   150, 151
Auktion   10, 88, 89
Ausbeutungsmissbrauch   128, 287
Ausgaben
staatliche   9, 29, 100, 201, 242
Auslesefunktion   92, 112, 117
Ausschlussprinzip   30, 38, 134
Außenbeitrag   145
Außenprotektion   213
Austauschprozess   107, 116
Austauschverhältnis, reales   239

B

Bargeldquote   182
Basiszins   196
Bedarf   6, 17, 44, 54, 65, 117
Bedürfnisbefriedigung   141
Begriffsklärung   21
Behinderungsmissbrauch   128, 287
Beitragsdeckung   252
Beratung, wirtschaftspolitische   30, 101, 173
Beschreibung   15, 20, 33
Betriebsüberschuss   28, 36
Betriebswirtschaftslehre   22, 33, 36
Boden   25, 68, 102, 139, 256
Boom   106, 150
Boomphasen   136
Bretton-Woods-System   243
Bruttoinlandsprodukt   13, 21, 41, 56, 145, 161, 239
 – reales   146, 149
 – nominales   53, 166
Bruttoinvestitionen   35, 43, 48
Bruttowertschöpfung   36
Buchgeld   51, 181, 224
Buchgeldschöpfung   11, 182
Budgetdefizit   155
Budgetüberschuss   153
built-in-flexibility   153
Bundeskartellamt   124

C

Call   236
Cross Rate   229, 231
Crowding-out Effekt   165

D

deficit spending   152, 162
Definition   20, 32, 42
Defizit   152
Deflation   189
Demokratie   21, 66, 97, 108, 186

Depressionsphasen 136
Deskription 20
Deutsche Bundesbank 108, 177, 200
Devisen 12, 182, 224
Devisenbörse 230
Devisenkurs 229
Diagnose 103
Dienstleistungen 24, 136, 221, 260
Dienstleistungsbilanz 222
Direktorium der EZB 177
Distributionsfunktion 134, 170
Dualeffekt 193

E

Einflussträger 107
Einkommen 18, 26, 69, 136, 204, 258
 - verfügbares 51
Einkommenseffekt 193
Einkommenselastizität 83
Einkommenskonto, gesamtwirtschaftliches 44
Einlagenfazilität 194
Einnahmen, staatliche 9, 29, 90, 148, 186, 209, 242
Elastizität 82, 100
Endprodukte 41, 126
Entscheidungsprozess 103, 110, 212
Entscheidungsträger 74, 97, 108, 169
Erhaltung 210, 254
Erklärung 21
Erwerbspersonen 25, 144, 275
Euribor 184, 195
Europäisches Währungssystem 13
Europäische Währungsunion 13, 163, 185, 243
Europäische Wirtschafts- und Währungsunion 13, 166, 185
Europäische Zentralbank 13, 52, 108, 178, 197
Export 30, 43, 101, 140, 221, 245

F

Faktormarkt 31
Faktorproduktivität 72
Finalziel 139, 140
Finanzierungsdefizit 50
Finanzierungsüberschuss 48
Finanzpolitik 134, 163
Finanztransaktionssteuer 237
Fiskalisten 135
Fiskalpakt 166
Fiskalpolitik 10, 106, 133, 170, 204
 - antizyklische 136, 149, 170
Floating 230
Fob-Wert 223
Föderalismus 29
Föderalstaat 29, 103
Fortschritt, technischer 107
Freiheitsfunktion 117
Fusion 126
Fusionskontrolle 126

G

Geld 11, 31, 51, 106, 164, 175, 204, 229, 243
Geld- und Kreditpolitik 11, 106, 134, 175, 206, 244
Geldfunktionen 11, 179
Geldillusion 54, 94, 179
Geldkapital 26
Geldmarkt 184, 194, 292
Geldmenge 11, 157, 201, 242
Geldmengenaggregate 191
Geldmengenkonzept 190
Geldpolitik
 - inflationsorientierte 192
 - potenzialorientierte 192
Geldströme 31
Geldvermögensbildung 48
Geldvolumen 190, 203
Gesamtquotient 250
Gesamtrechnung, volkswirtschaftliche 5, 55, 76, 153, 208, 253
Geschäftsbanken 69, 167, 200, 240

Gesellschaftspolitik   105, 175
Gesetz gegen unlauteren
  Wettbewerb   13, 123
Gesetz gegen Wettbewerbsbeschränkungen   13, 120, 124
Gestaltung   211, 259
Giralgeld   181, 224
Giralgeldschöpfung   182
Giralgeldschöpfungsmultiplikator   183
Gläubigerposition   140
Gläubigerschutzfunktion   203
Gleichgewicht   62, 95, 138, 171
  - außenwirtschaftliches   138, 141
Globalisierung   97, 220, 244
Güter   9, 17, 66, 71, 116, 134, 164, 176, 220, 236
  - freie   18, 70, 90, 102, 139, 230
  - heterogene   238
  - homogene   238
  - meritorische   98
  - öffentliche   29, 38, 66, 136
  - ökonomische   18, 30, 86, 162, 219, 236, 247
  private   17, 24, 94, 149, 196, 240
Güterbegriffe   23
Gütermarkt   31, 91
Güterversorgungsproblem   17, 55, 92

H

Haavelmo-Theorem   161
Handelsbilanz   222, 247
Handelsbilanzdefizit   226
Handelsbilanzüberschuss   226
Handwerkskammern   5, 109, 259
Hauptrefinanzierungsfazilität   194
Haushalte   9, 17, 77, 143, 189
Herstellungskosten   29, 44, 53
Herstellungspreise   35
Höchstpreise   92
Hochzinspolitik   199
homo oeconomicus   17

I

Import   30, 40, 140, 221, 223, 245
Index   144, 193
Indexklausel   139
Industrie- und Handelskammern   109
Inflation   11, 72, 91, 106, 135, 178, 188
Inflationsrate, tatsächliche   53, 63, 73, 144, 184, 190, 237
Information   51, 65, 82, 104
Inland   41, 53, 146, 213, 224
Inländer   30, 41, 53, 146, 223
Inländerkonzept   36, 44, 221
Inländerprodukt   42
Inlandskonzept   44, 223
Inlandsprodukt   41, 193
Input   19, 41, 254, 263
Instabilitäten   30, 135
Instrumente
  - liquiditätspolitische   192
  - marktkonträre   111
  - marktorientierte   111
  - zinspolitische   192
Interbankenmarkt   184
Interessenverbände   109
Interventionspflicht   242
Investitionsfalle   199
Investitionsgüter   24, 40, 149, 193, 255, 258

J

Jahreswirtschaftsbericht   143
Jugendquotient   250
Justiziabilität   129

K

Kapazitätseffekt   193
Kapital   25, 68, 144, 180, 235, 254
Kapitalbilanz   224
Kapitaldeckung   252
Kapitalexport   226
Kapitalimport   226, 235, 240
Kapitaltransaktionen   12, 221, 242
Kartelle   126
Käufermarkt   78

Kaufoption 236
Kettenindex 54
Keynesianer 135
Knappheit 17, 71
Knappheitsproblem 17
Kollektiveigentum 68, 74
Kompensationsgeschäft 223, 232
Konjunkturausgleichsrücklage 152
Konjunkturpolitik 106, 148, 175
Konjunkturzyklen 136, 150, 151
Konkurrenz 61, 80, 115, 213
 - vollständige 120
Konsumgüter 24, 143, 189, 254
Kontrakteinkommen 25, 36
Kontrollfunktion 117
Konvergenzkriterien 11, 163, 243
Konzentration 20, 125
Kooperation 125
Koordination 20, 61, 90, 165, 210
Koordinationsmechanismus 31, 61, 106, 115, 209, 238
Kopenhagener Kriterien 185
Kosten 9, 28, 82, 96, 135, 197, 223, 243, 244
Kostenminimierung 18
Kreditaufnahme 73, 156, 204, 223
Kreuzpreiselastizität 83

L

Lagerinvestitionen 34, 53
Landschaftserhaltung 93, 214
Landschaftspflege 214
Landwirtschaft 101, 107, 128, 210
Lebenshaltungskostenindex 143
Leistungsbilanz 224, 288
Leistungsgerechtigkeit 65
Leistungstransaktionen 12, 221
Leitzinsen 11, 194, 235, 247
Libor 184
Liquidität 203
Liquiditätsfalle 199
Liquiditätspuffer 203
Lohnquote 46, 258

M

Maastricht-Kriterien 185
Manövriermasse 167
Markt 10, 28, 64, 113, 210, 247
Marktergebnisse, unsoziale 91, 106
Marktgleichgewicht 78, 116, 238
Marktversagen 67, 86
Marktwirtschaft 9, 61, 73, 90, 120, 138, 209
 - kapitalistische 68, 76
 - soziale 20, 71, 117, 209
 - sozialistische 69, 72
Maßnahmen
 - liquiditätspolitische 192
 - zinspolitische 192
Mengenanpasser 119
Mengennotierung 229
Mengentender 195
Mikroökonomik 77
Mindestlohn 90
Mindestpreise 10, 91
Mindestreservepflicht 183
Mindestreservepolitik 11, 202
Mindestreservesatz 183, 202
Ministererlaubnis 127
Mischsystem 63, 90
Missbrauch 125
Missbrauchsaufsicht 128
Modalziele 102, 138
Monopol 122, 188
Monopol, natürliches 127
Multiplikator 159

N

Nachfrager 19, 61, 80, 110, 151, 202, 238
Nachfrageverhalten 77, 110
Nachhaltigkeitskonzept 46
Nationaleinkommen 13, 42
Naturaltausch 179, 221
Nettoinlandsprodukt 13, 42, 58, 164
Nettoinvestitionen 36, 50
Nettonationaleinkommen 13, 43

Nettosozialprodukt
- zu Faktorkosten 45
- zu Marktpreisen 45
Nettowertschöpfung 36, 44, 47, 56
Nichtbeistands-Klausel 187
No-Bail-Out-Klausel 187
Nominalgrößen 53
Nominalwertprinzip 139
Nutzen 17, 83
Nutzenmaximierung 17

O

Offenmarktpolitik 194
Oligopol 122
Opportunitätskosten 57
Option 235
Opt-out-Klausel 185
Ordnungspolitik 10, 30, 106, 115
Organisationen ohne Erwerbszweck 28
Output 19
Outsourcing 260

P

Parallelpolitik 11, 150
Parallelprozess 116
Pionierunternehmer 121, 256
Planwirtschaft 9, 64, 90
Polypol 121
Position, marktbeherrschende 124
Preis 28, 53, 64, 92, 130, 179, 229
Preisänderungen 10, 54, 80, 144, 201, 238
Preisbindung der zweiten Hand 126
Preiselastizität
- direkte 30, 46, 82, 161, 201
- indirekte 26, 40, 83, 160, 188
Preisfixierer 119
Preisindex der privaten Lebenshaltung 143
Preisindizes
hedonische 144
Preismechanismus 10, 71, 120, 237
Preisnotierung 229

Preisstabilität 103, 138, 155, 170, 199, 203, 244
Preisverhalten 77
Preiswettbewerb 116, 126
Primäreinkommen 13, 45
Primärsektor 261
Prinzip, ökonomisches 17
Prinzip der Buchung und Gegenbuchung 33, 221
Privateigentum 68
Produktionsfaktoren 9, 19, 57, 117, 134, 180, 211, 220
Produktionskonto
- einzelwirtschaftliches 33
- gesamtwirtschaftliches 20, 162
- staatliches 101, 125, 151
Produktions- und Importabgaben 35
Produktivität 19, 61, 220
Produzenten 25, 35, 52, 76, 94, 128, 144, 215
Profitquote 46
Prognose 21, 103
Prophezeiung 21, 237
Protektionismus 150
Prozesspolitik 30, 106
Publikum 181, 197, 224
Put 236

Q

Quantitätsgleichung 191
Quartärsektor 262
Quintärsektor 262

R

Rat der EZB 175, 194, 196, 205
Rationalisierung 18, 61, 257
Rationierung 18
Realgrößen 9, 53
Recheneinheitsfunktion 179, 229
Redistributionsfunktion 134
Reinvermögensbildung 48
Residualeinkommen 26, 36
Ressourcen 26
Rezession 150

S

Sachgüter 24, 34, 40, 143, 221
Sachkapital 19, 26, 46, 139, 258
Sachvermögensbildung 40, 50
Sachverständigenrat 109
Sanktion 65
Schenkungsbilanz 223
Schlüsseltechnologien 256
Schuldenbremse 166
Schuldnerposition 52, 140
Sektor, dritter 127
Sektor, öffentlicher 29, 59, 164
Sektor, privater 43, 193
Sekundäreinkommen 223, 226, 233
Sekundärsektor 261
Sichtguthaben 181, 191
Sorten 224
Sortenkurs 12, 229
Sozialbindung 10, 90, 91, 102
Sozialgedanke 90, 98
Sozialindikatoren 148
Sozialkosten 56
Sozialpflichtigkeit des Eigentums 70
Sozialpolitik 105
Sozialprodukt 13, 41
Sparen 9, 26, 47, 141
Sparguthaben 190
Sparneigung 159, 160
Spekulation 236
Spezialisierung 19, 20, 61, 111, 175, 214, 246
Spitzenrefinanzierungsfazilität 194
Staat 28, 35, 44, 66, 102, 135, 187, 214, 243
Staatsausgaben 152, 170
Staatsausgabenmultiplikator 11, 158
Staatseinnahmen 11, 44, 135, 152, 206
Staatskonsum 30, 38, 39, 40, 44, 48, 53, 59, 161, 163, 271, 272
Staatsversagen 67, 72
Staatsverschuldung 11, 48, 171, 241
Stabilisatoren, automatische 156
Stabilisierungsfunktion 135, 169
Stabilisierungspolitik 106, 136, 152

Stabilitäts- und Wachstumsgesetz 137, 142
Steuermultiplikator 158
Steuern 30, 53, 66, 110, 134, 152
- direkte 30, 46, 82, 107, 161, 213
- indirekte 26, 35, 48, 83, 107, 160, 188, 193
Strategie
- defensive 119, 131
- offensive 119, 122
Strömungsgrößen 221
Strukturanpassung 211
Strukturerhaltung 210
Strukturgestaltung 211
Strukturpolitik 11, 30, 107, 209
Strukturpolitik
- regionale 107
- sektorale 12, 107, 210, 213
Subventionen 35, 53, 155, 163, 213
surplus saving 152
Systemrelevanz 97, 214

T

Tauschbeziehungen 19, 31, 220
Tauschmittelfunktion 179, 190
Technik 256
Technologie 256
Teilbilanzen 221, 225, 270
Termingeschäft 236
Terminguthaben 191
Terms of Trade 239
Tertiarisierung 12, 261
Tertiärsektor 261
T-Konten 33, 221
Tobin-Steuer 237
Transaktionskosten 243
Transferzahlungen 46, 156, 160, 163

U

Überschussreserve 183, 192, 195
Übertragungsbilanz 223, 226
Umlaufgeschwindigkeit des Geldes 190
Umweltproblem 148

Umweltproblematik   26, 35, 71, 141
Unternehmen   5, 9, 15, 17, 61, 94, 140, 153, 193, 204, 247, 261
Unternehmens- und Vermögenseinkommen   36, 45

V

Verbraucherpreisindex   13, 143, 155, 189, 193
- harmonisierter   189
Verbrauchsstichprobe   143
Verhalten, prozyklisches   170
Verkäufermarkt   79
Verkaufsoption   236
Vermögensänderungskonto
- gesamtwirtschaftliches   20, 162
Vermögensübertragungen   224
Verschuldensregel   166
Versorgungssicherheit   214
Verteilungsfunktion   117
Verteilungsproblem   57, 139, 165
Viereck, magisches   171
Volkseinkommen   13, 45, 56, 58
Volkswirtschaftslehre   5, 17, 77, 111, 150
Vollbeschäftigung   95, 110, 138, 157, 170
Vorleistungen   24, 30, 41, 149, 202, 227, 245
Vorprodukte   34

W

Wachstum, internes   127, 287
Wachstumspolitik   106
Wachstumsrate   55, 147
Währungsspekulation   12, 232
Wandel, demografischer   291
Wandel, technologischer   257
Warenkorb   143, 189
Wechselkurs   12, 186, 229, 241
- fester   12, 176, 242
- freier   18, 70, 90, 102, 139, 230
Wertaufbewahrungsfunktion   179
Wertschöpfung   36
Wertsicherungsklauseln   139

Wertübertragungsfunktion   179, 229
Wettbewerb   13, 65, 79, 95, 106, 116, 121, 140, 254
- dynamischer   121
- funktionsfähiger   121
Wettbewerbsfunktionen   116
Wettbewerbspolitik   10, 72, 106, 108
Wirtschaft   15, 30, 111, 137, 188
Wirtschaftskreislauf   31, 201
Wirtschaftsordnung   9, 61, 75, 99, 106, 115
Wirtschaftspolitik   10, 101, 135, 175
Wirtschaftssubjekt   17
Wirtschaftssystem   9, 63
Wirtschaftstheorie   21
Wirtschaftswachstum   106, 116, 122, 138, 142, 147
Wirtschaftswissenschaften   5, 20, 22
Wohlfahrt   102, 141, 147
Wohlstand   65, 147

Z

Zahlungsbilanz   12, 50, 220
Zahlungsmittel, gesetzliches   181, 276
Zentralbankgeld   181, 201, 224
Zentralverwaltungswirtschaft   65, 73
- sozialistische   68, 73
Zielkonflikte   103, 170
Zieloperationalisierung   143
Zinsniveau   155, 186, 192, 204, 235
Zinsquote   163, 167
Zinsreagibilität   199
Zinstender   196, 197
Zwei-Säulen-Strategie   192

Der Autor

Dr. Ekkehard Baron von Knorring, Jahrgang 1943, ist Dipl.-Volkswirt, Akademischer Direktor a. D. und Lehrbeauftragter im Institut für Volkswirtschaftslehre der Universität Augsburg. In Lehre und Forschung befasst er sich allgemein mit der mikro- und makroökonomischen Theorie und der Volkswirtschaftspolitik sowie speziell mit der Ökologischen Ökonomie, der Umweltpolitik und der Ökonomie des Rechts. Mehrere Veröffentlichungen auf diesen Gebieten liegen von ihm vor. Seit vielen Jahren ist er auch außerhalb des Universitätsbereiches in der volkswirtschaftlichen Aus-, Fort- und Weiterbildung bei mehreren Institutionen engagiert und hat in zahlreichen Vorträgen zu aktuellen volkswirtschaftlichen Themen Stellung genommen. Im Rahmen der beruflichen Fortbildung zum/r „Betriebswirt/in (HWK)" an der Handwerkskammer für Schwaben in Augsburg ist Ekkehard von Knorring von Beginn an als Dozent für Volkswirtschaftslehre tätig. Er war auch an der Entwicklung des Rahmenlehrplans für den neuen Fortbildungsabschluss „Geprüfte/r Betriebswirt/in nach der Handwerksordnung" beteiligt.